走向当代前沿科学的现代汉语语法研究

沈 阳 主编

2013年·北京

图书在版编目(CIP)数据

走向当代前沿科学的现代汉语语法研究/沈阳主编.—北京:商务印书馆,2013
ISBN 978-7-100-09289-0

Ⅰ.①走… Ⅱ.①沈… Ⅲ.①现代汉语－语法－研究 Ⅳ.①H146

中国版本图书馆 CIP 数据核字(2012)第 151271 号

所有权利保留。
未经许可,不得以任何方式使用。

走向当代前沿科学的现代汉语语法研究
沈 阳 主编

商 务 印 书 馆 出 版
(北京王府井大街36号 邮政编码100710)
商 务 印 书 馆 发 行
北京市艺辉印刷厂印刷
ISBN 978-7-100-09289-0

2013年5月第1版　　开本 787×1092　1/16
2013年5月北京第1次印刷　印张 29 3/4

定价:72.00元

目 录

谈论元的引介策略——以客语多重蒙受结构为例 ………… 蔡维天 钟叡逸 1
对疑问语气提升的研究 ……………………………………………… 陈振宇 23
汉藏语的"的"字结构 ………………………………………… 戴庆厦 闻 静 46
"年、月、日"等及其句法特点 …………………………………… 邓思颖 61
话语结构与连词的浮现义 …………………………………………… 方 梅 70
论语体的机制及其语法属性 ………………………………………… 冯胜利 84
现代汉语助动词"应该"的情态解读及其切换机制 ……………… 古川裕 103
朱德熙先生的汉语词类研究 ………………………………………… 郭 锐 110
关于"的"的功能一致性研究 …………………………………… 黄居仁 李逸薇 129
朱德熙先生在汉语方言研究上的贡献 ……………………………… 侯精一 136
现代汉语量词范畴在认知心理上的表现与语言相对论 …………… 姜 松 144
"语义和谐律"给予对外汉语教学的启示 ……………………… 李向农 王宇波 158
朱德熙方言语法和方言分区研究述评 ……………………………… 李小凡 168
再论构式语块分析法 ………………………………………………… 陆俭明 178
谈谈虚词释义的问题 ………………………………………………… 马 真 190
从语法研究到语法教学——以现代汉语完成体标记"了$_1$"为例 … 屈承熹 201
论汉语语法研究的北大精神 ………………………………………… 邵敬敏 215
朱德熙先生最重要的学术遗产 ……………………………………… 沈家煊 225
结果偏离义"VA了"结构的句法和语义分析 …………………… 沈 阳 彭国珍 245
名词性短语的内部结构 ……………………………………………… 石定栩 256
构式语块分析法的理论框架 ………………………………………… 苏丹洁 272
朱德熙先生的语法观与教学语法体系 ……………………………… 田小琳 290
区分黏合组合结构的重要价值 ……………………………………… 王洪君 305

语气词的功能属性 .... 王　珏　313

A Generative Lexicon Approach to Possessive
　　Relations in Mandarin Chinese .... Shan Wang　Chu-Ren Huang　329

汉语方言中"可 VP"问句的性质 .... 徐　杰　张媛媛　354

名词短语的有界性与数量短语的关系 .... 玄　玥　372

汉语的句法结构和语用结构
　　——朱德熙先生句法结构理论的现代语言学意义 .... 张伯江　392

"可不是"的语篇功能及词汇化 .... 张先亮　407

表迅捷义的"X 速"词族的功能、用法与发展
　　——兼论加词的兼类性质与副词的词类归属 .... 张谊生　422

附录

　　那些话,那些事——追忆朱德熙先生 448

　　深厚情怀,点滴于心——陆俭明先生二三事 459

后记 471

谈论元的引介策略
——以客语多重蒙受结构为例

蔡维天　钟叡逸

(台湾)清华大学

1. 论元引介策略

论元结构(argument structure)是语法理论很重要的一环,依述语的类型(predicate type)来决定一个句子的论元数量和种类。有趣的是,除了核心论元(core arguments)之外,语言还可通过各种语法手段来引介非典型论元,如例(1)中英语的 *baked* 虽然只是二元述语,却可以用类双宾结构引介一个多出来的接收者(recipient);而(2)中非洲 Chaga 语则用施用词缀 -*i*- 另外引介一个受惠者(beneficiary)（请参见 Pylkkännen, 2002）：

 (1) John baked Bill a cake.
 (2) N-ă-ï-lyì-í-à　　　　ʼm-kà　　k-élyà.
   Foc-1s-Pr-吃-施用词缀-Fv 1-妻子　7-食物
   "他为妻子才进食。"

一般认为,这个多出来的论元是通过施用词组(applicative phrase)来引介的。之前的研究也发现虽然例(1)的他动词可以多接一个论元,例(3)的自动词却无法这样做：

 (3) * I ran him.

此外,施用结构也有两种分类方法。其一为词法型态:英语属隐性,没有特殊标记,因此以类双宾句(pseudo-DOC)的形式出现;另一类如Chaga语则呈显性,动词须带上特殊的施用词缀。其二为领属关系(possessive relationship):典型的低阶施用结构(low applicative constructions)表达个体与个体之间的关系,以(1)为例,亦即cake的领属权转移到了Bill身上。相对地,高阶施用结构(high applicative constructions)则没有上述这层领属关系,其所表达的是个体与事件之间的关系,以(2)为例,亦即进食对其妻子带来的影响。

在汉语研究方面,朱德熙先生(1979、1982)及陆俭明先生(2002)曾指出在某些特殊"给"字句和双宾句中,与事论元(dative argument)可以诠释成蒙受事件影响的个体。以(4)为例,"我"蒙受了"阿Q跑了"这个不幸的事件,这种蒙受"给"的用法仅限于第一人称单数,而且大多和惊叹语气连用;(5)中的蒙受者(affectee)则是"小D",受到"阿Q喝了三杯酒"的影响,无须遵守第一人称的限制。我们称前者为外蒙受论元(outer affective argument),后者为内蒙受论元(inner affective argument)(参见Tsai,2007、2010):

  (4) 阿Q居然给我跑了! [显性蒙受结构]
  (5) 阿Q喝了小D三杯酒。 [隐性蒙受结构]

事实上,四县客家话里也有显性、隐性两种蒙受结构之分:例(6)中的蒙受者由"同"字标示出来,而例(7)的类双宾句则无任何标记(参见钟叡逸,2007):

  (6) Amin ginien **t'ung** **ngai** zeu-het-te! [显性蒙受结构]
    阿明 竟然 同 吾 跑-掉-矣
    "阿明竟然给我跑了!"
  (7) Amin lim-me **Ahin** sam-bi jiu. [隐性蒙受结构]
    阿明 喝-了 阿兴 三-杯 酒
    "阿明喝了阿兴三杯酒。"

若是显性、隐性策略兼用,则会形成多重施用结构(multiple applicative construction),允许两个以上的蒙受论元出现在句中。以四县客家话为例,施用词组有各种不同的组合:"同"字句可以引介受惠者或伴同者(comitant),并与内蒙受论元连用,如(8a、b)所示:

(8) Amin　t'ung　Xiumoi　lim-het　Ahin　sam-bi　jiu.
　　 阿明　 同　　秀妹　　 喝-掉　 阿兴　 三-杯　 酒
　　 a."阿明帮秀妹喝掉阿兴三杯酒。"　　　［受惠者＋蒙受者］
　　 b."阿明和秀妹喝掉阿兴三杯酒。"　　　［伴同者＋蒙受者］

"同"字所标示的外蒙受论元也可以和内蒙受论元一起出现,如(9a);但受惠、伴同等用法也随之消逝,有(9b、c)为证:

(9) Amin　ginien　t'ung　ngai　lim-het　Ahin　sam-bi　jiu!
　　 阿明　 竟然　　同　　 吾　 喝-掉　 阿兴　 三-杯　 酒
　　 a."阿明竟然给我喝掉阿兴三杯酒!"　　　　［蒙受者＋蒙受者］
　　 b.#"阿明竟然帮我喝掉阿兴三杯酒!"　　　　［受惠者＋蒙受者］
　　 c.#"阿明竟然和我喝掉阿兴三杯酒!"　　　　［伴同者＋蒙受者］

相较之下,(10a)和(10b)的对比显示普通话的多重施用结构无法兼具受惠与蒙受用法,只能让内、外蒙受论元同时出现:

(10) a. *阿Q给赵妈喝了小D三杯酒。　　　　［受惠者＋蒙受者］
　　　b. 阿Q居然给我喝了小D三杯酒!　　　　［蒙受者＋蒙受者］

总结来说,普通话和四县客家话都允许多重施用结构,但在程度上有所不同:在普通话中,只有"给"字标示的外蒙受论元可以接类双宾句;四县客家话则更为兼容并蓄,其"同"字标示的受惠者、伴同者及蒙受者都可以和内蒙受论元连用。我们以朱、陆两位先生打下的基础为出发点,借由方言和普通话的比较,探讨多重施用结构中句法和语义的对应,以期对汉语的论元结构有更为全面的认识。

本文章节安排如下：第二节首先回顾相关文献，第三节则从第一手材料中来标定汉语多重施用结构的类型与特性，进而对其论元引介策略做更具系统性的描写和解释。最后第四节总结本文的观察与论证。

2. 文献回顾

2.1 普通话蒙受结构

朱德熙先生(1979、1982)曾经提到一般"给"字句的与事成分是指给予动作的标的，但在例(11)这类特殊句式中"给"字标出的论元则为受损者或受惠者。此外，这类与事论元也出现在(12)表示"取得"的双宾结构中，且直接宾语和间接宾语还含有一层领属关系：

(11) a. 他给我算错了。
　　 b. 他常常给我开药方。
(12) a. 卖了他一所房子。
　　 b. 偷了我一张邮票。

另一方面，陆俭明先生(2002)则采用"语法动态性"理论(郭锐，2002)和广义配价理论(詹卫东，2000)来分析"吃了他三颗苹果"：文中以量化状语"一共/总共"为测试对象，辨明"他"和"三颗苹果"虽然语义上存在着领属关系，句法上却并非偏正结构；换句话说，"他"和"三颗苹果"之间并没有一个"的"字。以(13)为例，陆先生指出"一共""总共"只能和无定宾语连用，因此数量词"三幅"必须出现在所有者"齐白石"之前，而不能倒过来；若是"齐白石"放在"三幅"之前，宾语就只能解为有定(definite)，句子就不合法了，有(14)为证：

(13) 墙上一共/总共挂了[三幅齐白石的画]。
(14) *墙上一共/总共挂了[齐白石的三幅画]。

现在将此测试用在类双宾结构之上,(15)和(16)的对比显示"吃了他三个苹果"并非是从"吃了他的三个苹果"转化而来的:这是因为两者间若只差在一个可有可无的"的"字,那么接"一共/总共"时就不该有合法度上的差别:

(15) 一共/总共吃了[他][三个苹果]。

(16) *一共/总共吃了[他的三个苹果]。

因此可知(16)是个不折不扣的单宾结构,"一共/总共"的量化性质不能作用于有定名词组"他的三个苹果"之上。相较之下(15)则有两个宾语,"一共/总共"其实是和无定名词组"三个苹果"连用,因此不会出问题。

此外,我们也注意到"给"字句和类双宾句都能引介蒙受论元,但两者依旧有所不同。首先,蒙受"给"字句的反诘语气强,必须使用评注副词"居然"或是转折词"却"或"怎么"来表达,然而蒙受类双宾句就没有这种要求(参见蔡维天,2007、2010),如(17)、(18)间的对比所示:

(17) 阿Q(居然/却/怎么)喝了小D三杯酒。

(18) a. 阿Q *(居然)给我拿了钱就跑。

　　 b. 我教他帮我买酒,他 *(却/怎么)给我买了烟。

再者,类双宾句的蒙受者人称使用比"给"要宽,"给"字句的蒙受者只能是第一人称"我":

(19) a. *阿Q居然给我们/你(们)/他(们)/小D拿了钱就跑。

　　 b. 阿Q喝了我们/你(们)/他(们)三杯酒。

此处我们参考的文章中还利用"每个人/很少人"测试(Ko,2005),定位蒙受"给"字句主语句法位阶,试比较(20)"每个人"能够话题化(topicalization),而"很少人"不行;也就是说只有"每个人"才能出现在话题词组(TopP)的指示语位置(specifier position)。蒙受句式(21)蒙受"给"字句只能以"每个人"作为主语,而(22)的类双宾句则不拘:

(20) a. 每个人ₖ，我认为[tₖ 都会去]。

　　　b. *很少人ₖ，我认为[tₖ 都会去]。

(21) a. 每个人居然都给我跑了。

　　　b. *很少人居然给我跑了。

(22) a. 每个人都敢喝小 D 几杯酒。

　　　b. 很少人敢喝小 D 几杯酒。

从制图理论(cartographic approach)的角度来看(参见 Rizzi,1997)，上述现象显示"给"字标示的外蒙受论元位在左缘结构(left periphery)之上，而类双宾句的内蒙受论元则在轻动词组(vP)边缘地带。

2.2 客家话蒙受结构

四县客家话蒙受论元具有显性、隐性两种型态，比如(23a)的显性蒙受者，带着"同"字标记，隐性的蒙受者则出现在(23b)类双宾句中，不需其他的标记：

(23) a. Amin　ginien　t'ung　ngai　zeu-het-te.　　["同"字句]

　　　　阿明　　竟然　　同　　吾　　跑-掉-矣

　　　　"阿明居然给我跑掉了。"

　　　b. Amin　lim-me　**Ahin**　sam-bi　jiu.　　[类双宾句]

　　　　阿明　　喝-了　　阿兴　　三-杯　　酒

　　　　"阿明喝了阿兴三杯酒。"

蒙受者的型态取决于述语类型，比如例(24)用自动词"跑"形成的非作格(unergative)述语句，蒙受者必然是显性型态，由"同"字标示出来，并且有严格的人称限制，只能是第一人称单数"我"。一旦像(25)变成复数型"我们、你们"，或者是第三者，就只能诠释为伴同者，不再是蒙受者：

(24) Amin　ginien　t'ung　*ngai*　zeu-het-te!

　　 阿明　　竟然　　同　　吾　　跑-掉-矣

　　 "阿明居然给我跑了！"

(25) Amin　ginien　t'ung　ngaiden/ngiden/Ahin　zeu-het-te!
　　　阿明　　竟然　　同　　吾等/尔等/阿兴　　　　跑-掉-矣
　　a."阿明居然跟我们/你们/阿兴跑了！"(伴同者)
　　b. #"阿明居然给我们/你们/阿兴跑了！"(#蒙受者)

相对地，当述语是消耗类动词时，蒙受者可以不需额外标记如(26)的"吾等、尔等、阿兴"，亦即采取隐性型态出现。同时，蒙受者也能像(27)通过"同"字标示，呈现显性型态。有趣的是，(27)的显性蒙受者和(26)的隐性蒙受者一样，都可以是复数型以及第三者，换句话说，没有非作格句(25)的人称限制：

(26) Amin lim-me　**ngaiden/ngiden/Ahin**　sam-bi jiu.
　　　阿明　喝-了　　吾等/尔等/阿兴　　　　三-杯　酒
　　　"阿明喝了阿兴三杯酒。"

(27) Amin **t'ung ngai(den)/ ngi(den)/Ahin**　lim-me　sam-bi　jiu.
　　　阿明　同　　吾(等)/尔(等)/阿兴　　　　喝-了　三-杯　酒
　　　"阿明喝了我(们)/你(们)/阿兴三杯酒。"

非作格句和消耗动词句都能用"同"字引介蒙受者，人称限制上却不同。消耗动词句的人称使用较为宽松，不限于第一人称单数。除此之外，当句中加进其他状语成分时，非作格句和消耗动词句的附加位置也有差别。一般而言，状语位置自由，以(28)的样貌副词(manner adverb)为例，"偷偷地"可以出现在"阿明"前面或后面，都不会有问题：

(28) a. **Amin** *teutewe* lim-me sam-bi jiu.
　　　　阿明　偷偷地　喝-了　三-杯　酒
　　　　"阿明偷偷地喝了三杯酒。"
　　b. *Teutewe* **Amin** lim-me sam-bi jiu.
　　　　偷偷地　阿明　喝-了　三-杯　酒
　　　　"偷偷地阿明喝了三杯酒。"

现在我们把样貌副词放到蒙受句里，发现非作格句(29)中，显性蒙受者"吾"必须出现在副词"偷偷地"之前，倒过来的话，"吾"从事件的蒙受者变成伴同者，意即跟着阿明一起跑了：

(29) a. Amin ginien **t'ung ngai** *teutewe* zeu-het-te.　　［蒙受用法］
　　　　阿明　竟然　同　吾　偷偷地　跑-掉-矣
　　　　"阿明居然给我偷偷跑了。"

　　b. #Amin ginien *teutewe* **t'ung ngai** zeu-het-te.　　［伴同用法］
　　　　阿明　竟然　偷偷地　同　吾　跑-掉-矣
　　　　"阿明居然偷偷跟我跑了。"

然而，消耗动词句(30)中，"偷偷地"却在蒙受者"阿兴"前面，否则"阿兴"只能当作伴同者，而非蒙受者。(29)和(30)的对比显示非作格句和消耗动词句的"同"不应看成一类，否则不该有副词附加位置的差别：

(30) a. Amin *teutewe* **t'ung Ahin** lim-me sam-bi jiu.
　　　　阿明　偷偷地　同　阿兴　喝-了　三-杯　酒
　　　　"阿明偷偷喝了阿兴三杯酒。"　　（蒙受者）

　　b. Amin **t'ung Ahin** *teutewe* lim-me sam-bi jiu.
　　　　阿明　同　阿兴　偷偷地　喝-了　三-杯　酒
　　　　"阿明跟阿兴偷偷喝了三杯酒。"　　（伴同者）
　　　　#"阿明给阿兴偷偷喝了三杯酒。"　　（蒙受者）

有趣的是，类双宾句(31)的副词也附加在隐性蒙受者前面。换句话说，消耗动词句的显性蒙受者，尽管跟非作格句一样都是由"同"字标记出来，但是必须分成两类，若非如此，人称限制以及上述副词例证应该都会一致。事实上，消耗类带"同"字的蒙受者倒像是类双宾句中的隐性蒙受者，只差在型态上的表现。

(31) a. Amin *teutewe* lim-me **Ahin** sam-bi jiu.
　　　阿明　偷偷地　喝-了　阿兴　三-杯　酒
　　　"阿明偷偷喝了阿兴三杯酒。"（蒙受者）

b. *Amin lim-me **Ahin** *teutewe* sam-bi jiu.
　　阿明　喝-了　阿兴　偷偷地　三-杯　酒

由上述四县客家话的现象看来，非作格句的蒙受者必须通过"同"字引介，只能是第一人称单数"吾"。消耗类的蒙受者可以是隐性型态，或是带着"同"字的显性型态，人称使用也比较宽松。

从总体来看，四县客家话和普通话能通过施用结构引介蒙受者，并且具备显性、隐性两种方式。显性蒙受者带着特定的标记，也就是四县客家话的"同"字、普通话的"给"字，隐性蒙受者则出现在类双宾句中。通过"每个人/很少人"测试、副词附加，以及人称限制，定出蒙受论元的句法结构，分成左缘结构的外蒙受者，以及轻动词边缘的内蒙受者。

3. 多重施用结构引介策略

普通话、四县客家话中，蒙受者能通过显性、隐性两种策略来引介。两种策略还能同时使用，让两个蒙受论元出现在句中，形成多重施用结构。四县客家话的"同"字句不仅引介蒙受者，也可以是受惠者或伴同者，使得多重施用结构产生不同的论元组合。这节将从论元组合性和结构分析两方面着手，探讨多重施用结构中蒙受论元的类型以及语法特性，厘清普通话、客语蒙受论元的引介策略。

3.1　蒙受论元组合性

普通话多重施用结构只能让内、外蒙受者同时出现，如前述(10a)和(10b)的对比所示：

(10) a. *阿Q给赵妈喝了小D三杯酒。　　[受惠者＋蒙受者]
　　 b. 阿Q居然给我喝了小D三杯酒！　[蒙受者＋蒙受者]

这显示普通话多重施用结构组合方式严谨,必须双双都是蒙受者才行;蒙受者引介方式也很固定,只能是像(32a)外蒙受者"我"由"给"字引介,内蒙受者"小D"则是以隐性型态出现在类双宾句中。倘若先用类双宾句再用"给"字句句子就都马上不合法,也不能都用"给",或者都用类双宾句,有(32b-d)为证:

(32) a. 阿Q居然给我喝了小D三杯酒!　　　　　["给"字句+类双宾句]
  b. *阿Q居然我喝了给小D三杯酒!　　　　[*类双宾句+"给"字句]
  c. *阿Q居然给我给小D喝了三杯酒!　　　[*"给"字句+"给"字句]
  d. *阿Q居然我喝了小D三杯酒!　　　　　[*类双宾句+类双宾句]

内、外蒙受论元的人称表现由引介方式来决定,由"给"外引介的外蒙受者必须遵守"给"字句的人称限制,只能是(33a)中的第一人称单数"我"。相对地,类双宾句的内蒙受论元则没有这种要求,如(34)中人称使用就比外论元宽松:

(33) a. 阿Q居然给我喝了小D三杯酒!
  b. *阿Q居然给我们/你(们)/他(们)/小D喝了小D三杯酒!
(34) 阿Q居然给我喝了我们/你(们)/他(们)/小D三杯酒!

质言之,普通话多重施用结构在论元组合或引介方式上面都很严谨。四县客家话则允许有较多的可能性。

四县客家话主要以两种方式来引介内、外蒙受论元:尽管外蒙受者还是一律带着"同"字标记,内论元却可以是隐性型态,或是带着"同"字标记。换句话说,外蒙受者"吾"和内蒙受者"阿兴"都可以由"同"字引介。因此,以例(35)为例,四县客家话能用(35b)的组合,普通话却不能这样用,(32b)是不合语法的:

(35) a. "同"字句+类双宾句

  Amin ginien **t'ung** **ngai** lim-het **Ahin** sam-bi jiu.
  阿明 竟然 同 吾 喝-掉 阿兴 三-杯 酒
  "阿明竟然给我喝掉阿兴三杯酒。"

b. "同"字句＋"同"字句

Amin ginien **t'ung** ngai **t'ung** Ahin lim-het sam-bi jiu.
阿明 竟然 同 吾 同 阿兴 喝-掉 三-杯 酒
"阿明竟然给我喝掉阿兴三杯酒。"

c. *类双宾句＋类双宾句

Amin ginien **ngai** lim-het **Ahin** sam-bi jiu.
阿明 竟然 吾 喝-掉 阿兴 三-杯 酒

d. *类双宾句＋"同"字句

Amin ginien **ngai** **t'ung** Ahin lim-het sam-bi jiu.
阿明 竟然 吾 同 阿兴 喝-掉 三-杯 酒

　　四县客家话多重施用结构较为多样，上述的引介方式是其一，允许内、外蒙受论元都采用显性型态。其二，"同"字还可以引介受惠者或伴同者，论元组合也就会产生其他的可能性：首先，当论元位在左缘结构之上时，只能作为外蒙受者，排除了受惠者或伴同者，如(36)所示。此时外蒙受者需要遵守人称限制，只有(36a)第一人称单数"吾"搭配内蒙受者"阿兴"一种组合：

(36) "同"字句＋类双宾句

Amin ginien **t'ung** ngai lim-het **Ahin** sam-bi jiu.
阿明 竟然 同 吾 喝-掉 阿兴 三-杯 酒
a. "阿明竟然给我喝掉阿兴三杯酒。" ［外蒙受者＋内蒙受者］
b. #"阿明竟然帮我喝掉阿兴三杯酒。" ［受惠者＋内蒙受者］
c. #"阿明竟然和我喝掉阿兴三杯酒。" ［伴同者＋内蒙受者］

　　但若"同"字标示的论元当作受惠者或是伴同者，就没有人称限制，可以指第三人称"秀妹"，有(37a、b)为证：

(37) "同"字句＋类双宾句

Amin t'ung Xiumoi lim-het Ahin sam-bi jiu.
阿明 同 秀妹 喝-掉 阿兴 三-杯 酒

a."阿明帮秀妹喝掉阿兴三杯酒。" ［受惠者＋内蒙受者］
b."阿明和秀妹喝掉阿兴三杯酒。" ［伴同者＋内蒙受者］
c.#"阿明给秀妹喝掉阿兴三杯酒。" ［外蒙受者＋内蒙受者］

此处有一点需要留意,这个"同"不应看成(36)外蒙受者所带的"同",否则(37a)受惠者和(37b)伴同者就应该遵守人称限制。这两个"同"的差异也表现在语法行为上,下一小节将从话题化、副词附加等的角度来论证。

由于"同"字所标示的论元可解作蒙受者、受惠者或是伴同者,逻辑上的组合就相当复杂。所幸语言自有规律可循,以(38a)为例,外论元"我"、内论元"阿兴",都诠释成蒙受者最自然,(38b)和(38c)把外论元"我"诠释成受惠者或伴同者次之,除此之外,其他的组合就很难接受了:

(38) "同字句"＋"同"字句
Amin　ginien　**tung**　ngai　**tung**　Ahin　lim-het　sam-bi　jiu.
阿明　竟然　同　我　同　阿兴　喝-掉　三-杯　酒
a."阿明竟然给我喝掉阿兴三杯酒。" ［外蒙受者＋内蒙受者］
b.?"阿明竟然帮我喝掉阿兴三杯酒。" ［受惠者＋内蒙受者］
c.?"阿明竟然和我喝掉阿兴三杯酒。" ［伴同者＋内蒙受者］
d.#"阿明竟然给我和阿兴喝掉三杯酒。" ［外蒙受者＋伴同者］
e.#"阿明竟然给我帮阿兴喝掉三杯酒。" ［外蒙受者＋受惠者］

上述讨论可知普通话和四县客家话都允许多重施用结构,普通话相当严谨,只有一种组合,即"给"字标示的外蒙受论元接上隐性的内蒙受者;四县客家话则许可两个论元都由"同"字来引介,内论元作为蒙受者,外论元则有三种可能的诠释:蒙受者、受惠者和伴同者,使得多重施用结构具备一种以上的解读。

3.2　结构分析

上节讨论中,我们发现四县客家话有两个"同"字,都可以引介论元,但人称限制和论元诠释却显示两者却不该看成一类。这一节则讨论"给"字句为何通过施用结构来引介蒙受者不可以作为话题(topic),如例(39)蒙受者"我"不能位于句首并且带上语气词

"啊",因为这是个典型的话题位置(曹逢甫,1988、1989)。把话题化测试用到四县客家话"同"字句上,蒙受者和受惠者出现合法度的差别:"同"字标示的蒙受者和普通话一样,话题化都会有问题;相对比下,若是"同"标出的论元是受惠者,却可以作为话题。以(40)为例,(40a)蒙受者"吾"不能话题化,(41b)"吾"在这里是秀妹洗三件衣服的受惠者,话题化就没有问题了。也就是说。引介受惠者的"同"字句允许话题化反而像(41)的介词组句。

(39) *[$_{ApplP}$ 给我]$_i$ 啊,阿 Q 居然 t_i 喝了小 D 三杯酒。　　[话题:外蒙受者]

(40) a. *[t'ung ngai a], Xiumoi　ginien　t_i　zeu-het-te.　[话题:蒙受者]
　　　　　同　　吾　啊　秀妹　　竟然　　　跑-掉-矣

　　b. [t'ung ngai a], Xiumoi　t_i　se-e　sam-liang　samfu.
　　　　　同　　吾　啊　秀妹　　　洗-了　三-领　　衫裤
　　　"替我啊!秀妹洗了三件衣服。"　　　　[话题:受惠者]

(41) [$_{PP}$ di　luga　a], Xiumoi　t_i　se-e　sam-liang　samfu.
　　　　　在　屋下　啊　秀妹　　　洗-了　三-领　　衫裤
　　　"在家啊!秀妹洗了三件衣服。"　　　　[话题:处所介词组]

多重施用结构也遵守话题化限制,凡是经由施用结构引介的蒙受者,都不能作为话题。普通话的两个蒙受者,带着"给"字的外蒙受者、位于类双宾句的内蒙受者,即(42)"给我""小 D"都无法出现在话题位置,验证了两者是通过施用词组引介:

(42) 普通话:施用词组+施用词组
　a. *[$_{ApplP}$ 给我]$_i$ 啊,阿 Q 居然 t_i 喝了小 D 三杯酒。　[话题:外蒙受者]
　b. *[$_{ApplP}$ 小 D]$_i$ 啊,阿 Q 居然给我喝了 t_i 三杯酒。　[话题:内蒙受者]

再看到四县客家话,多重施用结构具备两种引介策略,显性、隐性兼用,或者都用显性的"同"字句。隐性类双宾句无疑是施用结构,问题在于"同"究竟是施用词组,还是介词组?(40)和(41)的对比可知,介词组里的论元才能够话题化。我们把话题化用在这两种型态组合中,来澄清句中"同"的类型。

首先看到例子(38)都用显性"同"字来引介内、外蒙受者,其话题化之后结果如(43),内蒙受者"阿兴"和外蒙受者"吾"都不能当作话题:

(43) 施用词组＋施用词组

a. *话题:外蒙受者

*[$_{ApplP}$ **t'ung ngai**]$_i$ a, Amin ginien t_i t'ung Ahin lim-het sam-bi jiu.
　　同　　吾　啊 阿明竟然　t_i　同　　阿兴 喝-掉　三-杯 酒

b. *话题:内蒙受者

*[$_{ApplP}$ **t'ung Ahin**]$_i$ a, Amin ginien t'ung ngai t_i lim-het sam-bi jiu.
　　同　阿兴　啊 阿明竟然　同　　吾　t_i 喝-掉　三-杯 酒

由此可知,前面例(38)的内、外蒙受者都位处以"同"字为中心语的施用词组。

第二种类型是前面提到的例(37):外论元是带着"同"字的受惠者或是伴同者,再加上类双宾句的内蒙受者。将话题化测试用在(37)上,只有(44a)受惠者和(44b)伴同者能够位处话题位置,可见受惠者和伴同者并非位处施用词组,而是介词组,否则应该像(44c)内蒙受者不允许作为话题:

(44) 介词组＋施用词组

a. 话题:受惠者

[$_{PP}$ t'ung Xiumoi]$_i$ a, Amin t_i lim-het Ahin sam-bi jiu.
　　同　秀妹　啊 阿明　　 喝-掉 阿兴 三-杯 酒
"秀妹啊!阿明(帮她)喝掉阿兴三杯酒。"

b. 话题:伴同者

[$_{PP}$ t'ung Xiumoi]$_i$ a, Amin t_i lim-het Ahin sam-bi jiu.
　　同　秀妹　啊 阿明　　 喝-掉 阿兴 三-杯 酒
"秀妹啊!阿明(和她)喝掉阿兴三杯酒。"

c. *话题:内蒙受者

*[$_{ApplP}$ Ahin]$_i$ a, Amin t'ung Xiumoi lim-het t_i sam-bi jiu.
　　阿兴　啊 阿明 同　秀妹　喝-掉　　三-杯 酒

由此观之，客语多重施用结构的组合较多，也能兼用介词组和施用词组。

上述讨论用话题化来看，普通话采用显性、隐性施用词组，四县客家话不但用施用词组还可以用介词组。继引介方式之后，下面我们要进一步界定多重蒙受句式内部结构：副词曾被视为没有绝对位置的附加成分，然而近年的研究却指出副词之间还是有高低层系之分。Cinque（1999）提出的 Universal Base Hypothesis，列出副词的序列如（45）所示：

(45) ***The Universal Base Hypothesis***：

$_{Mood}$ Evaluative＞$_{Mood}$ Evidentials＞…＞$_{Tense}$(Past)＞$_{Tense}$(Future)＞Deontic＞…＞Possibility＞ Root volition ＞…＞Root ability/permission＞$_{Asp}$ habitual＞VP

其中意愿副词（volition adverb）是标准的主语指向，不能离主语所在范畴太远。根据内主语假说（Internal Subject Hypothesis；Koopman & Sportiche，1985、1991；Fukui & Speas，1986 等），主语的基本位置在轻动词组的指示语，因此意愿副词最多到轻动词组边缘地带（vP periphery），正好这就是内蒙受出现的地方（Tsai，2007、2008）。我们希望利用意愿副词作为界标，标定多重施用结构内部句法结构。

先比较四县客家话例（46），外论元"秀妹"通过介词组引介，作为伴同者或受惠者，"阿兴"则是位处施用词组的内蒙受者。把意愿副词"特意""故意"放进来看，观察副词和内、外论元顺序：副词最好放在第一个位置如（46a），绝对不可以像（46c）放在最后；（46b）副词介于中间的话，外论元只能解读成伴同者：

(46) a. Amin **tid-sii** [$_{PP}$ *t'ung Xiumoi*][$_{ApplP}$ *t'ung Ahin*][$_{VP}$ lim-het

阿明　特意　　同　秀妹　　　同　阿兴　　喝-掉

sam-bi jiu].

三-杯　酒

"阿明和秀妹故意喝掉阿兴三杯酒。"　　［伴同者＋内蒙受者］

"阿明故意帮秀妹喝掉阿兴三杯酒。"　　［受惠者＋内蒙受者］

b. Amin [$_{PP}$ *t'ung* Xiumoi] ***tid-sii*** [$_{ApplP}$ *t'ung* Ahin] [$_{VP}$ lim-het
　　阿明　　同　　秀妹　　特意　　　　同　　阿兴　　喝-掉
sam-bi jiu].
三-杯　酒
"阿明和秀妹故意喝掉阿兴三杯酒。"　　　　[伴同者+内蒙受者]
#"阿明故意帮秀妹喝掉阿兴三杯酒。"　　　　[受惠者+内蒙受者]

c. *Amin [$_{PP}$ *t'ung* Xiumoi] [$_{ApplP}$ *t'ung* Ahin] ***tid-sii*** [$_{VP}$ lim-het
　阿明　　同　　秀妹　　　　同　　阿兴　　特意　　喝-掉
sam-bi jiu].
三-杯　酒

通过这组例子,我们可以排出以下的序列:"同"施用词组的内蒙受者、介词组的受惠者都在意愿副词之后,伴同者所在的介词组比较宽松,在前、在后都可以:

(47) [$_{PP}$ 同+与事者]/意愿副词＞[$_{PP}$ 同+受惠者]＞[$_{ApplP}$ 同+蒙受者]

第二种类型则以施用词组之间的排序为主。外蒙受者"吾"位于"同"字句,内蒙受者"阿兴"则在类双宾句中。意愿副词在(46)里不能放在最后,(48c)也行不通。不过,出现在第一个位置的成分,(46)和(48)就有差别了:副词在(46a)中是在最前面,但是在(48a)里反而会有点问题。相反地,第一个位置必须是外蒙受者才合语法,如(48b):

(48) a. ?Amin ginien ***tid-sii*** [$_{ApplP}$ *t'ung ngai*] lim-het [$_{ApplP}$ Ahin]
　　　阿明　竟然　　特意　　　同　　吾　　喝-掉　　　阿兴
sam-bi jiu.
三-杯　酒
"阿明竟然故意给我喝掉阿兴三杯酒。"

b. Amin ginien [$_{ApplP}$ *t'ung ngai*] ***tid-sii*** lim-het [$_{ApplP}$ Ahin]
　阿明　竟然　　　同　　吾　　　　特意　　喝-掉　　　阿兴

sam-bi jiu.
　　三-杯　酒
　　"阿明竟然给我故意喝掉阿兴三杯酒。"(外蒙受者＋内蒙受者)

c. *Amin ginien [ApplP *t'ung ngai*] lim-het [ApplP *Ahin*] ***tid-sii***
　　阿明　竟然　　　同　吾　　　喝-掉　　　阿兴　　特意
　　sam-bi jiu.
　　三-杯　酒

外蒙受者"吾"所在的高阶施用排在意愿副词之前，内蒙受者仍在最后，图解如下：

(49) [ApplP 同＋蒙受者] ＞ 意愿副词 ＞ [ApplP 蒙受者]

因此我们可以说，四县客家话可以兼用显性、隐性施用词组来形成多重施用结构，这也是普通话所使用的唯一策略。倘若上述分析无误，那么把意愿副词测试放到普通话中来看其结果也应该会一样：外蒙受者"给我"最前，意愿副词次之，内蒙受者"小 D"居末位，例(50a-c)的对比证实了这项推测：

(50) a. ?阿 Q 居然 故意 [ApplP 给我] 喝掉 [ApplP 小 D] 三杯酒。
　　 b. 阿 Q 居然 [ApplP 给我] 故意喝掉 [ApplP 小 D] 三杯酒。
　　 c. *阿 Q 居然 [ApplP 给我] 喝掉 [ApplP 小 D] 故意三杯酒。

总结来说，意愿副词和内蒙受者的出现范畴相近，都在轻动词组的边缘地带。利用意愿副词为界标，排出普通话和四县客家话的多重施用结构中的论元序列，分别如 (51a、b)所示：

(51) 多重蒙受句式的蒙受论元序列
　　a. [ApplP 外蒙受者] ＞TP＞意愿副词＞vP＞[ApplP 内蒙受者] ＞VP　[普通话]
　　b. [ApplP 外蒙受者] ＞TP＞意愿副词／[PP 伴同者] ＞[PP 受惠者] ＞vP＞
　　　 [ApplP 内蒙受者] ＞VP　[四县客语]

相较之下,普通话多出了用介词组引介伴同者和受惠者的组合。接下来我们把上句的线性关系展开看,绘制细部的结构图。兼用显性、隐性策略是普通话、四县客家话共有的类型,前面(33a)的结构则可分析为(52):

(52) 普通话:高阶施用("给"字句)+中阶施用(类双宾句)

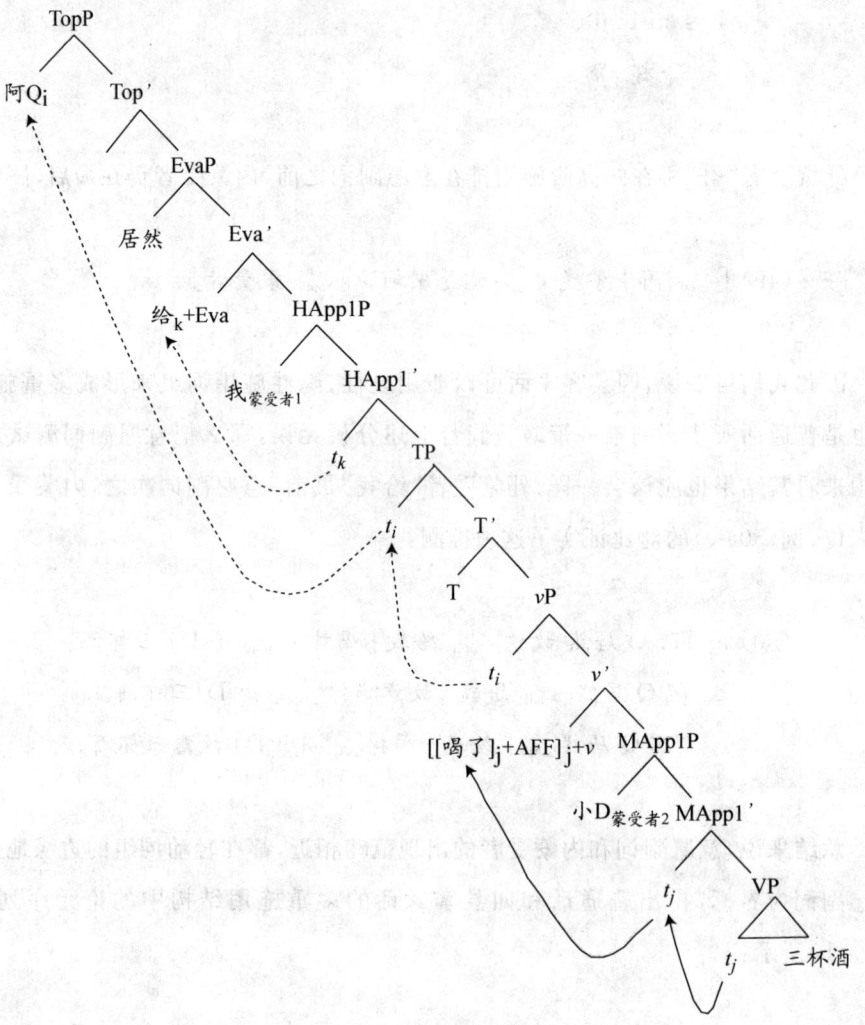

外蒙受者由施用词组引介,架接在 TP 之上,属于左缘范畴(left periphery),其中心语即普通话"给"、四县客家话"同",投射出指示语位置引入外蒙受者。另一方面,(36)的结构则可以用(53)来呈现:内蒙受者则通过轻动词组边缘的施用词组引介,其中心语是个没有语音形式的 AFF,使得内蒙受者看似没有额外标记:

(53) 四县客家话:高阶施用("同"字句)＋中阶施用(类双宾句)

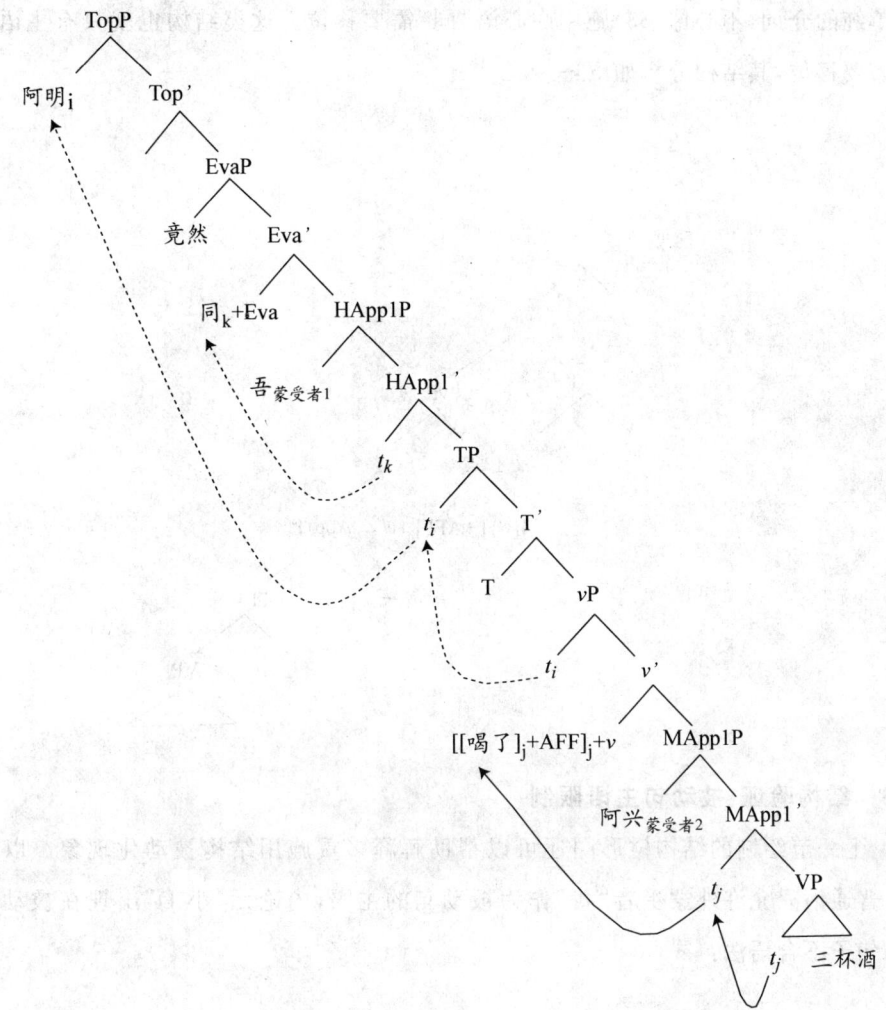

上面结构树中还发生三个移位:(一)主语移位:根据内主语假说(Internal Subject Hypothesis;Koopman & Sportiche,1985、1991;Fukui & Speas,1986 等),主语从轻动组指示语出发经过 TP,最后到 TopP;(二)施用中心语移位:引介外蒙受者的普通话"给"、四县客家话"同",上移到评注词组(EvalP)完成本句式独特的反诘语气;(三)动词中心语移位:中阶施用的中心语 AFF 本身没有具体型态,动词从动词组上移至中阶施用词组,填补 AFF 型态空缺。此外,四县客家话还有内、外蒙受者带"同"字的例子(38),差别在于此处由显性"同"代替隐性 AFF 来引介内蒙受者,两者句法行为一致,都在副词之后出现。

四县客家话第二种多重施用结构则以受惠者或伴同者为外论元,再接上内蒙受者。以前面提到的(37)为例,受惠者和伴同者位于介词组,直接加接在 vP 上,"同"字在此是单纯的介词,不必像(53)施用中心语"同"需要移位。这类结构也就只有主语以及动词需要移位,其结构分析如下:

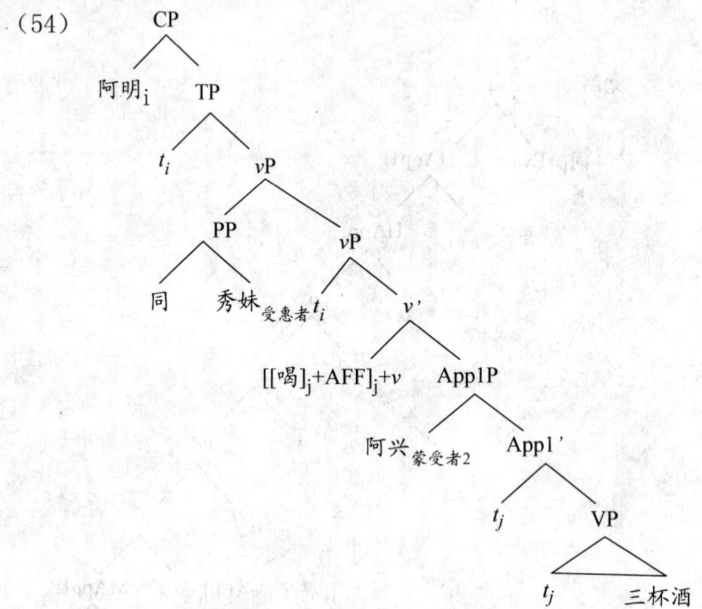

3.3 结构验证:被动句主语限制

上一节绘制的结构树形图还可以帮助解释多重施用结构被动化现象。以(55)为例,普通话只允许外蒙受者"我"作为被动句的主语,内论元"小 D"出现在被动句主语上,句子不合语法:

(55) a. 我$_i$居然被阿 Q[$_{ApplP}$ 给 t_i]喝了[$_{ApplP}$ 小 D]三杯酒。

  b. *小 D$_i$居然被阿 Q[$_{ApplP}$ 给我]喝了[$_{ApplP}$ t_i]三杯酒。

从上一节普通话多重施用结构树图(52)很明显看出,外蒙受者所在位置高于内蒙受论元,因而有比较高的机会成为被动句主语。有趣的是,四县客家话也是以外蒙受者作为被动句主语。比如(58)所证,四县客家话被动"分"字句允许外蒙受者"吾"做主语,内蒙受者则不行,其原因在于主语位置让结构较高外蒙受者先占据了。

(56) a. ***ngai***_i ginien *t*_i bun Amin lim-het Ahin sam-bi jiu.
　　　　吾　　竟然　　　被　阿明　喝-掉　阿兴　三-杯　酒
　　　　"我竟然被阿明喝掉阿兴三杯酒。"（蒙受者）

b. Ahin_i ginien bun Amin t'ung ngai lim-het *t*_i sam-bi jiu.
　　　阿兴　竟然　　被　阿明　同　　吾　喝-掉　　三-杯　酒
　　　"阿兴竟然被阿明和我喝掉三杯酒。"（与同者）
　　 #"阿兴竟然被阿明给我喝掉三杯酒。"（蒙受者）

总结上述的讨论，四县客家话和普通话都能兼用显性隐性施用词组，形成多重施用结构。除了施用词组，四县客家话还用介词组，这使得四县客家话多重施用结构有更多的组合。

4. 结语

本文从朱德熙先生和陆俭明先生的观察为出发点，来讨论多重施用结构在方言中的异同：普通话引介非典论元的策略较为严谨，而客语的策略则相对多样化。多重施用结构不但体现了句法和语义之间的密切相应关系，而且印证了制图理论的中心思想，亦即其论元引介方式和语义诠释呈整齐对应。客观的测试使我们也发现以下的通则：施用词组所引介的外蒙受者高高在上，位处左缘结构；而内蒙受者、受惠者或伴同者则盘踞在轻动词组的边缘地带。

参考文献

邓思颖　2010　《简论普通话语粤语的蒙受句》，文稿。
郭　锐　2002　《现代汉语词类研究》，北京：商务印书馆。
陆俭明　2002　再谈"吃了他三个苹果"一类结构的性质，《中国语文》第 4 期。
沈　力　2009　汉语蒙受句的语义结构，《中国语文》第 1 期。
詹卫东　2000　基于配价的汉语语义词典，《语言文字应用》第 1 期。
钟叡逸　2007　《"同 t'ung"和而不同：谈国语和客语蒙受结构》，（台湾）清华大学语言所硕士论文。
钟叡逸　2009　《四县客语两类"同"字句：论其复议性与语法结构》，SWEAL-2009，NTHU。
朱德熙　1979　与动词"给"相关的句法问题，《方言》第 2 期。
朱德熙　1982　《语法讲义》，北京：商务印书馆。

Cinque, Guglielmo 1999 *Adverbs and Functional Heads*. Oxford: Oxford University Press.

Fukui, Naoki and Margaret Speas 1986 Specifiers and projection. In N. Fukui, T. R. Rapoport and E. Sagey (eds.) *MIT Working Paper in Linguistics* 8: 128—172. MIT.

Huang, C.-T. James 1982 Logical relation in Chinese and the theory of grammar. Ph. D. dissertation, MIT.

Huang, C. T. James 1999 Chinese 'passive' in comparative perspective. *The Tsing Hua Journal of Chinese Studies* 29 (4): 423—509.

Ko, Heejeong 2005 Syntax of wh-in-situ: Merge into [Spec, CP] in the overt syntax. *Natural Language and Linguistic Theory* 23: 867—916.

Ko, Heejeong 2006 On the structural height of reason *wh*-adverbials: Acquisition and consequences, ms.

Koopman, H. and D. Sportiche 1985 θ-Theory and extraction. *GLOW Newsletter* 14: 57—58.

Koopman, H. and D. Sportiche 1991 The position of subjects. *Lingua* 85 (2): 211—258.

Lai, Huei-ling 2001a On Hakka BUN: A case of polygrammaticalization. *Language and Linguistics* 2.2:137—153.

Lai, Huei-ling 2001b Hakka LAU construction: A constructional approach. *Language and Linguistics* 2.2:137—153.

Lai, Huei-ling 2002 *Hakka Lau Construction: A Semantic Analysis*. Taipei: Crane.

McGinnis 2005 UTAH at merge: Evidence form multiple applicatives. *MITWPL* 49:183—200. MIT.

Pylkkänen, Liina 2002 Introducing arguments, Ph. D. Dissertation, MIT, Cambridge, MA.

Rizzi, Luigi 1997 The fine structure of the left periphery. In Liliane Haegeman (ed.) *Elements of Grammar*. 281—337. Dordrecht: Kluwer Acad. Publisher.

Rizzi, Luigi 2002 Locality and left periphery. In Belletti, A. (ed.) *Structures and Beyond. The Cartography of Syntactic Structures*. Vol. 3. Oxford University Press.

Tsai, Wei-Tien Dylan 2007 On middle applicatives. Paper presented in the 6th GLOW in Asia, The Chinese University of Hong Kong.

Tsai, Wei-Tien Dylan 2008 On higher applicatives: A view from left periphery. paper presented in TEAL-5, Potsdam University, Germany, September 2008.

Tsai, Wei-Tien Dylan 2010 EPP as a topic feature: Evidence from Chinese applicatives and reflexive adverbials. Paper presented in the 8th GLOW in Asia, Peking University, August 2010.

Tsao, Feng-fu 1988 Topics and clause connectives in Chinese. *Bulletin of The Institute of History and Philosophy Academia Sinica* 59.3: 695—737.

Tsao, Feng-fu 1989 Comparison in Chinese: A topic—comment approach. *Tsing Hua Journal of Chinese Studies New Series* 19.2: 151—189.

对疑问语气提升的研究

陈振宇

复旦大学

1. 引言

望月八十吉(1980)、汤廷池(1981、1984)、陈炯(1984、1985)等早就讨论过带疑问从句的句子能否表示疑问的问题。从黄正德(Huang,1982a)开始,关于汉语 Wh 词是否有逻辑移位的问题就引起了汉语生成语法研究者的广泛兴趣,徐烈炯(1990)、Li(1992)、Aounh & Li(1993)、蔡维天(1994、2000、2007)、何元建(2001)、石定栩(1999、2002)等都提出了很好的意见。

我们认为,除了生成语法的研究外,也不妨从其他角度,尤其是汉语结构主义成熟的优良研究传统出发,结合认知、语义等多个视角,来认真地省视一下有关的问题。实际上,朱德熙先生(1982)《语法讲义》早就做过这样的描写(后文一律省作《讲义》),后来赵巨源(1988)、邵敬敏(1994)、温锁林(2004)、王婵婵(2005)也秉持描写语言学的研究传统,从语料和语言事实入手,试图通过调查、归纳,揭示汉语疑问从句现象的真实面貌;与此同时,也试图根据汉语结构主义的特征和范畴分析方法,寻找制约有关现象的内在机制与条件。

与生成语法研究比较,这些研究胜在描写上详尽,但在解释性上略逊,主要是没有多角度地、充分地抓住一些具有普遍性的制约机制;相较生成语法研究者运用的孤岛限制理论,我们尚缺乏这样深度的理论解释。从 2006 年开始,作者循着同样的道路向前走,本文正是这一研究的一个小结,文中试图从中国结构主义研究视角出发,提出自己的一些观点,其中最为重要的是"复数投射规则",其次还有"信源化""意愿穿透现象"

"语气基本规则"等,希望以此达到甚至超越生成语法有关理论的解释水平,为汉语研究开拓新的道路。(详情请参看拙作《疑问系统的认知模型与运算》)

在开始之前先澄清一个基本观念,汉语特指疑问结构至少存在四种语法操作:

(1) 哪一个人$_i$ 你 觉得 t_i 比较适合你?　　　　wh 词前置且由空位回指

(2) 哪一个人$_i$ 你 觉得 他$_i$ 比较适合你?　　　wh 词前置且由代词回指

(3) 哪一个人$_i$ 你 觉得 (t_i 的)性格比较适合你?　wh 词前置且由配价名词回指

(4) 你 觉得 哪一个人比较适合你?　　　　　　　疑问语气提升

这四句分为两大类:(1)、(2)、(3)是一类,都是将 wh 词前置于主句句首,其中只有(1)与英语的疑问操作有可比性,而(2)、(3)都是对(1)的进一步操作。(4)则自成一类,wh 词直接位于原来的论元位置上,没有前置操作,但它有疑问语气提升问题,即从句中的 wh 词要把它的疑问语气传染给主句,力图把主句也弄成疑问。

这两种疑问结构在汉语中具有不同的地位:

首先,wh 词前置在汉语中和在英语中一样,是且仅是 wh 词的现象,因为只有独立成分才能够主题化;但是,疑问语气提升却并不仅仅是 wh 词的特定问题,而是汉语中大多数疑问形式都有的普遍问题,只要它们能出现在从句之中,例如:

(5) 你 认为 我们该去上海还是北京?

(6) 你 认为 我们该不该去上海?

(7) 你 认为 我们是否应该去上海?

上例中是"(是)……还是"选择问形式、"A 不 A"正反问形式以及附加的"是否"疑问成分,它们并不是独立成分,不可能前置,但也有疑问语气提升问题。

其次,在汉语中,wh 词前置往往比疑问语气提升受到更为严格的限制:

(8) *谁$_i$ 你 喜欢 看 t_i 写的书?

（9）谁ᵢ，你 喜欢 看他ᵢ写的书？

（10）你 喜欢 看谁写的书？

由于汉语定语从句中一般不允许出现空位，所以(8)不成立，要前置至少必须由一个代词来复指先行语，如(9)；而对疑问语气提升来说就要自由得多，如(10)所示。

汉语 wh 词前置现象也很重要，徐烈炯、刘丹青(1998)称之为"疑问性话题焦点"，而陆丙甫、徐阳春(2003)等对它进行了较为全面的研究。我们认为，只有当疑问语气可以提升时，才能进一步谈 wh 词前置操作，即"wh 词可以前置"必然逻辑地蕴涵着"疑问语气可以提升"。

本文主要研究疑问语气提升问题，对 wh 词移位现象暂不讨论。"语气"(mood)，是说话者说一个句子时要求该句子所担负的言语功能，它是由句中的成分实现的；某些语词或结构，由于自身语义内容的特殊性，强烈要求句子带有疑问语气，这就是所谓的"疑问表达式"。疑问表达式很自然地把它所在的小句实现为疑问句，但它并不"满足"，还努力向上"传递"疑问语气，以使主句也受到它的影响，使主句的言语功能与它的疑问要求相一致。

2. 调查工作

2.1 封闭语料库的调查

我们选取了北京大学 CCL 语料库中"北京话"类型的全部语料(陈振宇，2009、2010b)，找出所有带疑问从句的例子。一般来讲，从句是疑问，而主句不是疑问句，很显然，主句中有成分阻止了疑问语气提升，如"我并没 说 你心里其实是什么样的"。但还需注意另两类句子：

一是从句是疑问，主句也是疑问句，但是这疑问并非来自从句，而是由于在主句中另有疑问表达式造成的，所以从句的疑问语气实际上已经被阻止了，如"你怎么不先 想想 自己应该怎么做呢？"

另一种是所谓"非典型疑问句"(陈振宇，2008)，一般指主句是非疑问的结构，但由于某种外在的原因，在特定情况下具有疑问的功能，带有疑问语气，例如当句子表明说话者在向听者询问时，那么要求听者回答就是理所当然的事，这是由主句结构的语义内容直接产生的疑问语力，如"我 问 你谁不知所以？"再如《讲义》(124)提到过的"你 知道 他去不去？"在结构上这是是非问句，问你是否知道，但言语活动产生了另一个疑问语力，即如果你知道的话，请告诉我有关答案，这也是非典型疑问句。

经过合并整理，带有疑问从句或疑似疑问从句的句子有6700余条，排除了各种零句和非常规句式之后，最终得到主、从关系较为清晰的例句共6574条，其中5688句主句都是非疑问的；368句是主句另有疑问表达式从而是疑问句；另外有386句是非典型疑问句；真正属于疑问语气提升现象的句子，即主句是疑问句，且主句没有疑问表达式，又不是非典型疑问句的，仅有132句。

我们同意大多数学者们的观点，认为主句动词在疑问语气提升中具有关键作用，主要分为两类："威廉 问 罗纳尔多买了什么"中主句动词"问"具有阻断疑问提升的功能，故全句为陈述句，"问"类动词称为"阻断式"(question-barrier)；而"威廉 认为 罗纳尔多买了什么？"中主句动词"认为"不具有阻断疑问提升的功能，称为"中性符号"(question-free sign)。(陈振宇、陈振宁，2009；陈振宇，2010c)

我们共找到由谓词和谓词性结构充当的阻断式998个，包括396个动词、形容词和固定结构，602个由谓词加上状、补语构成的谓词性结构，如"想清楚……、无法理解……"等；还找到45个由名词和名词性结构充当的阻断式，等等。但中性符号仅有17个，其中"打算、觉得、想[意愿要求]、要[意愿要求]、以为"最常见，占了这类例句总数的80%，如"你们 打算 坐火车还是乘飞机回去？""你 以为 老外们一天到晚在干吗？"其他还有"感觉、见、叫、教、觉你、让、认为、算、希望、喜欢、指望、准备"等。

在中性符号的运用中，常用主句主语人称为第二人称，占本类例句总数的91%；除极少几个例句外，几乎所有例句的主句动词都是光杆形式，即不加时间成分，且主句也没有什么副词(个别有否定副词)。

2.2　扩大调查范围

由于CCL语料库"北京话"类型全部语料中我们找到的例句比较少，而且结构和用法都比较简单，以至于某些语法研究者们(尤其是汉语生成语法研究者们)喜欢讨论的现象，在这些语料中无法反映，所以我们还参考了不少CCL语料库其他类型的语料以及网络语料的调查结果,在此基础上扩大了调查的范围。

我们考察了现代汉语常见谓宾动词义项共 560 个,其中找到允许疑问提升的中性符号 79 个,约占总数的 14%。这一比例远远小于赵巨源(1988)、王婵婵(2005)等的调查结果。这是因为他们没有区分"非典型疑问句",把很多由言语行为造成的疑问句也包括了进来。

按其语义内容及句法表现的不同,允许疑问提升的谓宾动词大致可分为四类:

    1. 表示意愿和行动的谓宾动词:爱[喜好]、爱好、安排、帮助、保证、答应、打算、动员、罚、负责、敢、鼓励、规定、害怕、计划、建议、决定2、开始、考虑2、命令、怕[害怕]、期望、企图、情愿、请[希望]、请求、让[使令]、申请、讨厌、提倡、提议、同意、希望、喜欢、限制、想[希望]、协助、要、要求、愿意、赞成、争取[力求实现]、支持、指望、主张、准备2、准许、着急、着手、阻碍、阻止

    2. 表示主体的认识和事物的属性的谓宾动词:发现、感到、会、见[看到]、觉得[感觉]、觉得[认为]、能1、能2、能够1、能够2、认为、适合、听见、听说、推测、以为、应该、预料、证明、知道、值得[有价值]

    3. 表示言说的谓宾动词:说[解]、坦白、通知、透露、宣布

    4. 表示遗忘的谓宾动词:忘、忘记

十分重要的是,这些动词中有一些实际上在一般情况下是不允许疑问语气提升的,仅在一些很不常见的例句中有提升成功的情况,所以它们不是所谓的"兼类",在本质上它们都是阻断式,仅在极为特别的情况下临时具有中性符号的功能。这些谓宾动词有"发现、负责、感到、计划、见、说、坦白、听见、听说、通知、推测、忘、忘记、宣布、争取、证明、知道"等。

3. 对制约疑问语气提升的条件的考察

中国结构主义擅长全面调查与多角度分析相结合的道路,这比早期生成语法研究者仅对动词做简单分类的方法要好。《讲义》中对汉语"真谓宾动词"的多角度考察给了

我们不小的启发,下面是本文的考察结果。请注意,限于篇幅,下文中只调查了主句是肯定句的例子,否定对疑问的影响我们将另文论述。

3.1 不定式与定式

当主句动词后可以明确地判明为不定式时允许疑问语气上升。汉语不定式的判定颇受英语研究的影响,综合前人的研究,我们认为有些汉语动词是可以明确判明的,如下面的"决定、计划、命令、打算"等,而调查表明它们都允许提升:

(11) 你 决定 什么时候去?

(12) 政府 计划 在哪儿修大坝?

(13) 上级 命令 我们何时进攻?

(14) 他 打算 搬到哪里去?

但这一条件是有偏向的,即可以判明时,一定允许提升;但不能判明时,有的动词允许提升,如例(15),有的则不允许,如例(16)。

(15) 他 认为/觉得 谁是凶手?

(16) 他们在舱里 搜查 有没有走私品。

3.2 谓词性宾语与体词性宾语

《讲义》从句法角度分出了谓词性宾语和体词性宾语,可分为三种:只能带体词性宾语,只能带谓词性宾语,和既能带体词性宾语又能带谓词性宾语。(另参见袁毓林编,2001:127—131;陆丙甫,2009)当动词只能带谓词性宾语,不能带体词性宾语时,由该动词担任的主句动词允许疑问语气提升。例如"认为、觉得、打算、动员、希望、让"等都不能带体词性宾语(双宾语时要求其直接宾语不能是体词性宾语),而调查表明它们都允许提升:

(17) 学校 动员 大家每人捐多少?

(18) 手工课老师 让 你们做什么？

(19) 你 希望 中国队取得什么样的成绩？

这也是有偏向的条件，当主句动词能带体词性宾语时，大多时候不能提升，如"知道、研究"等可带体宾（他知道这件事、他正在研究获得油品的新方法），下例都不是疑问句：

(20) 他 知道 他在干什么。

(21) 他在 研究 怎样获得新油品。

不过有一些能带体词性宾语的动词是允许提升的，如"喜欢、同意、赞成、反对、承认、相信"可带体宾（他喜欢你、他喜欢书、他相信你、他相信这件事），但下例却是疑问句：

(22) 她 喜欢 用什么炒菜？

(23) 你 赞成 去哪儿呢？

(24) 银行家们 相信 谁能为他们赚得利润？

3.3 陈述性宾语与指称性宾语

《讲义》用"什么"和"怎么样"提问测试，认为指称性宾语只能用"什么"不能用"怎么样"（看、喜欢、考虑、研究等），而陈述性宾语只能用"怎么样"不能用"什么"（觉得、喜欢、开始、打算等）。我们的调查表明：当动词带陈述性宾语，即只能用"怎么样"来替代宾语提问时，由该动词担任的主句动词允许疑问语气提升。如"觉得、认为、敢、企图"，只能说"觉得/认为/敢/企图怎么样"，不能说"*觉得/认为/敢/企图什么"，故它们允许提升。

(25) 您 觉得 中国队有没有把握赢得这次的比赛？

(26) 他 认为 谁会反对他？

(27) 你 敢 打谁？

(28) 这家伙 企图 逃到哪里去？

而当动词能用"什么"提问时，大多不能提升，如：

(29) 他在 考虑1/说1 派谁去。

但有一些则允许提升，如"发现、支持"可以说"支持/发现什么"，但下例为疑问句：

(30) 他 发现 谁是凶手呢？

(31) 主任 支持 谁升职？

3.4 行动动词和判断动词

《讲义》分出了表示判断的（承认、发现、证明、知道、相信等）和表示行动的（打算、准备、提倡、主张、愿意、同意、反对、决定等）动词。我们的理解是：表示行动的动词有两个基本语义要素，一是反映主语希望或不希望发生什么；二是主语对某种行动的实施有着促使或阻碍的作用。当动词是表示行动的动词时，由该动词担任的主句动词允许疑问语气提升。

(32) 国家 提倡 生几个孩子？

(33) 他 愿意 做什么官？

(34) 他 阻止 你们做什么？

这也是有偏向的条件，表示判断的动词一般不允许提升，如(35)；但也有一些允许提升，如(36)：

(35) 他 知道 派了谁去。

(36) 他 相信 谁才是他的敌人？

3.5 动词与时间性成分的搭配

当动词不能与表示时间意义的助词（着、了、过）、副词以及结果性、预期性等成分搭配时，由该动词担任的主句动词允许疑问语气提升。如"值得、爱、怕、情愿"等都不能与时间性成分搭配，而它们都允许疑问语气提升：

(37) 这东西 值得 咱们出多大的价钱？

(38) 他平时 爱 看什么书？

(39) 你 怕 哪个打你？

(40) 为了这事你 情愿 费多少心思？

再如有一些动词有多个义项，其中一个表示活动（包括心理活动），可用表示过程的时体标记"正在、在"等，如"他正在想这一问题""他正在想用什么来中和试剂"的"想1"，它往往也可与结果性成分等搭配，如"他想不出来谁有嫌疑""他很难想清楚自己喜欢什么"；另一个表示主体的意愿，与意愿助动词"能、愿"等相似，不能用表示过程的时体标记，如"他想你再给他一次机会"的"想2"。前者一般不允许疑问提升，如(41)；后者则允许疑问自由提升，如(42)：

(41) 他在 想1 让谁去。

(42) 他 想2 让谁去？

这样的分别还有："考虑1"（他正在考虑用什么来中和试剂）和"考虑2"（领导考虑让谁去？），"说1"（我已经说了派谁去）和"说2"（老师说派谁去？），"准备1"（她正在准备年夜饭吃什么）和"准备2"（他准备去哪儿？），"决定1"（你赶快决定何时动身）和"决定2"（上头决定什么时候撤退？）等。

当然,这也是有偏向的条件。当主句动词能与时间成分搭配时,一般来说加上时间成分就不允许疑问上升,如(43);但有时也会允许疑问上升,如(44):

(43)他也 想 过用什么来中和试剂。

(44)你(都) 想 过用什么来中和试剂?

3.6 例外情况

上述操作能否有效地判断一个句子是否允许宾语从句中的疑问语气提升？我们的调查表明,它在大多数时候是适用的。但当上述5个条件都不满足时,仍然存在少数的"例外":

(45)我刚才 说1 什么时候去找她?(老舍《同盟》)

(46)那么,他 知道 谁才是可能的潜在的盟友呢?(网络课堂)

(45)中"说"是述说义,后面不是不定式,可带体词性宾语,可用"什么"提问,不是行动动词,带有时间成分"刚才",但疑问语气却成功上升,主句为疑问句。

4. 对"孤岛"限制的反思

只有在调查的基础上,才能进一步探讨在它们背后是否存在统一的决定机制,否则我们的研究就是空中楼阁。生成语法研究者总是试图找到一种语法决定机制来解释疑问提升现象,比较流行的一个是关于移位的"孤岛"限制说。这一理论认为：NP的定语从句中的成分难以移出,因为名词性的中心语充当了这一移位的语障;所以定语从句中的wh词不可能上升到主句。一些研究者也试图用"NP孤岛"来解释汉语的疑问语气提升现象。

我们的调查和分析表明,孤岛限制确实有一定的作用,但为了更为准确地反映汉语的实际情况,需要做一点修正:

4.1 真谓宾和假谓宾

当动词后是一个不定式,或动词只能带谓词性宾语时,动词后当然没有作为语障的名词性中心语。但有的动词能带谓词性宾语,也能带体词性宾语,如"他在学习研磨毛坯""他在学习毛坯研磨",那么它们又如何呢?我们认为,这些动词的体词性宾语是一个带或不带定语从句的名词性结构,例如"他正在学习这一技术"和"他正在学习怎样从煤炭中提炼油脂的技术";如果中心名词"技术"和"的"不出现,即它们隐含了,就成了"他正在学习怎样从煤炭中提炼油脂"这样的谓词性宾语。

《讲义》(59—60,120—124)说,只有"谓宾动词"可以带谓词性宾语,又分为两类:真谓宾动词(觉得、希望、赞成、打算、以为、认为、感到、能、应该等)和准谓宾动词(进行、有、作、加以、给以、受到、予以等),然后进一步用三个维度对真谓宾动词分类:宾语表判断还是行动、带疑问句形式的宾语时整个述宾结构是否也表示疑问、用"什么"还是"怎么样"提问测试。

朱先生的论述非常准确,可惜篇幅短小,未竟其义。后人的研究中往往把这三个维度割裂了,其实它们应看成一个整体。例如"他在学习研磨毛坯""他在学习毛坯研磨",一般研究者认为前者是陈述性宾语,后者是指称性宾语,但实际上它们都只能用"什么"来提问,"他在学习什么?"而不能说"*他在学习怎么样?"应该这样讲,是动词"学习"的性质决定了用"什么"还是"怎么样",而不是宾语的性质,所以这两句的宾语都应该是指称性宾语,它们都隐含了一个中心语,即"他在学习研磨毛坯/毛坯研磨(的技术/方法)"。

本文主张把朱先生的真谓宾动词分为两类:1)真正的"真谓宾动词",其宾语为一个小句,包括不定小句(他打算去北京)和定式小句(他觉得我们太胆小了);2)另一类称为"假谓宾动词",其宾语多是一个带或不带关系从句的名词性结构,但中心名词和"的"不出现时,其宾语在形式上是谓宾,但在逻辑语义上则是一个指称。对假谓宾动词而言,隐含的名词性中心语虽然在句法形式上不出现,但在逻辑语义层面上却是存在的,故在疑问语气提升中也要起到语障的作用。

4.2 自指与转指

进一步研究发现,在汉语中,不是任何一个名词都可以担任语障,只有"问题、方法、方式、技术、内容、知识、事"等少量名词可以。它们都是朱先生讲的"自指",构成一个封闭的区域。

首先，确实存在名词阻碍其定语从句中的疑问语气提升到主句的例句，经调查，这些名词性中心语有"办法、标志、传记、大事、道理、理由、事、经过、选择权、时候、原因、知识、报导、话、故事、话题、这二者、协议、名单、证据、一部分、报告、打算、数目、想法、时间表、主张与说法、公论、见解、通知、办法、坏道儿、主意、小窍门、明白、实话、单子、态度、计划、教育、看法、意见、结果、问题、争论"等，它们都是"自指"，而不能是"转指"。如：

（47）他们在研究怎么对付蕾丝的 办法 。

（48）对于人为什么会做梦的科学 道理 ，当医生的比别人更清楚。

（49）这大体上是您需要不需要请心理医生咨询的一个 标志 。

但当宾语有名词性中心语时，某些句子还是可以允许定语从句中的疑问语气提升的：

（50）他在看谁写的 小说 ？

这里的中心语"小说"是定语从句所表示的事件"写"的论元，即朱先生讲的"转指"。如果把它改为"自指"，则疑问语气不会提升，如：

（51）他在看谁写《红楼梦》的问题。

由此可见，是"自指"而非"转指"造成了对疑问语气提升的阻碍。

调查也发现一些"语障"和"孤岛"理论所无法解释的现象，这要求我们自己开动脑筋，打破西方已有的理论对我们的头脑的束缚，另辟蹊径。也许这才是朱先生留给我们的最宝贵的财产。实际上，一些研究者已经试图从新的角度来解释有关现象，如方梅（2005）、王婵婵（2005）所用的"控制度"理论。"控制度"指动词对其引导的宾语小句的影响程度，表现为引导宾语小句的动词与其后小句之间存在的共变关系。但这一理论比较粗疏，它只是把主句动词分成不同的控制度等级，并得出大概的趋向性。

下面介绍我们在这方面的一个研究成果。

5. 疑问语气提升的认知本质是"数"的对应性

5.1 复数性和复数性投射规则

疑问其实是一种"选择",即说话者提供一个预设的可能的命题集合,然后要求听话者从中选出一些命题作为回答。不同的疑问形式提供的选择多少不一,有二值(是非问、正反问)、多值(选择问、特指问)之分(徐烈炯,1990;邵敬敏,1996;戴耀晶,2005),但归根到底,它们都具有同样的性质:都是复数命题集合。当疑问句在从句中时,如果要使主句也是疑问,很显然,主句也必须在语义上是一个复数命题集合。例如:

(52) 疑问表达式:什么(a、b、c…)

从句:他吃了什么?　{吃了(他,a),吃了(他,b),吃了(他,c),…}

主句:你以为他吃了什么?　{以为(你,吃了(他,a)),以为(你,吃了(他,b)),以为(你,吃了(他,c)),…}

从数学上讲,"$C1=\{x|a,b,c,…\}$"为定义域,而"以为(你,吃了(他,C1))"为函数,"$C2=\{以为(你,吃了(他,x))\}$"为值域。如果我们保证从定义域 C1 到值域 C2 的投射(mapping)是一对一的,就可以保证将定义域的复数性质投射给值域,使值域也是复数命题集合,由此就可以保证主句也具有疑问语气。这一观点即"复数性投射规则":当从句中的疑问表达式通过层层对应,最终与主句形成一对一关系时,复数性成功投射到主句,疑问语气从从句提升到它的主句;当不能获得一等一关系,而是一对多关系时,复数性不能投射到主句,从句中的疑问语气也就不能提升。前面讨论的各种条件,完全可以用这认知语义规则来解释:

1) 在定语从句问题上,阻碍提升的为什么是自指而不是转指?

"他在 研究 谁写的书?"中,"书"与定语"谁写"之间是转指关系,它们属于同一个事件、同一个命题,如不同的人写不同的书,所以"谁写"和"书"都是同一个事件,它们之间是一对一关系;而"研究"的对象为"书",它们又属于同一个事件,也是一对一关系。这样一来,复数性从"谁写"投射到"书",又成功投射到"研究",故而疑问语气可以顺利地提升,主句为疑问句。

这一句还有另一个意义,即相当于"他在 $\boxed{研究}$ 谁写的书这一 $\boxed{问题}$"中省略了中心语"这一问题"。这时,"这一问题"与其定语"谁写书"之间是自指关系,不属于同一个事件、同一个命题,不管"谁写这本书"有多少种可能,中心语都是且只是一个问题,因此它们之间不是一对一关系,而是多对一的关系。"谁写的书"为复数,但"谁写的书这一问题"则是单数,而"研究"的对象是"这一问题",它也是单数,于是复数性无法从"谁写的书"投射到"研究",故而疑问语气不能提升,主句为非疑问句。

2) 为什么只能带谓词性宾语,或已判明动词后为不定式的主句动词允许疑问语气提升?

因为这表明主句动词与宾语事件之间具有直接的语义联系,从而双方完全互动,易于保持一对一的关系。如"你 $\boxed{希望}$ 成为什么样的人?"中,"成为什么样的人"这一事件直接充当"希望"的内容,所以"希望"与其宾语事件一对一;在宾语中,"什么样的人"又是事件"成为"的结果,所以"什么样的人"又与事件"成为什么样的人"之间是一对一关系;最终,"希望"与"什么样的人"之间是一对一关系,复数性成功投射。

3) 为什么行动性动词即使可带名宾,也允许疑问上升?

因为行动性动词是且仅是与宾语所表示的事件一一对应。它表示对宾语事件的促成或阻碍作用,如"他 $\boxed{赞同}$ 我们做什么?"我们做甲事他赞同,但是做乙事他未必赞同,可见我们做不同的事,他的赞同也是不同的赞同。这样就绝对保证了从从句命题到主句命题之间的复数性投射。

下面我们重点来看看那些用孤岛理论无法解释的例句。

5.2 方面自指与内容自指

为什么有的自指名词性中心语也会允许疑问语气提升?如:

(53) 他为什么辞职的 $\boxed{说法}$ 比较 $\boxed{可靠}$?(引自石定栩,1999)

(54) 他会 $\boxed{相信}$ 星星和谁结婚的 $\boxed{传言}$?

(55) 那么,你是 $\boxed{学}$ 过操作哪种机械的 $\boxed{技术}$ 呢?

(56) 这讲的到底 是 对付谁的 办法 啊？

有必要区分两种不同的"自指"：方面(aspect)自指和内容(content)自指。

"方面"，指定语从句表示的是中心语所关涉的特定方面，但并不直接给出中心语的具体内容。当我们面对一个具体句子中的定中结构时，如果能加上"关于""在……方面/上"，且句子意义基本不变，则是方面自指；反之，如果加上后句子不成立，就不能是方面自指。如下面这些都是方面自指：

(57) 关于人为什么会做梦的科学 道理 。

(58) 在您需要不需要请心理医生咨询方面的一个 标志 。

方面定语与其中心语之间是多对一的关系（因为方面是虚指的、模糊的，只要大致方面不错，有一两个变项并不影响中心语的意思），所以方面自指阻止疑问语气提升，如前面(48)、(49)所示。

"内容"，指定语从句表示的是中心语的具体内容，如：

(53′) 他因为受贿而辞职的 说法 1　　(53″) 他因为伤病而辞职的 说法 2

(53‴) 他因为工作失误而辞职的 说法 3　　……

可以看到，"说法 1≠说法 2≠说法 3"，每一次变项的取值不同，中心语的值也不同，因此，内容定语与其中心语之间是一对一的关系。由于是一对一的关系，内容自指便不会妨碍复数性投射，也就不会阻止疑问语气提升。

有时，两种自指都有可能，如(53)可以说"关于他为什么辞职的 说法 比较 可靠 (吗)？"此时是方面自指，全句是一个是非问句，可以在后面加上"吗"，指关于他辞职的原因的说法，是不是比较可靠的；与之相对的是，也许关于他辞职的其他方面的说法就不可靠了。而由(53′)到(53‴)可知，(53)也可以是内容自指，此时定语与其中心语有一对一关系；又主句的谓词"……可靠"以"说法"为其主事，所以它们也有一对一关系，最终全句实现复数性投射,成为疑问句,指关于他辞职的哪一条原因比较可靠。与之对比的是,其他的原因就不一定可靠了。

5.3 结构性论元和非结构性论元

同一个句子,有时不同的疑问表达式会导致疑问语气提升方面的不同。有的研究区分了"论元疑问词"与"非论元疑问词",有的区分了"名词性疑问词"与"非名词性疑问词"(林若望,1992;蔡维天,1994),但这些区分都过多考虑句法因素,忽视了认知语义因素。我们认为应分为两个语义类:

第一种是**结构性论元**:一旦该论元发生变化,则事件也必然会发生变化,所以它们与事件具有一对一的关系。大多数论元,如施事、受事、工具、方式、材料、时间、地点、与事、主事、系事等都是如此,如"张三写小说"与"张三写论文","张三用毛笔写字"与"张三用钢笔写字","张三在桌上写字"与"张三在地上写字","张三写大字"与"张三写小字","张三是好人"与"李四是好人","张三当了班长"与"张三当了组长"等等,每一对都代表两个不同的事件。

第二种是**非结构性论元**:一般来讲,不论它怎么变,事件还是原来的事件,所以它们与事件之间不具有一对一关系,而是多对一关系。少数论元,如原因、目的、受益或受害者、评价等都是如此,如"张三因为想出名而写小说"与"张三因为想赚钱而写小说"虽然写作的原因不同,"(说者认为)张三很优秀(写了一部小说)"与"(说者认为)张三很糟糕(写了一部小说)",虽然说者的评价不同,但都是同样的写作事件。

当然,也不是没有中间模糊的地带。非结构性论元内部存在一定的差距,即朝向未来与朝向过去的区别。所谓朝向未来,是指该论元在事件发生之前即已存在并被施动者所知,如目的、受益受害者等;而所谓朝向过去,指该论元只有当事件发生之后,我们才能去回溯它,最为典型的是原因和评价。

有时我们会认为,一个人写作的目的或受益受害者不同,则写作时的主观积极性也会不同,写作的事件就会产生差别,例如为出名也许专写精英读物,而为赚钱则专写通俗读物,那么这时的目的或受益受害者就具有结构性论元的性质。与之相反,原因、评价则根本不会影响事件本身的性质。

我们须接合主句与从句事件的关系,从复数性角度对不同的论元进行具体的分析。

5.3.1 当主句与从句事件有一对一关系时,这时分为三种情况:

5.3.1.1 结构性论元 wh 词由于与从句事件有一对一关系,所以主句与这些 wh

词也有一对一关系,复数性得以成功地从从句投射到主句,疑问语气成功提升,如:

(59) 他 |喜欢| 谁写的 |书| ? 他 |喜欢| 写什么的 |书| ? 他 |喜欢| 采用哪种风格写的 |书| ?

5.3.1.2 非结构性论元 wh 词与从句事件有多对一关系,所以主句与这些 wh 词也有一对多关系,复数性不能成功地从从句投射到主句,疑问语气不能提升,这时如果主句动词不能带间接问句,则句子不成立。最常提到的就是表原因的 wh 词:

(60) *他 |喜欢| 张三为什么写的 |书| ?   *你 |赞成| 他们为什么去上海?

再如以下对比:

(61) 谁写的 |书| 最 |精彩| ?   他为谁写的 |书| 最 |精彩| ?

(62) *他为什么写的 |书| 最 |精彩| ?

(63) 我们怎样处理这件事比较 |好| ?

(64) *我们为什么处理这件事比较 |好| ?

另外,蔡维天揭示出表评价的"怎么样"也存在这样的特点:(引自蔡维天,1994)

(65) 你比较 |喜欢| 他怎么样煮的 |菜| ?

(66) *你比较 |喜欢| 他煮得怎么样的 |菜| ?

(65)中"怎么样"出现在状语位置上,且表示方式,是结构性论元,故句子为疑问句;而(66)中"怎么样"出现在补语位置上,表示评价,是非结构性论元,加上"喜欢"不能带间接问句,故句子不成立。

5.3.1.3 目的、受益或受害者等指向未来的论元 wh 词则居于其间,一般不出现在从句中,在特殊情况下则可以出现,并且显示出结构性论元的性质。如:

(67) 你|喜欢|张三为谁写的|诗|?

(68) 记者:您|希望|您女儿为了什么而努力?

母亲:当然是为了国家,为了荣誉,也……为了她自己。

5.3.2 当主句与从句事件不是一对一关系时,上述限制条件就不再起作用,此时要具体问题具体分析。例如:

(69) 你|认为|他们为什么去北京?　*你|赞成|他们为什么去北京?

(70) 你|认为|他们会去哪儿?　你|赞成|他们去哪儿?

"赞成"和"认为"两个主句动词对宾语要求不同:"赞成"是行动性动词,与从句事件有一对一关系,受5.3.1.1和5.3.1.2中的条件限制;而"认为"是判断性动词,对事件的所有方面都可以进行判断,包括事件的原因,所以"认为"在这里不与"他们去北京"这一事件对应,而是与他们去北京的原因相对应,因此成功投射了复数性。

5.4 小结

综上所述,复数性投射要求一环扣一环,如果其中任何一环出现问题,就无法成功投射,从句的疑问语气就无法成功提升。这正是成功提升的例句如此之少的原因。有时候,主句动词和疑问表达式都合适了,可是句中其他成分配置不当,也完全可以阻碍投射。如:

(71) *他喜欢看谁写的这两本书?

(72) *你赞成他们正在写什么?

有下划线的成分是"捣蛋"的成分。(71)中指示代词"这"把名词性中心语"打了个包",使"这两本书"作为一个整体与定语相对应,从而出现多对一的局面。(72)中"正在"强调他们在做的是一件事情,已经在做了,赞成就不能影响这件事了。再如:

(73) 谁写的书你认为不错?

(74) 谁写的书你都认为不错。

表总括的"都"在左指时,反映一个多对一关系,即所有可能选项都与一个同样的事件相对应,因此复数性无法成功投射,"谁写的书"的疑问语气就无法提升。

复数性规律具有跨语言的有效性。如英语中关于有定性的规定:(引自张连文,2007)

(75) Who did she buy a picture of?　　她买了谁的画像?

(76) *Who did she buy that picture of?　　*她买了谁的那幅画像?

不定的"a picture"可以与事件 buy 形成所指依存,用我们的话说,就是它与事件一一对应,所以句子合法,但有定的"that picture"只是一幅画像,就出现了一对多的局面。

6. 其他影响疑问语气提升的认知规律

中国结构主义研究信奉多层面、多视角的研究观,认为一个复杂的语言现象,往往是各方面因素影响的结果,除了抓住主要矛盾外,次要矛盾也不容忽视。下面介绍两个同样起作用的机制。

6.1 构式的影响

有两类十分特殊的允许疑问语气提升的例句,基本上都来自网络上的非正式语料。它们与复数性无关,由两个特殊的构式决定,而且是两个灵活、富有感染力的修辞构式。

1) 主句结构表示信息的来源,生成语法研究者讨论的所谓"兼类"现象,最为常见的就是这一种,如前面的(45)、(46),再如:

（77）社科院 通知 什么时候开研讨会？

（78）他 交代 那天他为什么没去接头呢？

（79）你 发现 她什么时候离开的？

（80）他 听见 小草和妈妈说什么了？

这些主句动词，都表示后面的信息的来源，和"实据性"（evidentiality）（李佳樑，2008）范畴有关。我们认为，从普遍主句结构虚化为信源类话语标记，这是一个逐渐发生的过程。首先是一种临时的修辞用法，即当主句具有表明信息来源的作用时，听说双方将关注的重心从主句转向信息部分（即从句），于是主句成为一种"准话语标记"，而从句则获得独立。这也正是方梅（2005）所说的"认证义谓宾动词"向语用标记虚化的一种情况。

实现这一转换的条件是：主句结构不能否定，如"社科院 不/没通知 什么时候开研讨会"，就是指没有获得有关"什么时候开研讨会"的信息，而不再关心这一信息的具体内容；主句结构不能有时体标记，因为时体凸显信息的获得与否，而不再关注信息本身，如"社科院 已经通知了 什么时候开研讨会"指获得了有关"什么时候开研讨会"的信息，而这一信息的具体内容如何却不必考虑（不过汉语至少有一个例外，我们可以在表信源时用"过"，这大概是因为"过"表示已过去的事，它既已过去，自身便不那么凸显了，而其结果或遗留下来的信息才成为关注的重心，如"社科院 通知过 什么时候开研讨会？"）；主句结构不能带上重音，因为话语标记都是背景信息，如果带上重音，就成了焦点信息，那从句的意思就不会被关注了；主句结构不能受描摹性状语修饰，因为状语会凸显信息的获得过程，而不再关注信息本身，如"社科院 及时通知我们 什么时候开研讨会"指获得信息是及时的，而这一信息的具体内容如何却不必考虑；主句结构不能加上表示感叹、祈使等语气的成分。

2）表示主语希望或不希望事情是某一种特别的情况，主要是"希望/想＋W＋Q"结构。其中 Q 为疑问从句，而 W 为一个具有阻断式功能的结构；"W＋Q"本来应该已经阻止了疑问语气的提升，但是"希望/想"却又把疑问语气弄了出来，让它"跳"过了 W 的阻碍，提升到主句，使整个句子成了疑问句：

(81) 你 想/希望 知道 谁当选美国总统？

(82) 你 想/希望 我们 告诉 你谁当选美国总统？

(83) 你 想/希望 我们 报道 谁当选美国总统？

6.2 语气基本规则的影响

"语气实现基本规则"：当句中有两个或多个可能语气成分时：1)句法位置最高的那个可能语气成分实现为全句的语气；2)一旦句子有了语气，则对句中其他可能语气成分进行去语气化操作；3)如果去语气化操作失败，则句子不成立，相关成分不能同现。（陈振宇，2010c）这一规则对疑问语气提升问题也有解释力，能解释一些微妙的例句：

(84) 你认为他去哪儿了？ 你可能/肯定/确实/别/居然/终究认为他去哪儿了。

(85) 他觉得自己是什么人？ 他太觉得自己是什么人了。

表示认识情态的"可能、肯定、确实"是陈述语气可能成分，"别"是祈使语气可能成分，"居然、终究、太……了"是感叹语气可能成分，它们实现为句子的语气，所以从句中的"哪儿"就去语气化而成为不定代词。如果从句中的疑问形式不能去语气化，则句子不合格，如：

(86) 你认为他去不去上海？
    *你可能/*肯定/*确实/*别/*居然/*终究认为他去不去上海。
(87) 你认为他去上海还是去北京？
    *你可能/*肯定/*确实/*别/*居然/*终究认为去上海还是去北京。
(88) 你认为他是否会去上海？
    *你可能/*肯定/*确实/*别/*居然/*终究认为是否会去上海。

这是因为"(是)……还是……""A不A""是否"等疑问表达式的疑问语气根本无法脱落，又不能成为间接问句或引语。（有关副词与疑问的关系，请参看陈振宇，2010a、2010c）

参考文献

蔡维天　2000　为什么问怎么样,怎么样问为什么,《汉学研究》第18卷特刊。

蔡维天　2007　重温"为什么问怎么样,怎么样问为什么"——谈汉语疑问句和反身句中的内、外状语,《中国语文》第3期。

陈　炯　1984　关于疑问形式的子句作宾语的问题,《安徽大学学报》第1期。

陈　炯　1985　再论疑问形式的子句作宾语——答台湾师范大学汤廷池教授,《安徽教育学院学报》第1期。

陈振宇　2008　现代汉语中的非典型疑问句,《语言科学》第4期。

陈振宇　2009　"知道"、"明白"类动词与疑问形式,《汉语学习》第4期。

陈振宇　2010a　现代汉语的副词与疑问,《语言学论丛》第四十一辑,北京:商务印书馆。

陈振宇　2010b　现代汉语中阻止疑问提取的词语和结构,《语言研究集刊》第七辑,上海:上海辞书出版社。

陈振宇　2010c　《疑问系统的认知模型与运算》,上海:学林出版社。

陈振宇、陈振宁　2009　疑问范畴中的形式与标记,见邵敬敏、谷晓恒主编《汉语语法研究的新拓展》(四),北京:北京大学出版社。新世纪第四届现代汉语语法国际研讨会语法新秀一等奖论文(青海民族学院,2007)。

戴耀晶　2001　汉语疑问句的预设及其语义分析,《广播电视大学学报》第2期。

戴耀晶　2005　汉语疑问句的语义分析,见陈昌来主编《现代汉语三维语法论》,上海:学林出版社。

方　梅　2005　认证义谓宾动词的虚化——从谓宾动词到语用标记,《中国语文》第6期。

何元建　2001　疑问词移位与汉语疑问词的句法分布,见沈阳、何元建、顾阳著《生成语法理论与汉语语法研究》,哈尔滨:黑龙江教育出版社。

黄伯荣　1984　《陈述句、疑问句、祈使句、感叹句》,上海:上海教育出版社。

李佳樑　2008　《现代汉语的实据性及其表现》,复旦大学硕士学位论文。

林裕文　1985　谈疑问句,《中国语文》第2期。

陆丙甫　2009　基于宾语指称性强弱的及物动词分类,《外国语》第6期。

陆丙甫、徐阳春　2003　汉语疑问词前移的语用限制——从"疑问焦点"谈起,《语言科学》第6期。

陆俭明　2003　《现代汉语语法研究教程》,北京:北京大学出版社。

邵敬敏　1994　间接问句及其相关句类比较,《华东师范大学学报》第5期。

邵敬敏　1996　《现代汉语疑问句研究》,上海:华东师范大学出版社。

石定栩　1999　疑问句研究,见徐烈炯主编《共性与个性——汉语语言学中的争议》,北京:北京语言文化大学出版社。

石定栩　2002　《乔姆斯基的形式句法》,北京:北京语言文化大学出版社。

汤廷池　1981　国语疑问句研究,《师大学报》第26期。

汤廷池　1984　国语疑问句研究续论,《师大学报》第29期。

王婵婵　2005　《疑问小句作主宾语考察》,河南大学硕士学位论文。

望月八十吉　1980　中国语の世界创造的述语,见《中国语》。

望月八十吉　1981　关于汉语谓语的一个问题,《语文研究》第1期。

温锁林　2004　真谓宾动词带疑问句形式宾语的语气问题,《语文研究》第2期。

徐烈炯、刘丹青　1998　《话题的结构与功能》,上海:上海教育出版社。

袁毓林编　2001　《20世纪现代汉语语法八大家——朱德熙选集》,长春:东北师范大学出版社。

张连文　2005　再谈 Wh-移位中的不对称,《外语学刊》第6期。
张连文　2006　再谈 Wh-移位中的不对称(续),《外语学刊》第1期。
张连文　2007　特指问句的语义所指依存限制,《语言教学与研究》第5期。
赵巨源　1988　《疑问句形式宾语和动词的类》,北京大学硕士学位论文。
赵巨源　1989　疑问句形式宾语和动词的类,《烟台大学学报》第2期。
朱德熙　1982　《语法讲义》,北京:商务印书馆。
Aoun, Joseph & Yen-Hui Audrey Li 1993 WH-elements in situ: Syntax or LF? *Linguistic Inquiry* (24).
Cheng, Lisa 1991 On the typology of WH-questions. Ph. D. dissertation, MIT.
Huang, C. T. James 1982a Move Wh in a language without Wh-movement. *The Linguistic Review* (1).
Huang, C. T. James 1982b Logical relation in Chinese and the theory of Grammar. Ph. D. dissertation.
Li, Audrey Y.-h. 1992 Indefinite Wh in Mandarin Chinese. *Journal of East Asian Linguistics* (1).
Lin, Jo-wang 1992 The syntax of zenmeyang 'how' and weishenme 'why' in Mandarin Chinese. *Journal of East Asian Linguistics* (1).
Lin, Jo-wang 1996 Polarity licensing and Wh-phrase quantification in Chinese. Ph. D. dissertation, Uninversity of Massachuesetts, Amherst.
Lin, Jo-wang 1998 On existential polarity WH-phrases in Chinese. *Journal of East Asian Linguistics* (7).
Shi, Dingxu 1994 The nature of Chinese Wh-questions. *Natural Language and Linguistic Theory* (12).
Tsai W.-T. D. 1994 On nominal islands and LF extraction in Chinese. *Natural Language and Linguistic Theory* (12).
Tsai, W.-T. D. 2008 Left periphery and How-Why alternations. *Journal of East Asian Linguistics* (17).
Xu, Liejiong 1990 Remarks on LF movement in Chinese. *Linguistics* (28).

汉藏语的"的"字结构*

戴庆厦 闻 静

中央民族大学 北京华文学院

1. 解题

在汉藏语系语言(以下简称"汉藏语")里,定语助词"的"是一个使用频率高、句法特点多变的虚词。"的"字结构的研究,不仅关系到如何认识"的"字的变化和发展,还与句法结构的演变关系密切。由于它具有重要的理论意义和应用价值,因而一直是汉语语法学界研究的热点。

20世纪50年代,朱德熙先生首次引入现代语言学中的结构主义理论和方法,对汉语的虚词"的"进行了系统、深入的探讨。他将汉语的"的"字看作是其前面词语的后附成分,把"X的"的不同分布看作是"的"的不同功能,由此提出了著名的"三个语素"说。即:"的$_1$"是副词性后附成分,整个"X的"是副词性功能,只能做状语;"的$_2$"是形容词性后附成分,"X的"具有形容词性功能,除了主语、宾语之外,其他句子成分都可以充当;"的$_3$"是名词性后附成分,整个"X的"具有名词性功能。此后,学界关于"的"的属性和分类几乎都在此基础上展开。

汉藏语研究的历史告诉我们,研究一种语言的语法如果能够参照其他语言(包括亲属语言和非亲属语言)的语法,就有可能深入认识这个语言的语法特点。汉藏语的"的"字结构的研究也是这样,除了单一语言的描写研究外,还要有不同语言的比较、参照和反观。只有这样,才能看到语言中的深层次特点,看到单一语言研究所看不到的现象和

---

* 本文在"走向当代前沿科学的现代汉语语法研究国际学术研讨会——纪念朱德熙教授诞辰90周年和庆祝陆俭明教授从教50周年"(2010年8月17—18日,北京大学)上宣读过。

特点,也才有可能从中求取不同语言类型上的共性和个性,真正认识到汉藏语"的"字结构的特质。近几十年,汉藏语研究的广泛开展和不断深入,已为汉藏语的比较研究提供了良好的条件。

汉语"的"字结构包括了副词性的"的"(做状语),但非汉语的"的"与汉语不同,即状语的"的"与定语的"的"大多为两套系统,用不同的词表示。以哈尼语为例,定语的"的"是 γ^{33},如 ŋa^{31}(我)γ^{33}(的)a^{31}da^{33}(父亲)"我的父亲",状语的"的"是 ne^{33},如 mja^{31}(多)ne^{33}(地)dza^{31}(吃)"多多地吃"。又如景颇语,定语"的"是 na^{55}、a^{ʔ31}、ai^{33},而状语的"的"用 ʃa^{31}。我们这里所要研究的,是定中结构中的"的"。

本文使用的研究方法,主要是比较法和反观法,还采用"的"字的词源比较法。研究目的主要是探讨汉藏语"的"字结构的共性、个性,以及揭示汉藏语"的"字结构产生的语言机制。

2. 汉藏语"的"字结构的共性与差异

从定语的语义类型上看,汉藏语"的"字结构各语言都有领属性、修饰性、限制性三种语义关系。但就具体语言来说,"的"字多少不一,定语的语序也因语义类型的不同而有所不同。

2.1 "的"的数量多少不一

汉藏语各语言间"的"的数量多少不一,有的语言没有"的",有的语言只有一个"的",而有的语言却有多个"的"。

2.1.1 没有"的"的语言

汉藏语中绝大多数语言都有定语助词"的",但也存在个别没有"的"的语言,如嘉戎语。嘉戎语没有"的"字结构,靠前缀表示领属、修饰、限制的定中结构关系。这类语言均是形态比较发达的语言。表示领属的如:

ŋa ŋa-i ndʑi wə- i mbro   我朋友的马
我 (前缀)朋友(前缀) 马

ŋə- i ta- ma mtɕa.   我的活儿多。
我 的 (前缀)活儿 多

表示修饰和限制关系的,也是在中心语名词前加前缀表示。例如:

ŋa	kə- wa rne wə-	mbro tə	na	ŋa- ŋ.	我爱红的马。
我	红 （前缀）	马	（复指）爱	（后缀）	
mə	ka- khra wə-	wɛ tə	na	ŋa- u.	她爱花衣服。
她	花 （前缀）	衣服	（复指）爱	（后缀）	

2.1.2 只有一个"的"的语言

汉藏语中大量的语言只有一个"的",但"的"字却存在功能大小差异。

有的语言"的"的功能单一,只出现在领属性定中结构中,其他关系不用"的"。如藏语支、羌语支诸语言以及侗水语支中的水语。例如:

门巴语	pu^{35} sa^{53} ko^{31} ji^{35} ci^{53}	小孩的书
	小孩 的 书	
羌语(桃坪话)	qa^{55} $z_{\iota}o^{33}$ tu^{55} $bz_{\iota}a^{31}$	我的哥哥
	我 的 哥哥	
普米语	$tʃə^{13}$ $z_{\iota}a^{55}$ $tsiõ^{13}$ gui^{55}	小孩们的衣服
	小孩 的(复数) 衣服	
扎坝语	$ȵe^{55}$ $z_{\iota}ə^{33}$ $tshu^{33}$ wa^{55}	我们的生活
	我们 的 生活	
水语	qa^3 to^2 nu^4 tsa^5	弟弟的那些
	若干 的 弟弟 那	

有的语言"的"的功能多样,同一个"的"可以出现在多种定中关系的语义结构中,而且有的还可用作句尾语气助词。如汉语、拉祜语、哈尼语、载瓦语、勒期语以及壮侗语、苗瑶语中的大部分语言。这些语言均属分析性较强的语言。例如:

哈尼语	$ŋa^{31}$ $ɣ^{33}$ $mjɔ^{31}$ go^{31}	我的东西
	我 的 东西	

	jo³³ sɿ³¹ ɤ³³ ba³¹ dɤ⁵⁵	新的板凳
	新 的 板凳	
	mi⁵⁵ tɕi³¹ ɤ³³ tie²⁴ ji³³	昨晚的电影
	昨晚 的 电影	
载瓦语	ŋa⁵⁵ moʔ⁵⁵ eʔ⁵⁵ loʔ³¹	我们的手
	我们 的 手	
	jaŋ³¹ kai⁵⁵ to̠³¹ eʔ⁵⁵ tsaŋ³¹	他做的饭
	他 做（助动）的 饭	
	maŋ³¹ ʃi³¹ ma⁵¹ jaŋ³¹ vom⁵⁵ ʃi³¹	芒市的菠萝
	芒 市 的 菠萝	
侗语	ɕiu¹ tji⁶ ti¹ tsaːŋ⁴	我们的队长
	我们 的 队长	
	soŋ⁵ ȵaːu⁶ wu¹ ɕaːŋ² tji⁶ uk⁹	放在床上的衣服
	放 在 上 床 的 衣服	

这类语言的"的"除能标识定语外，其功能还扩展到句子层面表示判断的语法意义。如拉祜语：

    sɿ⁵⁴ tshi³³ ŋa³¹ ti³³ ta³¹ ve³³.   这树是我栽的。
    树 这 我 栽（助）的

又如哈尼语的定语助词 ɤ³³，既能表示定语和中心语之间的领属、修饰、限制关系，还能放在动词之后做补语的助词。相当于汉语的"得"。例如：

    a³¹ jo³¹ e⁵⁵ ɤ³³ do̠³³ mɯ³¹. 他说得很好。   a³¹ so⁵⁵ thu⁵⁵ ɤ³³ na̠³¹?   谁起得早？
    他 说 得 很 好   谁 起 得 早

2.1.3 有多个"的"的语言

汉藏语中有些语言存在两个或两个以上"的",但其分工在不同语言之间存在一些差异。有的语言的多个"的"与不同的语义类型呈一对一的关系,分工明确。如景颇语、缅语都有三个"的",三个"的"的用法独立,各司其职。例如:

景颇语　　ʃiʔ⁵⁵ aʔ³¹ pā³³ loŋ³³　　　他的衣服(aʔ³¹ 表领属)
　　　　　他　的　衣服
　　　　　phʒo³¹ ai³³ pā³³ loŋ³³　　　白的衣服(ai³³ 表修饰)
　　　　　白　的　衣服
　　　　　tai³¹ niŋ³³ na⁵⁵ mam³³　　　今年的稻子(na⁵⁵ 表限制)
　　　　　今年　的　稻子

缅语　　　ŋa³³ jɛʔ⁵⁵ sa³³ ouʔ⁵⁵　　　我的书(jɛʔ⁵⁵ 表领属)
　　　　　我　的　书
　　　　　mǎʔ⁵⁵ pjiʔ⁵⁵ tɛʔ⁵⁵ ou⁵³　　不满的瓶子(tɛʔ⁵⁵ 表修饰)
　　　　　不　满　的　瓶
　　　　　je³³ kā³³ tɛ⁵³ kaʔ⁵⁵ ŋa⁵³　　池塘里的鱼(tɛ⁵³ 表限制)
　　　　　池　塘　里　的　鱼

但有的语言存在一对一、一对二的对应关系。如布央语有三个"的"(naŋ¹¹、han²⁴、ti³³),naŋ¹¹、han²⁴ 表示领属关系,ti³³ 表示修饰、限制关系。例如:

un²⁴ han²⁴ ma³¹²　　你的妹妹　　　ɕɛk¹¹ ɕɯ²⁴ naŋ¹¹ kɛ²⁴　　他的一本书
妹　的　你　　　　　　　　　　　册　书　的　他

而有的则是多个"的"对应一种语义类型,如浪速语的三个"的"(ʒu³¹、ɛ³¹, nɔ̠³¹)都做修饰性定语助词,例如:

lɛ̄³¹ lɛ̄³¹ ʒu³¹ khjɔ̄³¹　　宽宽的路　　vai³¹ ɛ³¹ kjɔ̄³¹ lauŋ⁵⁵　　买的蚊帐
宽宽　的　路　　　　　　　　　　　买　的　蚊帐

波拉语有四个"的"($ɛ^{31}$、na^{31}、ku^{31}、$mɛ̃^{55}$），$ɛ^{31}$、ku^{31} 都可做修饰性定语助词。例如：

  $kɔ^{35}$ $kɔ^{35/31}$ $ku^{31/33}$ sak^{55}　　大大的树　　　$ɤɛʔ^{31}$ $ɛ^{31}$ $khui^{35}$　　叫的狗
  大　　大　　　的　　　树　　　　　　　　　　　　叫　的　狗

总之，汉藏语的"的"字分布呈不平衡性。其不平衡性的形成，有各种因素的制约，其中语言类型的差异是一个重要的原因（详见下）。

2.2　汉藏语"的"字结构的语序

"的"字连接定中结构的中心语和定语。在汉藏语里，中心语和定语的语序有些语言相同，有些语言不同。其语序有两种类型：一是定语在中心语之前，二是定语在中心语之后，以前一语序出现频率高。在定中结构中，有的加"的"，有的不加。不同关系的定中结构，语序情况不完全一样。

2.2.1　领属性关系的语序

属于这种语义关系的语序有两种，一是定语在前，二是定语在后。属于"定语＋中心语"语序的有汉语、藏缅语以及苗语等。例如：

  景颇语　　　　nu^{51}　$a^{ʔ31}$　ka^{31}　　　　　　　母亲的话
  　　　　　　　母亲　　的　　话

  羌语（桃坪话）　pe^{22} pe^{22}　zo^{33}　tho^{55} la^{55} $tɕi^{55}$　伯父的拖拉机
  　　　　　　　伯父　　　的　　拖拉机

  阿昌语　　　　$ŋo^{55}$　$tʂai^{55}$　a^{31}　pzo^{55}　　我哥哥的书
  　　　　　　　我　哥哥　　的　　书

  哈尼语　　　　$a^{31}jo^{31}$　$ɤ^{33}$　$a^{31}ma^{33}$　　　他的母亲
  　　　　　　　他　　　的　　母亲

  苗语（矮寨）　bu^{44}　$naŋ^{44}$　$pəŋ^{53}$　$də^{44}$　　他的书
  　　　　　　　他　　的　　本　　书

属于"中心语＋定语"的是壮侗语的多数语言。例如：

布央语   un²⁴ han²⁴ ma³¹²   你的妹妹
          妹   的   你

傣语   kam² an² su¹ tsau³ va⁶   你说的话
          话   的   你   说

黎语   tshia¹¹ kɯ¹¹ aːu⁵³   人家的书
          书   的   人家

带"的"的领属性定语,"的"与定语结合的紧密程度不一。有的语言,当人称代词做领属性定语时,和"的"结合紧密,于是出现合音或者增音的现象。如:

景颇语   ŋjeʔ⁵⁵ aʔ³¹ pã̠³³ loŋ³³ / ŋjeʔ⁵⁵ pã̠³³ loŋ³³   我的衣服
          我的   的   衣服   我的   衣服

独龙语   a³¹ pai⁵³ a³¹ ta³¹ na⁵⁵ / a³¹ pai⁵³ ia³¹ ta³¹ na⁵⁵   爸爸的弯刀
          爸爸   的 弯刀   爸爸   的   弯刀

2.2.2 修饰性关系的语序

属于这一语义关系的语序也有两种,一是定语在前,二是定语在后。在前的都要带"的"。在前的如:

景颇语   phʐo³¹ ai³³ pã̠³³ loŋ³³   白的衣服
            白   的   衣服

阿昌语   na⁵⁵ na⁵⁵ sɿ³¹ u³¹ suŋ³¹   红红的帽子
            红红   的   帽子

纳西语   ka³³ tsi⁵⁵ ge³³ ba³³ la³¹   干净的衣服
            干净   的   衣服

苗语(矮寨) tsei³⁵ ŋa⁴⁴ naŋ⁴⁴ a⁴⁴ le⁵³   最矮的一个
            最   矮   的   一个

在后的有带"的"的,也有不带的。带"的"的如:

拉基语　　　　　　i⁴⁴ la⁴⁴ lje⁵⁵　　　　　　流的水
　　　　　　　　　水　的　流

在后的不加"的"的，主要是壮侗语诸语言，还有藏缅语中的少数语言，如彝语等。例如：

水语　　　　　　ɣa² to² po⁴ la:u⁴　　　　　两只大黄牛
　　　　　　　　两　只　黄牛　大
普米语　　　　　pɐ¹³ tsə⁵⁵ ɳø⁵⁵　　　　　　红花
　　　　　　　　花　　红
彝语　　　　　　tsʅ⁵⁵ mo²¹ ʂʅ⁵⁵　　　　　　新锄头
　　　　　　　　锄头　　新

值得注意的是，藏缅语大多数语言形容词修饰名词时，语序有在前的和在后的两种。在前的，要加"的"，在后的不加。这两种语序中，形容词在后的常用，据研究是古老形式，而在前加"的"的，是后来产生的，特别是长修饰语都必须前置。从这里能证明，带"的"的前置语序，是后起的。如景颇语（戴庆厦、傅爱兰，2002）：

n̄⁵⁵ ta̠⁵¹ kǎ³¹ pa³¹　大房子　　　　kǎ³¹ pa³¹ ai³³ n̄⁵⁵ ta̠⁵¹　大的房子
房子　大　　　　　　　　　　　大　　　的　房子

壮侗语有的语言的形容词也有前置、后置并用的，前置的加"的"，后置的不加。如仫佬语：

jəu⁶ foŋ¹ jəu⁶ kɣa:ŋ¹ kə ɣa:n²　　　又高又亮的房子
又　高　又　亮　　的　屋
hua¹ la:n³ lo⁴　　　　　　　　　　　大红花
花　红　大

2.2.3 限制关系的语序

定语一般在前，有加"的"的，也有不加的。汉藏语有的语言有专门用于限制性关系

的定语助词"的",位于时间名词或方位名词之后。例如:

景颇语	tai³¹ niŋ³³ na⁵⁵ mam³³	今年的稻子
	今年 的 稻子	
载瓦语	khě⁵⁵ tsan⁵¹ e⁵⁵ kuʔ⁵⁵	今年的谷子
	今年 的 谷子	
波拉语	jin³¹ nan³¹ mɛ̃⁵⁵ pju⁵⁵	云南的人
	云南 的 人	
苗语(矮寨)	tɕu³⁵ nəŋ⁴⁴ naŋ⁴⁴ pə⁵⁵ zə⁴⁴	今年的玉米
	年 今 的 玉米	

壮语限制关系的"的"字结构,是受汉语的影响产生的。其"的"也是借用汉语的。例如:

| jo² jaːu⁵ ti⁶ ɣaːn² | 学校的房子 |
| 学校 的 房子 | |

由于受汉语的影响,壮语的结构形式也发生了变化,其语序类型和汉语逐渐趋同。

2.3 汉藏语"的"字的词源关系

"的"字的词源关系,能够反映亲属语言"的"字的产生和演变。如果"的"字在不同语言之间有同源关系,说明它们有共同的来源,也就是说,在它们未分化的时候就已出现,不是后来创新的。所以弄清汉藏语"的"字词源关系,是研究"的"字结构的一把重要钥匙。下面按不同的语族,将"的"字列表分析如下:

2.3.1 藏缅语族的"的"

语支	语言	领属性"的"	修饰、限制性"的"
藏语支	藏语	ki	ki
	墨脱门巴语	ga/ha	—
	错那门巴语	ko³¹	—
	仓洛门巴语	ka¹³	—

（续表）

羌语支	羌语(桃坪话)	ʐo³³	—
	普米语	ga⁵⁵（单数）/ʐa⁵⁵（复数）	—
	嘉戎语	-i	—
	道孚语	ji	—
	却域语	ji³³	—
	扎坝语	ʐə³³	—
	贵琼语	mɛ⁵⁵	—
	木雅语	ɣæ³³	—
	尔苏语	i⁵⁵/di⁵³	—
	纳木义语	i⁵⁵（复数）/n̩i⁵⁵（单数）	—
	史兴语	ji⁵⁵	—
景颇语支	景颇语	a⁽³¹⁾	ai³³/na⁵⁵
	阿侬语	ni⁵⁵/kha³¹	—
	独龙语	a³¹	dɛʔ⁵⁵/a³¹
彝语支	彝语	vi³³	su³³
	傈僳语	tɛ⁵⁵	ma⁴⁴
	嘎卓语	pv³²³	tɤ³³/la³⁵/pv³²³
	基诺语	ɛ⁵⁵	mɤ⁴⁴
	怒语	e³¹	a³¹
	纳西语	gə³³	gə³³
	哈尼语	ɣ³³/a³³	ɣ³³
	拉祜语	ve³³	ve³³
缅语支	缅语	jɛʔ⁵⁵	tɛʔ⁵⁵/kaʔ⁵⁵
	阿昌语	a³¹	sɿ³¹
	载瓦语	eʔ⁵⁵	eʔ⁵⁵/ma⁵¹
	浪速语	nɔ̠³¹	ʒu³¹/ɛ³¹
	波拉语	na̠³¹	ɛ³¹/ku³¹/mɛ⁵⁵
	仙岛语	a³¹/tou⁵¹	su⁵⁵/tou⁵¹
	勒期语	ta⁵⁵	ta⁵⁵

(续表)

语支	语言	领属性"的"	修饰、限制性"的"
语支未定	白语	no³³	no³³
	土家语	ȵe³³	ɛ³³
	珞巴语	ka	—
	克伦语	a³¹	—

注：独龙语有的方言没有"的"，通过形态表示。

在词源关系上，有两个特点值得重视：一是属于同语支的语言，有些语言的"的"存在同源关系。如：属于藏语支的藏语 ki、错那门巴语 ko³¹、仓洛门巴语 ka¹³，语支未定的珞巴语 ka、墨脱门巴语 ga 与羌语支的普米语 ga⁵⁵，羌语支的桃坪羌语 ʐo³³ 与扎坝语 ʐə³³，羌语支的道孚语 ji、却域语 ji³³、史兴语 ji⁵⁵，属于缅语支阿昌语 a³¹、仙岛语 a³¹、波拉语 ɛ³¹ 以及语支未定的克伦语 a³¹，属于彝语支拉祜语的 ve³³、彝语 vi³³。缅语支的浪速语 nɔ̰³¹、波拉语 na³¹。

但不同语支之间大多数不同源，只有少数同源。缅彝语支与景颇语支、藏语支、羌语支之间找不出对应规律，可以证明语支之间不存在同源关系。

二是属于领属关系的"的"同源的比较多，而属于修饰、限制关系的"的"同源词比较少，异源的比例大于同源。说明这三者的"的"在起源上不是一个层次，其中领属性定语"的"在起源上可能先于修饰性定语"的"。

从词源比较上，可以初步认为藏缅语的定语助词是后起的，并不是原始共同语所固有的。

2.3.2 壮侗语族的"的"

语支	语言	领属性"的"	修饰、限制性"的"
侗水语支	布央语	naŋ¹¹/han²⁴	ti³³
	拉珈语	in³	ka⁴/ti³
	侗语	tji⁶	tji⁶
	水语	to²	—
	仫佬语	kɔ	kɔ
	毛南语	ti⁰	ti⁰
	佯僙话	tɕi²	ni⁴
	莫话	tə²	tho²/tə²
	仡佬语	mei⁵⁵/ti³³	mei⁵⁵/ti³³

(续表)

壮侗语支	壮语	duh	—
	傣语	xɔŋ¹	an²
	布依语	ka:i⁵	ka:i⁵/ti⁵
黎语支	黎语	kɯ³	ɯ³/le:ŋ³

通过比较,我们看到壮侗语不同语支之间的"的"大多没有同源关系。在语支内部,有的有同源关系,有的没有同源关系。如表示领属性的"的",壮语是 duh,傣语是 xɔŋ¹/an²,布依语是 ka:i⁵,黎语是 kɯ³,相互间没有语音对应关系。从词源比较上来看,壮侗语的"的"是后起的,是在分化为不同的语支后才产生的。汉语对这些语言助词"的"有较大的影响力,也从侧面旁证了这一点。

2.3.3 苗瑶语族的"的"

语支	语言	领属性"的"	修饰、限制性"的"
苗语	黔东苗语	paŋ⁸	paŋ⁸
	湘西苗语	naŋ³⁷	naŋ³⁷
瑶语	勉语	ȵei¹	ȵei¹
	布努语	ti⁵	ti⁵
	畲语	ŋjuŋ⁴	taŋ¹/ŋjuŋ⁴/tji¹

上表显示,苗瑶语不同方言、不同语言的"的"差异很大,大多不易求出语音对应关系,即使是在同一语言内部也是如此。如:表领属性的"的",黔东苗语是 paŋ⁸,湘西苗语是 naŋ³⁷,川黔滇苗语是 le⁷,滇东北苗语是 pie⁶,相互间没有语音对应关系。并且,部分语言的修饰性定语助词借自汉语。如布努语 ti⁵、畲语 tji¹。由此可知,苗瑶语的定语助词大约也是在语支分化为不同的语言后产生的。

2.3.4 汉语和其他民族语言"的"的字关系

至于汉语和其他民族语言"的"字的关系,除了民族语言借用汉语的外,更难寻出同源关系的语音对应规律。总的结论是,汉藏语原始母语阶段还未出现"的"字。后来不同语族相继出现了"的"字,是语言表达的需要,也是结构系统演变的需要。创新过程中,不同语言根据自己的特点采取不同的方式。相互间的共同特点是语言类型决定的,并非发生学上的同源关系。

3. 汉藏语"的"字结构产生的动因及机制

我们认为,汉藏语之所以普遍产生"的"字结构,原因是多方面的。既有语言结构系统特点的原因,又有外部语言影响的制约。

3.1 分析性类型是产生"的"字结构的良好土壤

汉藏语是以分析性为主的语言,尽管形态变化的多少在汉藏语诸语言中有着不同程度的差异,但从总体上来看,词序和虚词(包括介词、连词、结构助词)仍是汉藏语表达语法意义的主要手段。句法结构存在一定的灵活性与虚词的丰富与否有关。在特定的语境下,当句子成分的排列违反常规语序时,就要借助虚词来指明各个成分的关系,从而实现特定的语义表达。如"中心语+修饰性定语"是藏缅语古老的倾向性语序,当修饰性定语提前时,打破了语序常规,这就需要有新的语法标志来重新标识定中关系,于是定语助词"的"随之产生。

汉藏语内部"的"字结构呈现出发达与不发达的差异,也是由语言的分析性强弱造成的。如藏语支、羌语支形态变化比缅彝语支丰富,分析性较弱,"的"字结构就相对贫乏,其中嘉戎语是形态变化最为丰富的一种语言,至今未产生定语助词"的",其领属性定中结构关系主要靠前加词缀这一形态变化来体现。而缅彝语支的分析性强,定语助词不仅形式多样,而且表义类型丰富,当修饰性定语提前时,定语助词作为一种分析性手段而不可缺省。总之,汉藏语的分析性特点是产生和制约"的"字结构的重要的语言机制。

3.2 认知表达的需求是"的"字产生的催化剂

定语的产生是为了描述、修饰、限制各种不同的事物。定语的类型反映了人类认识和理解客观世界的程度。随着人类在广度和深度上不断扩展,以及对事物认识的不断深化,定语的类型必定由简单趋向复杂,由模糊趋向精确,在结构形式上随之表现为由单项定语转向多项定语,由单一修饰性关系转向多重修饰性关系。

定语助词"的"的出现,使定语与中心语分离,定中结合关系从而变得松散,这样就使定中结构能够容纳更多的内容,也为定语的延伸(如定语带限制语或补语)提供了条件。

如哈尼语、景颇语的"的"字结构可在形容词之前或之后加状语或补语(李泽然,2003):

  du^{31} tɕhi^{55} dza^{31} ɤ^{33} a^{55} je^{33} 特别美丽的花
  特别 美丽 的 花
  lɔ^{33} si^{55} la^{33} ɤ^{33} mi^{55} tsha^{31} 热极了的地方
  热 极 的 地方

两个或两个以上的形容词构成修饰成分。例如:

  xɯ^{31} ȵu^{55} ɤ^{33} a^{55} bo^{55} 又大又绿的树
  大 绿 的 树
  ȵu^{55} de^{31} ne^{33} dza^{31} ɤ^{33} xɔ^{55} the^{55} 绿郁郁而美丽的山冈
  绿郁郁 美丽 的 山冈

又如景颇语的长定语只能出现在带有"的"字的结构中。例如:

  kă^{31} pa^{31} kă^{31} pa^{31} ai^{33} phun^{55} 大树
  大 大 的 树
  mă^{31} nu^{33} kʒai^{31} kʒai^{31} tan^{31} ai^{33} khaʔ^{31} nu^{33} khaʔ^{31} ʃi^{31} 很有价值的河流
  价格 很 很 值 的 大河 小河
  an^{55} the^{33} laŋ^{33} ai^{33} n^{31} thu^{33} 我们用的刀
  我们 用 的 刀

因此,我们认为"的"的出现,突破了"名+形"这一固化的语序形式,有益补充了"形修名"的新语序,它是为了适应复杂定语类型的需要而产生的。

3.3 汉藏语"的"字的分化与"的"字的概括度不同有关

汉藏语"的"字的分化,各语言存在着不同特点,这与"的"字的概括度不同有关。汉语的"的$_1$""的$_2$""的$_3$"共用一种语音形式,但在句中不混淆,说明虚词的概括度高,语义关系的控制力强。景颇语采用多种不同的语音形式表示"的",说明它要靠不同的语音形式来体现不同的语义关系。

3.4 汉藏语"的"字的不同语义类别存在不同的层次

从比较分析中能够看到,"的"字的不同语义类别存在不同的层次。其中,表示领属关系的"的"是出现最早的,所以大部分语言都有这一类"的"。而表示修饰和限制语义的"的",不同语言差异较大,有的有,有的没有,即便是有,语音形式也相差很大,可以认为是出现较晚的。

3.5 汉语的影响是许多语言提升"的"字功能的一个重要外部因素

我们从许多语言里看到,汉语"的"字对少数民族语言有一定的影响。有的语言借入了汉语的"的"来丰富自己,成为虚词系统里的重要一员。有的从语音形式上就能判断"的"字借入的时间较早。"的"字的进入,丰富了一些语言的定中结构语序。这种现象在壮侗语、苗瑶语中表现得较为突出。

3.6 从非汉语反观汉语的"的"字结构,可以看到汉语的两个特点

一是汉语的"的"字功能强,在多数句法结构中不可或缺;二是"的"字是隐性的,同一音节具有多种功能,要通过句法分析才能揭示其不同的类别。汉语同一个"的",在其他亲属语言里面有的有两个或两个以上,如景颇语就有三个不同的"的",不同的"的"职能界限清楚。

参考文献

戴庆厦　1989　缅彝语的结构助词,《语言研究》第 2 期。
戴庆厦　1998　景颇语的结构助词"的",《语言教学与研究》第 4 期。
戴庆厦、傅爱兰　2002　藏缅语的形修名语序,《中国语文》第 4 期。
戴庆厦、徐悉艰　1992　《景颇语语法》,北京:中央民族学院出版社。
胡素华　2002　《彝语结构助词研究》,北京:民族出版社。
黄国营　1982　"的"字的句法、语义功能,《语言研究》第 1 期。
李　洁　2008　《汉藏语系语言被动句研究》,北京:民族出版社。
李泽然　2003　哈尼语形容词修饰名词的语序,《民族语文》第 2 期。
陆俭明　1963　"的""的"分合问题及其他,《语言学论丛》第五辑。
吕叔湘　1999　《现代汉语八百词》,北京:商务印书馆。
朱德熙　1961　说"的",《中国语文》第 12 期。
朱德熙　1966　关于"说'的'",《中国语文》第 1 期。
朱德熙　1982　《语法讲义》,北京:商务印书馆。

"年、月、日"等及其句法特点

邓思颖

香港中文大学

1. "年月日"的不对称现象

在这篇文章里,我们把陆俭明(1987)分析汉语"年、月、日"的方法应用到汉语"时、分、秒"等时间词,并且比较"年、月、日"和"时、分、秒"的语法异同,揭示它们不对称的分布。由于篇幅所限,本文只讨论由基量词所组成的时间词,而不讨论其他类型的时间词。

陆俭明(1987)利用了量词的出现、"半"的分布、与"今、前"等词的连用、与"第"的连用等测试,证明了"年、月、日"的语法特点是不一样的。他的结论认为"年、日"之前不能加量词,因为它们是量词,而"月"可冠上量词,应该是名词。"日"是书面语词,口语里说"天"。为了口语的通顺和避免歧义,本文的讨论采用"天"而不用"日"。

陆丙甫、屈正林(2005)持不同的观点,认为"年、月、日"这三个词,"它们之间并没有本质的差别"(2005:16)。首先,他们(2005:13)认为"看作名词的'月',……一般人的语感直觉中,总觉得它应该跟'年、日'属于同类,至少在'哪年哪月哪日'这样的日期表达中是同类。语法分析如果太违背语感,不仅教学不便,学生难以接受,理论上也很有可能有暗伤"。

---

* 本文的初稿曾在北京大学举行的"走向当代前沿科学的现代汉语语法研究国际学术研讨会——纪念朱德熙教授诞辰90周年和庆祝陆俭明教授从教50周年"(2010年8月17—18日)上发表。在写作的过程中,感谢蔡维天、李艳惠、石定栩、张宁、张庆文等进行的讨论。本研究获香港特别行政区研究资助局优配研究金(General Research Fund GRF)项目"A Comparative Study of Definiteness in Chinese Dialects"(编号 CUHK 5476/06H)的部分资助,特此致谢。

第二,数词有基数和序数之分(朱德熙,1982),时间词也有这样的区别,分别由"基量词"和"序量词"所组成(马庆株,1990)。按照这种分类,陆丙甫、屈正林(2005)把汉语表示时间单位的词划分为基量词、序量词、名词三种,认为"一世纪"可以理解成"一个世纪"的省略,"世纪"算作名词;而"真正算例外的只有作为基量词的'年'"。他们(2005:15)总结认为"大单位容易兼有名词形式,小单位容易兼有基量词形式"。从"语言临摹性"的角度看,他们进一步提出语法性质连续性渐变与时间单位大小有关。

对于陆丙甫、屈正林(2005)所提出的两点意见,我们有一些疑问。

首先,"一般人的语感直觉"可以作为语法学研究的一个参考,但我们并不能单凭"一般人的语感直觉"就否定了语法学理论的分析,或用来抹杀一些客观存在的语言事实,例如陆俭明(1987)所指出的"年、月、日"不对称的现象。

第二,从"世纪"到"秒"这个连续统中,为什么"年"是例外?"年"对所谓"语言临摹性"的说法有什么冲击?既然"年"是例外,为什么我们仍然说"年、月、日"之间"并没有本质的差别"?

第三,陆丙甫、屈正林(2005:17)认为大的时间单位"因可别度较高而有更明显的名词性",而小的时间单位"只有量词性却没有名词性",这种分野具有"认知上的原因"。虽然"秒"是基量词,缺乏名词的用法,但我们注意到比"秒"更小的"毫秒"有名词的用法,例如(1)的"毫秒"可以冠上量词"个",①具备名词的特征,否定了单位大小与词类之间存有必然的认知关系的说法。

(1) 然后突触延摘再使传递慢半个毫秒。

第四,我们从方言例子也找到名词性的小单位。香港粤语(以下简称"粤语")在"刻"和"分"之间还存在一个单位——"字","一个字"就是五分钟。②粤语的"字"必须跟量词连用,如"三*(个)字"(十五分钟),可以跟指示代词连用,如"呢三个字"(这十五分钟),因此,"字"具有名词性。然而,"字"之上的单位"骨"(刻),却只能作为序量词,没有名词性的用法,例如"*呢三个骨"(这四十五分钟)是不能说的。"语言临摹性"又该怎样解释粤语这些现象?

2. "年月日"和"时分秒"

我们认同陆俭明(1987)的观察,同意汉语时间词"年、月、日"的确有不对称的分布。除了陆俭明(1987)所采用的测试外,我们还考虑这些时间词重叠的可能性、与疑问词连用等现象,进一步证明这三个时间词并非"没有本质的差别"。(2)至(4)是重叠的测试,③(5)是与疑问词"多少"连用的测试。重叠的测试正好可以用来区分量词和名词(如量词"本本"和名词"*书书"),疑问词"多少"可以作为代替数词的代词,语法上跟数词的地位差不多。

  (2) 年年、*月月、天天
  (3) 一年年、*一月月、一天天
  (4) 一年一年、*一月一月、一天一天
  (5) 多少年、*多少月、多少天

除了"年、月、日"之外,汉语表示时间单位的词还有"时、分、秒"。我们发现表示"分、秒"的"分钟、秒/秒钟"跟"年、日"的语法特点基本一致,而表示"时"的"小时/钟头"则跟"月"的语法特点也差不多。试比较以下的测试,包括量词的出现[如(6)]、"半"的分布[如(7)]、④与"今、前"等词的连用[如(8)]、与"第"的连用[如(9)],重叠的可能性[如(10)至(12)]、与疑问词"多少"的连用[如(13)]。⑤

  (6) 三*(个)钟头、三(*个)分钟、三(*个)秒
  (7) *半钟头、半分钟、半秒,*三钟头半、三分钟半、三秒半
  (8) *今钟头、*今分钟、*今秒
  (9) *第二钟头、第二分钟、第二秒
  (10) *钟头钟头、*分钟分钟、秒秒
  (11) *一钟头钟头、*一分钟分钟、一秒秒
  (12) *一钟头一钟头、一分钟一分钟、一秒一秒

(13) *多少钟头、多少分钟、多少秒

从上述的比较,我们可以发现,"年、天、分钟、秒"原则上属于一个大类,而"月、钟头"则属于另一个大类。不过,我们有两点说明:

一、"今"跟指示代词的功能相似,但搭配能力相当有限,不能跟一般的量词连用(如"*今个"),⑥"今~"往往成为凝固的成分。因此,能接受的"今年、今天"是"有标记"(marked)的现象,不能接受的"*今分钟、*今秒"反而是正常的现象。

二、"分钟"不能进行"XX"重叠和"一XX"重叠是因为双音节的问题,"秒"和"秒钟"的对立可以证明我们的推测是正确的。原则上"秒"和"秒钟"可以互换,如"三秒、三秒钟",但单音节的"秒"可以重叠,如"秒秒、一秒秒",双音节的"秒钟"却不行,如"*秒钟秒钟、*一秒钟秒钟",情况如"分钟"。

顺带一提,陆丙甫、屈正林(2005:16)明确表示"周"(以及近义的"星期、礼拜")不是"月份"的直接下属单位,没有讨论到"周、星期"。事实上,沿着陆俭明(1987)和本文的思路,我们一样可以对"周、星期"进行分析,把量词的出现、"半"的分布、与"今、前"等词的连用、与"第"的连用、重叠的可能性、与疑问词"多少"连用等的测试应用于"周、星期"。我们注意到"周"跟"年、天、分钟、秒"的性质基本相同,而"星期"跟"月、钟头"比较接近。"*今周"不能说正好说明"今~"往往成为凝固成分。"一星期一星期"的重叠形式跟"月、钟头"不一致,我们假设它是"一个星期一个星期"在口语里的省略形式,不算是"星期"本身的重叠。此外,"周周"的说法好像不太顺口,但应该合语法。⑦尽管"周、星期"在认知上基本是一样的,但它们的语法表现却不相同。

(14) 三(*个)周、三*(个)星期

(15) 半周、*半星期

(16) *今周、*今星期

(17) 第二周、*第二星期

(18) 周周、*星期星期

(19) 一周周、*一星期星期

(20) 一周一周、一星期一星期

(21) 多少周、*多少星期

为了方便比较,上述所讨论的测试结果总结如下。

(22) 汉语时间词不对称的分布

	年	周	天	分钟	秒	月	星期	钟头
个 X	*	*	*	*	*	OK	OK	OK
半 X	OK	OK	OK	OK	OK	OK	OK	*
今 X	OK	*	OK	*	*	*	*	*
第+X	OK	OK	OK	OK	OK	*	*	*
XX	OK	OK	OK	*	OK	*	*	*
一XX	OK	OK	OK	*	OK	*	*	*
一X一X	OK	OK	OK	OK	OK	*	(OK)	*
多少 X	OK	OK	OK	OK	OK	*	*	*

总的来看,我们可以总结认为"年、周、天、分钟、秒"是量词,而"月、星期、钟头"应该是名词。做量词(基量词)的不一定是小单位(如"年"),做名词的不一定是大单位(如"钟头")。因此,汉语时间词的异同是语法的问题,跟时间长短的连续性没有必然的关系,并非属于认知的问题。

3. 时间词的句法结构

我们上面所讨论的汉语时间词,有些跟数词连用的时候,必须加上量词,例如"月、星期、钟头";有些则不能冠上量词,例如"年、周、天、分钟、秒",因为它们表面上具有量词的特点,或许它们本身就是量词。尽管表面上有些时间词好像由量词组成,有些则由名词组成,但我们认为所有表示基数的时间词都应该由数词、量词、名词三部分组成。时间词内的量词可以是个体量词,例如"三个月、三个钟头"的"个",也可以是基量词,例如"三年"的"年","三周"的"周","三天"的"天"。

如果"三秒"的"秒"跟"年"的地位一样的话,"秒"应该分析为基量词。如果"秒"是基量词,那么"三秒钟"的"钟"是什么?有一种说法假设"秒"和"秒钟"都属于量词。(宣恒大、杨兴功,2004)然而,我们持不同的意见,认为"三秒钟"的"钟"应该分析为名词,而不是跟"秒"融合成为一个量词。同样道理,"三分钟"的结构应该跟"三秒钟"的结构平行,"分"是基量词,而"钟"是名词。

"三秒钟、三分钟"的"钟"原则上跟"三个钟头"的"钟头"有相同的性质,即同属名词。只不过表示小时的"钟"加上了名词性后缀"头"凸现了名词性的特点,在表面上有别于"秒钟、分钟"的"钟"。事实上,粤语表示三个小时除了可以说"三个钟头"外,还可以光说"钟"表示"钟头",表示小时的"钟"还可以冠上一个比较特殊的量词"粒",如(23)所示。因此,"时分秒"在粤语中可以形成比较整齐的结构,如"三粒钟、三分钟、三秒钟",同样以名词"钟"作为时间词的共同部分。

(23) 三个钟头、三个钟、三粒钟

按照我们的分析,"三个月"的"月","三个星期"的"星期","三个钟头"的"钟头""三秒钟"的"钟"都属于名词,具有相同的句法地位。按照句法学的分析,这个作为整个时间词"核心"成分的名词应该分析为时间词的"中心语"(head),表示时间、时段的意思。

Kayne(2005:260)考虑到英语例子(24)和(25)能够互换的可能性,他假设(24)的"in two hours"实际上包含了一个"无声"的抽象名词"TIME",组成"in two hours' TIME"这样的句法结构,跟(25)的"in two hours' time"的结构一模一样。这个"无声"的抽象名词是一个空语类,在表面上是听不到看不见的。为了方便讨论,我们依从Kayne(2005)的做法,以英文大写"TIME"代表无声的抽象名词,有别于(25)里听得到看得见的"time"。换句话说,(25)的"time"是抽象名词"TIME"的显性形式。

(24) They'll be there in two hours.
(25) They'll be there in two hours' time.

沿着Kayne(2005)的思路,我们认为组成汉语时间词的"月、星期、钟头、钟"等词可以概括为一个表示时间、时段的抽象名词,我们用"TIME"来表示,"月、星期、钟头、钟"可谓这个抽象名词"TIME"的显性形式,就好像(25)的"time"一样。抽象名词"TIME"在汉语既可以显示为听得到看得见的名词,又可以是一个空语类,是一个无声的词类,例如"三年"实际上由"三年"加上无声的"TIME"组成,形成数量名结构,而"三周、三天、三秒"就是分别由"三+周+TIME""三+天+TIME""三+秒+TIME"组成。

根据我们的假设,汉语这些时间词都应该由数量名结构组成,而名词的部分实际上就是这个结构的核心部分,由一个表示时间、时段的名词来充当。按照(26)这样的排列,时间词的句法结构是十分整齐的,跟汉语其他名词性成分的句法结构基本上是一致的,都是由数量名所组成。

(26) 汉语时间词的基本结构

数词	量词	名词
三	年	TIME
三	个	月
三	个	星期
三	周	TIME
三	天	TIME
三	个	钟头
三	分	钟
三	秒	钟
三	秒	TIME

从以下的例子可见,(27)的"分、秒"跟用于其他时间词的"个"[如(28)]和典型的个体量词[如(29)的"本"],似乎有相似之处,大致上允许"XXY"式的重叠。[8]

(27) 分分钟、秒秒钟
(28) 个个月、个个星期、个个钟头
(29) 本本书

尽管这些例子的接受度有方言地域差异或个人差异,但对于能接受的人来说,"分钟、秒钟"的"分、秒"正好跟量词对应,而"钟"就正好跟名词对应,说明了"三秒钟"和"三本书"应该有相同的句法结构。因此,把汉语的时间词分析为数量名结构应该是合情合理的。

4. 结语

陆俭明(1987)详细讨论了"年、月、日"语法上的异同。沿着他的思路,本文的讨论进一步论证汉语时间词的确呈现不对称的分布,认为组成时间词的"年、周、天、分钟、秒"应该分析为量词(基量词),而"月、星期、钟头"则属于名词。量词和名词的差异是语法上的差异,跟认知无关,语言临摹性并不能解释这些词语法上的差异。

尽管这些词的词类不尽相同,但我们认为所有的时间词都由数量名结构组成,每一个时间词都应该包含名词的部分。只不过有的名词部分是听得到看得见的,例如"三个月"的"月";有的是无声的,例如"三年",无声的名词可以理解为一个表示时间、时段的抽象名词"TIME",这个抽象名词在句法上属于空语类。从句法层面来看,我们可以这样说,汉语时间词的句法结构没有"本质上的差异",都属于数量名结构。至于什么词能够成为名词或虚化为量词,可能是一个偶然的现象,或许是这些词虚化程度的不同所造成的,属于历史遗留下来的问题,严格来讲,跟句法没有关系。

附注

① 例句(1)来自"北京大学汉语语言学研究中心现代汉语语料库"(CCL 语料库)。
② "字"应该来源自钟表上的数字,每个数字代表五分钟,一个小时就有"十二个字"。
③ 有些人认为"月月"可以接受。不过,这种语感可能受熟语的影响,尤其是在对举的语境下,例如(i)。在不同的语境里,例如(ii),"月月"的接受度明显比较差。
   (i) 年年讲,月月讲,天天讲。
   (ii) 他年年/*月月/天天都讨论这个问题。
④ "小时"跟"钟头"不同,前者允许"一小时、半小时"的说法。周小兵(1995)把"小时"当作"兼类词"来处理。
⑤ 宣恒大、杨兴功(2004)曾讨论疑问词"多少、几"跟"分钟、秒钟"连用的现象。
⑥ 粤语的"今"和"个"可以连用,例如"今个月"。此外,粤语"今"跟动量词的搭配相对比较自由。(邓思颖,2002:219)
⑦ 以下例句(i)来自"北京大学汉语语言学研究中心现代汉语语料库"(CCL 语料库)。此外,应晨锦(2006)曾讨论"星期、周"的差异,并认为前者是名词,后者是时量词。
   (i) 这项活动将长期开展下去,周周都有擂台赛。
⑧ (27)和(28)在粤语里非常自然,但在普通话/北方话里却不一定完全能接受,以下两句来自"北京大学汉语语言学研究中心现代汉语语料库"(CCL 语料库)。

(i) 一声声带着颤音的呼叫在分分钟变暗的天空下清越地传进我的耳朵。
(ii) 过去,安妮每分钟流泪,秒秒钟皱眉。

参考文献

邓思颖 2002 汉语时间词谓语句的限制条件,《中国语文》第 3 期。
陆丙甫、屈正林 2005 时间表达的语法差异及其认知解释——从"年、月、日"的同类性谈起,《世界汉语教学》第 2 期。
陆俭明 1987 说"年、月、日",《世界汉语教学》第 3 期。
马庆株 1990 数词、量词的语义成分和数量结构的语法功能,《中国语文》第 3 期。
宣恒大、杨兴功 2004 说"时、分、秒"等时间词,《衡水师专学报》第 1 期。
应晨锦 2006 "星期"和"周"辨析,《语文学刊》(高教版)第 17 期。
周小兵 1995 谈汉语时间词,《语言教学与研究》第 3 期。
朱德熙 1982 《语法讲义》,北京:商务印书馆。
Kayne, Richard S. 2005 *Movement and Silence*. Oxford and New York: Oxford University Press.

话语结构与连词的浮现义

方 梅

中国社会科学院

1. 相邻性复句及其语义类型

赵元任先生(1979:50)在分析汉语口语的时候指出,对话里,问和答可以合成一个整句。例如:

(1) 饭呐? 都吃完了。
饭呐,都吃完了。
饭都吃完了。

这是对话里的"问"与"答"相邻话对构成话题-评述关系。从对答的角度说,这类现象是言谈参与者双方共同完成一个整句。

与这种相邻话对相连构成一个整句的现象相似,前后两个说话人的话语连起来也可能构成了一种复句关系。如果单单从答话看,关联词语的用法就显得很特别。朱德熙先生在《语法讲义》(17.3)"复句和连词"部分讨论连词位置时分析说,有的连词只能出现在复句的前一个分句(S_1)或者后一个分句(S_2),位置比较固定。但是,有的时候只能出现在 S_2 的连词却可以出现在一句话的开头。并且指出,这种情况下,连词的意义肯定都是越过了句子的界限而跟上文的话在意义上相联系的。例如:

(2) 甲:今天风很大。

乙：可是不怎么冷。

可以看出，上面这类例子前后两个说话人的话语连起来构成了一种转折关系。即：

(2′) 今天风很大,可是不怎么冷。

朱德熙先生对这一现象的描写提示我们,对话语体里连词的分布存在着特殊性。我们认为,这种现象代表了连词用于对话语体的一个语法特征,同类现象有必要进一步探究,发现其中的规律。

例(2)这类现象表明,在对话中,相邻话对不仅可以构成一个整句,也有可能表现出复句关系。再如：①

(3) 甲：你别说巴西队个人能力蛮强、整体不行。其实就整体来说,我们也没有多大的优势。

乙：甚至没有什么优势。

(3′) 你别说巴西队个人能力蛮强、整体不行。其实就整体来说,我们也没有多大的优势,甚至没有什么优势。

(4) 甲：现在手机便宜。

乙：而且非常漂亮。

(4′) 现在手机便宜,而且非常漂亮。

这类句子具有其独特之处,即：上一句在句法上具有独立性,不依赖于下一句；但是,下一句对上一句有依赖性,不能脱离对话语境单说。比如说话人乙说的例(2)的"可是不怎么冷"、例(3)的"甚至没有什么优势"和例(4)的"而且非常漂亮",作为独立的叙述句都不能单说。

这种由相邻话轮构成的复句本文暂且称为"相邻性复句"。典型的相邻性复句把相邻话对连起来可以直接构成一个复句。我们的调查发现,高频使用的是表示转折、递进、因果这三类关系的连词,如(2)至(4)。如果是成对的连词,则多用后一分句的连词(下文称作后项连词)。例如"虽然-但是"中的"但是","不但-而且"中的"而且"。在谈

话中,有时是连续使用,例如:

(5) 甲:(魏海英)先发的话恐怕在拼抢上会受到影响。
乙:但她的速度比张颖还快,特别启动一下。
甲:而且魏海英的技术相当地好。

我们知道,汉语里连词的位置可以在主语前,也可以在主语后,哪怕前后主语不同。这是就前一分句来说的,如(6)。但是,后一分句的连词位置往往不那么自由,一定要在句首,如(7)。

(6) 虽然我弹琴弹得不错,但小王终究是专业队的。
我虽然弹琴弹得不错,但小王终究是专业队的。
(7) *虽然我弹琴弹得不错,小王但终究是专业队的。
*我虽然弹琴弹得不错,小王但终究是专业队的。

相邻性复句的连词只能出现在主语之前,这与连词自身的性质有关,它们都是后项连词,如"但是、不过、可是、甚至、所以"等。例如:

(8) 甲:整个丹麦队的脚法还是比较粗糙。
乙:但是我觉得她们有向这种技术或者配合的这种欲望,今天上半场的比赛,打得并不简单。
对比:*我但是觉得……
(9) 甲:感觉上这不是韩文霞的特长,就是出击。
乙:不过这球呢也有难度,让她带好了以后,一对一啊,也麻烦。
对比:*这个球不过也有难度……

我们知道,有时候"因为-所以"句次序上可以原因句在先,结果句在后;也可以反过来,"因为"句在后。(参看邢福义,2001)不过,"因为"在后的时候,往往引出说话人的推理,而不是客观世界中的起因与后果,或自然事理中的因果关系。例如:

(10) 丁聪是漫画家。有人以为漫画家藏书不会多,因为不做学问。此言不确。丁聪家里,最多也最难整理的就是书。

(11) 然而,连续12年,榜首的位置被盖茨牢牢占据,于是人们慢慢开始习惯直接从第二名看富豪排行榜,因为盖茨似乎在人们的心目中变成了一个不倒的神话。

上面两例"因为"引导的都不是一种客观真实或者存在客观的必然联系。这时,都不能把"因为"句放到前面变成(10′),因为与客观事实相悖。②

(10′) ?丁聪是漫画家。因为不做学问,有人以为漫画家藏书不会多。此言不确。丁聪家里,最多也最难整理的就是书。

(11′) *然而,连续12年,因为盖茨似乎在人们的心目中变成了一个不倒的神话,榜首的位置被盖茨牢牢占据,于是人们慢慢开始习惯直接从第二名看富豪排行榜……

而(11)"人们慢慢开始习惯直接从第二名看富豪排行榜"是"连续12年,榜首的位置被盖茨牢牢占据"的后果,"盖茨似乎在人们的心目中变成了一个不倒的神话"是说话人对"人们慢慢开始习惯直接从第二名看富豪排行榜"的理解。

值得注意的是,相邻话对的起始位置偏爱后项连词,虽然对话中"因为"也可以出现在话轮起始位置,但是这种出现在话轮起始位置的"因为"是引出说话人的理解和推论,也就是说,意义表达上相当于叙述句里用作后项连词的"因为"[详见下节例(12)]。

在相邻话对的起始位置偏爱后项连词,这是会话合作原则的体现。也就是说,谈话的参与者要尽量使自己的言谈内容与对方的谈话内容具有意义上的关联性,或者至少在形式上要做出相应的关联性包装。

2. 连词的浮现义

复句的前后项之间可以呈现出三种不同范畴的关系,一类属于行域(content),表达事理关系;再一类属于知域(epistemic modality),表达说话人的认识;第三类属于言域(speech acts),用作说话人提示受话人"我说"。行域用法时,主句代表说话人和听话人共同预设的命题;知域用法时,主句是说话人的推断;言域用法时,主句是说话人的言语行为。(沈家煊,2003)

我们发现,位于话轮起始位置的连词,除了用作话语标记③(参看方梅,2000)的之外,基本分为这三类。属于行域义的,连词不能删除,而且相邻话对可以连起来,构成一个复句,如前面例(2)至(4)。但是,多数情形属于知域或言域义的。下面主要讨论这后两类用法。

1) 事理上的原因→说话人的推断的原因→告知举证

下面这个例子里,乙并不知道理发师是如何剪头发的,而是通过甲所叙述的"小孩子睡着了"这个事实推断其原因是"理发师剪得很轻"。"睡着"与"剪得很轻"两者之间的因果联系是说话人基于自己的知识做出的推断。例如:

(12) 甲:剪了也大概有一个小时吧,然后他睡着了。我就感觉不对劲,因为他头是这样的,不是要扶正才好剪嘛。刚扶正他头"嘣"又下来了,刚扶起来就又下来了,然后就睡着了。

乙:因为她剪得很轻。

甲:对。

例(12)里,理发师"剪得很轻"是说话人乙的推断,即说话人知道孩子睡着了,这是他说理发师剪得很轻的原因。这种"因为"属于知域的用法。这时候"因为"不能删除。一旦删除"因为",这种推论关系就无从显示。另外这里的"因为"也不能换作"是因为"。而行域的因果关系可以通过添加"是"把"因为"变成"是因为",知域和言域用法不可以这样变换。(沈家煊,2003)

但是,下面这一例则是说话人乙据对方观点提出相关依据。

(13) 甲:从身体角度上来说两个队相差不大,但那个技战成分上来看,那个德国队要优于英格兰队。

乙:因为我们从射门次数上也确实看得出来,德国队仅靠百分之三十九的控球率就获得了四次射门,而英格兰队只有一次射门。

这里,说话人用"因为"提供可以佐证对方观点的例证。这一例与(12)一样不能换作"是因为"。但不同在于,"因为"可以删除。"因为"删除以后,不影响命题表达。我们认为,这正是由于(13)里的"因为"是言域用法。也就是,你说德国队要优于英格兰队,我说从射门次数和控球率也看得出来。即你说/认为 P,我说 Q。

2) 事理上的结果→说话人推断的结果→告知回应/结果行为

例如:

(14) 甲:你老是那个心里嘀嘀咕咕嘀嘀咕咕的,运动员没法儿有信心。
乙:所以来了一个崇尚进攻的教练,至少在这个心气儿方面、自信心方面对国家队有很大提升。

在上面的例子里,说话人知道以前的教练不自信导致队员不自信这个事实,这是他得出换帅有助于国家队提高自信这个结论的原因。这里的"所以"是知域义,表达言者的推断。

知域的"所以"可以换作"可以说"。本文认可董秀芳(2003)的观点,"所以说"表示推断。不过值得注意的是,"所以说"有两种可能:
一是知域的,表示推断,如(15):

(15) 甲:我的偏头疼又犯了。
乙:所以说那个大夫开的药根本不管用。

这里,说话人知道对方的病又犯了,因而推断大夫开的药不管用。
二是言域的,说话人提醒或建议对方应该做某事①,如下面例(16):

(16) 甲:我的偏头疼又犯了。
乙:所以说那个药必须坚持吃。

这里,说话人知道对方的病又犯了,因而提醒说要坚持服药。

而下面这个例子里,说话人则是用"所以"引出对对方请求的回应行为。

(17) 甲:你做的牛肉还有吗?
乙:有。
甲:给我拿点吃吧。
乙:这牛肉啊,跟别人家做的不一样。
甲:是,味道不一样。
乙:用高压锅炖15分钟,再加各种佐料炖2个小时,是跟猪蹄子一起炖的。
甲:嗯。
乙:用猪蹄子吧就能结成牛肉冻。
甲:好吃。
乙:所以,赶紧给你去拿牛肉。

这里,说话人甲提出请求("给我拿点吃吧"),几个话轮之后,说话人乙使用了"所以"引出对对方请求的回应。因为你想吃我做的牛肉,所以我去给拿去。这个含有"所以"的话轮是一个言语行为单位,"所以"是言域义。

3) 递进→告知追加信息

下面例(18)有两个"而且",说话人甲话语里的"而且$_1$"是行域义,"而且"引出的分句比一分句的意义更进一步。但说话人乙话轮起始位置的"而且$_2$"则不同,"而且$_2$"相当于说话人说"我还要说",甲乙两个话轮相连不能构成"(不但)……而且"事理上的递进关系。

(18) 甲:国美更便宜,而且$_1$便宜一两百块钱哪,一两百块钱。
乙:而且$_2$大中它也不做什么活动,你看那个国美,赠什么的,赠椅子的,还有赠还有什么,什么茶具,然后还有赠那个花生油,还有赠那个什么动感地带的号。

一般而言递进关系,后项应该比前项的范围大。不过这只适用于行域,不适合于言域。言域内的复句关系可以不适应事理或一般逻辑关系。(参看沈家煊,2003)这里"而且$_2$"是言域义。

4) 转折→质疑

在对话里转折连词常用来追问事实[如(19)]、质疑事实[如(20)],或反驳观点[如(21)]。例如:

(19) 甲:嗯,对,就是两三块钱,就可以看得到电影,在学校里边。
    乙:但是那种大片儿什么的你能看得到吗?
(20) 甲:起初我不想见。
    乙:但是是谁安排你们见的面呢?
    甲:战友们怂恿我去见面。
(21) 甲:不一定在这种三大报工作嘛。
    乙:但是你就在那种小报有多大意思呢?

(19)的"但是"引出对对方所述事实的疑问,(20)的"但是"是说话人乙基于一个已知的相反的事实(说话人甲事实上见过面了)而引出疑问,(21)的"但是"则是引出说话人乙的对立观点。这三例的"但是"都不表示事理上的相对或相反关系,"但是"可以删除,不影响命题表达。这三例都属于言域用法,即:"虽然你说 P,但我不这么说,我说 Q。"

连词的知域用法仍然表达逻辑语义关系,而言域用法的连词逻辑语义已经弱化,更多的是体现言者的语力(illocutionary force)[5],应属于语用标记(pragmatic markers)[6]。连词言域义的解读离不开对答语境,是对话答话语结构中产生的浮现义。

3. 与话语标记的区别

"所以、但是、可是、不过、而且"等连词在对话里可以用作话语标记。(参看方梅,2000)那么本文所讨论的连词的言域用法与话语标记用法是什么关系呢?

首先,言域用法表达的是命题外的内容,既不表达事理关系,也不表达推理关系,这一点与话语标记相同。但是,言域用法对话轮的组织(如话论的延续、话轮的转接等)和话题的组织(如话题的照应、话题的转换)没有什么贡献,这一点有别于话语标记。

请比较连词用作话语标记的例子,下面两例,说话人用连词是要照应到言谈的话题。

(22) 甲:主食在北方花样儿就很多。有这个可以做,你看,做面条儿,各种样子的面条。在山西是很有意思。

乙:猫耳朵。

甲:面条一共有好几百种。

乙:是啊,好几百种啊!

甲:然后,呃,哎,那个玩意儿,削面,有意思。

乙:是。

甲:我见人家做那个刀削面,就是往锅里削啊。

乙:是。

甲:他们跟我吹,说这个有的技术高的,脑袋上顶着那一坨面,两个手削。

乙:还有这种削的!

甲:所以,北方的这个主食花样很多。

(23) 甲:还有窝头没有?

乙:有窝头,对。那窝头就是黄金塔啊。

甲:哎呀,黄金塔!

乙:是吧,这个玉米棒子面儿,呃,做成一个呃圆锥形。

甲:是。

乙:底下拿大拇指往里穿一个洞,可能是蒸着让它方便一点儿,汽从里面透过去。

甲:是。

乙:熟得快。

甲:是。

乙:所以,呃,这,对,窝头,窝头还有。

上两例中的"所以"与前面谈的内容没有因果关系,说话人用"所以"是要照应到前面自己的话题"主食在北方花样儿很多",如(22);或者照应到几个话论之前对方对话题的陈述"窝头还有",如(23)。

下面(24)例里的"可是"则用来提出一个新的话题。

(24) 甲:南方人就很讲究,吃饭好几碟儿,都是少少的一点儿,但是呢,做得很精细。
乙:是啊。可是北方人现在还吃这个熬白菜那种东西吗?

第二,言域用法连词因为还保留了连词的部分意义,因而不会与其他连词连用。话语标记意义要更加空灵,可以与其他连词共现,并出现于最外围。例如:

(25) 甲:她们都说我拌得不好吃平时,什么不淡,什么没味儿,什么不好吃,什么麻酱太多。
乙:她也说来着?
甲:啊,调料太足,可是还没味儿。
丙:是这么说的吗?
甲:她们俩,反正给我逼得我,完后给我说得特伤心,那我说那我以后不拌了。
乙:而且,可是你想想姚力,你当初说我拌得不好吃,做东西不好吃也。
丙:也这么说的。

上例中的"而且"是话语标记,用于取得话语权;紧随其后的"可是"是言域用法,表达"你说你伤心,但我想说,你还曾经这样说过我呢"。这里"而且"与"可是"的顺序不能颠倒变成"可是"在前、"而且"在后。如果一定要让"可是"放到话轮起始位置,那就必须删除"而且"。

我们知道,在一个主从复杂句中,从属句的位置与语篇的信息结构相关(参看Chafe,1984;Thompson et al.,2007;宋作艳、陶红印,2008)。接下来的问题是,对话里,连词的理解取向与它所处的话语结构之间是否具有某种相关性?

我们的考察发现,在对话里,影响连词的意义和功能理解的因素主要体现在两个方面:1) 话论起始位置,2) 前后话论之间的话题连续性。连词位于话轮起始位置时其功能有不止一种可能,因此,相对而言第二方面更为重要。

相邻话轮之间是否具有话题延续性是一个重要的观察角度。当 A 与 B 两个话轮之间是相同话题的时候,连词的地位还没有改变。例如:

(26) 甲:这她现在有一点儿发胖了。
　　 乙:但是跟她同龄人相比她身材算是保持得不错的。
(27) 甲:你是在长白山长大的?
　　 乙:对,从小就在长白山。
　　 甲:所以爱把自己叫作是大山的儿子。那么我们就从这个山谈起吧。
(28) 甲:那我想问你一下,就是在这个时候,你在开始向这个研究怎么样诊治癌症的过程中最令你难忘的一件事儿是什么东西?
　　 乙:那个时候,我一无所有,一没有金钱,二没有试验条件。
　　 甲:但是……有一种朴素的……
　　 乙:所以当时那些年只能是收集一些东西。

上面的例子中,前后两个话轮的主语具有同指关系。

下面的例子也是具有话题延续性的,前后话轮的主语具有联想回指关系(关于联想回指,参看徐赳赳,2005)。例如:

(29) 甲:(魏海英)先发的话恐怕在拼抢上会受到影响。
　　 乙:但她的速度比张颖快,特别启动一下。
　　 甲:而且魏海英的技术相当地好。
(30) 甲:外国品牌它还得现找各方面维修人员啊,各方面协调。
　　 乙:而且我发现,它那个东芝那个上面,那个里面说明书,它很多写得都是说,写的东西特别多的就是说,以下内容他们不负责任。
(31) 甲:我说将来有一天我能是北京大学英语系的教授,不仅我会自豪,我整个这个家里也会自豪。

乙：而且那时候那个年龄段的人，那个时代的人，可能很多人都有这种想法。

上例(29)的相邻话轮的主语(魏海英-她的速度-魏海英的技术)之间是领属关系，(30)的相邻话轮的主语(外国品牌-东芝)之间是整体与部分的关系，(31)的相邻话轮的主语(我-那个年龄段的人/那个时代的人)之间是部分与整体的关系。

可见，当A与B之间具有话题延续性时，两个相邻话轮用来陈述一个事件或者论证同一个命题。这种情形下连词的意义相对比较实在。

不过，对话情景也很复杂。有的情景下(比如采访)言谈参与者的话语权往往是既定的(比如被采访人为主、采访者为辅)，为主的一方无须特别维护自己的话语权，尽管相隔一个或几个话轮，为主的一方的谈话仍是连续的。例如：

(32) 甲：不，我不能改，就是身份证儿改不了。

乙：噢。

甲：因为有什么学校什么负责人这个名字，很麻烦。

乙：啊。

甲：所以名片啊，什么签字什么都用这个就完了。

这一例中说话人甲是被采访人，虽然表面形式是对话，但是因为他是被采访者，没有话语权的维护问题，因而他的谈话前后连贯，相当于独白。其中的连词虽然位于话轮起始位置，仍旧是保留了连词的本义，表达事理关系。

4. 结语

综上所述，一个连词究竟是不是用作话语标记一方面与话语权的交替相关，另一方面与对话中话题的延续性相关。话语权的分配以及话题的组织是话语标记产生的语用需求。

从连词的虚化与话语结构关联性的角度看，话轮起始位置对后项连词的偏爱是会话的合作原则的体现,即言谈参与者尽量在形式上体现出自己的言谈与对方的言谈内容具有意义上的关联性。可以说连词的虚化,无论是话语标记用法还是言域用法,合作原则都是虚化的根本动因。

附注

① 本文用例中体育解说内容的语料部分来自郭小春《电视足球解说的语体分析》(中国传媒大学博士论文,2010)。

② 沈家煊(2003)发现,关联词语相对于主语的位置关系与其意义表达有关,行域的"因为"可以在主语前或主语后,但是知域的"因为"只能在主语前面。

③ 也有人把从属句后置看作将背景变为前景的手段。(参看屈承熹,2007)

④ 沈家煊(2003)发现,关联词的言域义可以加"说",如"如果说",而且有时还必须加"说"。

⑤ 这里参照顾曰国(1994)的翻译,语力是指句子在特定的言语环境里所具有的使用力量。

⑥ 我们对话语标记(discourse marker)的理解是比较窄义的理解。其功能包括话语组织功能(discourse organizing)和言语行为功能(speech acting)。话语组织功能包括前景化(fore grounding)和话题切换(topic switch)两个主要方面。言语行为功能包括话轮转接(turn taking)和话轮延续(turn holding)两个方面。话语标记是语用标记范畴当中的一个子类,虽然两者都不参与命题意义的表达,但是,话语标记在言谈当中起组织结构、建立关联的作用。而语用标记不具备此类组织言谈的功能,其所指范围大于话语标记。当一个成分对连贯言谈并无作用而重在表现说话人的态度时,这种成分看作"语用标记"。因而言域的用法我们更倾向于看作语用标记。

参考文献

陈振宇　2008　现代汉语中的非典型疑问句,《语言科学》第4期。
董秀芳　2003　"X说"的词汇化,《语言科学》第2期。
方　梅　2000　自然口语中弱化连词的话语标记功能,《中国语文》第5期。
顾曰国　1994　John Searle 的言语行为理论:评判与借鉴,《国外语言学》第3期。
李晋霞　刘　云　2003　从"如果"与"如果说"的差异看"说"的传信义,《语言科学》第3期。
李晋霞　刘　云　2009　论推理语境"如果说"中"说"的隐现,《中国语文》第4期。
廖秋忠　1986　现代汉语篇章中的连接成分,《中国语文》第6期。
陆俭明　2010　《汉语语法语义研究新探索(2000—2010 演讲集)》,北京:商务印书馆。
屈承熹　2007　语法与修辞之间(上)——"同义异形"的篇章语法学意义,《修辞学习》第3期。
沈家煊　2003　复句三域"行、知、言",《中国语文》第3期。
宋作艳、陶红印　2008　汉英因果复句顺序的话语分析与比较,《汉语学报》第4期。
邢福义　2001　《汉语复句研究》,北京:商务印书馆。
徐赳赳　2005　现代汉语联想回指分析,《中国语文》第3期。
赵元任　1968/1979　《汉语口语语法》,吕叔湘译,北京:商务印书馆。
朱德熙　1956/1999　单句、复句、复句的紧缩,见《语法和语法教学——介绍"暂拟汉语教学语法系统"》;又见《朱德熙文集》,北京:商务印书馆。

朱德熙 1982 《语法讲义》,北京:商务印书馆。
Brinton, Laurel J. 1996 *Pragmatic Markers in English: Grammaticalization and Discourse Functions*. Mouton de Gruyter.
Chafe, Wallace 1984 How people use adverblal clauses. *Berkley Linguistic Society* 10: 437—449.
Schiffrin, Deborah 1987 *Discourse Markers*. Cambridge University Press.
Tan, Pack-Lin and Hongyin Tao 1999 Coordination construction in Mandarin conversation: Evidence for syntax-for-interaction. In Chaofen Sun (ed.) *Proceedings of Joint Meeting of International Association for Chinese Linguistics and 10th North American Conference on Chinese Linguistics*. 449—466. Graduate Students in Linguistics Publishing, L. A. University of Southern California.
Thompson, Sandra A., Robert E. Longacre and Shin Ja J. Hwang (2007) Adverbial clauses. In Timothy Shopen (ed.) *Language Typology and Syntactic Description. Vol. II Complex Construction*. 237—300. Cambridge University Press.
Wang, Yu-Fang 1998 How Mandarin Chinese use causal conjunctions in conversation. In Xuanfan Huang (ed.) *Selected Papers from the Second Conference on Language in Taiwan*. Taipei: Crane Publishing Company.

论语体的机制及其语法属性*

冯胜利

香港中文大学/北京语言大学

1. 什么是语体

1.1 语体的性质

　　语体与文体的研究,陶红印(1999)、张伯江(2007)等学者,先后发凡起例,言之綦详;本文即在以往研究的基础之上提出"语体不是文体"的不同主张,并进而探讨语体的机制及其语法属性。

　　无疑,语体和文体有着密切的联系,但语体不是文体。"语体",顾名思义,是说话的体式,是一种话语交际的"体"(方式或结构系统)。因此,语体指的不是"诗、词、曲、赋、散文、小说"等文体;当然,"菜谱、说明书、驾驶手册"以至于"新闻、评论、广告"等等都是不同的文体而不能混同于语体。语体是直接交际的产物,语体的"体"应当指"说话者"和"听话者"在交际时产生和遵循的原则与规律。

　　人们话语交际中遵循哪些基本原则呢?这首先要从说话的对象来分析:跟谁说话,关系重大。这里首先要指出的是,没有对象就没有语体;对象不同,语体就不同。[①]当然,社会越来越复杂,交际的对象也因之而越来越繁复。尽管如此,最基本的交际类型仍然离不开"日常的"和"非日常的"两大范畴。研究语体的属性首先要从这两个对立的形式上入手:一个是日常性的或亲密随便一类非正式的话语交际;另一类是非日常的或

---

* 本文内容曾在 2009 年北京语言大学暑期"韵律文体学"课上讲授,得到听课者的广泛评议,使笔者受益良多;成稿后,先后又蒙陆俭明、王洪君、陆丙甫、张旺熹、施春宏、蓝桦、张伯江、陶红印、孟子敏、汪维辉、梁晓虹、温晓虹、帅志嵩、胡敕瑞、方环海等专家学友,以及匿名审稿人提出批评与建议,不但避免了疏漏而且丰富和加强了本文的论证,在此谨表由衷的谢忱;因篇体所限,恕不分别标出一一致谢。而文中所遗缺欠,则概由笔者自负。

严肃庄重一类正式的话语交际。就是说,[±正式性]是语体的基本要素,因为任何话语的交际都离不开正式度(均处于这两者或两者之间的任何一点):要么非常正式——让人紧张,要么非常随便——让人放松;当然也可以偏紧偏松,或亦庄亦谐;然而,若不庄不谐则是中性的"正常方式"。总之,不存在没有正式度的话语交际——即使零度,也是一种度;因为人们一开口就不能没有对象(假想对象也是对象)。既有对象就不能没有场所,因此交际的场所也成为决定语体正式度的必要因素:是在家还是在单位,是五人小组还是万人大会,是公开的(public)还是私密(private)的……,场合不同则说话的方式(庄重度或者随意度)也因之而异。因此我们说,只有语体错位的话语现象,没有没有语体的话语现象。一言以蔽之,交际的对象、场所和内容(包括说话者的目的和意图)[2],决定了语体无时不在。语体无时不在,因此其正式度也无时不有。

说话交际除了对象、场所和内容外,"说者"与"听者"二者之间的文化背景也是交际中不可忽略的重要因素。如果说说话者的社会角色(职业、职位等)决定着语体的正式度,那么说话者的文化背景和教养(家世、教育程度等)则决定着说话语体的典雅度。就是说,典雅度不是正式度。那么它们之间有什么不同呢?

首先,正式度是最基本、最原始的语体范畴,[3]是话语的本质属性。它无处不在、无时不有。典雅度则不同,它是说话者文化背景的反映。尽管每个人都有自己的文化背景,但只有文化优越(有家世、教育高)的人,才积极地表现和使用从其文化传承而来的典雅成分。在普通人的日常交际中,一般都潜意识地选用中性(或零度)的典雅度语体(亦即俗白体)。如果把零度典雅也作为语体系统中"典雅系列"的一个等级的话(如同语言形态学把无标记当作默认标记一样),那么典雅度和正式度一样,只有误用的话语现象,不存在没有典雅度的语体现象。举例来说,如果一位单位领导回到家里对妻子说:"今日晚餐要进行调整。"你会觉得他有点儿"职业病";如果某位教授对自己的孩子说:"饭时不宜出声!"恐怕也会被人笑为书袋酸腐。前者属正式体不当,后者是典雅体不适,都是语体错位的表现。[4]

1.2 语体和书面语的关系

"书面语"这个术语很不清楚。如果书面语指的是"写下来的文字"(其字面意思如此),那么"书面语"就什么也不是,因为写下来的文字什么都有,甚至包括菜谱。如果"书面语"不指所有写下来的文字,那么它具体指什么呢?至今没有一个统一的说法。这里我们根据《书面语语法及教学的相对独立性》(冯胜利,2003a)中的定义,把"书面语"严格限定在"书面正式语体"这个概念上。⑤因此,书面语不指书面上写的一切东西,而是"写下来的正式语体"。前面说过,语体必须是语言交际活动中口头表达出来的话语,所以必须是"话"。当然,"话"可以用文字记录成书面的形式(因此叫书面语),但这不意味着"书面语"不能说。换言之,我们定义的书面语本身就是直接交际的产物,是直接交际中的正式语体的产物。⑥凡是不用于直接交际的语言形式都不是语体,因此,诗词歌赋之类的形式是文体,它们不是交际的直接需要。(《左传》行人辞令所用诗赋等,是文体的语体应用)

1.3 语体和文体的关系

从本质上说,正式和典雅均属语体的范畴,因为语体是直接交际的产物,交际离不开对象,因此语体和文体是两回事。文体既可以指文章的体裁(如论说文、记叙文、抒情文、新闻体、社论体等),又可以指文学作品的形式(如诗、词、曲、散文、骈文、小说等)。无论文体怎样定义,就其一般类型而言,它所传达的信息都不是直接交际的需要。(没有人日常用诗来对话,即使有,充其量也只能算作文体的语体功能,而非语体本身)

语体虽然不是文体,但语体却是文体产生的源泉。正式和非正式除了可以表现说话者的身份地位等方面的特征外,还可以促发文体形式的发展,它是不同文体构成的动力和组成要素。叙述故事一般都用非正式的语体,论证时事多与正式语体结伴而行,而说明文则常常是零度语体的运用。⑦如果说官方政府的文书钟情正式体,文艺学术的创造青睐典雅体,那么尺牍文学或可以看作便俗语体和典雅语体的艺术结合。

尽管如此,理论上语体和文体的内容不同,其构成的原理也不一样,因此分属于不同的研究领域。毫无疑问,文体和语体不仅相互作用,也彼此交叉:语体可以创造文体,而文体的发展也丰富了语体的表达。至于哪些文体能够在实际交际中为语体服务,不仅是文体研究的内容,也是语体研究的重要课题。

1.4 正式与典雅的分辨

正式和非正式是对立的,典雅与俗白也是相反的。这两组对立概念的关系和分辨极为重要。然而,因其有相似之处,故而有分辨之难。首先,正式的话语不一定雅。"改改这句话"是口语形式(非正式),而"这个句子必须修改"则很正式。虽然正式,我们并不觉得它"雅"。那么什么是"雅"呢?一般人都把"雅"当作"美"。"美"属修辞范畴,不是我们这里说的"语体固有的本质属性"。"雅"是人们说话交际的固有属性吗?太炎先生早有论断:⑧

或曰:子前言一切文辞体裁各异,其工拙亦因之而异。今乃欲以书志疏证之法,施之于一切文辞,不自相刺谬耶?答曰:前者所言,以工拙言也。今者所说,以雅俗也。工拙者,系乎才调;雅俗者存乎轨则。轨则之不知,虽有才调而无足贵。是故俗而工者,无宁雅而拙也。雅有消极积极之分。消极之雅,清而无物,欧、曾、方、姚之文是也。积极之雅,闳而能肆,杨、班、张、韩之文是也。虽俗而工者,无宁雅而拙。故方姚之才虽驽,犹足以傲今人也。吾观日本人之论文者,多以兴会神味为主,曾不论其雅俗。或取法泰西,上追希腊,以美之一字横梗结噎于胸中,故其说若是耶?彼论欧洲之文则自可尔,而复持此以论汉文,吾汉人之不知文者,又取其言相矜式,则未知汉文之所以为汉文也。(《文学论略》)

这段话内容丰赡,见识超人,颇耐深味,而其中对语体阐释最精要者,是章氏"汉文之所以为汉文"的语言规则:第一,雅俗不是工拙。据此,我们不能把"雅"和"美"或者"巧"等写作技艺混为一谈。第二,雅俗是系乎"轨则"的为文之道。据此,我们不能把"雅俗"之别当作修辞手段,因为轨则无所不在,而修辞则可有可无。不仅如此,太炎先生还说:

(明)七子之弊,不在宗唐而祧宋也,亦不在效法秦汉也,在其不解文义,而以吞剥为能,不辨雅俗,而以工拙为准。吾则不然,先求训诂,句分字析,而后敢造词也。先辨体裁,引绳切墨,而后敢放言也。(《文学论略》)

这里揭示出雅俗语体上的深刻道理:若不分雅俗,其结果只能靠文字手段来掩饰其语体水平的不足;若不辨体裁,其结果只能生吞活剥前人的语言而不能自造。那么如何才能"辨雅别俗"呢?根据太炎先生,必须"先求训诂,句分字析,而后敢造词"。这就是说,雅言与俗语之别存乎字词,因此"求训诂、析字句",而后能雅。前面说过,"改改这句话"是俗白体,"这个句子必须修改"是正式体,而"此句欠妥,宜酌情删改"则可谓典雅体。何以"典雅"?就是因为其中字词取自耳听可懂的文言古语。由此看来,援古入今,方为典雅。⑤如果是这样的话,那么迄今鉴别出的现代汉语中300个左右的古语今用嵌偶词(见《汉语书面用语初编》)均属典雅体的范畴。总之,在太炎先生看来,不求训诂则不知雅俗;不知雅俗则不辨体裁,不辨体裁则不敢放言。注意:太炎先生的"体裁"实即我们这里的"语体"。而其所谓"雅俗者存乎轨则""引绳切墨而后敢放言"者，正说明话语（或文章）的语体轨则。就太炎先生而言，无文不体（没有没有体裁的文章），无体不雅（没有不含雅俗的体裁）；对我们而言，不存在没有语体的话语交际；不存在不涵庄雅（庄＝正式，雅＝典雅）的语体。因此，没有语体则不能说话；如果不能说话而硬说，就会造成语体错位。明朝公安派引俗语入古文，在太炎先生看来就是语体错位，究其源，"不在效法秦汉也，在其不解文义"，所以才造成"不辨雅俗""以吞剥为能"的语体错位。

2. 交际距离与语体本能

我们知道，交际不仅是动物的本能，更是人的本性。人作为一种社会和有语言的动物，无时不在交际之中。交际的本质在于确定彼此的关系：或远或近。最远的是敌人，最近的是所爱的人。人们确定亲疏远近的方式一般有如下数种：

(1) 用肢体语言：眼睛、嘴唇、牙齿、拳头等；
(2) 用声音语言：撒娇、唬人的发音各不相同；
(3) 用递归语言：此人与动物的最大区别——人的语言有递归性（recursion），而动物的语言没有递归性。

递归语言和声音语言都可以通过音量的大小、轻重和粗细等不同形式来表达亲疏。汉语的词汇本身就反映了这种"声音的作用"。如：

娇声嫩气、窃窃私语、甜言蜜语、和蔼可亲、语重心长、
低声下气、长歌当哭、声嘶力竭、暴跳如雷、声如洪钟

不仅词汇，"语气"同样可以确定关系的亲疏和距离。语气的"定距功能"种类很多，有亲昵的、密切的、和蔼的、爱怜的、同情的、严肃的、严厉的、愤怒的、威胁的、轻蔑的、祈求的等等。

交际关系需要不断调节。调节关系很大程度上就是调节彼此之间的距离:使远的变近,近的变远。所谓正式与非正式,其实就是调节关系距离远近的语体手段:"正式"是"推远"距离,"非正式"是"拉近"距离(冯胜利,2003a、2003b)。⑩因此,从本质上说,正式与非正式是一种调节交际关系的语言机制。具体而言,说话者不仅可以采用变速度、变声调、变语气、变韵律等语音手段,甚至还可以通过变词汇、变说法、变结构等语法手段,来表现、确定和改变与听者的距离(关系)。如上所述,调整距离无非是"推远"和"拉近"。"推远"就用"正式严肃体","拉近"就用"亲密随意体"。其实,正式就是让听者产生一种距离感,只有保持了一定的距离,说话者才能矜庄,听话者才能严肃;而所谓非正式,就是要消除听者的距离感,没有距离才能让对象感到放松、亲切和随意。由此可见,"调距"是语体机制的根源所在。

如果距离是语体产生的内在机制,而正式是拉距的语体手段,那么典雅呢?我们认为,正式体的效应产生于共时的距离感(推远或拉近自己与对象的距离),而典雅体的效应来源于历时的距离感(抬高或拉平自己相对对象的位置)。前者是现时的,后者是历时的。换言之,正式与非正式是通过当代语言表达出来的,而典雅和通俗则是通过古代的词句来实现的。譬如:

正式与非正式	你的事儿就是编教材。
	你们的职责是对现有教材进行改编。
典雅与便俗	这句话不行,得改改。
	此句欠妥,宜加修改。

"对……进行＋VV"是现代汉语里正式语体的语法,而"该＋N"和"宜＋V"则是古语今用(古词古句以至于古义的今用)。⑪由此可见,正式和典雅不仅表达的手段不同,获得的效果也不一样:典雅使人敬慕,正式让人严肃。这样看来,前文所引太炎先生的"雅俗轨则"显然不是正式与非正式的语体内容,而属雅俗体的范畴。⑫总之,如果语体由"正式/非正式"和"典雅/通俗"两个范畴组成,那么我们就可以把语体系统分析为如下结构。

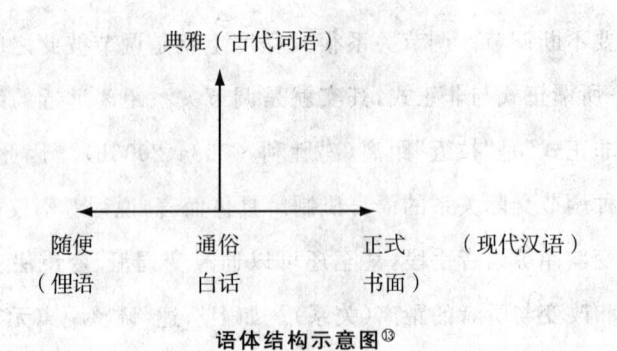

```
              典雅(古代词语)
                  ↑
                  |
    ←─────────────┼─────────────→
                  |
    随便      通俗      正式    (现代汉语)
   (俚语     白话      书面)
```
语体结构示意图⑬

在这个语体坐标系中,正式系统有正负两极(正式与随便),在正负之间是既不正式也不随便的中性零度语体(亦即通俗体或白话体)。日文男子第一人称的四个形式:watakushi、watashi、boku 和 ore 正好说明这里的分类:前两者是正式语体的两个等级(watakushi 比 watashi 还正式);后两者属于非正式语体里的两个等级(ore 比 boku 还随便)。⑭注意:典雅系统没有"以通俗为中性而与典雅相反的对立体"。这是预期的结果,因为"典雅/便俗"是就古今而言。所谓便俗是就当代语而言,而所谓典雅则是就今语中的古代成分而言(古语如何用之于今的方法和标准,参《汉语书面用语初编·引言》)。今古已然对立,所以不可能再以今为轴而形成过去与将来的对立。上面的坐标体系反映了语体范畴的基本结构。

综合语体范畴在使用中与交际对象(包括场景、内容之间)的交互作用,我们大抵可以勾勒出一个语体功能分布图,如下所示(参 Romaine,2001:521):

文体/文类	典雅	正式	俗白	随便
公务文件		+	(+)	
宗教祭祀	+	+		
国会报告		+	(+)	
新闻广播		+		
报刊社论		+		
学术/美文	+	+		
家里聊天				+
跟百姓讲话			+	
相声/曲艺			+	+
诗歌	+		(?)	

语体功能分布图⑮

当然，语体功能的分布与场所远不止上面这些，这里不过举例而已。理论上，一切文体类型及其区别性特征均可通过"语体性质标记法"得到相应的分析。毫无疑问，随着研究的不断深入，我们可以预知：不仅语体适用的范围和领域会变得更加清晰和丰富，每一范域里的庄雅度（或俗白度）也将随着量化理论的完善（参冯胜利等，2008）而日趋精密。

3. 语体的对立与转换

如上所述，如果语体的本质是调节交际距离的远和近，那么它就不可避免地产生语体上的二元对立（参张伯江，2007）：正式与非正式、典雅与通俗（雅言与俗语）。注意：语体范畴中的两个方面不仅是相反的，而且是相对的。换言之，正式体不是绝对的，典雅体也不是绝对的。它们和对立面的关系是辩证的：没有正式就没有非正式，没有通俗就没有古雅。正因为语体的对立是相对的，所以才引发出"等级"的概念：正式有程度的高低，典雅也有量度的大小。正因如此，说话和写文章才有正式度和典雅度的不同。譬如：

正式度[16]

  零级正式度 编教材

  一级正式度 编写/改编教材

  二级正式度 教材编写/改编、教材的编写/改编

  三级正式度 对教材进行改编

典雅度[17]

  白话   像 皮肤白净得像雪花膏似的

  一级典雅度 如 皮肤洁白如雪

  二级典雅度 似 肤白似雪

  三级典雅度 若 肌肤若冰雪之白

从上举诸例中我们不仅看到正式与典雅的不同，而且看出它们各自的等级系列；而最重要的是，庄雅的等级是通过不同的句法格式表现出来的。我们相信，随着研究的不断深

入,正式度和典雅度的分别和测量,将在理论和实践的探索中得到充分的发展和实现。

3.1 正式与非正式的相互转化

值得注意的是,语体各范畴中的两个方面(正式与非正式、典雅与通俗)在一定条件下可以相互转化。这当然也是我们理论预测的结果,因为从本质上说,语体范畴的对立面都是相对的。"台湾"就是一个很好的例子。今天北京话里的"台湾"一词,一般都不读轻声。然而,这个地名在20世纪30年代的北京话里,第二个字"湾"读作轻声(参赵元任,1968:39)[18]。轻声和非轻声有什么区别呢？我们知道,北京话的轻声原则是:

> 口语的未必都轻声,但轻声的必定是口语。(参 Feng,1995)

据此,我们可以推知,轻声的读法一般都是非正式体的口语形式。"台湾"这个地名以前读轻声,说明它是一个口语里的普通省名,没有正式的色彩。但是台湾割让给日本以后(据赵说),它就从一个普通的省名变成了"民族的焦点"。地位"政治化"了,其轻声的念法也就显得过于随便而不够庄重。正因如此,它轻声的读法越来越少,以至今天的北京人根本不知道"台湾"还曾有过轻声的读法。由此可见,正式与非正式的词语在一定条件下可以相互转换。[19]

上面的变化是历时的。正式与非正式的对转也可以是共时(地域性)的。譬如北京话的被动标志有"被、叫、让"。第一个是正式的,后两个是非正式的。然而,对说南方方言的人来说,"叫/让"听起来却比"被"显得正式。显然,这是地域不同或北京话影响的结果。

3.2 雅言与俗语之间的相互转化

不仅正式与非正式的语体范畴可以相互转化,雅俗之间的对立也可以相互转化。季刚先生说:

> 宋词出于唐诗,元曲出于宋词,正如子之肖父,虽性情形体酷似,遭逢既异,行事亦殊。又雅俗有代降,其初尽雅,以雅杂俗,久而纯俗,此变而下也。雅俗有易形,其初尽俗,文之以雅,久而毕雅,此变而上也。由前之说,则高文可流为俳体;由后之说,则舆颂可变为丽词。然二者实两行於人间,故一代必有应时之俗文,亦必有沿古之词制。(《黄侃日记》第214页)

由此可见,社会的变化和历史的发展,使语体范畴的正式与非正式、雅与俗之间的对立,相应而变。事实上,语体范畴的波动比语言中其他任何规则对社会变化的反应,都更为敏感。如果说社会变化造成正式与非正式对立的重新调整的话,那么时间的迁移则是雅俗不断转换的历史因素。虽然语体有对立,但对立双方的地位并非永久不变。无论多么时髦的流行用语,隔代不用则可变俗为雅;无论多么幽雅的古典用语,滥用无度也会俗不可耐。"窈窕淑女,君子好逑"——古雅之极,殊不知在当时人的嘴里也不过是"漂亮的好小姐呀,是少爷的好一对儿"两句民歌(鲁迅翻译)。难怪近世俄国形式主义批评家希克洛夫斯基(Victor Shiklovsky)等人以为:"文词最易袭故蹈常,落套刻板(habitualization, automatization),故作者手眼须使熟者生(defamiliarization),或亦曰使文者野(re-barbarization)。"[20]"使熟者生""使文者野"就是利用语体对立的机制来创造文学的效应。

4. 现代书面正式语体的诞生

如果前面所说的正式与非正式、典雅与通俗是语体运作的内在机制,那么人类语言莫不如此。然而,长期以来,尽管许多学者关注书面语的问题,却从来没有从正式与非正式的独立范畴上来鉴定语体的属性,更没有人进而提出语体语法的机制。[21]与此相反,语法的研究在"我手写我口"的白话文运动影响下,把现代汉语等同于白话文。似乎"说的口语"和"写的白话文"之间,没有也不应该有什么区别。[22]无疑,这是五四运动的影响。五四强大的激进力量让当时以至后来的学者很难客观地鉴定语体的存在。语体不存在,自然也就无法揭示其正式/非正式、典雅/通俗之间的依存规律。当然,这并不是说当时没有清醒者。黄季刚先生早在30年代就曾指出:

  言辞修润即成文章,而文与言讫于分乖者亦有。常语趋新,文章循旧,方圆异德,故雅俗殊形矣……语言以随世而俗,文章以师古而雅,此又无足怪矣。尝闻化声之道,从地从时。从地则殊境不相通,从时则易代如异国。……综上所说,文与言判……非苟而已也。(《黄侃日记》第199页)

就是说,语言中的雅和俗、正式与非正式的对立和存在,"非苟而已"。它们不是人为的,而是语体系统赋予它们各自的不同功能——日常体不能离开正式体而独立存在。可惜的是,这种精绝的声音被五四狂澜当作残渣余孽抛到山崖海底,无人问津。然而,如果说每种语言都必须具备庄雅和便俗的"两条腿"才功能齐全、肢体完整的话,那么季刚先生的话不啻告诉我们:五四消灭了文言文不啻于截掉了汉语正式语体这条腿。文言文是五四以前汉语的正式语体。文言被消灭,汉语正式的表达也因之而亡。截肢后的汉语逡巡艰难地行走了近百年,今天才终于在自身机体的酿育下,又生长出了新肢——当代书面正式语体。这也是预料中事,因为正式/非正式是语体机制:非有两极,不能成体。从这个意义上说,五四消灭的不是简单的文言,而是汉语的语体。单极不成体,因此,失去文言(正式)的汉语必然再生以补其缺;而今天汉语"新兴正式语体"的出现(参冯胜利,2005)恰好证明了"单极不成体"的语体理论。

事实上,不仅现代汉语的语体有两极之分,上古汉语也不例外。根据任学良(1982)的研究,《孟子》里类似"种"和"树"所反映的,就是当时语言中"文"与"言"的不同:

《孟滕上》:"许子必种粟而后食乎?"
《孟梁上》:"五亩之宅,树之以桑。"㉓

据此,任先生指出:"先秦言文并不一致"(1982)。当然,现在看来这种"种、树"之别并非简单的"言文不一"(亦非使用范围的不同,参注㉓),而是正式与非正式、典雅与俗常语体的对立,是人类语言中语体正反两极的必然产物("种、树"反映的是对话体(《孟滕上》)和论说体(《孟梁上》)的不同)。㉔明于此,亦可推知古人所谓"书语",实即当时的一种典雅体。《隋书·李密传》:"密与化及隔水而语,密数之……化及默然,俯视良久,乃瞋目大言曰:'共你论相杀事,何须作书语邪?'"又,《隋书·荣毗传》:"上谓之曰:'卿亦悔不?'建绪稽首曰:'臣位非徐广,情类杨彪。'上笑曰:'我虽不解书语,亦知卿此言为不逊。'"可见,汉语古来就有"书语"和"口语"的对立。

不仅汉语的事实可以证明我们"语体必两极对立而后存"的理论(人为取消文言文后,汉语又自身酿育新肢以全其体),爱尔兰的事实从相反的角度同样证明了我们的理论。Romaine(2001)报告说:许多试图把口语提高到书面正式语体的程度和范围的尝试,都是很不成功的。爱尔兰政府努力推广其古代书面语的结果,不仅没有取代英文作为正式语体的优越地位,反而使得爱尔兰当地口语的使用范围不断缩小。根据我们的理论,这种结果并不奇怪,因为如果英文和当地口语分别承当爱尔兰境内正式和非正式的语体功能的话,那么它本来就两腿俱全而无由再增。因此,政府提升口语(或古代书面语)为正式语体的尝试,注定是无法成功的。

汉语自生正式语体的成功和爱尔兰强行推广正式语体的失败,究其实,都是语言自身语体机制的作用结果。据此,我们可以进而预测,以色列"复活书面希伯来语为今天官方正式语言"的成功,必然预示着将来一种与之对立的口语便俗体的诞生。

5. 语体语法的基本属性

语体的独立性不仅表现在它交际的属性,同时表现在它自身的语法属性。换言之,语体是通过语法表现出来的(当然也包括词汇)。"语体语法"这一点,以前没有引起人们的注意,至今仍然没有引起足够的重视。我们认为,语体离开语法词汇将无从表现,语法词汇离开语体亦将一团乱麻(见下文)。下面我们先归纳正式体的结构,然后总结典雅体语法,最后看英文语体语法的表现。

5.1 正式体语法的原则与特征

表达正式的语体语法的根本原则是:用语法手段把正式表达和与之相关的口语表达之间的距离拉开。这里的"语法"指广义的语音、形态、词法和句法;"语法加工"后的结果是变形;而"拉距变形"的基本特征是"泛时空化"。泛时空化即减弱或去掉具体事物、事件或动作中时间和空间的语法标记。譬如:

1. 单音节名词→双音节名词　　家→家庭　眼→眼睛　国→国家
2. 单音节动词→双音节动名词　编→编写　改→改造/修改　造→创造/建造
3. 动宾→宾动　　　　　　　　编教材→教材编写、教材的编写
4. 动宾→介宾动　　　　　　　编教材→关于教材的编写、对教材的编写
5. 具体动作→抽象行为　　　　改/改写、编/编纂→进行编纂、(对教材)进行改编

例(1—2)是正式化语法手段中的双音构词法。从韵律上讲,它们是单音变双音;从语义上讲,是从具体到抽象;从语体上讲,是从口语到正式。汉语中大量"家庭"一类的双音名词和"编写"一类的双音动名词,均可视为应正式语体的需要而产生的结果。(3—5)是通过句法格式和移位来满足泛时空化的要求,从而拉开和口语的距离,达到语体正式的目的。

5.2 典雅语体语法的原则与特征

典雅语体语法的根本原则是用耳听能懂的古代词语替换对应的口语表达,从而与之拉开距离。这种"换形拉距"的基本特征是"古语今化"。譬如:

6. 双音→单音　　　　学校→校、知道→知、习惯→惯、普遍→遍(V)

7. 文言古语法→当代嵌偶法

    古代(字可单用):夫以服请,不宜往。(《史记》)

    现代(古语必双):那里危险,不宜*(前)往。("宜"与"往"均须成双而后安,亦即"不宜"、"前往")

8. 古句型　　A/V 而 A/V　　少而精

    　　　　　为 NP 所 V　　为人所爱

    　　　　　为 NP 而 V　　为现代化而努力奋斗

    　　　　　NN 之 A　　　品种之多

9. 古虚词　　之乎者也哉　　大养其猪/岂不怪哉?

10. 典雅体的正式化　　将其开除出党(这里的"其"已独立于上类的"古虚词",参下文)

例(6—7)是把古代通行的词汇用到现代汉语里。我们说它"古语今化"首先因为这里的"古语"都是今人耳听可懂的词语[参胜利(2005)有关"文化人"的定义]。其次,因为这些古语必须遵循今天的语法规则(嵌在双音韵律模块里才合法,但古语不必)。(8—9)是通过选用古代句式来完成典雅语体的任务。例(10)说明虽然有些词语来自上古,但它们已然改变自己古代的性质("其"上古不能做宾语)而渐有现代正式语体的功能。㉖不难看出,文言在现代汉语里所以仍有活力是语体操动的结果。不仅如此,根据我们的理论,文化越传统,典雅体的市场就越大,其适用的范围也就越广。

5.3 英语语体语法的证据

上面我们看到,汉语中存在着不同类型的语体化语法,而其中最显著的语法化模式是"今语泛化"——正式和"古语今化"——文雅。事实上,不仅汉语,其他语言的语体语法也同样采用这两种方式。根据 Romaine 的报告:我们知道,在埃及,人们在家说当地阿拉伯话,而公共场合则使用古阿拉伯语(Qur'ān)规则构成的标准阿拉伯语。标准语多用于讲演、阅读、书面或电台广播,而当地话只用于朋友或家庭成员之间的交谈。这两种变体不仅词汇、语法和发音上有区别,它们还带有许多不同的社会效益,亦即在社会功能、文学传统、荣誉尊严以及教育水平等方面,有显著差别和效果。跟汉语中的典雅体语法一样,埃及的标准阿拉伯正式语体,也是学校教育的结果;由此造成庄雅与俗白的两个系统。㉗文白两体的现象在英文里也表现得非常清楚,譬如(取自 Lanham,1983:163—164):

拉丁语式和正式体	盎格鲁撒克逊语式和非正式体
a) If the cravings of hunger and thirst are denied satisfaction,	If a man is kept from food and drink,
如果饥饿与干渴欲望的满足遭到拒绝,	如果一个人没吃没喝,
b) [starvation results finally in mortification and the individual's life is terminated.]	the man starves to death, and there is an end of him,
[饥饿终将致其欲望结束与生命终止。]	他就会饿死,生命也就结束了,
c) This is a result which arrests the attention of even the least observant mind.	as any fool can see.
这是连那些对此关注甚微者都会注意到的结果。	这连傻子都知道。
d) Hunger and thirst cannot be neglected with impunity.	A man ought to eat and drink.
饥渴不可能无偿地被忽略。	人要吃饭,喝水。

e) He still reserves the aspects and notions of a living human being.
他若仍剩有生命载体的特征和名号。

f) He never attains completeness and health,
亦将永远不能获得圆满与健康,

g) returns imperfect.
唯抱憾而归。

The man, worse luck, does not starve to death,
更糟糕的是,那人没饿死,

but walks lame to the end of his life,
他就会沟沟坎坎地走完一生,

and good for nothing.
什么事也做不成。

上面左边的语言不仅很多源于拉丁而且极尽语法变形之能事(如动名词、被动语态等的使用),所以显得庄重而典雅;而右边的话都是盎格鲁撒克逊人自己的日常用语,所以俗白随便。不难看出,英文也采用句法变形和引古入今的手段使庄雅和俗白拉开距离。这不仅证明了语体的两极性,同时也证明了两极化"语体语法"的普遍存在。

6. 余论

本文探讨了语体的性质、范畴、组成要素及其语法属性。语体对语言学、历时句法学以及文学理论的研究都具有重大的意义。从语言学角度看,它能给当代句法学的理论提供一些新的研究线索。如本文所示,如果语体语法是客观的存在,如果语体不同则语法也因之而异,那么现实中就没有不带语体的语法,就没有不关语体的合法性(grammaticality)。下面的例子可以充分证明这一点。

*今天爸爸给我买和读了一本新书。
*昨天领导组织大家买和看了新版宪法。
昨天领导组织大家购买和阅读了新版宪法。㊲

显而易见,口语里不能说的"$V_口$和$V_口$"到书面正式语体里则毫无问题。㊳无疑,"$V_书$

和 V。"是书面语体的表达,与口语语法很不一样。可见,句法研究若不分语体,就如同方言研究不分文白异读一样,所遇到的现象必将一团乱麻。

根据这里语体语法的理论,我们还可以进而质疑所谓"欧化汉语"的传统说法。如前所述,如果变"具体动作"为"抽象行为"是正式体的语法手段,那么类似"对于/关于……进行 VV"等句型,则不过是正式体语法自身机制需要和产生的结果,而非简单"欧化"所能创造。

如果说语体的研究对语法理论有直接帮助,那么它对汉语史的研究更具启发性。毫无疑问,汉语史上的双音化(如赵岐《孟子章句》),在新的语体理论的诠释下,就不仅仅是韵律系统演变的结果,同时也是口语语体发展的产物。如果说语言演变无时不在,那么长期以来困扰语言学家有关"演变之源"的奥秘,也可从一个新的角度来考虑。现在我们知道:语体范畴中的对立面直接导致两语(diglossia)现象的出现,而两语中的对立因素因时因地而不断转换——要么有雅俗文白之别,要么有正式与非正式之变。㉚所以,语体或许就是直接导致语言演变的策源地。㉛

最后,语体理论的提出对文学中的文体分析也至关重要。理论上说,什么样的文体用什么样的语体。反过来看,不同的语体可以促发不同的文体。据此,正式与非正式是文学发展的原动力,雅和俗同样是促发文学发展的重要因素。谈语体不能不看到它们的正反作用;谈语体的正反,不能不看到它们的文学效能。语体不但是文章组织的原则(参章太炎《文学论略》),也是激活文体演变的驱动器。譬如,"词、曲"之所以不同于"诗"者,一在诗须雅言,二是曲要俗语,介乎之间者才是词,所谓"诗之腔调宜古雅,曲之腔调宜近俗。词之腔调则在雅俗相合之间"(李渔《窥词管见》)。可见,语体为文学创造和文学分析提供不可或缺的理论工具。不仅如此,它还进而引发出许多新课题:正式与非正式、文与白在不同的文学作品里如何对立、如何交融、如何孕育新体等问题,无疑为我们打开了一个观察和研究文体的新的窗口。

总而言之,语体理论告诉我们:句法运作可以根据语体的需要而构形,语言演变可以根据语体中二元对立的相互转化而滥觞,文学创作也可以根据语体的功能而酿造新体。凡此种种,均暗示出一个以语体为轴心的综合学科的形成与建立。语体之为用,亦大矣哉!

附注

① 本文下面所论偏重于"说者"的立场和角度,事实上,正如匿名评审者所指出的:"说话人的语

体选择很重要的一方面取决于他对听话人的判断——如果说话人对听话人的身份背景、方言背景、知识背景等有确切地了解的话,他就可以选择使用面偏窄的语体,如果说者对听者的理解力不确知的话,那么他会偏向于选择使用面较宽的语体。"

② 语体的性质与"交际目的重大与否"直接相关,这是值得将来深入研究的一大课题。

③ 当然,社会不同、时代不同,其正式与非正式的方式和内容也有所不同,见下文。

④ 鲁迅让孔乙己对孩子"之乎者也",即用典雅体错位创造文学效应。

⑤ 这里感谢匿名审稿人所指出的:"书面语最大的特点就在于说话对象的不确知性。对于写出来、刊发出去的文字来说,其读者的范围大小和种类都不能缺知,因而会选择一种普世性最强的中和语体。"

⑥ 注意:吕叔湘先生(1944)曾说:"文言和白话是相互对待的两个名词:在早先,没有白话,也就无所谓文言。"这是从语文的角度而言,不是从语言(或语体)的角度而言。本文从语言学的角度立论,认为语体是人类的语言特征,无论古今还是中外。

⑦ 不排除有些语体色彩很强的说明书在[±正式]和[±典雅]的语体特征中选择[+正式]的特征。

⑧ 海空和尚(774—835)在《文镜秘府论》中也谈到"文……有雅体、鄙体、俗体"的不同,并主张"委详所来"以"定其优劣"。

⑨ 章太炎《自述学术次第》:"余少已好文辞,本治小学,故慕退之造词之则,为文奥衍不驯,非为慕古,亦欲使雅言故训,复用于常文耳。"可见援古人今即"使雅言用于常文耳"。

⑩ 古人所谓"不远[袁]不敬、不敬不严、不严不尊"(马王堆汉墓帛书《五行·第十二章》)以及"尔(近)则狎,狎则厌,厌则忘,忘则不敬"(《荀子·礼论》)的道理所在。

⑪ 古代词、语、义均可今用为典雅体,但古音不可,因无法进行交际。

⑫ 注意:语体里面的"雅俗"概念和文体(或文论)里面的雅俗不同。语体里面的"俗"专指"通俗"或"俗白"的词语表达,不指文章或者作者的"品格"。在这一点上,太炎先生的雅俗论中也有不辨之嫌。故特指出,以免误解。

⑬ 注意:在这个丁字图上,不同的位置表示不同的语体选择。譬如,祭天祭文类文体当位于"右上角",余可类推。

⑭ 这里的日文例证源于孟子敏先生的帮助,谨致谢意。

⑮ 图中某些文体的两个特征,凡标有"()"者为"或者",凡无"()"者为兼有。"兼有"不必各占50%(其中比例的分配及其原则,容另文专述)。

⑯ 正式/非正式体可分(或当分)几个级度、每个级度有多少"语体化语法成分"的问题是语体理论引发出来的重要课题。有关这方面的初步探索,参王永娜的博士论文《汉语书面正式语体的语法手段》。

⑰ 据初步统计"如、似、若"在一般正式文体里的使用频率分别为 62%、26% 和 12%,庶可作为这里分级的参考依据。

⑱ 同时参丁邦新译《中国话的语法》第 52 页(河北教育出版社,1996),以及赵元任(1991)《汉语地名声调的社会政治色彩》,钱晋华译,见张志公主编《语文论集》第四期,第 1—4 页。

⑲ 今天北京话里"政治""思想"等正式词汇已经开始口语化,所以第二个音节在一些年轻人口里都趋于轻读甚至轻声化。(参陈建民,1984)

⑳ 引自钱锺书《谈艺录》第 320 页。[参 Robert Scholes (ed.) *Structuralism in Literature*. 1974. 83—84; Robert C Freeman (ed.) *Linguistics and Literary History*. 1970. 43—44. Wellek and A. Warren. *Theory of Literature*. 1963. 236]

㉑ 陶红印(1999)提出"语体分类的语法学意义",冯胜利(2003a)也有"书面正式语体的语法独立于现代口语的语法"的主张,但均未形成"语体语法机制"的系统理论。

㉒ 这种误解的反面就是片面夸大"文"的不可说性(unsayability),而视之为"死语言"。这同样是不解语体二元属性的偏误。事实上,只要语体需要,死亦能活。

㉓《诗经·卫风·伯兮》:"焉得谖(=萱)草,言树之背。"《离骚》:"余既滋兰之九畹兮,又树蕙之百亩。"所"树"者并不限于木本,亦可为草本植物。又,《孟子·滕文公上》:"树艺五谷。"《滕文公下》:"所食之粟,伯夷之所树与?抑亦盗跖之所树与?"《吕氏春秋·任地》:"树麻与菽。"高诱注:"树,种也。"皆五谷可"树"之证。

㉔ 这也就是铃木庆夏(2009)所谓的具体事件用俗白体而抽象道理用典雅体的篇章功能。

㉕ 语体语法的独立,同时也意味着语体修辞科独立的可能。

㉖ 就是说,有些典雅体成分在使用中可能逐渐赋有正式的色彩。

㉗ 陈寅恪(1949)在谈到魏晋学风时也曾指出:"大抵吾国士人,其平日谈论所用之言语,与诵习经典讽咏诗什所操之音声,似不能完全符合。易言之,即谈论唯用当时之音,而讽诵则常存古昔之读是也,依此,南方士族,其谈论乃用旧日洛阳通行之语言,其讽诵则准旧日洛阳太学之音读。"亦可证中国古代文白两体之用。按,汉武帝时公孙弘奏书曰:"诏书律令下者,明天人分际,通古今之谊,文章尔雅,训词深厚,恩施甚美。小吏浅闻,弗能究宣。"是文白之别,汉代亦然。胡适以为文言死语,故革之命;殊不知文与言判,非苟而已。孙诒让(《尚书骈枝叙》)所谓"常语恒畸于质,期于辞约旨明而已;雅辞则诡名奥谊,必式古训而称先民,其体遂判然若沟畔之不可复合矣",亦属此理。另,太田辰夫(1991)有关历代"书言笔语"的论述,也足以证明文白两分的语体功能。

㉘ 至于为什么"?昨天领导组织大家购买了和阅读了新版宪法"拗口的原因,拟另文专述。(注意:在我们的语料里,这类句子并不乏见)

㉙ 这类例子不胜枚举,如现代汉语句末的"了",根据孟子敏(2007)的调查,即带有鲜明的口语语体的语法特征(正式语体基本不用)。又如中古汉语发展出的"-子"(如,乌龟子、老鼠子、和尚子),根据梁晓虹(2004)的研究,也是当时口语表达"具体化/近密语体"的一个名词后缀,正式语体也不能用。限于篇幅,有关这方面较全面的综述与论证,只能另文专述。

㉚ 譬如,"各"是典雅体嵌偶单音词,因此"各国领导、各校领导、各级领导"均文从字顺,因其遵从典雅语法。相比之下,"*各国家领导、*各学校领导、*各级别领导"则佶屈聱牙,因其违背了[各+N]的必双要求。然而,追求庄雅的结果使"各"的用例日见其多。多说的结果是口语化,而口语化以后,其语法性质也随之而变,于是"各小组、各单位"等多音节搭配形式便随之而起。这里不仅见出典雅体与俗常体的语法差异,更是雅俗二体"现行变化"(on-going change)的现实例证。不仅现代如此,古代也一样,唐朝李善改"应"为"合"即其例也(见《文选》卷十三李善注引《世说新语·言语》"虎贲中郎省应在何处")。根据汪维辉(2000)的研究,"合"始见于西汉,而"应"始见于东汉。从东汉到南北朝"应"的出现频率远高于"合",可见"应"比"合"更口语。然而到了唐代,"合"的使用频率急剧提高,变得跟"应"一样,甚至比"应"更口语,所以李善才用"合"代"应"。这又是词汇"口语度"的"历时转换"。

㉛ 即使是校勘训诂上"避俗趋雅"的异文(参汪维辉,2000),根据这里的理论,亦属语体转换的产物。[同参胡敕瑞(2007)有关汉语史口语料的鉴定]

参考文献

陈建民　1984　《北京口语》,北京:北京出版社。
陈寅恪　1949　从史实论《切韵》,《岭南学报》第 2 期。
冯胜利　2003a　书面语语法及教学的相对独立性,《语言教学与研究》第 2 期。

冯胜利　　2003b　韵律制约的书面语与听说为主的教学法,《世界汉语教学》第 1 期。
冯胜利　　2005　论汉语书面语语法的形成与模式,《汉语教学学刊》第 1 辑。
冯胜利　　2006　《汉语书面用语初编》,北京:北京语言大学出版社。
冯胜利、王　洁、黄　梅　2008　现代汉语书面语体庄雅度的自动测量,《语言科学》第 2 期。
郭锡良　　1992　汉语书面语和口语的关系,见《程千帆先生八十寿辰纪念文集》,南京:江苏古籍出版社。
胡敕瑞　　2007　汉语史口语语料的鉴定标准,手稿,北京大学。
胡明扬　　1993　语体和语法,《汉语学习》第 2 期。
黄　侃　　2001　《黄侃日记》,南京:江苏教育出版社。
黄　梅　　2008　《汉语嵌偶词的句法分析及其理论意义》,北京语言大学博士生论文。
梁晓虹　　2004　诗论近代汉语中的三音节子尾词。In Ken-ichi Takashima & Jiang, Shaoyu(eds.) *Meaning and Form: Essays in Pre-Modern Chinese Grammar*. Lincom Studies in Asian Linguistics 55. Lincom GmbH.
铃木庆夏　2010　论文白相间的叙事体中文雅语体形式的篇章功能,《语言科学》第 3 期。
吕叔湘　　1944　文言和白话,《国文杂志》(桂林)第 1 期。
孟子敏　　2007　从"了₁"、"了₂"的分布看口语和书面语的分野。见《汉语书面语の通时的・共时的研究》,松山大学综合研究所。
任学良　　1982　先秦言文并不一致论——古书中口语和文言同时并存,《杭州师范学院学报》(社会科学版)第 1 期。
孙诒让　　2010　尚书骈枝叙,《籀庼述林》卷五,北京:中华书局。
太田辰夫　1991　关于汉儿言语——试论白话发展史,见江蓝生、白维国译《汉语史通考》,重庆:重庆出版社。
陶红印　　1999　试论语体分类的语法学意义,《当代语言学》第 3 期。
汪维辉　　2000　唐宋类书好改前代口语,《汉学研究》第二期。
王　力　　1993　《龙虫并雕斋琐语》,北京:中国社会科学出版社。
王永娜　　2010　《汉语书面正式语体的语法手段》,北京语言大学博士论文。
增野仁、冯胜利、孟子敏、吴春相　2007　《汉语书面语の通时的・共时的研究》,松山大学综合研究所。
张伯江　　2007　语体差异和语法规律,《修辞学习》第 2 期。
张世禄　　1939　文言白话的区别,《社会科学月刊》第 3 期。
张中行　　1987　《文言与白话》,哈尔滨:黑龙江人民出版社。
张中行　　2002　文言津逮,北京:北京出版社。
章太炎(绛)　1906　文学论略,《国粹学报》第 9、10、11 期。
朱德熙　　1987　现代汉语语法研究的对象是什么?《中国语文》第 5 期。
Chao, Yuen-ren 1968 *A Grammar of Spoken Chinese*. University of California Press.
Feng, Shengli 1995 Prosodic structure and prosodically constrained syntax in Chinese. Ph. D. Dissertation. University of Pennsylvania.
Feng, Shengli 2003 Prosodically constrained postverbal PPs in Mandarin Chinese. *Linguistics* 6: 1085—1122.
Lanham Richard 1983 *Analyzing Prose*. Continuum.
Romaine Zuzanne 2001 Multilingualism. In Mark Aronoff and Janie Rees-Miller. anie Rees-Miller. (eds.) *The Handbook of Linguistics*. Blackwell Publishers Ltd.

现代汉语助动词"应该"的
情态解读及其切换机制

古川裕

大阪大学

1. "要"和"应该"

我们在研究现代汉语"要"字的语法以及语义功能转移的时候，重点讨论作为助动词(能愿动词、情态动词)用的"要"字至少可以有两种不同的语义解读。例如：

(1) a. 我要吃饭。
　　b. 你要吃饭！

例(1a)中的助动词"要"表示主语的意愿，换言之，这是主语指向(subject oriented)的"要 SBJ"；例(1b)中的助动词"要"表示说话人的意愿，换言之，是说话人指向(speaker oriented)的"要 SPK"。下例(2)中的两个助动词"要"，分别可以理解为"要 SBJ"和"要 SPK"：

(2) 你要(SBJ)吃饭，先要(SPK)背唐诗。

在这里值得我们注意的是，两个"要"分别都有自己的否定形式，用其对应的否定形式来表达两种不同的否定信息："要 SBJ"的否定形式为"不想"，用来表达说话人的否定性意愿；"要 SPK"的否定形式为"不要(别)"，用来表达对听话人的否定性命令，即禁止。这一语言事实也可看作是助动词"要"具有两种情态功能的一个形式方面的证据。例如：

(3) a. 我不想吃饭。
    b. 你不要吃饭！

我们认为这种情形并不是"要"的专利，其余的助动词，比如"应该"也应该有类似的语法表现。比较下面一对例句(4a)和(4b)，我们就可以知道例(4a)中"应该"的优先解释是"表示情理上必须如此"[《现代汉语八百词》(增订本)第 623 页]，而(4b)中"应该"的优先解释是"估计情况必然如此"(同书第 624 页)，显然这是两种不同的语义表现。例如：

(4) a. 他应该趁早去北京。　　[道义情态：表示义务、必要]
    b. 他应该曾经去过北京。　　[认识情态：表示估计、必然]

在此，令我们感到更有意思的是英语的助动词 must 和日语的对应成分"ねばならない"也有跟汉语"应该"一样的语法表现，如：

(5) a. He *must* go to Beijing as soon as possible.
    b. He *must* have been to Beijing before now.
(6) a. 彼は今すぐに北京へ行かなければならない。
    b. (空港の出入国記録によれば、この日)彼は北京へ行っていなければならない。(にもかかわらず、彼は日本にいたと主張している。)

可见，现代汉语"应该"所具备的情态特点并不是孤立的语言现象，而是跨语言的、具有普遍性的语法现象。而且，跟上述"要"的情形一样，"应该"的否定表达也有两个形式：道义情态的"应该"在否定副词的后面，认识情态的"应该"在否定副词的前面。例如：

(7) a. 他不应该马上去北京。(否定副词"不"＋"应该"＋动词)
    b. 他应该还没去过北京。("应该"＋否定副词"没"＋动词)

那么,为什么同一个助动词"应该",它的语义解释可以发生如此的变化呢? 其语法机制又是什么样的? 过去好像很少有人注意到这个问题。本文围绕这些问题专门讨论助动词"应该"的情态解读及其解释上的切换机制。

2. "应该"的情态解读及其机制

2.1 助动词"应该"的情态表现,跟"要"字的情形一样,无疑是跟它后面的谓词性成分(为了讨论的方便,本文将此谓词性成分简称为 P)的语义特征有密切的关系。如果 P 是属于未然时段的而且可控[＋controllable]的动作行为的话,那么此类"应该 P"的优先解读是表示"义务、必要"的那一类,一般可以用来表示说话人对别人的命令,是属于说话人指向的那一类,例如祈使句"你应该趁早去北京啊!"如果 P 是属于已然时段的而且不可控[－controllable]的状态或动作行为(如"曾经去过北京")的话,那么该类"应该 P"的优先解读自然是表示估计、必然的那一类了。比较一下小说里的几个实例:

[属于未然时段、可控的事态]

(8)"不,应该我敬你一杯!"刘学尧按住酒杯说,"你是我们医院的支柱,是中华医学的新秀!"(《人到中年》)

(9)"老刘,你不应该当医生,也不应该当文人,你应该去研究社会学。"(《人到中年》)

(10) 他激动地说:我最不喜欢的是动不动就"俺不"的人。一个女孩子,应该打扮,应该生活,应该愿意穿自己有的最好的衣裳,应该磊落大方,不应该鼠头鼠脑、畏畏缩缩、羞羞答答……(《活动变人形》)

[属于已然时段、不可控的事态]

(11) 她离开那儿已经十五年,那孩子应该已经出嫁,没准儿都做了孩子妈。

《插队的故事》）

(12) 1990年我看见朱月倩时,她已八十一岁,她于1909年出生。那么1928年,她和父亲在一个党小组时,应该只有十九岁,比张锡瑗小三岁。(《我的父亲邓小平》)

上例(8)中的P为"我敬你一杯",这是开始敬酒之前的发言,也就是说P为尚未实现的、属于未然时段的一个事态,而且"敬不敬酒"也是完全可以由说话人来控制的一个可控性行为,因此例(8)里"应该"的优先解释一般是表示"义务、必要"的那一类,即道义情态。余例类推。反之,例(11)中的P是"那孩子已经出嫁",因这里有时间副词"已经",P无疑是属于已然时段的事态,而且现在已经是任何人都无法控制的一个事态,那么这里的"应该"的优先解释就是表示"估计、推测"的那一类,即认识情态。例(12)里的P"她只有十九岁"也是一样的道理。

如下一对例句很清楚地告诉我们可控性([±可控])这个语义特点对"应该"的语义解释也能起到很大的作用。例如:

(13) [+可控]她应该有自己的理想。
(14) [-可控]她应该有音乐的才华。

按一般常理来说,"有没有理想"是可以自己来控制的一种事态;但是,相对来说"有没有音乐的才华"不是那种可以自己来随意控制的事态,因为音乐方面的才华一般被人们认为是一种先天性的属性。换言之,"有自己的理想"比"有音乐的才华"在可控性方面相对高一些。由此特点,我们在例(13)和(14)的语义解释上会产生不同的反应:例(13)"应该"的优先解释是表示"必要"的情态解读,表达说话人对主语"她"的一种要求;与此相反,例(14)"应该"的优先解释是表示"估计"的情态解读,表达说话人对"她"的一种推测。其实,在这里我们也要注意,例(13)并不排除表示"估计"的解读。如果有适当的上下文或语言环境的话,我们也可以把例(13)的意思解释为说话人对"她"的推测。同样道理,例(14)也会有可能被解释为表示"必要"的意思。但是,这些非典型的解读还是在某种特殊的语言环境的支撑下才能成立的,其情况跟优先的解释很不一样。我们在此要确认的一点是,"应该"的语义解读并不是非A即B的对立关系,而是界限比较模糊的可 A 可 B 的连续统。

2.2　从语用的角度来看,我们也可以注意到句中"应该+P"前面的成分,即主语名词的指称性也会很大程度上影响到"应该"的情态解读。

比如,如果主语名词的所指是第二人称(即听话人"你/你们")的话,那么"应该"倾向于表现义务或必要的意思,而主语名词的所指是第三人称"他/他们、她/她们"或泛指名词的话,就会发生歧义,"应该"的情态解读就模棱两可了。例如:

(15) a. 你应该有自己的理想。
　　 b. 她应该有自己的理想。
　　 c. 年轻人应该有自己的理想。(主语为泛指的"年轻人"时,"应该"的优先解释是表示义务,也有可能解释为推测)

例(15a)说明,主语为第二人称"你(们)"的时候,我们对"应该"的解读一般是表示必要的意思,表达说话人对听话人的要求,整个句子容易被解释为一种祈使句,如上例(9)等。与此相比,例(15b)说明,主语为第三人称"他(们)/她(们)"的时候,语义解读的情况就有所不同,"应该"的优先解释还是表示估计的意思,同时也并不排除表示必要的意思。主语为泛指名词"年轻人"的例(15c),我们就不好决定"应该"表示哪一种意思了。

2.3　最后我们要指出的一点是根据语境,"应该"的语义解读也会变化。例如:

(16) 推算起来,浦在廷应该是生于 1870 年前后,乃是云南省宣威县人氏,汉族。(《我的父亲邓小平》)
(17) 依倪藻的经验,这样的眉毛应该是争强好胜、显露浮躁的性格的征兆,这样的眉毛的主人的目光也应该是得意洋洋的。
(18) 按照公认的标准,这位先生显然应该算是属于"资产阶级"的。

上面 3 个例句有两个共性:一个共性是各个例子的 P 均为不可控[−controllable]的状态;另一个共性就是句子开头都有表示某种判断的根据或依据,如例(16)"推算起来"、例(17)"依倪藻的经验"、例(18)"按照公认的标准"等。因 P 为不可控的状态时"应

"该"的优先解读本来就是认识情态的那一类,再加上句子前面还有表示判断的根据部分,后续句里的"应该"就很容易解释为表示说话人的推测的意思了。

但是,我们在这儿也要注意这种语义解读并不是固定不变的,而是比较模糊的。比如,下一个例句比较有意思:

(19) 按原来的计划,代表团现在应该回旅馆。(《活动变人形》)

我们要承认例(19)中的"应该"有情态解读上的歧义:既可以解读为表示估计或推测的认识情态,也可以解读为表示义务或必要的道义情态。句首"按原来的计划"好像可以看作是说话人推测的一个根据,这时"应该"倾向于表示认识情态;同时,该句 P"代表团回旅馆"是可以控制的动作行为,那么此时"应该"又倾向于表示道义情态。因为有这样的两面性,像例(19)中的"应该"就带有歧义性了。

3. 小结

最后,我们小结一下本文的分析和讨论。我们认为,现代汉语助动词"应该"的核心意义在"必要"和"必然"的"必"字上。我们试用下面的示意图来表示"应该"的语义解读的模糊性。说话人的主观要求相对强的时候,"必"字倾向于表示"必要"的道义情态;说话人的主观判断相对强的时候,"必"字就倾向于表示"必然"的推测,即认识情态。

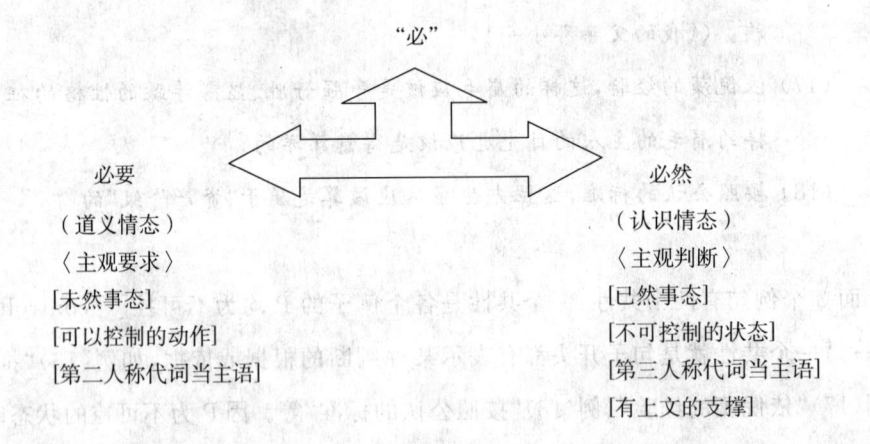

"必"

必要　　　　　　　　　　　必然
(道义情态)　　　　　　　　(认识情态)
〈主观要求〉　　　　　　　〈主观判断〉
[未然事态]　　　　　　　　[已然事态]
[可以控制的动作]　　　　　[不可控制的状态]
[第二人称代词当主语]　　　[第三人称代词当主语]
　　　　　　　　　　　　　[有上文的支撑]

参考文献

傅惠钧 2009 命题否定与情态否定:明清汉语是非诘问句类型探讨,《汉语学报》第3期。
古川裕 2006a 关于"要"类词的认知解释——论"要"字由动词到连词的语法化途径,《世界汉语教学》第1期;另见《语言文字学》2006年第6期,中国人民大学书报资料中心编复印报刊资料。
古川裕 2006b 助动词"要"的语义分化及其主观化和语法化,《对外汉语研究》第2期。
古川裕 2007 助动词"要"的语义分化及其主观化和语法化,见张黎、古川裕、任鹰、下地早智子编《日本现代汉语语法研究论文选》,北京:北京语言大学出版社。
陆俭明 2003 《现代汉语语法研究教程》,北京:北京大学出版社。
彭利贞 2007 《现代汉语情态研究》,北京:中国社会科学出版社。
彭利贞 2009 论一种对情态敏感的"了$_2$",《中国语文》第6期。
彭利贞、刘冀斌 2007 论"应该"的两种情态与体的同现限制,《语言教学与研究》第6期。
宋永圭 2007 《现代汉语情态动词否定研究》,北京:中国社会科学出版社。
忻爱莉 2000 华语情态动词的语意与句法成分之互动,见《第6届世界华语文教学研讨会论文集第1册,语文分析组》,北京:世界华文出版社。
熊文 1999 论助动词的解释成分,《世界汉语教学》第4期。
于康 1996 命题内成分与命题外成分——以汉语助动词为例,《世界汉语教学》第1期。
朱德熙 1982 《语法讲义》,北京:商务印书馆。

朱德熙先生的汉语词类研究[*]

郭 锐

北京大学

词类问题是朱德熙先生语法研究的重中之重,在纪念朱先生诞辰90周年之际,总结朱先生的词类研究,揭示朱德熙先生在汉语词类研究中的贡献和不足,对今后的进一步研究是有益的。下文从词类划分的理论问题和词类划分的具体问题两个方面讨论。

1. 词类划分的理论问题

1.1 指称、陈述和词类

"指称""陈述"这些概念,与词类的关系十分密切,而最早提出这些概念的就是朱德熙先生。在《语法讲义》(1982)中,朱德熙先生用"指称""陈述"给谓词性主语分类:

表1 谓词性主语的分类(朱德熙,1982:101)

A	B
干净最重要	干干净净的舒服
教书不容易	大一点儿好看
游泳是最好的运动	天天练才学得会
他母亲病了是真的	先别告诉他比较好

朱德熙(1982:101—102)说:"在 A 类格式里,充任主语的谓词性成分本身虽然仍旧表示动作、行为、性质等等,可是跟谓语联系起来看,这些动作、行为、性质、状态等等

---

[*] 本文曾提交"走向当代前沿科学的现代汉语语法研究国际学术研讨会——纪念朱德熙教授诞辰90周年和庆祝陆俭明教授从教50周年"(2010年8月17—18日,北京大学)。此次发表,做了一些修改。

已经事物化了,即变成了可以指称的对象。跟 A 类格式不同,B 类格式里的主语没有事物化。充任此类主语的谓词性成分不是指称的对象,而是对于动作、行为、性质、状态的陈述。这种区别反映在 A 类格式的主语可以用'什么'指代,而 B 类格式里的主语只能用'怎么样'指代。……指称性主语和陈述性主语的界限有时不容易划分,但是这两种主语的区别是很重要的,不能混为一谈。"

谓词性宾语也可以分为指称性的和陈述性的:

表 2　谓词性宾语的分类(朱德熙,1982:124)

A	B
看下棋	觉得很舒服
喜欢干净	喜欢干干净净的
考虑参加不参加	开始写小说
研究自杀	打算自杀

A 类格式里的宾语只能用"什么"指代,不能用"怎么样"指代,在意念上表示指称。B 类格式里的宾语只能用"怎么样"指代,不能用"什么"指代,在意念上表示陈述。

朱德熙先生在《自指和转指》(1983)中则进一步提出陈述和指称可以转化,而"的""者""所""之"就是陈述转化为指称的标记。

朱德熙先生明确提出指称和陈述的区别,并指出两者的转化,这是首创,给汉语词类研究提供了一笔重要的思想财富,启迪着后学的研究,为揭示词类分布的复杂关系和词类本质奠定了概念基础。我们把指称、陈述这样的功能区分统称为"表述功能"。

朱德熙先生关于表述功能的研究也有遗憾,表现在以下两点:

一、只提到陈述和指称,没有提到第三种表述功能——"修饰"。

陈述和指称是语言中最基本、最明显的表述功能类型,朱德熙先生把一切实词性成分都归为指称和陈述。实际上,有些成分既非指称,也非陈述,应把修饰语位置上的成分看作第三种表述功能类型——修饰。(郭锐,1990、1997、2002)

Croft(1991)在讨论词类与语义类和语用功能的关联时,提出语用功能的三种类型:指称(reference)、陈述(predication)和修饰(modification)。

郭锐(1997、2002)在朱德熙先生研究的基础上指出:从语言表达模式看,指称和陈述构成了语言表达的基本构件;修饰不能独立使用,而是依附于指称或陈述成分上对指称或陈述成分加以修饰和限制,由此形成两个层级的对立:

```
            指称———陈述        （基本对立）
             │     │
            体饰    谓饰       （二级对立）
```
图1 表述功能的两层对立（郭锐,1997、2002）

只有分出修饰,才能给区别词、副词、指示词、数词、数量词的表述功能准确定位,也才能在体词、谓词之外,再设立饰词,从而把区别词从体词中划出来,归入饰词,使词类体系更协调。

二、没有把词类与表述功能联系起来。

朱德熙先生虽然提出了指称、陈述等概念,但没有与词类的本质联系起来。

Croft(1991)从类型学角度出发,观察世界语言在词性上的普遍现象。他把词性与语义、语用功能联系起来,认为三者有关联性(correlation):

表3 句法范畴、语义类和语用功能的关联(Croft,1991)

句法范畴	名词 Noun	形容词 Adjective	动词 Verb
语义类	事物 Object	属性 Property	动作 Action
语用功能	指称 Reference	修饰 Modification	陈述 Predication

Hengeveld(1992)为了跨语言地考察词类类型,利用陈述短语和指称短语两种成分的四个句法位置,把词类性质与句法功能做了如下关联:

```
                  核心        修饰语
        陈述短语  动词 V     方式副词 MAd
        指称短语  名词 N     形容词 A
```
图2 词项和句法槽(Hengeveld,1992)

郭锐(2002)在朱德熙研究的基础上提出：词类实际上是以词的词汇层面的表述功能为内在依据进行的分类。体词、谓词这样的词性区分的内在基础实际上就是指称、陈述这样的表述功能的区分,词类之间的分布差异、形态差异无非是表述功能差异的外在表现。表述功能就是词性的本质。

相应于表述功能的分层,实词词类也可分层如下：

```
        体词(名、量、处、时、方)——谓词(动、形、状）  （基本对立）
          │                      │
        体饰词(区、指、数、数量)    谓饰词(副)         （二级对立）
```
图3 词类的两层对立(郭锐,2002)

把表述功能与词类相联系,为解决词的分布与词类并不整齐的对应关系提供了一个视角,也为词类的分布异同的内在基础提供了一个解释的视角。

1.2 划分词类的依据和词类的本质

关于词类划分的依据,朱德熙先生主要在两篇(部)论著中做了讨论,一个是《关于词类划分的根据——在北京大学1959年五四科学讨论会上的发言》(1960),一个是《语法答问》(1985)。

过去提到的词类划分的依据主要有三种:意义(词义)、形态和语法功能。

对于意义,朱德熙(1985b)说:根据词的意义划分词类是行不通的。划分词类的目的是把语法性质相同或相近的词归在一起,可是表示相同概念的词,语法性质不一定相同。比如同是表示颜色的词,"红、黑"可以做谓语,可以受程度副词"很"修饰,是典型的形容词。"红色、咖啡色"只能做主宾语,不能做谓语,也不能受"很"修饰,是名词。"灰、粉"不能做谓语,不受"很"修饰,也不能做主宾语,不是形容词,也不是名词,而是区别词。语法性质相同的词,语义上也有共同之处。虽然可以说名词表示事物,动词表示动作行为、变化,形容词表示性质、状态,但不能倒过来以此为标准划分词类,说表示事物的是名词,表示动作、行为、变化的是动词,表示性质、状态的是形容词。因为事物、动作、性质这些语义概念并无清晰的界限。

朱德熙先生的观点可总结为两点:1. 词义与词类并不严格对应;2. 词义不能明确把握,以词义为标准划分词类无法操作。

关于形态标准,朱德熙(1960、1985b)说:虽然在有形态的语言中可以根据词的形态分词类,但实质还是根据语法功能分类,因为只有根据形态分出的类与语法功能一致时,这个分类才是有意义的。根据形态划分词类只是一种手段,这种手段之所以成为可能是因为它仍然建立在句法功能的基础上。

朱德熙(1960、1982、1985b)认为,划分词类只能根据语法功能。关于语法功能,有人主张只根据句子成分划分词类。句子成分论虽然是从功能着眼,但因为选择的标准太粗疏,方法太简陋,不但不能划分词类,反而得到词无定类的结论。因此,语法功能应广义地定义为"词和词之间的结合能力","说得准确一点,一个词的语法功能指它所能占据的语法位置的总和。要是用现代语言学的术语来说,就是指词的(语法)分布(distribution)"。

在汉语只能根据分布划分词类这一点上,朱德熙先生提得最明确。相对于过去过分看重词义在词类定义和词类划分中的作用的传统,抛弃缺乏操作性的词义而依赖可操作的分布标准显然是一个进步。朱德熙先生的这一观点显然是受到结构主义语言学,特别是 Bloomfield 和 Harris 的影响。

分布与词类的对应关系十分复杂,根据分布划分词类应如何操作呢?朱德熙等《关于动词、形容词"名物化"的问题》(1961)提到了语法性质、语法特征这两个概念。到朱德熙(1985b)则发展为选择划类标准的一个原则:一个词类的分类标准必须真正反映这一类词的语法特点。并进一步提出一个不等式:语法性质>语法特点>划类标准。意思是一个词类的语法特点是这个词类的所有语法性质的一部分,划类标准是语法特点的一部分。所谓语法特点,指的是仅为此类词所有而为他类词所无的语法性质。

如果真要以词的语法功能为划类标准,当然要严格遵守以语法特点为划类标准的原则,朱德熙先生看到了这一点,并且明确提出来,这一思路是严谨的、逻辑清晰的。但是,由于当时并未开展大规模的词的功能考察,未能发现根据语法功能划分词类的问题所在。

1986 年,朱德熙、陆俭明、郭锐开始进行"七五"计划项目"现代汉语词类研究",我们逐渐发现,几乎没有严格意义上的"语法特点",根据语法功能划分词类,实际上需要把一些语法功能赋予析取或合取关系,捆绑在一起作为一类词的划分标准。(郭锐,2002)以动词和形容词的划分标准为例,朱德熙(1982)给出的标准是:

1. 凡受"很"修饰而不能带宾语的谓词是形容词。
2. 凡不受"很"修饰或能带宾语的谓词是动词。

这两项标准反映的语言事实如下:

	加"很"	带宾语	例词
1	+	+	想、怕、爱、喜欢、关心、相信
2	−	+	唱、看、切、有、讨论、分析
3	−	−	醒、锈、肿、咳嗽、游行、休息、死
4	+	−	大、红、远、累、饱、结实、干净

可以看到,无论是"很~"还是"~宾",对于动词和形容词来说,都不是语法特点,只有把这两个功能赋予合取或析取关系,才能得到语法特点,如"一很~V+(~宾)"是动

词的语法特点，"＋很～∧－(～宾)"是形容词的语法特点。但问题是，当这两个功能用合取或析取关系联结在一起时，可以有很多种可能的分类方案，看不出为什么只能选择方案4，而不能选择其他方案。因此，根据语法功能划分词类，实际上是头脑中已经有了分类方案，然后去找分布标准来套上这个分类方案。仅仅根据分布本身并不能确定为何选择此方案而不选择彼方案。

从理论上说，针对上面反映的语言事实，至少有以下14种分类方案：

1. 根据能否带真宾语分成两类：
   a 类(及物谓词)：[＋(～宾)]：想、唱
   b 类(不及物谓词)：[－(～宾)]：醒、大

2. 根据能否受"很"修饰分为两类：
   a 类(程度谓词)：[＋很～]：想、大
   b 类(非程度谓词)：[－很～]：唱、醒

3. 把受"很"修饰和带宾语赋予合取关系，分成4类词：
   a 类：[＋很～∧＋(～宾)]：想
   b 类：[－很～∧＋(～宾)]：唱
   c 类：[－很～∧－(～宾)]：醒
   d 类：[＋很～∧－(～宾)]：大

4. 把受"很"修饰和带宾语赋予合取关系或析取关系，分为两类：
   a 类(动词)：[－很～∨＋(～宾)]：想、唱、醒
   b 类(形容词)：[＋很～∧－(～宾)]：大

5. 把受"很"修饰和带宾语赋予合取关系或析取关系，分为两类：
   a 类：[＋很～∨－(～宾)]：想、醒、大
   b 类：[－很～∧＋(～宾)]：唱

6. 把受"很"修饰和带宾语赋予合取关系或析取关系，分为两类：
   a 类：[＋很～∨＋(～宾)]：想、唱、大
   b 类：[－很～∧－(～宾)]：醒

7. 把受"很"修饰和带宾语赋予合取关系或析取关系，分为两类：
   a 类：[－很～∨－(～宾)]：唱、醒、大

b 类:[+很~∧+(~宾)]:想

8. 把受"很"修饰和带宾语赋予合取关系或析取关系,分为两类:

   a 类:[(+很~∧+~宾)∨(-很~∧-(~宾))]:想、醒

   b 类:[(-很~∧+(~宾))∨(+很~∧-(~宾))]:唱、大

9. 把受"很"修饰和带宾语赋予合取关系或析取关系,分为三类:

   a 类:[+(~宾)]:想、唱

   b 类:[-很~∧-(~宾)]:醒

   c 类:[+很~∧-(~宾)]:大

10. 把受"很"修饰和带宾语赋予合取关系或析取关系,分为三类:

    a 类:[(+很~∧+(~宾))∨(-很~∧-(~宾))]:想、醒

    b 类:[-很~∧+(~宾)]:唱

    c 类:[+很~∧-(~宾)]:大

11. 把受"很"修饰和带宾语赋予合取关系,分为三类:

    a 类:[+很~]:想、大

    b 类:[-很~∧+(~宾)]:唱

    c 类:[-很~∧-(~宾)]:醒

12. 把受"很"修饰和带宾语赋予合取关系,分为三类:

    a 类:[-很~]:唱、醒

    b 类:[+很~∧+(~宾)]:想

    c 类:[+很~∧-(~宾)]:大

13. 把受"很"修饰和带宾语赋予合取关系或析取关系,分为三类:

    a 类:[(-很~∧+(~宾))∨(+很~∧-(~宾))]:唱、大

    b 类:[+很~∧+(~宾)]:想

    c 类:[-很~∧-(~宾)]:醒

14. 把受"很"修饰和带宾语赋予合取关系或析取关系,分为三类:

    a 类:[(-很~∧-(~宾))∨(+很~∧-(~宾))]:醒、大

    b 类:[+很~∧+(~宾)]:想

    c 类:[-很~∧+(~宾)]:唱

可用下表显示可能的分类方案：

表 4

	a	b	c	d
1	想、唱	醒、大		
2	想、大	唱、醒		
3	想	唱	醒	大
4	想、唱、醒	大		
5	想、醒、大	唱		
6	想、唱、大	醒		
7	唱、醒、大	想		
8	想、醒	唱、大		
9	想、唱	醒	大	
10	想、醒	唱	大	
11	想、大	唱	醒	
12	唱、醒	想	大	
13	唱、大	想	醒	
14	醒、大	想	唱	

朱德熙先生并没有明确说词类本质上是分布类，只是说划分词类的根据是语法功能（分布）。但不少学者由于受到朱德熙先生"划分词类只能根据语法功能"说法的影响，认为词类本质上是分布类。其实，如果把朱德熙先生划类标准必须是语法特点的说法贯彻下去，自然会发现分布本质论的矛盾。

面对这个矛盾，朱德熙先生当年的弟子，采取不同的解决办法。陈小荷（1999）放弃名词、动词、形容词等传统的词类区分，而纯粹根据十三个句法成分来给词分类，只要在任何一项功能上有差异，就划为不同类，最后可以得到一千余类。袁毓林（1995、2000、2005）则走了另一条路：维护词类是分布类的观念，用家族相似性理论根据词在分布上的相似性划分词类。郭锐（2002）则维持名词、动词、形容词等这样的传统词类的区分，但放弃词类是分布类的观念，认为词类的本质是表述功能，分布只是词类的外在表现。郭锐（2010）对过去的观点做出调整，认为：词类本质上是表述功能类以及语义类与句法分布的综合体。具体说，在大类层级上（体词、谓词、饰词），词类本质上是表述功能，而在基本层级上（名词、时间词、处所词、方位词、量词；动词、形容词、状态词；区别词、指示词、数词、数量词、副词），词类是语义类与句法分布的综合体。语义类的不同与句法分布的分化吻合时，才有分为不同词类的必要。

比如，谓词内部动作词与属性词在语义类上不同，句法分布也有大致的分化：属性词可以进入"很～"环境，动作词一般不能，因此可以把形容词和动词分开。但这种分布上的分化并不十分彻底，"害怕、喜欢"一类词虽然可以进入"很～"环境，但语义上更接近于动作词，归入形容词显然不合适，于是需要补充标准"很～宾"，把"害怕、喜欢"从形容词中撤出来，归入动词。只有从语义的角度出发，才能回答上面我们提出的问题，为什么要选择方案 4，而排斥其他方案：因为方案 4 得到的分布类与语义类是吻合的，而其他方案得到的分布类，都与语义类不吻合。

这三种解决路子，可以说都是在朱德熙观点基础上的进一步发展，无论是对是错，都把汉语词类研究推向了深入。

1.3 词类与句法成分的对应

关于词类与句法成分的对应关系，朱德熙先生最初是在《关于划分词类的根据》(1960)中提到的，针对的是有些学者的"句子成分论"。"句子成分论"认为，句子词类与句子成分有严格的对应关系，如主宾语位置上的词是名词，定语位置上的词是形容词，因此，划分词类应根据句子成分。

高名凯先生持汉语实词无词类的观点，最初理由是汉语无形态，因而无词类；(高名凯 1953、1954、1955)后期则认为，由于汉语的实词可以充任多种句子成分，因此"汉语的实词无论从哪一方面来看，都表现其具有多种词类意义，没有固定的词类特点……一词多类就等于没有词类"(高名凯，1960)。高名凯的这种观点就属于"句子成分论"。

朱德熙(1960)批评这种观点说，根据句子成分定词类虽然从功能着眼，但"因为选择的标准太粗疏，方法太简陋，不但不能划分词类，反而得到了词无定类的结论"。"这种方法的根本错误是假定句子成分与词类之间有一一对当的关系"，但事实上词类跟句子成分之间的关系是错综复杂的，比如"哭是不好的"中"哭"仍可以加副词"不"，说明并不是名词。

朱德熙在《定语和状语的区分与体词和谓词的对立》(1984)中再次强调"汉语词类与句法成分远不是一一对应的"。朱德熙先生的这一观点，到《语法答问》(1985)中则发展为汉语语法的两个重要特点之一：汉语的词类跟句法成分之间不存在简单的一一对应关系。

对于朱德熙先生提出的汉语词类与句法成分之间不存在一一对应关系的观点,应从两方面来分析。一方面,朱德熙先生指出了汉语词类与句法成分不一一对应的事实,纠正了过去把词类与固定的句子成分挂钩的错误,避免了"词类假借"(《马氏文通》)、"词类活用"(陈承泽,1922;金兆梓,1922)、"依句辨品、离句无品"(黎锦熙,1924)和"实词无词类"(高名凯,1957、1960)等不切合汉语事实的说法。比如某些动词、形容词在主宾语位置上还能受副词"不"修饰,仍然是动词或形容词,而"句子成分论"没有看到这一点。

另一方面,也应承认,"句子成分论"有其合理的地方。合理的地方有两点:

1. 语言类型学认为,句法成分与词类具有对应关系,如前面我们提到的 Hengeveld (1992)、Hengeveld et al. (2004)提出的词类与四个句法成分的对应。但在不同语言中,词项与句法功能的对应有的出现了明确的分工,有的则没有明确分工。比如,在萨摩亚语(Samoan)中,实词可以无标记地充任陈述短语核心、指称短语核心、指称短语修饰语和陈述短语修饰语,因此,实词是不必分类的。根据词项对应于四种句法成分的分工情况,Hengeveld(1992)把语言的词类系统分为七种类型:

词类系统(PoS)		陈述短语核心(P)	指称短语核心(R)	指称短语修饰语(Mr)	陈述短语修饰语(Mp)	语言
柔性的 flexible	1	实词				萨摩亚
	2	动词	非动词			瓦劳
	3	动词	名词	修饰词		苗
	4	动词	名词	形容词	方式副词	英
刚性的 rigid	5	动词	名词	形容词	—	荷兰
	6	动词	名词	—	—	汉
	7	动词	—	—	—	图斯卡罗拉

图 4 词类系统的类型(Hengeveld,1992)

高名凯(1960)说汉语的实词都是多功能的,因而汉语实词没有词类区别,与 Hengeveld(1992)说的萨摩亚语的情况相同。这种说法与现代语言类型学的理论正好相合。因此,高名凯先生的说法在理论上是对的。

2. 高名凯先生的说法在事实上(假定词类与句法成分有一一对应的关系)是否就全错了呢?也不是。朱德熙先生批评说,"哭"在"哭是不好的"中还可以加副词"不",因而仍然是动词性的,这是对的,但是不能因此认为主宾语位置上的动词、形容词全都保持谓词性。事实上,朱德熙先生在《关于动词、形容词"名物化"的问题》(1961)、《定语和状语的区分与体词和谓词的对立》(1984)和《现代书面汉语里的虚化动词和名动词》(1985)中都指出,主宾语位置、"X的~"位置上的动词、形容词有的本身就具有名词性,是名动词和名形词,如"学习、劳动、希望、困难"等,这种说法与高名凯先生说"一个词可以同时用作名词、形容词、动词"的说法是一回事。

此外,根据郭锐(2002),动词、形容词、名词直接做定语,实际上的确是饰词性的,因为定语位置上的动词、形容词不能再受副词"不""很"修饰,名词也不能再受数量词修饰。因此说直接做定语的动词、形容词、名词是区别词性(高名凯称之为"形容词性")的,也是有道理的。

也就是说,所谓的词类与句法成分不一一对应,有两种情况,一是某个语法位置对进入的词语的词性要求不严,汉语的主宾语位置,既允许体词性成分进入,也允许谓词性成分进入。二是兼有多种词性的词分别充任不同的句法成分,比如"学习、调查、研究、困难"既能做谓语,又能做主宾语是因为兼有谓词性和体词性;"临时、长期、共同"既能做定语,又能做状语,是因为兼有区别词性和副词性;"认真、迅速、缓慢"可以做谓语,也可以做状语,是因为兼有谓词性和副词性;"成立、干净"可以做谓语,也能做定语,是因为既有谓词性,又有饰词性(区别词性)。第二种情况不能算作真正的"词类与句法成分不一一对应",而应看作词类与句法成分一一对应,只是因为汉语中一般采取优先同型策略划类(郭锐,2002),没有处理为兼类词,而处理为兼类词也是说得通的。

若把第二种情况排除,那么,汉语的词类大致还是与句法成分一一对应的,不对应的主要是主宾语。朱德熙(1984)也说,"汉语的名词跟谓词的对立不表现在主宾语这个语法位置上,而表现在谓语位置上。因为只有谓词可以充任谓语,名词一般来说是不能做谓语的"。

因此,应审慎地看待朱德熙先生"汉语词类跟句法成分不一一对应"的说法,对其所指的范围应加以限制。

关于汉语主宾语位置限制不严的问题,如果换一个方法,就能解决词类与句法功能的对应。Hengeveld(1992)用指称短语核心和修饰语、陈述短语核心和修饰语来处理词类与句法功能的对应,"哭是不好的"这样的句子中的"哭"仍能受副词"不"修饰,因此是陈述短语核心,"进行调查"中的"调查"不能再受状语修饰,是指称短语核心。"哭"由于充任陈述短语核心,是动词;"调查"由于充任指称短语核心,是名词。可见,不用主宾语、谓语这些句法成分概念来区别动词、名词,而用陈述短语核心、指称短语核心这些句法成分概念来区别动词、名词,是非常有效的。

2. 具体词类问题

2.1 名词和动词、形容词的区分及"名物化"、"名词化"问题

2.1.1 体词和谓词的区分

名词和动词、形容词的区分(或体词和谓词的区分)是词类问题中的基本问题,因此,体词和谓词的区分在任何词类体系中,都是最重要的问题。而汉语中,体词和谓词的区分引起的争议也最多,至今仍有不同的意见。

朱德熙先生的论著中,最早涉及体词和谓词区分的是《关于动词、形容词"名物化"的问题》(1960)。动词、形容词名物化的说法,是"暂拟汉语教学语法系统"(1956)提出来的:在"他的来使大家很高兴"、"狐狸的狡猾是很出名的"等句子中"来、狡猾"的意义"不表示实在的行动或形状,而是把行动或形状当作一种事物","失去了动词、形容词的特点(或一部分特点),取得了名词的一些特点,我们称之为动词和形容词的名物化用法"。所谓"名物化"就是说主宾语位置上和受定语修饰的动词和形容词的性质发生了变化,有不同的具体说法:1. 当名词用,2. 变成名词、名词化,3. 就是名词,4. 名物化、事物化。

朱德熙、卢甲文、马真(1961)批评"名物化"的说法,主要理由可总结为以下三条:

　　a. 异类的词有相互区别的个性,但也有一些共性。做主宾语、受定语修饰、用代词复指可以看作动词、形容词和名词的共性。

　　b. 一个词类的语法性质体现在概括词上,一个概括词的语法性质不可能在一个位置上全部实现。所谓丧失的语法性质,无非是未实现的语法性质。比如水有沸腾和结冰两个性质,但这两个性质不能同时实现。动词做主语时不带"了"可看作这两个性质一般不同时实现,而不能据此证明主语位置上的动词丧失了动词性。

c. 主宾语位置上、受"X的"修饰的动词、形容词还能加副词"不"等状语,可见仍是动词、形容词性的。

同时,朱德熙先生也注意到"学习、劳动、希望、困难"等动词、形容词具有名词的语法性质,可以叫"名动词""名形词"。(朱德熙、卢甲文、马真,1961)

所以,朱德熙先生区分了两种情况:1. 动词、形容词在主宾语、受"X的"修饰位置上仍保持谓词性,如"哭是不好的""这本书的出版"。2. 放在主宾语位置上的动词、形容词实际上兼有名词性,做主宾语体现的是其名词性方面。

沈家煊(2009a)提出汉语名词和动词的包含模式:汉语的动词都具有名词性,可以看作名词的次类。这种说法与名物化论认为主宾语、受"X的"修饰的动词、形容词名物化了没有本质区别,不过比名物化论更甚:名物化论只是把做主宾语、受"X的"修饰看作动词、形容词的非常规用法,是一种临时的变化,而名词动词的包含模式则认为汉语动词本身都兼有名词性。如果用朱德熙(1960)的观点看,这种说法比名物化论更站不住。实际上,多数动词、形容词在主宾语位置上、受"X的"修饰位置上仍能带"不"等状语,有的还能带宾语、补语、主语,可见仍是谓词性的,如"去是应该的(不去是应该的)""这本书的出版(这本书的不出版、这本书的及时出版)"。真正兼有名词性的动词是"学习、研究、调查"这样的名动词,真正兼有名词性的形容词是"困难、幸福、温暖"这样的名形词,前者只占动词的23%,后者只占形容词的4.62%,都只是少数,离动词包含于名词还差得很远。

2.1.2 名动词和名形词的标准问题

朱德熙先生提出名动词、名形词的概念(1961、1982、1984、1985a、1985b),用来指具有名词性的动词、形容词。其标准是三条(朱德熙,1985b):

1. 可以做准谓宾动词"有"、"作"、"加以"、"进行"等的宾语。如"有研究"、"有苦难"、"进行研究"。
2. 可以受其他名词直接修饰。如"历史研究"、"经济困难"。
3. 可以直接修饰其他名词。如"研究方向"。这条标准对名形词没有鉴定作用。

我们认为,第 3 条标准不但对于名形词没有鉴定作用,而且对于名动词也没有鉴定作用。所谓名动词、名形词,是指动词、形容词兼有名词性,标准 1 和标准 2 都可证明其名词性,但直接做定语,并不能证明其名词性,而只能证明其区别词性。因此,鉴定名动词和名形词只需要前两条标准就够了。其实,在朱德熙《语法讲义》(1982)中,名动词的标准也只有前两条。

而满足第 3 条标准的动词和形容词,实际上是兼有区别词性。

2.2 形容词、状态词和区别词的区分

2.2.1 形容词和状态词的区分

朱德熙先生在他的第一篇现代汉语语法研究论文《现代汉语形容词研究》(1956)中,根据一系列的对立,把形容词分成了两类:性质形容词和状态形容词。在《语法讲义》(1982)中也维持这样的划分。性质形容词和状态形容词的对立如下(根据《语法讲义》总结):

	性质形容词	状态形容词
定语	不自由	自由
状语	不自由	自由
谓语	有比较义,表恒久的属性,静态	无比较义,表暂时的变化,动态
黏合式补语	自由	不可
组合式补语	表示断言,静态,不包含量的概念	表示描写,动态,包含量的概念

性质形容词和状态形容词的区分,到北京大学中文系编的《现代汉语》(1993)中,则分为独立的两个词类:形容词和状态词。

上表关于形容词和状态词的差异基本是准确的,但定语和状语功能的差异却不太准确。实际上,状态词如果不加标记"的"和"地",也基本不能做定语和状语。早期朱德熙先生把"的"和"地"看作状态词后缀,因而把带"的/地"做定语、状语也看作是状态词的功能。后期的《从方言和历史看状态形容词的名词化兼论汉语同位性偏正结构》(1993)则修改了过去的看法,认为状态词做定语实际上需要加"的$_3$"加以名词化。这样看来,状态词做定语不是自由不自由的问题,而是根本不能做的问题,只有加"的$_3$"后才能做定语。并且,如果进一步推下去,我们也可以认为状态词是不能做状语的,只有加"地(的$_1$)"副词化以后才能做状语。

2.2.2 形容词和区别词的区分

朱德熙《语法讲义》(1982)把区别词从形容词中分出,独立为一个词类。

形容词和区别词的关系十分特别,主要是因为汉语表示属性意义的词,在句法功能上比较复杂。下图是郭锐(2001)的统计:

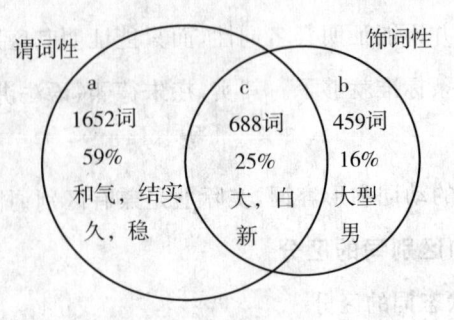

```
         谓词性              饰词性
        ┌─────┬──────┬─────┐
        │  a  │  c   │  b  │
        │1652词│ 688词│459词│
        │ 59% │ 25%  │ 16% │
        │和气, │ 大,白│ 大型│
        │结实, │ 新   │ 男  │
        │久,稳 │      │     │
        └─────┴──────┴─────┘
```

图 5　现代汉语属性词语法性质格局

从类型学角度看,属性词的语法性质主要在饰词性和谓词性之间竞争。英语、胡亚语(Hua)的属性词是饰词性的,做定语无标记,做谓语需带标记;韩国语、贝姆巴语的属性词是谓词性的,做谓语不加标记,做定语需加标记。而汉语处在这两种极端的类型之间,有的属性词是谓词性的,做谓语不加标记,做定语需加标记,如"结实、久、痛";有的属性词是饰词性的,做定语不加标记,做谓语需加标记(是……的),如"大型、野生、男";有的属性词则兼有谓词性和饰词性,如"大、白、干净"。

过去的汉语语法,通常对属性词的这种性质差异不予理会,把表示属性意义的词都归为形容词。《语法讲义》则把具有谓词性的属性词归为形容词,不具有谓词性、只具有饰词性的属性词归为区别词。这样的分类更能反映汉语事实,也便于外国人学习汉语和中文信息处理。

在《语法讲义》中,形容词属于谓词,区别词属于体词。这种处理反映了形容词和区别词在语法性质上的差异,但区别词的大类划分则不准确:区别词不能自由地做主宾语、受定语修饰,归为体词是不合适的。根据齐沪扬(1998)、郭锐(1999、2002),区别词应归入与谓词和体词并列的饰词。

2.3　数量词的设立

朱德熙《很久、很长、很多》(1989)是一篇小文章,学界注意不多,但实为一篇很重要的文章,因为在这篇文章中,朱德熙先生首次提出数量词的概念。

"很多、很久"在整体功能上与数量结构相当:

等了三天——等了很久——*等了很长

三本书——很多书——*很少书

而一般的"很+形容词"不能进入上述位置。这说明,"很久、很多"在功能上相当于一个数量词组。

在这篇文章中,朱德熙先生并没有提出把"很久、很多"看作单词,也没有建立数量词这个独立词类。但在从1986年开始的朱德熙先生主持、陆俭明先生和我参加的七五重大科研项目"现代汉语词类研究"中,朱德熙先生就提出把数量词单独列为一个词类,只是由于特殊原因,朱德熙先生本人没有来得及把这个观点正式发表。袁毓林(1995、1998、2000)以及郭锐(1999、2002)把数量词作为独立的词类,都源自朱德熙的观点。数量词的典型例子如:大量、一切、所有、许多、片刻、许久。

2.4 时间词、处所词和方位词的设立

把时间词、处所词和方位词作为三个独立词类,是《语法讲义》首创。为什么要把这三类词从名词中独立出来？根本的原因,是这三类词在语义类和句法功能上与普通名词相区别。

现代汉语中,位置词(时间词、处所词、方位词)与实体词(普通名词)在"在～"环境上出现了分化,因此有必要把两类词分开。

从历时角度看,现代汉语和先秦汉语在词类方面的一个重大差异,就是实体词与位置词的分化。先秦汉语位置词与实体词在句法分布上没有分化,都能进入"于～"的环境,因此不必把两类词分开。

3. 结语

朱德熙先生的词类研究有很多重要的贡献,在众多问题上奠定了一个坚实的基础。但其内部也有一些不协调,只要进一步推进,就能得到一个较为完善的词类理论和词类系统。郭锐(1999、2001、2002、2010)就是在朱德熙先生的词类研究基础上开展的,可以说其中的一切观点,都发源于朱德熙先生的词类思想,我做的工作,只是对朱德熙先生的观点加以梳理和调整,使其更协调,并把朱德熙先生自己提出的原则和观点贯彻到底。

参考文献

陈承泽　1922　《国文法草创》,北京:商务印书馆,1982年。
陈小荷　1999　从自动句法分析角度看汉语词类问题,《语言教学与研究》第3期。
高名凯　1953　关于汉语的词类分别,《中国语文》第10期。
高名凯　1954　再论汉语的词类分别,《中国语文》第8期。
高名凯　1955　三论汉语的词类分别,《中国语文》第1期。
高名凯　1957　《汉语语法论》(修订本),北京:科学出版社。
高名凯　1960　在北京大学1959年五四科学讨论会上的发言,《语言学论丛》第四辑,上海:上海教育出版社。
郭　锐　1990　《论语性范畴系统》,第二届现代汉语语法研讨会论文,上海华东师范大学。
郭　锐　1997　论表述功能的类型及相关问题,《语言学论丛》第十九辑,北京:商务印书馆。
郭　锐　1999　语文词典的词性标注问题,《中国语文》第2期。
郭　锐　2000　表述功能的转化和"的"字的作用,《当代语言学》第1期。
郭　锐　2001　汉语形容词的划界,《中国语言学报》第十期。
郭　锐　2002　《现代汉语词类研究》,北京:商务印书馆。
郭　锐　2005　《兼类问题再思考》,"纪念词类问题大讨论50周年专家座谈会"论文,安徽师范大学。
郭　锐　2010　《词类类型学和汉语词类系统》,第16次现代汉语语法讨论会论文,香港城市大学。
胡裕树、范　晓　1994　动词形容词的"名物化"和"名词化",《中国语文》第2期。
金兆梓　1922　《国文法之研究》,北京:商务印书馆,1983年。
黎锦熙　1924　《新著国语文法》,北京:商务印书馆,1992年。
李宇明　1986　所谓"名物化"现象新解,《华中师范大学学报》第3期。
陆丙甫　1981　动词名词兼类问题——也谈汉语词典标注词性,《辞书研究》第1期。
陆俭明　1993　《八十年代中国语法研究》,北京:商务印书馆。
陆俭明　1994　关于词的兼类问题,《中国语文》第1期。
陆俭明　2003　对"NP＋的＋VP"结构的重新认识,《中国语文》第5期。
吕叔湘　1955　关于汉语词类的一些原则性问题,见《汉语的词类问题》,北京:中华书局。
吕叔湘　1979　《汉语语法分析问题》,北京:商务印书馆。
吕叔湘、朱德熙　1951　语法修辞讲话,《人民日报》1951年6月6日—12月15日。
马建忠　1898　《马氏文通》,北京:商务印书馆,1983年。
齐沪扬　1998　论区别词,见齐沪扬著《现代汉语空间问题研究》,上海:学林出版社。
沈家煊　2007　汉语里的名词和动词,《汉藏语学报》第1期。
沈家煊　2009a　我看汉语的词类,《语言科学》第1期。
沈家煊　2009b　我只是接着向前跨了半步——再谈汉语的名词和动词,《语言学论丛》第四十辑,北京:商务印书馆。
施关淦　1981　"这本书的出版"中"出版"的词性——从"向心结构"理论说起,《中国语文通讯》第4期。
施关淦　1988　现代汉语里的向心结构和离心结构,《中国语文》第4期。
石定栩　2003　动词的名词化和名物化,《语法研究和探索》第十二辑,北京:商务印书馆。
石定栩　2005a　动词的"指称"功能和"陈述"功能,《汉语学习》第4期。
石定栩　2005b　动-名结构歧义的产生与消除,《语言教学与研究》第3期。

石定栩　2007　区分名词与动词的标准、方法及后果,《汉语学习》第 4 期。
石定栩　2009　汉语词类划分的若干问题,《语言学论丛》第四十辑,北京:商务印书馆。
吴长安　2006　"这本书的出版"与向心结构理论难题,《当代语言学》第 3 期。
项梦冰　1991　论"这本书的出版"中"出版"的词性:对动词、形容词"名物化"问题的再认识,《天津师范大学学报》第 4 期。
萧国政　1991　现代汉语宾语谓词指称性用法考察,《语文论集》(四),张志公主编,北京:外语教学与研究出版社。
袁毓林　1995　词类范畴的家族相似性,《中国社会科学》第 1 期。
袁毓林　1998　基于原型的汉语词类分析,见《语言的认知研究和计算分析》,北京:北京大学出版社。
袁毓林　2000　一个汉语词类的准公理系统,《语言研究》第 4 期。
袁毓林　2005　基于隶属度的汉语词类的模糊划分,《中国社会科学》第 1 期。
袁毓林　2009　汉语和英语在语法范畴的实现关系上的平行性——也谈汉语里名词/动词与指称/陈述、主语与话题、句子与话段,《汉藏语学报》第 3 期。
詹卫东　1998　关于"NP＋的＋VP"偏正结构,《汉语学习》第 2 期。
詹卫东　2009　"词类"三问:一个汉语词类知识学习者和使用者的反思,《语言学论丛》第四十辑,北京:商务印书馆。
张伯江　1993　"N 的 V"结构的构成,《中国语文》第 4 期。
朱德熙　1956　现代汉语形容词研究,《语言研究》第 1 期。
朱德熙　1958　数词和数词结构,《中国语文》第 4 期。
朱德熙　1960　关于划分词类的根据——在北京大学 1959 年"五四"科学讨论会上的发言,《语言学论丛》第四辑,上海:上海教育出版社。
朱德熙　1982　《语法讲义》,北京:商务印书馆。
朱德熙　1983　自指和转指——汉语名词化标记"的、者、所、之"的语法功能和语义功能,《方言》第 1 期。
朱德熙　1984　定语和状语的区分与体词和谓词的对立,《语言学论丛》第十三辑,北京:商务印书馆。
朱德熙　1985a　现代书面汉语里的虚化动词和名动词——为第一届国际汉语教学讨论会而作,《北京大学学报》第 5 期。
朱德熙　1985b　《语法答问》,北京:商务印书馆。
朱德熙　1988　关于先秦汉语里名词的动词性问题,《中国语文》第 2 期。
朱德熙　1989　很久、很长、很多,《汉语学习》年 1 期。
朱德熙　1990　关于先秦汉语名词和动词的区分的一则札记,见《王力先生纪念论文集》,北京:商务印书馆。
朱德熙　1991　词义和词类,《语法研究和探索》第五辑,北京:语文出版社。
朱德熙　1993　从方言和历史看状态形容词的名词化兼论汉语同位性偏正结构,《方言》第 2 期。
朱德熙、卢甲文、马　真　1961　关于动词形容词"名物化"的问题,《北京大学学报》第 4 期。
Croft, William 1991 *Syntactic Categories and Grammatical Relations: The Cognitive Organization of Information*. Chicago and London: The University of Chicago Press.
Hengeveld, Kees 1992 Non-verbal predication: Theory, typology, diachrony. *Functional Grammar Series* 15. Berlin: Mouton de Gruyter.
Hengeveld, Kees 2007 Parts-of-speech systems and morphological types. *ACLC Working Papers* 2

(1): 31—48.

Hengeveld, K. & Eva van Lier 2010 The implicational map of parts-of-speech. In A. Malchukov, M. Cysouw & M. Haspelmath (eds.) *Semantic Maps: Methods and Applications*. *Linguistic Discovery* 7(1).

Hengeveld, K., J. Rijkhoff & A. Siewierska 2004 Parts-of-speech systems and word order. *Journal of Linguistics* 40(3): 527—570.

Vogel, P. M. & B. Comrie (eds.) 2000 *Approaches to the Typology of Word Classes*. Berlin • New York: Mouton de Gruyter.

关于"的"的功能一致性研究

黄居仁　李逸薇
香港理工大学

《中国语文》第12期发表的文章《说"的"》(朱德熙,1961)建立了以结构与功能分辨同形词素为基础的研究方法,从而开创了现代汉语语法研究的新篇章。后续的研究[包括陆俭明(1965)朱德熙(1966)等文章]基于上述方法进一步形成汉语语言学学术讨论的典范,并在语料证据与理论论证的方法上,提出了学界共同遵守的规范。本文在此严谨的传统方法基础上,狗尾续貂,重点讨论的$_1$、的$_2$、的$_3$等几个虚词在语法功能上的一致性问题。

1. "的"的分类

本节继朱德熙(1961、1966)和陆俭明(1965)之后对"的"做出进一步的深入讨论。朱德熙先生在《说"的"》(1961)中根据"的"的功能把"的"分为三种类型:"的$_1$"、"的$_2$"、"的$_3$",其中,第三种类型另细分为三种不同的词条,包括:"的$_{3a}$"、"的$_{3b}$"、"的$_{3c}$"。后续的研究中,朱先生进一步比较研究了带"的"的字符串与相通但不相连"的"的字符串中"的"的语法功能。例(1)—(3)给出关于朱先生三个类型的具体实例:

(1) "的$_1$"
　　那个人坐的地上
(2) "的$_2$"
　　a. 看的见吗?
　　b. 他看的眼睛痛

(3) "的₃"

　　a. 副词＋"的"＝副词

　　王先生故意的迟到

　　b. 重叠副词＋"的"＝形容词/副词

　　i) 他慢慢的醒了过来

　　ii) 苹果汁甜甜的,很好吃

　　c. 名词里的"的₃"

　　中国话的文法

"的₁"可以通过它与两个介词"在"和"到"的交替而分辨。例如以下的句子在语法上以及语义上都与(1)相同。

　　(4) 那个人坐在地上

"的₂"出现在复谓结构里的两个动词之间。朱德熙(1961)发现"的₂"与"的₃"之间的词义有着较大的区别,我们比较下面两个句子可以看出它们之间的语义差别。

　　(5) a. 这个比那个好的多。

　　　　b. 好的多,坏的少。

(5)中的两个句子清楚表明"的₂"与"的₃"在语法功能上的不同。因此,本人认为事实上"的₂"存在两种不同的语义:一个是潜在的词缀,就像(5a),另一种是动词短语附着词,就像(5b)。

朱德熙(1961)界定的"的₃ₐ"是一个副词可选的标记。它似乎已经失去具体语法功能。例如,例句(6)在不使用"的"的情况下,仍然保留着例句(3a)的意思。换言之,例句(3a)中的"的"并未发挥实际的句法作用。这些句子通常以重读来表示对事情的强调。

　　(6) 王先生故意迟到。

"的$_{3b}$"依附在重叠副词后面,其中重叠副词是由形容词的重叠形成的副词,例如"慢慢"。有趣的是,虽然重叠副词与其他副词并无不同,但是重叠副词+"的"却能出现在形容词或副词的位置上。朱德熙(1961)观察到该现象,并针对此现象提出两种不同类型:"的$_{3a}$"和"的$_{3b}$"。

最后,"的$_{3c}$"出现在复杂名词短语里的多个前中心语类别和后中心语之间。本人认为"的$_{3c}$"实际上是一个名词附加语,对此,我将在下一节给予详细分析。

在后续的研究中,陆俭明(1965)以及朱德熙(1966)分别对"的"做出了更深入的分析,他们一致认为朱德熙(1961)一文处理"的"的分合问题以及语法单位的同一性问题是合理的。

2. "的"的词频使用观察:由语料库出发

虚词"的"在汉语里的重要性,可由其在实际语料中的普遍分布得到体现。在各类汉语的语料库中,"的"不但总是出现频率最高的字/词,而且频率值非常稳定,不低于百分之三,一般在百分之四到百分之六之间。以"台湾中研院"的五百万词"现代汉语平衡语料库"为例,"的"出现了超过 285,000 次;其中 280,000 余次是以虚词的形式出现,而以实词形式出现的次数仅大约 5,000 次(如"的确")。

词项	词类	频率	累积频率(%)	词频(%)
的	DE	285,826	5.82	5.82
是	SHI	84,014	7.53	1.71
一	Neu	58,388	8.72	1.19
在	P	56,769	9.88	1.16
有	V_2	45,823	10.81	0.93
个	Nf	41,077	11.64	0.83
我	Nh	40,332	12.47	0.83
不	D	39,014	13.26	0.79
这	Nep	33,659	13.95	0.69
了	Di	31,873	14.59	0.64

经过统计分析,虚词"的"在该语料库中的词频大约是5.8%。相对而言,在该语料库里,所有的词的平均词频要小很多,在0.0007%左右。具体来说,假设"的"词在句子中的分布为平均分布,语料库中每两句话中至少会出现一个"的"。此外,"的"词在语法功能上可以明确分辨三个(或以上)功能。但是在书写上,这三个"的"却十分稳定,并未产生任何分化或大量错别字的现象。鉴于如此高频下的稳定使用现象,我们有理由相信这几种虚词"的"在语法的功能上具有一致性。

3. "的"的地位与功能

借鉴Huang(1987)的分析,我们引入附加语(clitic)和中心语(head)的概念来分析"的"的地位与功能。我将指出所有出现在名词短语中的"的"同属于一个词项,即作为名词短语附加语的"的"标志着该结构的中心语。

3.1 附加语的概念

附加语的概念,最关键的是附加语与语素不同,可以附加在比词或语素更大的语法单位上。我要指出的是,"的"属于附加语,而非词或词缀。例如:

(7) a. 昨天来了的人今天又来了。
  b. *昨天来的了人今天又来了。

例句(7)中,"的"并不能成为一个词,因为它决不允许任何词缀。在语法上该句中的"的"缺乏词的基本功能,如出现在隔离位置,或允许词序交替。

(8) 昨天来的人
(9) 喜欢看书的小孩

在(8)和(9)两个例子中的"的"并非附加在动词"来"与名词"书"上。这两个例子表明"的"可以附加在关系子句上。

附加语的另一个特性在于其语音依附(attachment)和语法/功能依附的方向可以

不同。通常来讲,"的"在语音上依附于它前面的词素,但是"的"在语音上依附的单位并不等同于它在功能上依附的对象[例(8)的"来"就是这种情形下的一个很好的例子]。当附加语的句法功能依附方向与语音依附方向不完全符合的时候,可供考虑的另外一个方向是"的"与其后的语法单位间的关系。

3.2　中心语的概念

虽然在(10)中,字符串的语义类型似乎是相同的,但是它们的含义却不尽相同。

(10) a. 农场的牛

　　　b. 张三的钱

　　　c. 不锈钢的叉子

例(10a)中的"的"在名词短语中表明"牛"身处的位置,即"农场";(10b)在名词短语中表示"钱"是属于哪个个体;(10c)在名词短语中表示"叉子"的制作材料。但是,下面的例句却充分表现了"的"的功能不在于标志前面的字符串为修饰语。

(11) a. 我听说了宇宙飞船爆炸的事

　　　b. *我听说了宇宙飞船爆炸事

(12) a. 我听说了宇宙飞船爆炸的那件事

　　　b. 我听说了宇宙飞船爆炸那件事

上面的例句展示了相同的同位子句(appositional clause)。省略"的"将使例(11b)变得不合语法,而这种省略并不会影响(12b)句法的合法性。由于(11)和(12)两个句子之间唯一的区别是名词短语的中心语,我们可以推断,"的"的句法功能实际上是与名词短语中心语互动,而不是前面的类别。

Huang(1987)从四个方面探讨了"的"的地位与功能,包括语义、与物主宾语的关系、与指示词的联系,及其依附中心语的能力。这几方面的研究结果明显地证明了"的"的句法功能是作为标志复杂名词短语结构的中心语。关于这方面的详细讨论请参考Huang(1987)。

4. "的"的功能一致性:构式出发的分析

本研究发现,"的$_1$"、"的$_2$"、"的$_3$"等虚词与其后加成分间的关系是很固定的。其实,不管是"的"前成分与后成分的词性,副词性词+"的$_1$",形容词性词+"的$_2$",与名词性词"的$_3$";这三种结构的共同特性是"的"的后接成分是该结构的中心语。因此我认为这几个虚词"的"带有共同的语法功能。

此处提出的功能与形式的一致性,似乎与朱陆文中同一词形"的"代表几个不同词素的主张有冲突,但这个冲突是可以解决的。如果采用 Filmore、Kay、Goldberg 等人主张的构式语法(Construction Grammar;Goldberg,1995)理论,我们可以把[A+的 B]当成是一个构式(construction)。

(13) [A+的 B]
(14) a. 春天 的 到来
　　　b. 没有 的 事
　　　c. 去过 的 地方
　　　d. 开会 的 时间

这个构式表明"的"后面的成分(B)为中心语,就像例句(14)的"到来"、"事"、"地方"、"时间";而作为标志的"的"则包括了"的$_1$"、"的$_2$"、"的$_3$"等三个词素,因其依附对象的不同,而用不同的词素。构式与句法/词法规律的最大差别之一在于其具有的灵活性,每个构式槽(slot)可以指定不同的语法形式与层次:由词素、词项、次范畴(sub-category)、范畴(category),到大范畴(super-category)。另一方面,特定语法阶层的规律,受语法阶层模块性(modularity)的限制。而且,构式属于词汇阶层的规律,可同时取得整个模块的信息。

在此分析下,不同词素采用同一词形书写,可以视为是构式具有心理真实性的证据。约定俗成书写系统未能以词形区分不同词素;主要的原因是在构式的心理词汇库与认知阶层,所有的[X+的/中心语]属于同一构式;因此书写系统选择表达构式的同一性,而不表达词素的差异。

5. 结论

本文中提出"的"的构式功能与形式的一致性,可作为朱德熙先生、陆俭明先生对"的"研究的一个补充。此外,我们提出可由中文书写系统的证据支持汉语语言学分析。该研究方法为基于构式语法研究的汉语语言学提供了一个全新的思路与论据,令构式语法研究对汉语研究做出更多的贡献。

参考文献

陆俭明　1965　"的"的分合问题及其他,《语言学论丛》第五辑,北京:商务印书馆。
朱德熙　1961　说"的",《中国语文》第 12 期。
朱德熙　1966　关于《说"的"》,《中国语文》第 1 期。
Goldberg, Adele E. 1995 *Constructions: A Construction Grammar Approach to Argument Structure*. Chicago: University of Chicago Press.
Huang, Chu-Ren 1987 Mandarin Chinese NP de—A comparative study of current grammatical theories. Cornell University PhD Dissertation. Published as Special Publication No. 93 of the *Institute of History and Philology, Academia Sinica*. 1989.

朱德熙先生在汉语方言研究上的贡献

侯精一

中国社会科学院

朱先生汉语方言研究的重要论文有以下五篇:《北京话、广州话、文水话和福州话里的"的"字》(下文简称《"的"字》)、《潮阳话和北京话重叠式象声词的构造》(下文简称《象声词构造》)、《汉语方言里的两种反复问句》(下文简称《两种反复问句》)、《方言分区和连读变调刍议——在中国语言和方言学术讨论会上的发言》(下文简称《发言》)、《"V-neg-VO"与"VO-neg-V"两种反复问句在汉语方言里的分布》(下文简称《分布》)。这些论文集中发表在 20 世纪 80 年代初至 90 年代初。《"的"字》《象声词构造》《两种反复问句》《分布》四篇是通过语音变化或语言类型探求汉语方言语法规律。《发言》一篇是对方言研究的热点理论问题(如分区标准、如何确定连读变调的基调、古声调构拟)的看法。朱先生的文章,重结构分析和比较研究,事实充分,论证周密,观点新颖,学风严谨,影响深远。

朱先生的同窗好友李荣先生是这样评价朱先生的文章的:德熙 50 年代起研究语法,在这方面有非凡的成就。他的《语法讲义》内容完备,条理清楚,定义确切,例证周到,推论严谨,滴水不漏。德熙 80 年代起研究方言。他站得高,看得远,一出马就有精辟的见解。比方他在某个讨论会上的发言,叙事说理,心平气和,层次分明,辩才无碍,最后引人入胜。(李荣,1992:241)朱师母说:德熙做学问真是一丝不苟,全力以赴,一个问题一定要弄个水落石出才算罢休。写文章字字推敲,每一句都要求做到恰如其分。他写论文,从来不是一挥而就,简直像一刀一刀地刻出来的。朱师母还说,引李荣的话说,德熙的文章是用血写出来的。(何孔敬,2007:316)二三十年过去了,今天再读朱先生的汉语方言论著,深感朱先生的文章仍然能给人以智慧和启迪。

朱先生在汉语方言研究上的贡献集中表现在他对汉语方言语法的研究上。朱先生的《"的"字》《两种反复问句》和《分布》等展现了汉语方言语法研究的新层面。朱先生作为现代汉语方言语法研究的引路人,他的论著堪称现代汉语方言语法研究的典范。20世纪80年代朱先生的《汉语方言里的两种反复问句》的文章所引发的讨论至今还在继续。朱先生的研究理念、研究方法和他的学术观点影响了一代又一代的研究者。

朱德熙先生在汉语方言研究上的主要贡献体现在如下方面。

1. 体现语言构造规律的研究

突出语言构造规律的研究是朱先生的重要学术理念。朱先生的《象声词构造》是为第15届国际汉藏语言学会议而做。文章通过两种方言的比较来探求象声词构造规律,这是一篇具有理论创意与创新研究方法的力作。如文题所示,文章的宗旨就是探求重叠式象声词的构造规律。文章提要说"本文根据作者提出的约束性变形重叠的观念对潮阳话'C_1V_1-C_1V_2-C_2V_2-叫'和北京话'C_1V_1-C_2V_1-C_1V_2-C_2V_2'两类重叠式象声词做了分析和比较,指出这两类象声词形式相似而构造不同"。文中还使用了以下新鲜术语并且对其做出了严谨的界定,如"变形重叠""不变形重叠""约束性变形重叠""无约束性变形重叠""顺向重叠""逆向重叠"等。朱先生用 CV 的变化(声母"1""2"和韵母"1""2")交替,清楚地说明了两地象声词在深层次上的不同构造。

该文的关键词是"约束性变形重叠"与"无约束性变形重叠"。朱先生的"无约束性变形重叠"的特点是"重叠部分有可能跟基本形式同音。形式上跟不变形重叠没有什么区别"。例如,北京话单音节形容词的重叠式"A_1A_2儿的",重叠部分A_2保留基本形式A_1的声母和韵母,声调则限制为高平调(阴平)。A_2与A_1同音。"另一类变形重叠的基本形式被排斥在重叠形式所受的限制范围之外。""这类变形重叠可以叫约束性变形重叠。约束性变形重叠的基本形式和重叠部分在语音上因变形造成互补,不可能同音。"约束性变形重叠与基本形式不同音,也就是说约束性音变是一种受条件限制的变形重叠。

运用"约束性变形重叠"的理论,朱先生解析出潮州与北京两地重叠式构造类型的不同。潮州的是一种前变韵后变声的重叠式,北京的则应该看成是一个复杂的变韵重叠式:

(CH2) (A)$_Y$-A-(A)$_S$

(BJ2) (A)-(A$_S$)$_Y$-A-(A)$_S$

朱先生从约束性变形重叠的理论得出潮阳、北京两地象声词的构造规律:在潮阳话和北京话的几种重叠式象声词里,变声重叠都是顺向的,变韵重叠都是逆向的。("基本形式在前重叠部分在后"的重叠方式叫顺向重叠,"重叠部分在前基本形式在后"的重叠方式叫逆向重叠)这是潮阳、北京象声词语音构造相似的一个重要原因。虽然朱先生在文末说:这是不是所有汉语方言的共性,还有待于事实的验证。象声词的研究是一个有待关注的领域,汉语方言象声词的构造差异很大,平遥象声词的构造规律与潮阳、北京就很不一样。(侯精一,1995:212—219)但朱先生研究汉语方言象声词的理论与方法为汉语方言象声词的研究开辟出一条新的路径。

2. 重视现状与历史的比较

现状的比较有助于看清语言的构造规律,历史的比较则有助于看清语言的演变规律。以朱先生的《"的"字》一文中的表四为例,此表清晰地透视出现代北京话"的"字("的$_1$、的$_2$、的$_3$")的多元语法属性。

唐宋时期		北京	广州	文水	福州
地$_1$	副词性成分标记	的$_1$	咁	[tɿ]	[ki]
地$_2$	形容词性成分标记	的$_2$	哋	[tɿ]	[liɛ]
底	名词性成分标记	的$_3$	嘅	[tiəʔ]	[ki]

朱先生说:"的$_1$、的$_2$、的$_3$"三分的局面以广州话表现得最为清楚。广州的咁[kam˥]、哋[tei˥]、嘅[kɛ˧]读音不同,语法功能也不同,显然是三个不同的语素。北京话的三个"的"同音,分析起来困难得多。我们当然不能根据广州话三分来证明北京话的"的"也应该区分为三个不同的语素。北京话该怎么分析只能根据北京话自己的语法构造来确定。注意下面朱先生的一段话:不过广州话、文水话和福州话里的"的$_1$、的$_2$、的$_3$"三分的局面以及历史上"地$_1$、地$_2$、底"的区分都支持我们对北京话"的"所做的分析,尽管这四种方言里相对应的"的$_1$、的$_2$、的$_3$"的来历不一定相同。(朱德熙,1980:164—165)朱先生通过方言的比较来分析北京话状态形容词后头的"的"的性质。朱先

生说在广州话和文水话里,状态形容词修饰名词的格式都是:

R 形容词重叠式+的$_2$+的$_3$+N ——组合关系

这就是说,在这两种方言里,状态词必须加上"的$_3$"名词化以后才能修饰名词。例如:

广州:我要揾个肥肥的$_2$的$_3$(哋[tei]嘅[kɛ])演员。
文水:白格洞洞的$_2$的$_3$([tʅ][tiə?])一碗面可惜洒——组合关系

福州话不同,状态形容词可以直接修饰名词,也可以转化成名词以后再修饰名词,因此有两种格式:

R 形容词重叠式+的$_2$+N ——置换关系
R 形容词重叠式+的$_3$+N ——置换关系

朱先生得出广州话和文水话与福州话有区别的结论,实际上反映了这两派方言里状态形容词名词化的方式不同。在广州话和文水话里,状态形容词转化成名词的办法是在"的$_2$"后头加"的$_3$","的$_2$"和"的$_3$"之间是组合关系。在福州话里,则是把"的$_2$"换成"的$_3$",二者之间是置换关系。正是借助比较研究,对于北京话"的"的三分,朱先生得出的结论是:过去我们一直认为北京话里状态形容词后头的"的"都是"的$_2$"。现在看了广州话、文水话和福州话的情形,就不能不对这一点产生怀疑。过去我们把问题看得过于简单了。实际上北京话的状态形容词也能名词化。(朱德熙,1980:165)朱先生指出的山西文水状态形容词必须加上"的$_3$"名词化以后才能修饰名词的规律在晋语区是非常普遍的。平遥方言状态形容词重叠做定语必须是"重叠式+底+的+N"。(侯精一,1992)有意思的是山西南部属中原官话的万荣方言,状态形容词重叠修饰名词,无须加助词"的$_2$"或"的$_3$",可以直接修饰名词。如,万荣方言无论单音形容词重叠 AA 式是形容词还是名词,都可以直接与中心语组合,修饰语与中心语词之间一般不加结构助词"的""呐"。例如:长长西瓜不好吃|一跟(现在)早没人穿绵绵裤啦!(吴云霞,2009:38)

山西南部河津方言结构助词与普通话相比并不发达,甚至呈萎缩趋势。在述补关系与状中关系中的结构助词趋于退化。(史秀菊,2004:320)山西南部方言属官话,山西中部方言属晋语,万荣型与文水型的语法类型特征的不同有助于区分晋语与官话。这是朱先生文章带给我们的启示。

关于历史的比较研究。朱先生《两种反复问句》、《分布》两篇文章可以说是历史比较研究的代表作。朱先生比较研究了大量历代的文献语料,有秦代或战国末期的云梦睡虎地秦简、唐诗、变文、禅宗语录、《金瓶梅》、《西游记》、《儒林外史》、《红楼梦》、《儿女英雄传》等。根据大量的历史比较材料,朱先生提出了一些新的重要见解,其中不乏对前人的某些说法的修正。在《分布》一文中,朱先生指出:"梅祖麟(1978)认为这种句式(指 VP-neg-VP——引者)是从南北朝时代的'(为)VP_1(为)VP_2'演变出来的。现在看来这个论断需要修正。因为在时代已经确定的秦代或战国末期的云梦睡虎地秦简中已经多次出现了这种句式。特别值得注意的是在动词带宾语的时候,简文总是采用"VO-neg-V"的句式。例如,迁者妻当包不当?"(朱德熙,1991:328)

通过历史的比较研究,朱先生还提出了一些新的意见,如指出了现代"VP 也不"一类反复问句的来源。朱先生说南北朝时期的选择问句"为 VP 不"到了唐末演变成"还 VP 不""还 VP 也无"。如"行者还曾到五台山也无?"(《祖堂集》)这就是现代"VP 也不"一类反复问句的来源。(朱德熙,1985:14)

朱先生"VP 也不"一类反复问句是指陕西清涧话一类方言的情况。朱先生的例子是:你去也不?——去也。|你明儿来也不?——我明儿来也。朱先生说:清涧话的"'也'([ɛ]或[iɛ])是句尾语气词,可见'VP 也不'是句子平面上的构造。其中的'VP 也'和'不'分别代表两个小句(更确切地说,是两个谓语)。'VP 不 VP'则是由动词构成的词组,跟'VP 也不'不在同一个平面上。不过像清涧话这样的方言比较少见"(朱德熙,1985:13)。朱先生(1991)进一步讨论了"VP 也不",举了大量"VP 也不"的例子,说明了像清涧话这样的方言并不少见。下面的例句都是朱先生 1991 年文章所举的"VP 也不"一类的反复问句例句,(朱德熙,1991:323)主要是山西、陕西(晋语区)和西北方言的例子。

山西: 你吃烟呀不(吃)?(忻州)

你看戏唵不?(寿阳)

还有饭啊没有？（运城）

你喝酒呢不？（大同）

还有饭[lə]没[nʌʔ]？（武乡）

陕西： 你想家也不（想）？（清涧）

你是那哥哥的（他哥哥）也不是？（清涧）

你北京去过也没？（清涧）

青海： 你吃饭了没？（西宁）

你地种的会哩不？（西宁）

　　例句的中嵌语气词有"呀、唵、啊、呢、[lə]、也、了、哩"等多种语音形式，本字是"也""哩"。（刘勋宁，1998：121）

　　朱先生说在某些方言里紧缩方式的不同是从语法上区分方言类型的根据。（朱德熙，1991：321）这种观点的价值就在于它开拓了研究者的视野，提示研究者去探求从语法上区分方言类型的根据。从中我们得到启示：带有中嵌语气词"也""哩"的"VP 也不"一类的反复问句似乎可以看作是区分晋语与官话的类型特征的理据之一。上文中朱先生还指出，文水状态形容词必须加上"的₃"名词化以后才能修饰名词的规律同样是区分晋语与官话类型特征的理据。这有助于从语法上把晋语与官话分开来。

　　值得注意的是朱先生非同一般的比较研究视角——跨学科比较。例如，关于汉语方言分区问题的研究，朱先生说：我觉得把汉语方言分区跟汉语词类划分两种表面上看起来完全不相干的工作比较一下是很有趣的。方言分区跟词类划分有许多相似之处。划分词类时，我们希望用尽可能简单的标准划出语法共同点最多的类。给方言分区时，原则也是这样，最好用一条同言线来规定方言区之间的界限。罗杰瑞根据古浊塞音现代是否分成对立的两套这样一条简单的标准来给闽语下定义就是一个典型的例子。（朱德熙，1986：246）用一条简单的标准区分方言，我们还可以举出李荣先生用"山西省及其毗连地区有入声的方言"作为标准把晋语从北方官话区分出来的例子。（李荣，1985：2）朱先生说，如果用多项语言特征作为分区的依据，就必须确定这些标准之间是逻辑上的合取关系（conjunction）还是析取关系（disjunction）。关于合取关系，朱先生举例说，我们可以根据(a)无浊塞音和浊塞擦音(b)有入声两项特征的合取关系来确定江淮方言。关于析取关系，朱先生举昌黎方言为例。《昌黎方言志》提出七项语言特征作为区分昌黎方言南北两区的依据,朱先生析取为两项特征:有无ŋ声母,有无卷舌韵母。通过合取关系或析取关系使划分出来的方言区有比较明确的范围。朱先生对方言分区的多角度阐述至今仍然具有理论指导意义。

有意思的是,朱先生还举出了动物亲缘关系分类的两派对立观点,来说明做好方言分区需要注意的问题。朱先生说:传统的动物进化理论根据对化石资料的研究,认为鸟类和哺乳动物的关系远不如鸟类和爬行动物的关系密切,鸟类和哺乳动物没有直接的共同祖先。1982年英国Brian Gardiner根据动物的形态结构和生理特征的比较提出一种新学说:认为哺乳动物和鸟类有22项重要的共同特征,这两类动物一定有共同的祖先。朱先生说,从语言学的观点看,这两种学说的区别在于观察问题的角度不同,前者是历时的,后者是共时的。朱先生还说:"方言分区跟上边举的动物学的例子十分相似,我们划分出来的方言区是不是真正能反映方言之间的亲属关系,关键也在于划分标准的性质。"(朱德熙,1986:246、249)如今交叉学科的研究获得了空前的发展,二十多年前朱先生提倡的跨学科比较研究的观点,对于深化当今方言研究无疑是非常重要的。

3. 科学的态度和求实的学风

朱先生在文章中经常会把自己在研究中的一些想法或疑虑提出来,这体现了朱先生论著的科学态度和求实的学风。后学从中得到启示,有利于学术的持续发展。例如:

① 现代北京话的反复问句是"VP不VP"型的,为什么在用北京话写的《红楼梦》和《儿女英雄传》会出现那么多"可VP"式问句?(朱德熙,1985:19)

② 为什么《红楼梦》里的"可VP"式问句比《儿女英雄传》多?为什么《红楼梦》前八十回(假定作为抽样的四十回能够代表前八十回)里的"可VP"式句又比后四十回多?(朱德熙,1985:19)

③《金瓶梅》里"VO-neg-V"句式占绝对优势,而这部小说公认是用一种山东方言写的,这和今天大多数山东方言"V-neg-VO"占优势的情形不一致。这个问题我们现在还不知道该如何解释。(朱德熙,1991:328)

④ 云梦秦简是目前知道的最早的使用"VP-neg-VP"及其特殊形式"V(O)-

neg-V"的文献。奇怪的是秦简以后这种句式突然在文献中消失,在长达千年的时间里,连一点痕迹都看不到。(朱德熙,1991:328)

⑤ 如果我们把"基本形式在前重叠部分在后"的重叠方式叫顺向重叠,把"重叠部分在前基本形式在后"的重叠方式叫逆向重叠,那么在潮阳话和北京话的几种重叠式象声词里,变声重叠都是顺向的,变韵重叠都是逆向的。这是(CH2)和(BJ2)语音构造相似的一个重要原因。变声重叠顺向,变韵重叠逆向,是不是所有汉语方言的共性,这还有待于事实的验证。(朱德熙,1982:180)

对这些问题朱先生大都做了合理的解释,例如对问题⑤,朱先生的解释是"这个现象恐怕只能这样解释:云梦秦简反映的是当时的一种西北方言。由于传世文献大都是用标准语写的,方言,特别是方言句法,很少有机会得到反映"(朱德熙,1991:328)。朱先生之所以提出问题来,是希望再研究的人关注,或许会有新的发现,以期如实解决问题。这就是朱先生的科学态度、求实学风。它是随同朱先生的论著一道传给后学的宝贵财富。

参考文献

何孔敬　2007　《长相思——朱德熙其人》,北京:中华书局。
侯精一　1992　山西平遥方言的状态形容词,《语文研究》第2期。
侯精一　1995　《平遥方言民俗语汇》,北京:语文出版社。
李　荣　1985　官话方言的分区,《方言》第1期。
李　荣　1992　朱德熙,《方言》第4期。
刘勋宁　1998　秦晋方言的反复问句,见《现代汉语研究》,北京:北京语言大学出版社。
史秀菊　2004　《河津方言研究》,北京:山西人民出版社。
吴云霞　2009　《万荣方言语法研究》,北京:语文出版社。
朱德熙　1980　北京话、广州话、文水话和福州话里的"的"字,《方言》第3期。
朱德熙　1982　潮阳话和北京话重叠式象声词的构造,《方言》第3期。
朱德熙　1985　汉语方言里的两种反复问句,《中国语文》第1期。
朱德熙　1986　在中国语言和方言学术讨论会上的发言,《中国语文》第4期。
朱德熙　1991　"V-neg-VO"与"VO-neg-V"两种反复问句在汉语方言里的分布,《中国语文》第5期。

现代汉语量词范畴在认知心理上的表现与语言相对论

姜 松

夏威夷大学

1. 引言

朱德熙先生倡导的从汉语的实际出发、吸收和借鉴国外语言学理论的治学思路,开辟了汉语研究的新途径。陆俭明先生善于挖掘汉语事实的具体实践丰富了汉语语法研究的方法和理论。两位先生的开拓性实践启发我们从汉语的角度来考察西方的语法理论,利用汉语事实参与西方语法理论的讨论,进而深化我们自己的汉语研究。

语言相对论,也称为萨丕尔-沃尔夫假说,是源于洪堡特,经由萨丕尔、沃尔夫逐渐概括发展起来的关于语言与思维关系的一个理论假设。它认为一个人所说的特定的语言决定一个人的思维方式,决定一个人对所经验的周围世界的认知分类,并由此推断,操不同语言的人们对同一世界会有不同的看法。用沃尔夫自己的所谓"非正式"(informal)的话来说:"使用明显不同语法的人,会因语法的不同形成不同的观察结果,对外在的相似的观察行为也会有不同的评价;因此,作为观察者,不同语法的使用者是不对等的,也一定会形成在某种程度上不同的世界观。"作为例证,他提出"现代科学的世界观是根据西方印欧语言的基本语法特征高度概括而成的"(Whorf,1956:221)。沃尔夫从来没有对"语言相对论"进行系统的阐述和严格的定义,相关论述主要分散在他不同的文章中。正是由于这种分散和宽泛的论述,引发了人们对萨丕尔-沃尔夫假说的不同的诠释。根据沃尔夫的论述和 20 世纪 50 至 70 年代实验性研究的结果,Brown(1976)为语言相对论提出了两个具体的假设:(1) 对于两个不同母语的使用者来说,语言系统之间结构上的不同对应于非语言认识上的不同;(2)一个人母语的语言结构强烈影响或完全决定他在母语习得过程中形成的世界观。前一个可以称为语言相关论,后一个称为语言决定论。

从20世纪50年代开始,对语言相对论的验证主要表现在前期关于词汇范畴的研究和后期关于语法范畴的研究。(Lucy,1996)词汇范畴的研究主要集中在对颜色词的考察上,实验结果摇摆于"语言决定思维"和"语言无关思维"两种对立的结论之间。这些争论在1970年末至1980年初逐渐被摒弃。随着研究的深入和实验设计的完善,相关研究开始转向支持较为温和的语言与思维相关的假设。1980年以后,随着认知语言学的兴起,有关语言与思维关系的争议再度重新引起了研究者的兴趣。这一时期的研究从词汇范畴转向语法范畴,包括非真实条件句(Bloom,1981)、空间(Bowerman,1996)、时间(Boroditsky,2001)、性范畴(Borodistsky et al.,2003)以及量词(Lucy,2004)等方面。对以上语法范畴的考察,促进了语言决定论观点的复兴。

量词,作为对特定词汇进行分类的语法范畴,被认为是最能体现认知概念,用于验证语言相对论的理想的立论依据。(Lakoff,1987)然而现有的以不同语言的量词范畴为对象的研究并没有取得一致性的看法(Lucy,1992;Imai & Gentner,1993、1997)。汉语是典型的量词型语言,考察汉语量词范畴与认知概念的关系不仅能够揭示出属于汉语的独特的认知特点,而且能为语言与思维关系的争论提供汉语的例证。Zhang & Schmitt(1998)通过考察汉语跟英语母语者对汉语量词范畴内部相似性的感觉差异得出了支持语言决定论的观点。Kuo(2003)通过比较母语为汉语和英语的被试对汉语量词范畴中物体形状和谱系分类关系的反应,发现母语为汉语和英语的被试在分类过程中均主要依赖于谱系分类,将形状特征依据置于第二位。这一发现推翻了Zhang & Schmitt(1998)的语言决定思维的强势论断,得出了支持语言与思维相关的弱势结论。Saalbach & Imai(2007)认为量词的认知效应应该置于多重的认知任务中来考察。他们通过分类、相似性判断、特性推导、快速匹配等一系列任务对母语分别为汉语和德语的被试进行考察,得出不同母语的人们的认知概念系统并无根本不同的结论,并据此推断汉语量词的范畴并不具有制约人们思维概念的作用,汉语的量词范畴在影响认知概念形成方面并不具备与谱系关系和主题关系等同的作用。这一结论再次推翻了语言决定论假说。由于量词范畴的认知效应只在特定的实验中才能显现,他们认为量词范畴的实验结果是否支持语言决定论假说在很大程度上取决于实验任务设计的周密性和敏感度。

鉴于前面这些研究结果的争议性,我们认为有必要在已有成果的基础上展开进一步的探讨。如果我们接受 Kuo(2003) 和 Saalbach & Imai(2007) 关于汉语量词与人们概念结构关系的定位,即汉语量词范畴对人们概念结构和认知过程的影响有限,从属于以形状及谱系关系为代表的普遍性认知依据,那么依然存在着这样一些问题:量词的这种局限性的影响究竟有多大?如果在形状和谱系关系缺省的情况下,量词的认知效应将会有怎样的表现?量词效应是否能在敏感度高的测试中呈现出来?我们认为在前人研究中广泛使用的敏感度较高的三元相似性测试方法(Triadic Similarity Tests)是一种有效的测试方法,但也存在有待改进之处。具体来说,本研究拟从以下几方面改进实验方法:扩展潜在的对比变量、增加正确选项的可控性、引进反应时间的测定和参照。

2. 本研究的总体实验设计

在本研究的实验设计中,一个给定的目标图片物体 A 与它的两个备选图片物体 X 和 Y 共同构成一组三元测试。我们首先限定备选物体 X 和 Y 与目标物体 A 不存在谱系分类上的关联。然后我们再选取物体的形状作为选项的控制因素,即选项 X 与目标物体具有相同的形状特征,而选项 Y 与目标物体则不具有形状的相似性。接下来,我们将是否共享量词作为选项 X 和 Y 的附加控制条件。下表以目标物体"毛巾"为例说明目标物体 A 与选项 X 和 Y 的关系以及由此构成的 4 种测试条件。

三元测试中目标物体与选项 X 与 Y 的组合关系(+表示具备此属性,-表示不具备此属性)

条件	目标物体 A	选项 X		选项 Y	
		形状	量词	形状	量词
1	毛巾	+	+	−	−
		裙子		钟表	
2	毛巾	+	−	−	+
		中国画		绳子	
3	毛巾	+	+	−	+
		裙子		绳子	
4	毛巾	+	−	−	−
		中国画		钟表	

被试需要完成的任务是在每个三元组的测试条件下,从代表 X 和 Y 的两幅图片中找出与目标图片 A 在形状上最为相似的一张。具体来说,被试将被要求在标注为"1"和"2"的两幅图片中(X 和 Y)找出与屏幕上方的目标图片在形状上最为相似的一张。由于所有 X 都保持与目标图片在形状上的一致性,所有 Y 并不具备此特性,无论在何种条件下,X 均为正确选项。我们预测,不同语言背景的被试在完成任务过程中所用的反应时间会显示出认知差异是否存在。我们假设,如果量词范畴具有认知上的制约作用,对于母语为中文者来说:

(1)无论目标物体是否与选项 Y 共享量词,在目标物体与选项 X 不共享量词的条件下选择 X,都比在目标物体与 X 共享量词的条件下选择 X 的反应时间慢。换句话说量词范畴会促进被试的决策,提高被试的反应速度。(即条件1、3对应于2、4)

(2)无论目标物体是否与选项 X 共享量词,当目标物体与选项 Y 共享量词时,选择 X 的反应时间都会比在目标物体和选项 Y 不共享量词的条件下选择 X 的反应时间慢。也就是说不基于明显的形状相似性的量词范畴会干扰被试选取 X 的反应速度。(即条件2、3对应于1、4)

与此相对应,如果以上的假设成立,我们就不应该在母语为英语者的反应时间上看到同样的分布格局。

3. 实验一:以母语分别为汉语和英语为被试的三元相似性图片测试

3.1 被试

本实验的被试对象分别为 50 名汉语母语者和 51 名英语母语者。50 名汉语母语者为来自天津师范大学中文系和天津对外经济贸易职业学院本科一至二年级的大学生。虽然英语为中国大学生的必修课程,但在本实验进行时,所有参与者均即尚未通过中国国家大学英语四级考试,即尚未达到中国国家对本科生公共英语水平的最低要求。同时由于被试学生均不具备课堂以外使用英语的日常环境,本实验不考虑英语对中国学生的影响。51名英语母语者为来自夏威夷大学的本科生、研究生,他们所选外语科目限定于西班牙语、法语、德语和意大利语,从未学习过汉语、日语等具有量词范畴的东方语言。

3.2 实验材料

实验材料由24套诱导图片集组成(见附录)。每套诱导图集包含5张不同的实物图片,其中一张为目标实物(A),两张为预设的正确选项(X1、X2),另外两张为干扰项(Y1、Y2)。全部图片来自Google非版权实物图片集。为突出诱导实物,所有图片的背景均被剪辑去除。根据实验的总体设计,如上表所示,每套诱导图集中的5个实物图片按如下关系形成4个相对于目标实物(A)的三元相似测试条件:(1)X1(+形状,+量词),Y1(-形状,-量词);(2)X2(+形状,-量词),Y2(-形状,+量词);(3)X1(+形状,+量词),Y2(-形状,+量词);(4)X2(+形状,-量词),Y1(-形状,-量词)。

根据以上设计,每套诱导图集中5个实物图片可生成4组三元测试题,全部24套诱导图片共生成96个三元测试题。为缩短测试时间、降低同一被试所见图片的重现率,每套诱导图集按条件1、2和3、4分为两部分,全部96个测试题以交替轮换方式分为A式与B式两组,每组包含48个测试题。A式由图集1中条件1、2,图集2中条件3、4等构成,B式由图集1中条件3、4,图集2中条件1、2等构成,依次类推。与此对应,每一被试群体也被随机划分为两组,一组使用A式题目,另一组使用B式题目。统计分析将根据两组被试合并后的测试结果进行。

3.3 实验方法

实验设计使用E-prime编程,以幻灯片形式在屏幕为13.3英寸的手提电脑上展示。每次共有3张实物图片在每张幻灯片上呈现。每张幻灯片正上方为目标图片(A),下方并行排列两个备选项图片(X、Y),分别为正确选项与干扰项。正确选项与干扰项的排列顺序由程序随机决定,并在目标图下方按从左到右顺序以数字1、2标示。幻灯片展示时,目标图片首先出现,两秒钟以后,两被选项同时出现。被试的任务是根据被选项在形状上是否与目标图片相似,通过键入键盘代表选项图片的数字1或2,选取与目标对象在形状上最为一致或接近的正确答案。电脑记录每一被试从目标图片出现到按下数字键完成判断之间的反应时间。每组48道测试题在测试过程中出现的顺序由E-prime自动随机生成。

3.4 实验过程

对于中国学生的实验,利用学生晚间和下午自习时间在一教师办公室中进行。办公室内仅有被试和测试主持人。待测学生等候在教师办公室旁的自习室,由测试协助人按先前报名顺序组织安排进入测试房间。实验开始前,所有被试均被要求填写参与实验同意书和语言背景信息,并阅读一份应试说明。通过说明,被告知将在电脑屏幕上看到 48 组图片,每组共有 3 张图片。一张出现在屏幕的正上方,另外两张并排出现在屏幕的下方。屏幕上方的图片先出现,然后是屏幕下方的两张图片。在这两张图片中,左边的标注为 1,右边的标注为 2。被试的任务是在标注为 1 和 2 的两幅图片中找出与屏幕上方的图片在形状上最为相似的一张。如果被试觉得图片 1 在形状上与屏幕上方的图片最为相似,则按键盘上的数字键 1,如果觉得图片 2 在形状上与屏幕上方的图最为相似,则按键盘上的数字键 2。完成判断,按下数字键 1 或 2 以后,下一组的 3 张图片将自动出现。完成所有的图片以后,屏幕将给出实验完成的提示。应试说明中要求被试尽量以最快和最准确的方式完成自己的选择。实验正式开始以前,被试有 3 道演练习题作为热身训练。对美国学生的测试安排在夏威夷大学学校电脑学习室,按报名时所预约的时间进行,实验过程与中国学生的过程一致。

3.5 实验结果

首先对中国学生为被试的实验结果进行初步处理,计算每位被试的反应时间的平均值,去除平均值大于 2.5 标准差的两名被试,原有全部 50 名参与实验的中国学生被试中能提供有效数据的为 48 名。每名被试在前面提及的 4 种基本条件(1、2、3、4)以及 4 种组合条件(1+3、2+4、1+4、2+3)下的有效反应时间被用于统计分析。Wilcoxon Signed Ranks 分析结果表明,共享量词的 X(1+3)与非共享量词 X(2+4)之间的主效应不显著,$z = -1.75, p = .08$,但存在接近显著的趋势。共享量词的 Y(2+3)与非共享量词 Y(1+4)之间的主效应十分显著,$z = -4.68, p = .00$。这一结果与进一步的重复测量方差分析结果一致。方差分析结果显示,共享量词的 X(1+3)与非共享量词 X(2+4)之间的差别的主效应不显著,$F(1,47) = 1.78, p = .19, \eta 2 = .04$。共享量词的 Y(2+3)与非共享量词 Y(1+4)之间差别的主效应十分显著,$F(1,48) = 22.74, p = .00, \eta 2 = .33$。

在对以英语为母语的实验结果进行初步处理过程中,去除两个大于 2.5 标准差的被试,在原有 51 名被试中 49 人的数据有效,被用于分析。Wilcoxon Signed Ranks 分析结果表明,共享量词的 X(1+3)与非共享量词 X(2+4)之间差别的主效应不显著,$z = -.174, p = 86$。共享量词的 Y(2+3)与非共享量词 Y(1+4)之间差别的主效应十分显著,$z = -4.551, p = .00$。这一结果与进一步的重复测量方差分析结果一致。反应时的方差分析显示,共享量词的 X(1+3)与非共享量词 X(2+4)之间差别的主效应不显著,$F(1,48) = 1.29, p = .26, \eta 2 = .026$。共享量词的 Y(2+3)与非共享量词的 Y(1+4)之间差别的主效应十分显著,$F(1,48) = 23.16, p = .00, \eta 2 = .33$。

4. 实验二:具有汉语中级或以上水平以英语为母语者被试的图片三元测试

参与实验二的被试由 52 名汉语水平在中级或中级以上的英语母语者组成,包括夏威夷大学三、四年级汉语课的在校本科生、国际工商管理硕士汉语班研究生、母语为非汉语的从事有关中国学研究和教学工作的教师、政府工作人员等。

所用实验材料、工具、过程与实验一相同。测试地点安排在测试主持人于夏威夷大学的办公室以及学校电脑学习室。测试按被试报名时所预约的时间进行。

共有 52 名被试参与了实验二,两名被试的实验结果因平均值大于 2.5 标准差被剔除,剩余有效被试为 50 名。每名被试在前面提及的 4 种基本条件(1、2、3、4)以及 4 种组合条件(1+3、2+4、1+4、2+3)下的有效反应时间被用于统计分析。Wilcoxon Signed Ranks 分析结果表明,共享量词的 X(1+3)与非共享量词 X(2+4)之间差别的主效应显著,$z = -2.38, p = .02$。说明被试在条件 1+3 情况下的反应时间比在条件 2+4 的情况下快。共享量词的 Y(2+3)与非共享量词 Y(1+4)之间差别的主效应十分显著,$z = -4.551, p = .00$,说明被试在条件 1+4 下的反应快于在条件 2+3 下的反应。但这一结果与进一步的重复测量方差分析结果并不完全相符。方差结果显示,共享量词的 X(1+3)与非共享量词 X(2+4)之间差别的主效应不够显著,$F(1,49) = 3.60, p = .06, \eta 2 = .07$。共享量词的 Y(2+3)与非共享量词 Y(1+4)之间差别的主效应十分显著,$F(1,49) = 13.25, p = .00, \eta 2 = .21$。

5. 实验三:汉语母语者为被试的图片加文字标示三元测试

5.1 被试

本实验的被试对象为 50 名来自天津对外经济贸易职业学院本科一至二年级母语为汉语的大学生。被试的专业背景与英文水平与参与实验一的学生情况一致。

5.2 实验材料步骤

实验三的电脑程序和诱导图片与前面两个实验所使用的程序与图片完全一致。唯一不同的是每张图片下方增加了图片所示实物的汉字名称。实验步骤与实验一中对中国学生的测试步骤一致。

5.3 实验结果

共有 50 名被试参与了实验,1 名被试因平均值大于 2.5 标准差被剔除,有效被试为 49 名。每名被试在前面提及的 4 种基本条件(1、2、3、4)以及 4 种组合条件(1+3、2+4、1+4、2+3)下的有效反应时间被用于统计分析。Wilcoxon Signed Ranks 分析结果表明,共享量词的 X(1+3) 与非共享量词 X(2+4) 之间差异的主效应十分显著,$z = -3.66, p = .00$。说明被试在条件 1+3 情况下的反应时间比在条件 2+4 的情况下快。共享量词的 Y(2+3) 与非共享量词 Y(1+4) 之间差别的主效应十分显著,$z = -5.27, p = .00$,说明被试在条件 1+4 情况下的反应快于在条件 2+3 下的反应。这一结果与进一步的重复测量方差分析结果完全相符。方差结果显示,共享量词的 X(1+3) 与非共享量词 X(2+4) 之间差别的主效应显著,$F(1,48) = 18.75, p = .00, \eta 2 = .21$。共享量词的 Y(2+3) 与非共享量词 Y(1+4) 之间差别的主效应十分显著,$F(1,48) = 41.80, p = .00, \eta 2 = .47$。

6. 跨语言比较

为验证在图片测试中 3 种不同语言背景的被试之间是否存在跨语言效应,利用重复测量方差分析比较 3 种语言背景被试的反应时间。3 组被试在条件 1+3 和条件 2+4 情况下的反应时间的平均值的差异如下：

跨语言图片三元测试平均反应时间						
	N	Min	Max	M	SD	Std. Error
1. 无汉语背景美国学生	49	−599.34	182.74	−22.31	137.34	19.62
2. 有汉语背景美国学生	50	−370.22	336.87	−31.15	116.16	16.43
3. 中国学生	48	−408.53	584.11	−31.65	164.40	23.73

中国学生组两种条件下的平均反映时间的差异最大，即与其他组相比，中国学生在共享量词 X(条件 1+3)下的反应比非共享量词 X(条件 2+4)下快。无汉语背景美国学生在两个条件下的反应时间的差异最小。有汉语背景的美国学生介于前两者之间。但重复测量方差分析显示，3 组被试之间的差异没有显著性，$F=0.69, p=.93$。

7. 讨论

我们首先从以上 3 个实验的结果来检验假设一，即如果量词范畴存在认知效应，三元测试中，无论目标物体是否与选项 Y 共享量词，在目标物体与 X 共享量词的条件下(条件 1+3)选择与目标物体形状相似的 X 的反应速度都要比在与目标物体不共享量词条件(条件 2+4)下的反应速度快。也就是说量词范畴会提高被试的反应，具有加速度的作用。

实验一的结果数据没有支持假设一的推论。实验结果表明量词范畴的出现与否对于反应时间没有显著的影响。根据实验的设计，选择正确选项 X 是在同样形状条件下进行的。这一结果也可以被认为当形状和量词条件共存时，汉语母语者对事物的分类更倾向于依靠形状，而不是量词的范畴。不具有中文背景的英语母语者的表现与汉语母语者的表现完全一致，也从另一个方面否定了量词的认知效应。

从汉语母语者在实验一中的反应可以看出，当量词范畴与形状因素共现时，对于汉语母语者来说量词范畴在选取正确选项 X 的过程中既没有支持也没有阻碍认知分类的过程，因此实验一不能提供量词范畴具有认知效应的证据。

然而有意思的是，与实验一的结论不同，实验三为假设一提供了一定的支持数据。与实验一仅用实物图片不同，实验三的诱导图为实物加汉语名词的汉字标示。实验三的结果显示,在量词范畴出现的条件下,中国学生选择与目标物体形状相似的 X 的反应速度高于在量词范畴不出现条件下的反应速度,且具有显著性。这一结果显示,文字标示加速了在共享量词条件下的反应时间,但对不具备量词范畴条件下的反应时间没有可观察到的影响。因此可以看出,当加入文字因素后,量词效应在母语为汉语的被试身上得以显现。同样背景的中国学生在实验一和实验三中不同的表现,似乎可以说明汉语母语者处理非语言的认知分类任务上并不依靠量词的语言范畴。但量词范畴对认知分类的影响在出现语言提示的情况下有可能被放大并显现出来。

接下来从实验结果来验证假设二,即如果量词范畴存在认知效应,无论目标物体是否与选项 X 共享量词,对于不具备共享形状的选项 Y,当目标物体与 Y 共享量词时,汉语母语者选择 X 的反应时间都会比在目标物体和 Y 不共享量词的条件下的反应时间长。也就是说具备形状相似性的量词范畴会在假设二的条件下对母语为汉语的被试造成干扰,减慢被试的反应速度。相反,对于母语为英语的被试上述现象应不会出现。

综合实验一、实验二与实验三的结果,无论母语为何种语言,所有被试在假设二的两种条件下的反应时间均表现出显著性的不同。即所有被试,无论语言背景如何,在 X 与 Y 共享量词情况下选取 X 的反应时间都比在与 Y 不共享量词情况下选取 X 所用时间长,也就是说,量词范畴的出现对所有被试都有干扰作用,减缓了被试的反应时间。换句话说,当干扰项 Y 与目标物体不具备任何关联时,对汉语和英语为母语的被试同样产生加快反应的作用。这一结论与 Saalbach & Imai (2007) 通过相似性程度评估得出的结论相符合。可以进一步推论,对于汉语量词范畴来说,尽管有着特定语言的局限性,但毕竟这一范畴的形成具有内在的客观依据,并在很大程度上是以可以体验到的事物的特性为根据的。因此,与完全没有任何关联的干扰项对比,量词归类的客观依据完全有可能成为英语母语者与汉语母语者共用的潜在归类依据,尽管英语没有与汉语相对应的量词范畴。因此这一结果,不能成为支持量词对于汉语母语者具有特殊认知效应的依据。

基于诱导图片的实验二的应试对象为具有中级以上汉语水平的英语母语者。相对于假设一,这一被试群体的反应似乎应该接近于汉语为母语者的表现。然而实际的结果并非如预测。利用 Wilcoxon Signed Ranks 的测试方法,被试在量词条件下的反应时间明显快于在非量词条件下的反应时间,表现出显著的量词效应。然而这种量词效应的显著性在重复测量方差分析中却并没有表现出来。考虑到这一应试群体结果的描写统计数据呈现的不均衡性,这种表面上似乎矛盾的分析结果,似乎可以归结为被试多样化背景以及不均衡的汉语水平。与实验一和实验三的单一性的被试不同,实验二的被试来源较为复杂,包括本科生、硕士研究生、博士研究生、教职工、政府工作人员等。这一群体不仅在年龄、教育水平、专业背景、职业上存在着很多差异,而且他们的汉语水平的差别也很大,涵盖了中级、高级、超高级(ACTFL标准)等多个水平等级。特别是全部52名被试中24名来自政府机构的汉语语言工作者的汉语习得背景可能对测试结果具有一定程度的影响。作为专业的汉语语言工作者,他们对语法范畴的机械性记忆、对汉英语言结构的书面转换、缺乏汉语日常实际应用等有可能加强他们对语言形式的特别的敏感度。另外,从被试的外语背景来看,大部分人除汉语外,还同时掌握其他种类的外语,包括日语、韩语、越南语、印度尼西亚语等。被试的多种外语背景也有可能对实验结果的复杂化产生一定的影响。

鉴于实验二结果的复杂性,比较汉语母语者、无汉语背景英语母语者以及中级汉语及以上水平的英语母语者在纯图片测试中的表现,可以从另一个角度验证量词效应的显著性。尽管3组被试在反应时间上存在一定差异,但这种差异相对于3组被试的语言背景来说均不具备显著效应。这一结果,为支持汉语的量词范畴对完成认知层面上的分类任务并没有直接的影响的推论提供了证据。

根据以上分析,可以推断汉语量词范畴似乎是一个较弱的认知分类依据。这种较弱的特性不仅体现在与其他较强的普通分类依据,如谱系关系、主题、形状等的对比之中(Saalbach & Imai,2007),也体现在与空间、性和时间等典型语法范畴的对比之中(Bowerman,1996;Boroditsky,2001;Borodistsky et al.,2003)。例如,作为一个语法范畴,性范畴通常具有十分有限的类型,类型与类型之间存在着十分清楚的分界。但是对于量词范畴来说,如果考虑到临时用法的存在,这一范畴的组成可以说是开放的、具有柔性的。例如,某一特定事物与其所属的量词范畴通常不是绝对一一对应,而是一对多,有重合的。因此,不同的量词可能会对同一事物根据其不同的特征做出不同的归属划分。比如,对于"桥"这一事物名词来说,至少可以列举出4个以上的可以搭配的量词,每个不同的量词突出的是"桥"不同的侧面和特征。"道"与桥搭配突出桥的"通路""功用";"顶"强调桥对河流的"跨越""覆盖";"架"展示桥的"骨架""结构";"座"着眼在"桥"的建筑性。因此事物名词的量词归属在很大程度上取决于对这一名词的观察角度和所要突出的形态特征。在这种情况下,即使量词范畴对认知确实具有影响力,人们也很难推断被试的分类结果究竟是依靠诱导事物什么样的心理特征而做出的。另外,汉语多种方言的存在也加剧了量词变体的多样性。不同方言区人们在同一名词的量词归属上常常会有不同的见解,因而减弱了量词范畴的唯一性和权威。除此之外,汉语中凌驾于特殊个体量词之上的普通量词"个"对淡化和模糊特殊量词范畴也起到了一定的作用。可以说,以上所有这些原因以及它们的合力对弱化汉语量词范畴对认知的制约起着决定性的作用。

8. 结论

实验结果表明,在我们的实验条件下,汉语的量词范畴对汉语母语者在认知层面上的概念结构并不具备直接的影响,特别是当其他日常使用的普通的认知基础与量词语法范畴同时出现时,普通的认知依据会压倒性地取代量词的语法范畴。但是,我们的实验数据也表明,在提供一定的语言学条件的情况下,汉语量词范畴对认知的影响是可以被激活并最终对认知概念产生一定程度上的影响。这一结论可以解释为对萨丕尔-沃尔夫假说较弱版本"语言相对论"的支持。但是,它不支持萨丕尔-沃尔夫假说的较强版本"语言决定论"。

鉴于实验二结果的复杂性,本实验有一些值得借鉴和改进的地方。未来的研究应该避免选取背景和汉语水平差距较大的被试,尽量选择同质的被试。当涉及被试的汉语水平时,统一的汉语水平评估应该成为划分被试的指标。本实验对于汉语中级以上水平的界定过于宽泛,未来进一步的实验应该将高级和超高级的汉语水平的被试区分出来。另外,未来的研究应该考虑非汉语的量词型外语对完成实验任务的干扰作用。因此,区分被试的教育背景、年龄、汉语以外的外语的掌握情况、汉语的使用情况等将会提高实验结果的准确度。

参考文献

Bloom, A. 1981 *The Linguistic Shaping of Thought: A Study in the Impact of Language on Thinking in China and the West*. Hillsdale, NJ: Lawrence Erlbaum Associates.

Boroditsky, L. 2001 Does language shape thought? English and Mandarin speakers' conceptions of time. *Cognitive Psychology* 43(1):1—22.

Boroditsky, L., Schmidt, L. & Phillips, W. 2003 Sex, syntax, and semantics. In D. Gentner & S. Goldin-Meadow (eds.) *Language in Mind: Advances in the Study of Language and Thought*. 61—79. Cambridge, MA: MIT Press.

Bowerman, M. 1996 The origins of children's spatial semantic categories: Cognitive versus linguistic determinants. In J. J. Gumperz & S. C. Levinson (eds.) *Rethinking Linguistic Relativity*. Cambridge MA: Cambridge University Press. 145—176.

Brown, R. 1976 Reference in memorial tribute to Eric Lenneberg. *Cognition* 4: 125—153.

Imai, M. & Gentner, D. 1993 Linguistic relativity vs. universal ontology: Cross-linguistic studies of object/substance distinction. In J. Beals (ed.) *The Proceedings of the 29th Chicago Lingusitic Society*. 171—186. Chicago: Chicago Linguistic Society.

Imai, M. & Gentner, D. 1997 A cross-linguistic study of early word meaning: Universal ontology and linguistic influence. *Cognition* 62: 169—200.

Kuo, Y.-C. 2003 Shape salience in English and Chinese: Implications for the effects of language on cognition. Unpublished doctoral dissertation, University of Minnesota, MN. (UMI No. 3092758)

Lakoff, G. 1987 *Women, Fire, and Dangerous Things: What Categories Reveal about the Mind*. Chicago, PA: University of Chicago Press.

Lucy, J. A. 1992 *Grammatical Categories and Cognition: A Case Study of the Linguistic Relativity Hypothesis*. New York: Cambridge University Press.

Lucy, J. A. 1996 The scope of linguistic relativity: An analysis and review of empirical research. In J. J. Gumperz & S. C. Levinson (eds.) *Rethinking Linguistic Relativity*. 37—69. New York: Cambridge University Press.

Lucy, J. A. 2004 Language, culture, and mind in comparative perspective. In M. Archard and S. Kemmer (eds.) *Language, Culture, and Mind*. 257—283. Stanford, Calif.: Center for the Study of Language and Information Publications.

Saalbach, H. & Imai, M. 2007 The scope of linguistic influence: Does a classifier system alter object concepts? *Journal of Experimental Psychology: General* 136: 485—501.

Whorf, B. L. 1956 Linguistics as an exact science. In J. B. Carroll (ed.) *Language, Thought and Reality: Selected Writings of Benjamin Lee Whorf*. 220—232. Cambridge, MA: MIT Press.

Zhang, S. & Schmitt, B. 1998 Language-dependent classification: The mental representation of classifiers in cognition, memory, and ad evaluations. *Journal of Experimental Psychology: Applied* 4: 375—385.

附录:三元测试诱导图片集

	目标量词	目标	选项 X		选项 Y	
			谱系关系－;形状＋		谱系关系－;形状－	
			量词＋	量词－	量词＋	量词－
1	朵	蘑菇	蘑菇云	雨伞	剪子	火苗
2	朵	云彩	水花	烟	花	杯子
3	顶	帐篷	蚊帐	亭子	降落伞	手机
4	把	小提琴	网球拍	炒锅	水壶	电脑
5	把	铁锹	勺子	拨浪鼓	手枪	桌子
6	棵	树	芹菜	雨伞	柱子	钢琴
7	条	辫子	领带	鞭炮	长凳	电话
8	条	毛巾	裙子	中国画轴	绳子	钟表
9	根/支	蜡烛	粗线笔	罐装饮料	羽毛	沙发
10	块	砖头	香皂	录音机	饼干	眼镜
11	面	墙	屏风	黑板	镜子	虾
12	台	电冰箱	复印机	柜子	显微镜	花环
13	颗	子弹	螺丝钉	口红	珍珠	短裤
14	口	箱子	棺材	冰盒	水缸	照相机
15	座	塔	纪念碑	圣诞树	大桥	水壶
16	座	灯塔	电视塔	隔离墩	城堡	树叶
17	枚	奖牌	硬币	车轮辘	邮票	圆珠笔
18	只	足球	气球	圆白菜	饭盒	门
19	张	地图	报纸	红旗	光盘	电池
20	张	信用卡	身份证	磁带	桌子	双肩包
21	张	贺年卡	明信片	护照	沙发	白菜
22	张	钞票	飞机票	信封	弓	灯泡
23	张	扑克牌	名片	红包	床	台灯
24	架	机关枪	望远镜	三脚架	钢琴	字典

"语义和谐律"给予对外汉语教学的启示

李向农　王宇波

华中师范大学

1. 引言

"语义和谐律"是陆俭明先生受语音研究中"元音和谐律"(vowel harmony)的启发,在《语义和谐律——句法语义研究的一个新想法》(2009)一文中独树一帜提出的观点。陆文着重从句法语义的角度探讨词语的语义和谐问题。从句法层面说主要体现在三个方面:(1)整体的构式义与其组成成分之间在语义上要和谐,(2)构式内部词语与词语之间在语义上要和谐,(3)构式内部词语的使用与构式外部所使用的词语在语义上要和谐。陆俭明(2010a)又从汉语修辞等角度对"语义和谐律"进行了更深入的研究,指出语言中存在"语义和谐律"这一普遍原则,并值得进一步探究。

近年来,对外汉语教学从偏重知识传授到强调语言能力的培养。陆俭明、王黎(2006)指出:"对外汉语教学的实际需要和学生提出或出现的种种问题迫使从事汉语本体研究的学者专家必须加强词语或句法格式的用法研究,特别是语义背景的研究。"第二语言学习者只有灵活掌握了词语使用的语义背景,才能得体地使用目的语。而得体地使用目的语的一个重要表现就是在语言运用时遵循"语义和谐律"。"语义和谐律"对语言教学具有重要的启示,在对外汉语教学中主要可以有以下几个方面的应用。

2. 在对外汉语词汇教学中拓展词汇深度知识教学的内容

词汇教学在对外汉语教学中占据着十分重要的地位。陆俭明(1998)指出:"词汇教学,我认为应属于重点教学内容。""对绝大多数的学生来说,要学好汉语,重要的是要掌握大量的词汇。"在以往研究第二语言(以下简称为"二语")词汇习得的文献中,词汇量与词汇深度知识被认为是词汇能力的两个重要维度[①](Chappelle,1998;Wesche & Paribakht,1996;Qian,1999、2002;Qian & Schedl,2004),吕长竑(2004)、李晓(2007)研究表明,学习者所掌握的词汇广度知识和词汇深度知识与学生的语言综合能力显著相关。

对词汇深度知识的界定,国外有许多不同的观点。有学者将词汇知识描述成一个连续体,"在连续体的一端是十足的生词"(Hague,1987),另一端则是自动生成和使用该词的能力(Laufer,1990a;Palmberg,1990)。Nation(1990)认为掌握一个词意味着了解它的形式(口头、书面)、位置(语法句型、搭配)、功能(频率、得体性)和意义(概念、联想)。还有学者按词汇知识的构成成分分析构成一个词的全部知识的意义和用法(Nation,1990;Laufer,1990b、1993)。Nation(1990)认为,了解一个词意味着知道它的形式(口头和书面)、位置(语法句型、搭配)、功能(频率、得体性)和意义(概念、联想)(Laufer & Paribakht 1998:367)。而 Cronbach(1942)认为理解一个词包含下列五个含义:类化(能给该词下定义)、应用(选择该词的一个适当用法)、意义的宽度(回忆该词的不同意义)、意义的准确度(在各种可能情形中正确地运用词义)以及易联想性(能产出性地使用词语)(Read,1997:315)。陆俭明(2000a)曾指出,词语教学中,衡量外国学生是不是真正掌握了某一个词,标准有四个:(a)字形对号、(b)语音对号、(c)意义对号、(d)用法对号。如果学生在形、音、义和用法这四个方面都能对上号,就证明他真正学到了这个词,而在这四个方面中,陆先生强调更重要的是词的意义和用法。吕长竑(2004)认为,词汇深度知识包含学习者在一定语境条件下正确选用适当的词以及词的恰当用法的能力。

语义和谐律在句法层面上要求词语与整体构式义、构式内部词语、构式外部词语语义和谐。加深对语义和谐律的认识,其中一个重要的方面就是加强对词语使用的语义背景的深入研究。陆俭明(2007)指出,"所谓词语使用的语义背景,就是指某个词语能在什么样的情况或上下文中出现,不能在什么样的情况或上下文中出现"。语义和谐律和词语使用的语义背景知识与上述两位语言学家关于词汇深度知识中的词汇的意义和用法两方面有联系,但又有所不同。就意义而言,无论是 Nation(1990)的"意义(概念、联想)",还是 Cronbach(1942)的"类化""意义的宽度""意义的准确度",每个词项的意义(概念意义抑或联想意义)都是词本身固有的属性,具有独立性。相反,语义和谐律则是由词项与其共现的词语或所在的构式所体现出来的,词项语义和谐的确立依赖于所在的构式和其他共现词,不像概念意义一样具有完全独立性。如"严重"具有贬义,无论是做定语修饰名词还是做状语修饰动词都具有相同的语义背景,即人们在使用"严重"时会潜意识地启动一些带消极意义的搭配词,如"影响、危害、污染、损害、威胁、流失、违反、短缺"等,通过这些搭配词确定"严重"使用的语义背景(李向农、陈蓓,2011)。因此,语义和谐律虽然涉及了词汇的意义,但它同时也体现了语汇使用时的语义背景等词汇深层意义。就用法而言,Nation(1990)的词汇深度知识的"位置"包含了词汇的搭配,他所讲的搭配是词汇在语法范畴上的组合关系,没有考虑词汇的语义背景知识,语义和谐律强调的是词语与其所在的构式和构式内外部词语在意义上的配置的语义和谐关系,因此,语义和谐律可以深化对词汇配搭内涵和词汇深度知识的认识。

语义和谐律对词汇深度知识认识的深化,要求外语教师在教学中必须相应地拓展词汇教学的内容。在词汇教学过程中,学生掌握一个单词不仅要了解Nation(1990)和Cronbach(1942)提出来的关于该词的各种知识,而且也必须了解这个词使用的语义背景。因此,教师在教学中应该通过采用适当的教学方法把词汇的语义背景知识连同其他知识一起传授给学生。比如在教单词"严重"时,教师不仅要让学生知道这个词的字形、发音、词性和基本意思,还要让学生了解它经常与一些表示消极意义的词项搭配使用。教师要让学生明白,某些词项在语法搭配上没有错误,但彼此之间的语义不和谐而无法匹配。例如在短语"严重的结果"中,词项"严重"和"结果"在语法搭配上是正确的,但两者的语义背景却发生了冲突,因此在汉语中极少有这样的表达方法,用"后果"代替"结果"就符合语义和谐律。陆俭明(2007)就指出:"就目前的词汇教学看,词义的解释和用法的讲解都欠缺。""造成词语教学薄弱的真正责任者,应该是我们这些从事汉语本体研究的学者,我们没有对汉语词语,特别是对汉语书面语词语的意义、用法以及词语使用的语义背景进行深入研究。"因此,陆俭明(2000b、2009、2010)与陆俭明、王黎(2006)所提出的语义和谐律,以及强调对外汉语教学中加强词语的语义背景研究和词语用法教学的思想,拓展了词汇深度知识的内容,丰富了对外汉语词汇教学的内容。

3. 在对外汉语词汇教学中扩展同义词辨析的维度

汉语中存在大量的同义词,同义词辨析在对外汉语词汇教学中有其特殊性和重要性,由于其义近、难辨,更成了制约学习者汉语水平提高的瓶颈,也一直是对外汉语词汇教学中的难点。Sinclair(1991)指出,语言中不存在完全相同的同义词。但在词典编纂中,用同义词互训解释却是一个常见的现象。这种解释对母语使用者没有多大问题,但对二语学习者来说就可能产生较大的困难,因为互训的同义词,意思相同或相近,但用法则可能大相径庭,词条注释如果缺乏词语用法的说明就会使学习者无所适从。

比如,"后果""结果""成果"是一组近义词,都可做名词,指事物发展的结局。张清源等(2002:157)从教学偏误案例的调查统计看,留学生语言交际中"后果""结果""成果"的偏误率极高。在对北京语言大学"HSK动态作文语料库"中这一组近义词的使用情况进行考察后发现,"后果"共有364条记录,"结果"共有1021条,"成果"共有91条。根据该语料库偏误标注中的错词标记,"后果"用词错误共18条,其中有8条是把"结果"误用为"后果";"结果"用词错误共16条,其中有5条是把"后果"误用成"结果";"成果"用词错误共12条,其中有6条是把"结果"误用成"成果"。这三个词之间出现误用的情况有共19例,约占这三个词所有偏误数的41.3%。这组同义词误用的偏误率之高,是非常突出的。例如:

(1) 这种情况来看[BQ,]吸烟就是{CQ从}有烦恼的时候抽{CQ第}一根烟开始的,谁也没[C]想到造成{CC引起}了这么严重{CC重大}的后果{CC结果}。

(2) 特别要强调的是怀孕的时候吸烟的话{CJ-zy会}给{CC对}孩子带来很严重的后果{CC结果},[BC。]比如残疾。

(3) 我们不应该贪婪地追求市场经济的利益{CC欢乐},而应该提前{CC前提}考虑[F慮]到这种贪婪的行为造成的后果{CC结果}。

上面的三例,留学生都把"后果"误用成了"结果",出现这类偏误很大程度上是由于留学生没有完全掌握词语的语义背景知识,违背了语义和谐律的某些方面所造成的。陆俭明(2010a)指出:"词语之间存在着语义制约关系。而所谓词语之间语义制约关系,从本质上来说就是要求句子中的各个词语之间在语义关系上要和谐。"在上面例(1)、(2)中,定中结构"严重的N"表示的是性状和主体的语义关系。这种构式内部,要求中心语名词所表示的属性特征跟定语表示的性状之间必须形成和谐的语义关系,否则就不能成立。形容词"严重"表示程度深,影响大,多指消极。(参见《现代汉语词典》第 5 版)"严重"所具有的明显的贬义的语义特征,要求同一构式中的中心语名词在语义上要与之和谐,即其后面的名词必须具有明显的贬义色彩。在例(3)中,"造成"也具有明显的贬义的语义特征,也要求其名词成分多为消极或贬义,在语义关系上与之和谐。而名词"结果"没有明显的贬义色彩,当出现在以上构式中,就会和"严重""造成"语义上不和谐,句子也就不成立。而"后果"具有强烈的贬义语义韵(semantic harmony)特征,自然与构式中具有贬义语义韵的词语语义上产生和谐。

通过上面的分析可以发现,一组同义词即使语义相同或相近,但词之间使用的语义背景也是有差异的。因此可以通过词语使用的语义背景的不同为辨析同义词提供一种可行的路子。敖桂华(2008)认为,有针对性的辨析方法包括三个方面:辨析语义,探究语义上的细微差别;深入语境,捕捉用法的差异之处;区别词性,认知词性的语法功能。在对外汉语同义词辨析中,引入"语义和谐律"的概念,深入发掘词语之间语义背景知识的差异,可以扩展同义词辨析的维度。

根据"语义和谐律"在句法层面上所体现的第二个方面,即"构式内部词语与词语之间在语义上要和谐"。我们认为这种语义和谐在一定程度上表现的是词语的搭配和谐,和"语义韵"理论有异曲同工之妙。同义词语义韵律是否相同,可以作为同义词同异的辨析成分。潘璠、冯跃进(2003)认为,利用语料库对一组同义词或短语进行差异性特征调查,能通过检索统计发现它们在词频分布上的差异,通过观察搭配关系揭示语义和义律差异性特征等,弥补了传统词语辨析在量性和客观性上的不足,拓宽了词语辨析的视野,其研究结果有助于加深对词语语义多方位的理解,从而更准确地把握词语的使用。

又如,"出现""产生""发生",根据《现代汉语词典》(第 5 版)的解释,这三个词基本上是同义词,也是留学生很容易混淆的一组同义词。例如:

(4) 因为大部分的代沟都是[BD,]由于两代之间不说话而发生{CC 产生}的。

(5) 所以,留级是应该要发生{CC 产生}的[BQ,]{CJ-zhuy 我}自作自受的一个后果{CJs},虽然我在一段时间的确灰心,自暴自弃,什么也不想做{CD 了}。

根据它们语义韵律特征的调查发现,它们在篇章中的语义韵律不同。陶红印

(2001)对"出现"类动词考察后指出,"出现"的语义韵律是表示"值得注意"或"出乎意外"的事物。这个特点是不能从"出现"的基本语义推导出来的,只能从"出现"和它的支配名词的组合格式中得到。由于这个语义韵律特征,一些本来不具备该语义特征的语词在与"出现"共现时也获得了这种语义赋值。"产生"的语义韵律是表达相对抽象的概念或"类"的范畴,其感情色彩不是十分明显。"发生"的语义韵律十分明显,常常表示负面的事件。这个特征也使得一些中性的词串进入这个格式后得到负面意义的赋值(如"发生了一件事")。词语语义韵律特征的考察,毫无疑问会有助于同义词语的正确理解和使用。

因此,在词汇教学中引入"语义和谐律"概念,辅以大量鲜活的语料库证据,引导学生分析、概括所学词语在构式中所具有的语义韵律特征,必然会提高他们对同义词的辨析能力。

4. "语义和谐律"可以提高学习者运用汉语的交际能力

对外汉语教学的主要目的是为了培养学生运用汉语的交际能力,而违背"语义和谐律"误用词项,就会导致语言交际的失败。陆俭明(2007)指出:"让学生掌握好词语的意义和用法,重要的是要向学生讲清楚词语使用的语义背景。……造成中外学生用词不当的最主要的一个原因,就是学生对所学的词语只是一般地了解、掌握其基本意义,而没有确切了解所学的词语在什么场合能用,在什么场合不能用。而目前许多工具书或汉语教材,就只注释了词语的基本意义,很少注释词语使用的语义背景,其原因就是我们过去不太注意研究每个词语使用的语义背景。"学习者在使用词语时,如果对词语使用的语义背景知识不了解,必然会违背语义和谐律,影响学习者的汉语交际能力。

语义背景知识往往是隐含在小句或上下文之中。说本族语者(native speaker)受语言习得的影响,在学习某个词语的时候,往往是将这个词语和它惯常的搭配对象联系起来,使用一个词语时,其所关涉的相关对象自然也会和上下文的语义背景相协调。这种语义信息存在于语言习惯中,在具体的语言运用中,母语使用者较少会出现违背语义和谐律的现象,但是在汉语非母语的人中,出现问题就非常容易。而在对外汉语教学中,如果孤零零地学习单个的词语,则会严重割裂这种词语与词语等语言结构单位间的搭配的、语义的关系,在运用词语的时候也就容易出现违背语义和谐律要求的现象。

李向农、陈蓓(2011)曾考察"严重"的语义韵特征,认为"严重"的普遍性语义韵特征具有非常强烈的贬义语义韵色彩。在"严重X"构式中,由于"严重"具有明显贬义色彩,词项"严重"吸引的几乎都是具有强烈或鲜明消极语义特征的词语。如果构式中词项"X"不具有消极语义特征,不仅会与整体构式义不协调,也会和构式内部词项"严重"的语义不和谐,如留学生会出现"严重的成果、严重的结果"等语义不和谐的用例,从而违背"语义和谐律"在句法层面上所体现的和构式整体义或构式内部其他词语语义不和谐的标准,影响语言交际。王宇波、李向农(2009)对程度副词和否定副词连用格式的语义韵特征进行了考察,"很不"有明显的褒义语义韵色彩,"很不X"构式中与其共现的词项"X"都具有鲜明的积极语义韵特征,但留学生会使用像"很不丑""很不吵闹"等语法上合格,但违背"语义和谐律"的错误用法。这些"语义韵冲突"的现象一般只会出现在二语习得过程中,母语为汉语的人通常不会出现"语义韵冲突"的句子。所以,只有在对外汉语教学中引入"语义和谐律"的观点,才会提高留学生正确运用汉语的交际能力。

同时,陆俭明(2010a)指出:"至于'语义和谐律'在修辞层面具体如何体现,在写作和语文教学中具体如何运用,有待于进一步探索。"我们认为在修辞层面上,为了起到特殊的修辞效果,会出现故意违背语义和谐律的用法。李向农、陈蓓(2011)对网络流行语"严重支持、严重喜欢、严重同意"等"严重XX"构式和"被支持"等"被XX"构式违反语义和谐律的现象进行了考察,文章认为"严重"的普遍性语义韵律(global semantic prosody)有明显的贬义义韵,网络语言或口语中为了特殊的表达效果所出现的"严重支持"等现象,使得"严重"具有褒义义韵的局部性语义韵律(local semantic prosody),这种故意违背语义和谐律是为了达到增强语气的修饰效果。有时,故意违背语义和谐律不仅是非诚意性的信号,也可能是反讽出现的标志。"被支持""被代表"等故意违背语义和谐律的用例,由于受到被动句"拂意"的管控——构式对进入这一格式的动词进行语义压制,使整个格式同样具有拂意,表达反讽的语用效果。

Babara(1996)把处于核心位置的语言单位称作"扳机",把与核心单位相关联的语言单位称作"标靶",这种解释可以形象地勾勒在语言运用中故意违背"语义和谐律"的现象。构式内部词语与词语之间在语义不和谐或发生冲突时,构式整体义或核心词就会对目标词(相作用的词或具有某种语义特征的语言单位)进行语义压制,从而再次达到语义的和谐。陆俭明(2010b)就明确指出"语义和谐律可能是任何语言发展中在句法层面语义关系中的最高准则"。

5. "语义和谐律"研究要求创新词汇的教学方法

从"语义和谐律"角度研究构式中词项的语义倾向,仅靠语言直觉是一个很艰难的工作,而借助大型语料库却能够很方便地实现。

为了让学习者发现和掌握某些词汇所具有的语义倾向,在对外汉语教学中,我们有必要运用语料库进行词汇教学。在词汇教学时,教师可以把语料库中检索到的该词项的语料数据呈现给学生,让学生观察和分析语料,归纳出词汇的意思、用法和语义韵律知识。此外,运用语料库进行对外汉语词汇教学还是一种探究式的教学方法,有利于培养学生的研究能力。

以"严重"为例,以 1998 年 1 月《人民日报》语料为基础生成语料库,使用北京语言大学开发的"面向语言教学研究的汉语语料检索软件系统 CCRL"软件检索"严重"。在语料库中,"严重"的原始有效频数为 346。我们以这些实例为据,考察它的搭配词的语义特点。限于篇幅,现将其中随机抽取的 10 行含有关键词的句子片段列在下面,它们也称索引(concordance)。词语搭配研究所用的索引一般是 KWIC(keyword in context)索引,在每一行索引中,关键词总是居中出现,而左右两侧则是构成其语境的词语,研究者可据此分析该关键词的搭配特点:

包括5次强降雪,遭受　严重　雪灾袭击的有尼玛县
集结在海湾的英军舰　严重　污染海湾水域,造成
争抢客人随意停车,　严重　影响交通秩序的现象
发现刘售货所用的磅秤　严重　违规,秤砣的铅封已
坚持打假数年,终于将　严重　危害市场的"假郎、
玩忽职守,造成　严重　后果,构成犯罪的,
五是领导班子中出现　严重　腐败问题或所管地方
伊拉克等阿拉伯国家的　严重　不安,并遭到这些国

电网向这些地区供电， 严重 阻碍了当地经济发展
就随州市市政消火栓 严重 不足的问题向全省作

在课堂上，教师可以让学生分析上面的语料，归纳出"严重"的用法、意思，并判断该词项使用的语义背景。根据上面的语料，学生可以归纳出"严重"有三种用法："严重"的右侧搭配可用于"严重＋AP""严重＋VP""严重＋NP"等三个类连接，分别代表"严重"与形容词(组)、动词(组)、名词(组)搭配。在这三种用法中，"严重"具有强烈的消极语义韵特征，它的搭配词也都具有消极的意义。运用语料库进行词汇教学可以让学生自己发现和了解词语使用的语义背景知识。此外，运用语料库进行词汇教学还是一种探究式的教学方法，有利于培养学生的研究能力。

附注

① 这里所谈的词汇量所反映的只是学习者的消极词汇知识，即了解一个词最常用含义的能力，这种能力的大小即词汇广度。(Laufer & Paribakht,1998:370)

参考文献

敖桂华　2008　对外汉语近义词辨析教学对策，《汉语学习》第3期。
李向农、陈　蓓　2011　语义韵冲突及语义压制的句法机制考察，《首都师范大学学报》(社会科学版)第1期。
李　晓　2007　词汇量、词汇深度知识与语言综合能力关系研究，《外语教学与研究》第5期。
陆俭明　1998　对外汉语教学中经常要思考的问题，《语言文字应用》第4期。
陆俭明　2000a　中国语教学中的词语教学问题，见《荒屋劝教授古稀记念·中国语论集》，日本白帝社；又见戴昭铭、陆镜光主编《语言学问题集刊》第一辑，长春：吉林人民出版社，2001。
陆俭明　2000b　"对外汉语教学"中的语法教学，《语言教学与研究》第3期。
陆俭明　2007　词汇教学与词汇研究之管见，《江苏大学学报》(社会科学版)第3期。
陆俭明　2009　《语义和谐律——句法语义研究的一个新想法》，"国际中国语言学学会第17届年会"(法国巴黎,2009年7月1—3日)和"第二届现代汉语句法语义国际学术研讨会"[(台湾)清华大学,2009年8月23—25日]。
陆俭明　2010a　修辞的基础——语义和谐律，《当代修辞学》第1期。
陆俭明　2010b　汉语语法研究中理论方法的更新与发展，《汉语学习》第1期。
陆俭明、王　黎　2006　开展面向对外汉语教学的词汇语法研究，《语言教学与研究》第2期。
吕长竑　2004　词汇量与语言综合能力、词汇深度知识之关系，《外语教学与研究》第2期。
潘　璠、冯跃进　2003　语义韵律的语料库调查及应用研究，《当代语言学》第4期。
陶红印　2001　出现类动词与动态语义学，见史有为主编《从语义信息到类型比较》，北京：北京语言

文化大学出版社。

王宇波、李向农 2009 《"程度副词+不+A"格式探析》,"第五届语义功能语法与对外汉语教学研讨会"(湖南长沙,2009年10月24—27日)。

张清源、田懋勤、余惠邦 2002 《同义词词典》,成都:四川人民出版社。

Babara Lewandowska-tomaszczyk 1996 Cross-linguistic and languge-specific aspects of semantic prosody. *Sciences*. Vol. 18:153—178.

Chapelle,C. 1998 Construct definition and validity inquiry in SLA research. In L. F. Bachman & A. D. Cohen (eds.) *Second Language Acquisition and Language Testing Interfaces*. Cambridge: Cambridge University Press. 32—70.

Cronbach,L. J. 1942 An analysis of techniques for diagnostic vocabulary testing. *Journal of Educational Research* 36(3):206—217.

Hague,S. A. 1987 Vocabulary instruction: What L2 can learn form L1. *Foreign Language Annals* 20(3):217—225.

Laufer,B. 1990a Why are some words more difficult than others? Some intralexical factors that affect the learning of words. *International Review of Applied Linguistics* 28:293—307.

Laufer,B. 1990b Ease and difficulty in vocabulary learning: Some teaching implications. *Foreign Language Annals* 23(2):147—155.

Lanfer,B. 1993 Appropiation du vocabulaire: Mots faciles,mots difficiles,mots impossibles. *Acquisition et Interaction en Langue Étrangère* 3:97—113.

Laufer,B. & T. S. Paribakht 1998 The reationship between passive and active vocabularies: Effects of language learning context. *Language Learning* 48:365—391.

Nation,I. S. P. 1990 *Teaching and Learning Vocabulary*. New York: Newbury House.

Nation,I. S. P. 1993 Using dictionaries to estimate vocabulary size: Essential, but rarely followed,procedures. *Language Testing* 10(1):27—40.

Palmberg,R. 1990 Improving foreign-language learners' vocabulary skills. *RELC Journal* 21(1):1—10.

Qian,D. 1999 Assessing the roles of depth and breadth of vocabulary knowledge in reading comprehension. *Canadian Modern Language Review* 56(2):283—307.

Qian,D. 2002 Investigating the relationship between vocabulary knowledge and academic reading performance:An assessment perspective. *Language Learning* 52:513—536.

Qian,D. & Schedl,M. 2004 Evaluation of an in-depth vocabulary knowledge measure for assessing reading performance. *Language Testing* 21(1):28—52.

Read,J. 1997 Vocabulary and testing. In Schmitt,N. & McCarthy,M. (eds.)*Vocabulary: Description,Acquisition and Pedagogy*. Cambridge: Cambridge University Press. 303—320.

Sinclair J. M. 1991 *Corpus,Concordance,Collocation*. Oxford: Oxford University Press.

Wesche,M. & T. Paribakht S. 1996. Assessing second language vocabulary knowledge: Depth versus breadth. *Canadian Modern Language Review* 53(1):13—40.

朱德熙方言语法和方言分区研究述评

李小凡

北京大学

朱德熙先生是与王力、吕叔湘齐名的老一辈语言学家,他的主要研究领域是现代汉语标准语语法。20世纪50年代到80年代的近半个世纪中,朱先生在语法研究方面始终率先垂范,引领学界,受到海内外学人的尊崇。朱德熙先生晚年投身汉语方言研究,在方言语法研究和方言分区方法两个方面做出了重大贡献,本文试对此加以述评。

1. 开辟汉语方言语法研究新天地

20世纪80年代,神州大地迎来了学术的春天,以朱德熙先生为主将的现代汉语语法研究和以李荣先生为主将的汉语方言研究两支队伍兵强马壮,成果迭出,学科发展如火如荼。然而,跟这两个学科密切相关的方言语法研究此时还是一片未开垦的处女地。方言语法研究的滞后有种种原因,关键在于主观认识的偏差。(李小凡,2007)这种认识是学界多年来不经意间形成的,老一辈学者多持这种认识,例如:

> 赵元任《汉语口语语法》:适用于北京方言的叙述,特别是在语法方面,一般也适用于所有北方方言,常常也适用于所有方言。这就是为什么我们敢于用北京话来代表汉语口语的整体,给本书起这么个辉煌的名字。……在所有汉语方言之间最大程度的一致性是在语法方面。我们可以说,除了某些小差别,例如在吴语方言和广州方言中把间接宾语放在直接宾语后边(官话方言里次序相反),某些南方方言中否定式可能补语的词序稍微不同,等等之外,汉语语法实际上是一致的。甚至

连文言和白话之间唯一重要的差别也只是文言里有较多的单音节词,较少的复合词,以及表示所在和所从来的介词短语可以放在动词之后而不是一概放在动词之前。此外,文言的语法结构基本上和现代汉语相同。

吕叔湘《现代汉语语法分析问题》:方言的差别最引人注意的是语音,分方言也是主要依据语音。这不等于不管语汇上和语法上的差别。事实上凡是语音差别比较大的,语汇的差别也比较大。至于语法,在所有汉语方言之间差别都不大,如果把虚词也算在语汇一边的话。

王力《推广普通话的三个问题》:各地方言的语法差别不大。只有一些地方值得注意。(1)关于词序的问题。……(2)关于人称代词的问题。……(3)关于虚词的问题。……

罗常培《汉语方音研究小史》同样也忽略了方言语法:方音研究固然是方言学的基础,却不是方言学的全部。扬雄《方言》一类的书重视词汇,忽略语音;近年来的调查重视语音,忽略词汇;都不免各有偏差。今后必须把这两个方面结合起来,才能算是汉语方言学的全面研究。

在以上认识的主导下,方言语法研究自然是无足轻重的。今天看来,这种认识显然存在偏差。不过,它能长期成为学界的主导意识绝非偶然,或许是认识过程中难以跨越的阶段,是一种时代的局限。这种局限起初对方言研究似无大碍,因为语言研究总是从语音入手的,但随着研究的深入,就会日益束缚乃至窒息学术的进一步发展。只有解放固有的学术思想,超越这种历史局限,才能开创学术研究的新局面。这项使命选择了朱德熙先生。朱先生在《语法答问》日译本序里说:

中国有一句成语叫"先入为主"意思是说旧有的观念的力量是很大的。我们现在在这里批评某些传统观念,很可能我们自己也正在不知不觉之中受这些传统观念的摆布。这当然只能等将来由别人来纠正了,正所谓后之视今,亦犹今之视昔。不过就目前而论,能向前跨进一步总是好的,哪怕是很小很小的一步。

这是朱先生对自己学术历程的自我写照,他正是从上述历史局限中探索前行的。1961年他写《说"的"》的时候,"心目中简直没有方言语法研究这回事"。"我们开始注意方言里的'的'字是在70年代末。《北京话、广州话、文水话和福州话里的'的'字》一文发表于1980年,这篇文章的目的是想说明方言事实也支持我们对北京话'的'字的分析。"朱先生"花了很大的力气说明'的'字应该三分",并且最终得到了方言事实的支持,但此刻他对这项费尽心血终获学界公认的重要成果却并不以为然,这不仅是因为该文"只举了广州、文水、福州三种方言为例。概括的面不够广",更因为他已经认识到"要是当时讨论的不是北京话而是某种方言,比如说是广州话,那么不费吹灰之力就可以得到同样的结论。因为广州话三个'的'不同音,一眼就可以看清楚。可是我是在《说'的'》发表二十年之后才去观察广州话的"。显然,朱先生的不满不是针对研究结论,而是针对先前的研究方法。

朱先生对方法论十分执著甚或偏爱,这种品格造就了他开辟风气、领袖学林的大师风范,也是他的语法课引人入胜,甚至令人陶醉的秘诀。在同辈人文学者中,朱先生是勇于吸收西方语言学理论精华的佼佼者,但他绝不教条,而主要是从自身的研究实践中总结提炼,并通过不断地自我扬弃和更新,渐臻成熟的,这是一种中国式的"摸着石头过河"。他一旦认识到标准语语法研究与方言语法研究互相贯通的巨大方法论意义,就立即毫不犹豫地扬弃已经得心应手的研究路子,带头试用新方法。他严厉地批评先前方法的"疏忽和失误",并毫不遮掩地昭示学界,展现了真学者的情怀。朱先生的同窗挚友汪曾祺(1992)说:"德熙的治学,完全是超功利的。"朱先生谈到做学问的体验时曾说,真学者是要为学术而痛苦而献身的。这就是大师的人格和灵魂。

朱先生的这篇文章其实已经"注意到状态词做定语时要名词化的现象,不过当时对这一点的重要性认识得不够,所以没有在文中充分讨论",使得"这个问题一下子又搁置了十年"。值得深究的是,为何规律已经浮现却与之擦肩而过?根源就在于上述认识偏差的禁锢。根据那种认识,语法规律自然应该来自标准语而不是方言。主观认识的偏差就这样阻滞了学术的进展,不走出这一认识误区就不能完成历史的超越。朱先生从完全不顾到开始注意方言现象,只是迈出了探索的第一步,但他没有就此止步,而是继续摸索前行。

1985年,朱德熙先生发表了《汉语方言里的两种反复问句》。这篇文章的主旨已不仅仅是为标准语语法寻求方言事实的支持,而是进一步将方言语法现象和标准语语法现象一视同仁,进行统一的观察和比较分析,进而开创了方言语法研究、历史语法研究、标准语语法研究三者互相贯通的语法研究新路子。此文产生了广泛、强烈而深远的影响,使学界如沐春风,茅塞顿开,禁锢多年的认识偏差从此得以修正,方言语法研究的新天地由此一举开辟。学术史上,由一篇文章促发研究转向的例子并不罕见,朱先生这篇"在短短一个多月里赶写出来"的文章就是方言语法研究突破陈见、开创新局的标志,可谓四两拨千斤。朱先生之所以能够把握学术脉搏,引领学术方向,有赖于他过人的睿智、独到的眼光和精深的研究。李荣(1992)曾经评价:"德熙80年代起研究方言。他站得高,看得远,一出马就有精辟的见解。"

从认识论来看,朱德熙先生对方言语法的认识从60年代的视而不见到70年代末的开始注意,再到80年代将其与标准语法、历史语法等量齐观,对其重要性的认识是随着研究的深入逐步深化的。从方法论来看,将方言语法、历史语法、标准语法互相贯通,也就意味着突破了语法研究只能局限于北京话的单一共时系统的陈规,实现了跨方言、跨时代的转变,这两跨实际上就是类型学研究的本质。事实上,《汉语方言里的两种反复问句》一文已经有了明确的类型学意识。类型学就是在揭示不同语言系统相关语言特征的时空差异的基础上,进一步探求隐藏在差异后面的共性。揭示差异可以有不同的途径,或是以面带点,或是由点及面。以面带点就是利用已知的类型特征去捕捉待考察语言的相关特征,由点及面就是从特定语言出发去发现相关特征,然后再将视野扩大到更多的语言系统。朱先生走的是后一条途径。他的这篇文章在考察了官话和吴语的34个方言后认为:"我们似乎可以得出这样的结论:'可 VP'和'VP 不 VP'两种反复问句无论在历史上还是在现代始终互相排斥,不在同一种方言里共存。当然,这个结论是否能站得住,还有待于更多的方言调查资料的验证。"这种路子与近来兴起的"语义地图模型"的做法不谋而合。这种由点及面的路子对汉语方言语法学界大多数母语研究者来说也许较为方便可行。

朱德熙先生对于方言语法研究不仅有开辟之功,而且身体力行,可谓鞠躬尽瘁,死而后已。80年代中期,现代汉语语法研究正如日中天,正逢人文学者丰收年华的朱先生本可以驾轻就熟地多写一些标准语语法论著,但他却毅然将自己的主要精力投向了方言语法这片未开垦的处女地。80年代中期以后,朱先生将余生贡献给了方言语法研究。他指导的三篇博士论文有两篇都是方言语法的选题。1989年,朱先生赴美国跟余霭芹合作进行汉语方言语法比较研究,发表了《"V-neg-VO"与"VO-neg-V"两种反复问句在汉语方言里的分布》,以及《在中国语言学会第六届年会上的书面发言》等重要文章。1992年,朱德熙先生不幸客死他乡,身后留下了遗作《从方言和历史看状态形容词的名词化》。

90年代以来,汉语方言语法研究进展迅速,早已由冷转热、由点及面,目前正在进入一个由浅入深的新阶段。回顾近30年来的学科发展,可以毫不夸张地说,如果没有朱先生的创导,方言语法研究绝不会有今天的局面。

2. 创导汉语方言分区方法论

方言分区是汉语方言学的老大难问题,自20世纪80年代《中国语言地图集》提出十大方言分区方案以来,更成为学界争议的热点。然而,争论虽然热烈,关于分类方法的探讨却不多见。朱德熙先生虽未直接介入争论,但他多年研究词类划分,由此触类旁通,举一反三,从方法论角度对方言分区发表了非常精辟的见解,理论意义十分深远。

1986年在美国奥克兰召开的"中国语言和方言学术讨论会"上,朱德熙先生作为主持人做了总结发言。"这次会议关于汉语方言方面的讨论主要集中在两个问题上:一个是汉语方言的分区,另一个是连读变调以及对古声调的构拟。"这是当时汉语方言学的前沿问题,朱先生虽然"在这两方面都没有做过直接的工作",却从方法论角度发表了非常重要的意见。李荣(1992)说"他在某个讨论会上发言,叙事说理,心平气和,层次分明,辩才无碍,最后引人入胜",应该就是指这次发言。朱德熙先生汉语方言分区方法论的要点如下:

2.1 事物的分类有共同的规律,方言分区应该遵守这些基本规律

朱先生多年研究现代汉语的词类划分,不仅系统地完成了汉语词类的划分,而且注重方法论的探讨,提炼出一套简便易行的汉语词类划分程序。他由此出发,"觉得把汉语方言分区跟词类划分两种表面上看起来完全不相干的工作比较一下是很有趣的",因为"给方言分区实际上可以看成是给方言调查点分类。这项工作跟词类划分有许多相像之处"。

朱先生的这种比较有着充分的哲学依据。方言分区和词类划分同属分类工作,尽管作为个别事物,它们各自都有个性,存在差异,但同时又有着共性或一般性,因而遵从共同的规律。规律总是潜藏在现象背后并对现象起决定或支配作用,世界上的事物千差万别,但同一类现象总是遵守相同的规律。

根据语言特征给现代汉语方言分区最初是从个别方言开始,用"工作假设"来进行的。例如赵元任1927年调查吴语时"暂定的'工作假设'就是暂以有帮滂並、端透定、见溪群三级分法为吴语的特征"。我们不能对开创者求全责备,但当方言分区问题成为争论不休的学术焦点之后,仍然缺少对事物分类的普遍规律的思考则令人遗憾。朱德熙先生作为这场争议的旁观者,从普遍规律着眼审视方言分区问题,提出一系列方法论原则,可谓切中要害。

2.2 方言分区比一般事物的分类复杂得多,必须针对其特殊性进行

在指出了事物分类的共同性之后,朱先生进一步指明方言分区的特殊性:

> 我们把方言分区跟分词类两种工作相比时,认为二者在方法上有相似之处。其实方言分区问题要比划分词类复杂得多。这是因为方言分区问题包含空间和时间的因素在内。所谓空间因素指的是方言的地理分布,所谓时间因素指的是方言的历史沿革,即方言之间的亲缘关系。方言分区实质上就是方言亲缘关系在地理上的分布。

词类划分可以不考虑历时因素,方言分区则与此不同,其特殊性就在于方言是具有双重连续性的现象:既是分布广阔的共时现象,又是绵延不断的历时现象。那么,方言分区的性质到底是共时的还是历时的呢?常常有人在这个问题上纠缠不清、模棱两可。朱先生明确指出:"划分方言区是给现代方言分类,可是划分出来的类要能反映亲缘关系的远近","因此划分方言区的时候应该选择能够反映亲缘关系的语言特征作为分类依据"。

既然是对现代方言做共时分类,那么为什么要用历史音类的分合做分区标准呢?朱先生对此做了精辟的回答:

> 李方桂曾经根据切韵全浊塞音、塞擦音的演变划分汉语的几个主要方言。大家说他用的是历史标准(罗杰瑞说:the main criterion is historical)。说是历史标准,是因为用了古音类的名目。其实我们可以完全不提古音类,直接选择某些字在现代方言里的实际读音作为分类标准。……事实上历史标准是无法直接施之于现代语的,我们能够利用的只是它在现代方言上的投影。所以我们给方言分区的最终根据还只能是现代方言本身的语言事实。

"共时系统中的历史投影"这一概念成功地解决了上述共时与历时的纠结,是重要的理论贡献,今天仍极具现实意义。根据这一原理,方言分区是对共时现象的分类,它可以包含语言特征的历史演变,反映方言之间的历史关系。有人认为方言既可以做共时分类,也可以做历史分类,这种说法并不准确。每个方言都有自己独特的历史,而历史是一个连续的过程,可以分期却无从分类。共存于同一历史时期的众多方言才可能而且需要分类。这就注定了方言分类一定是共时的,尽管分出来的类可以反映各方言的历史关系。不过,共时不一定是现时,也可以是某个特定的历史时代。若对特定历史时代的方言进行分区,称之为历史分类则未尝不可,但其性质仍然是共时分类。例如林语堂依据扬雄《方言》对秦汉时期汉语方言的分类,周振鹤、游汝杰对历代汉语方言区划的拟测。

方言既然是共时分布和历史延续的交叉,共时分类又可以反映历史过程,那么,历史条件是否也可以决定共时分类呢?不少人对此持肯定态度,朱先生则不以为然,他指出:

> 划分方言区似乎应该选择能够反映亲缘关系的语言特征作为依据。不过这么说恐怕是倒因为果。因为我们实在没有什么可靠的办法从一种语言特征本身的性质来推断它跟某一方言之间的渊源到底有多深。事实上衡量语言特征是不是反映了亲缘关系往往倒要反过来看根据这项特征划分出来的方言内部是否有足够多的共性与其他方言相区别。

这一思想包含深刻的哲理。事物的变化是永恒的,又是多样的,变化的终点必有其确定的起点,而同一个起点则可以有不同的终点。换句话说,对于终点而言,有一个确定的起点是必然的;对于起点而言,有什么样的终点则是或然的。因此,从终点可以透视起点及其变化历程,从起点则无法预测其变化的终点及其历程。方言的共时现象可以定格为某一变化阶段的终点,历时现象则可以定格为某一变化阶段的起点。

3. 分区标准越简单越好,最好是一条

朱德熙先生对选取词类划分标准有切身体会,并推及方言分区:

划分词类的时候,我们希望用尽可能简单的标准划分出语法共同点最多的类。给方言分区的时候,原则也是这样:最好能只用一条同言线来规定方言之间的界限。

但是,至今仍然"有人觉得根据一条简单的标准划分方言太轻率",以至于认为方言分区不能仅凭音韵标准,还要增加词汇甚至语法标准。纵观方言分区的历史,尤其是20世纪80年代以后学界的争议,总的趋势是不断增补分区标准,使之越来越多,越来越杂,而分歧却越来越严重。这正应了朱先生一针见血的警示:

不知道标准多了,要是划出来的同言线完全重合,那么任选其中一条就够了,其余的都是多余的(redundant)。要是不重合,那么根据不同的同言线划分出来的方言区就不相同,彼此打架。

由于方言分区异常复杂,很难找到一条完美无缺的标准,通常采用的是若干条音韵标准。对此,朱先生进一步指出:

此时必须确定这些标准之间是逻辑上的合取关系(conjunction),还是析取关系(disjunction),把几项标准合并成一项,这样才能使划分出来的方言区有比较明确的范围。……通过合取或析取关系可以把几项语言特征统一起来成为一个单一的划类标准。

历史将会证明,方言分区只有坚持"标准越简单越好,最好是一条"的原则才是正确的道路。

4. 各方言之间的区分度是检验分区标准优劣的试金石

朱德熙先生通过划分词类深刻认识到分类标准只能由所分类别的区分程度来决定,并将其推及方言划分。他指出:

划分词类的标准好不好,要看根据这条标准分出来的类是不是有足够多的共性跟其他的类相区别,这跟分类标准本身在语法上的重要性无关。划分方言区的情形也是如此。

区分度高的分区标准不一定是最重要的语言特征,更不会是全部语言项目。只有理清这些概念的错综关系才能把握方言分区的标准。朱先生《语法答问》中关于词类的"语法性质""语法特点"和"划类标准"三者关系的分析对方言分区极富启发性:

一个词类的语法特点必然是这个词类的全部语法性质里头的一部分,而划类标准又是语法特点里的一部分。要是我们用 u 表示一个词类的全部语法性质,用 v 表示这个词类的全部语法特点,用 w 表示划类标准,那么 u＞v＞w。

就方言分区而言,若用 w 表示分区标准,用 u 表示一个方言的全部音韵项目,用 v 表示这个方言的全部音韵特点,则公式"u＞v＞w"同样成立。

5. 方言分类是定性的,方言归属是定量的

针对潘悟云"认为要对吴语有整体概念,就应该选择多项标准用统计方法做综合判断"的观点,朱先生指出:

其实根据某一特征划分方言跟选择多项标准进行统计分析是两种不同的工作方法,各有各的用处,不应该偏废。前者是根据对选定的语言特征(分类标准)的 yes or no 的反应分类,是定性的。后者实际上是比较不同方言之间相似的程度,是定量的。

这一思想启发我们,方言分区可以分解为两类不同性质的工作,分步进行。先用尽可能少的分区标准进行定性,分出典型的方言类别。再以此为起点和归宿,对过渡地带方言的较多特征与典型方言进行定量的分析比较,据此判定其方言归属。(李小凡,

2005)

　　汉语方言分区问题迄今争议不息,看来还要长期争论下去,也可能再度尖锐化甚至情绪化。令人遗憾的是,朱德熙先生关于方言分区的方法论思想并未像上述标准语法、方言语法、历史语法相结合的思想那样广为人知,备受推崇,也没有引起争议者的足够重视,或者已经被淡忘。这或许是因为朱先生没有直接进行方言分区的工作。但我们相信,他的思想终将深入人心,进而付诸实践。

参考文献

李　荣　1992　朱德熙,《方言》第4期。
李小凡　2005　汉语方言分区方法再认识,《方言》第4期。
李小凡　2007　汉语方言语法调查研究漫谈,《语言学论丛》第三十六辑。
罗常培　1933　汉语方音研究小史,《东方杂志》第30卷第7号。
吕叔湘　1980　《现代汉语语法分析问题》,北京:商务印书馆。
汪曾祺　1992　怀念德熙,《方言》第4期。
王　力　1980　推广普通话的三个问题,《语文现代化》第2辑。
赵元任　1979　《汉语口语语法》,吕叔湘译,北京:商务印书馆。
朱德熙　1980　北京话、广州话、文水话和福州话里的"的"字,《方言》第3期。
朱德熙　1982　《语法讲义》,北京:商务印书馆。
朱德熙　1985a　《语法答问》,北京:商务印书馆。
朱德熙　1985b　汉语方言里的两种反复问句,《中国语文》第1期。
朱德熙　1991　"V-neg-VO"与"VO-neg-V"两种反复问句在汉语方言里的分布,《中国语文》第5期。
朱德熙　1993a　关于"的"字研究的一点感想——在中国语言学会第六届学术年会上的书面发言,《中国语文》第4期。
朱德熙　1993b　从方言和历史看状态形容词的名词化兼论汉语同位性偏正结构,《方言》第2期。

再论构式语块分析法[*]

陆俭明

北京大学

1. 引言

朱德熙先生早在 1982 年就提出汉语语法研究不应该模仿印欧语,要摆脱印欧语的束缚。(朱德熙,1982)这促使汉语学界加强了理论思考。怎么摆脱?摆脱的切入点应选在哪里?朱德熙先生一直在探索。他将摆脱的切入点选在语法的总体分析与描写上。朱先生(1985)所提出的"词组本位"观点正是他探索的成果。徐通锵先生(1991、1994)将切入点选在语法结构单位上,从而提出了"字本位"的观点。邢福义先生(1995)选择小句作为切入点,提出了"小句中枢说"。陆俭明(2002)提出以词组为基点的"小语法观念",也含有"摆脱印欧语束缚"的思考。沈家煊先生(2007)提出"作为理论构件汉英有系统差异,讲汉语语法不可过分重视名动对立"等,也是朝着这方向探索所提出的看法。

现在我越来越觉得,要摆脱的主要不是以什么为语法单位的问题,而是句法分析研究的思路问题。

2009 年 5 月,我在对外经济贸易大学所举行的"首届全国语言语块教学与研究学术研讨会"上提出,构式理论和语块理论可能会改写目前只以传统的"主-谓-宾"与"施-动-受"这一种思路来进行分析的汉语语法系统。(陆俭明,2009a)此后,我先后在境内外多所高校和多个学术会议上,提出一种新的句法分析法——"构式语块分析法",获得了部分学者的认同。现在想借为纪念朱德熙先生诞辰 90 周年所举行的"走向当代前沿

---

[*] 本文是在北京大学中文系百年系庆活动之一的"走向当代前沿科学的现代汉语语法研究国际学术研讨会——纪念朱德熙教授诞辰 90 周年和庆祝陆俭明教授从教 50 周年"(2010 年 8 月 17—18 日)上所做的主题报告的基础上修改而成的。

科学的现代汉语语法研究国际学术研讨会"的机会,进一步陈述我关于构式语块分析法这一新的句法分析研究的思路,以求教于各位同仁。

2. 传统的句法分析思路存在的问题

我们大家比较熟悉并习惯使用传统的句法分析方法。这里所说的传统的句法分析方法,一是指古希腊传下来的句法上"主-谓-宾"、语义上"施-动-受"的句子成分分析法,二是指美国结构主义的层次分析法。譬如"张三喝咖啡"分析为:

(1) 张三　　喝　　咖啡。
　　 主语　 谓语　 宾语　　【句法上的分析】
　　 施事　 动作　 受事　　【语义上的分析】
　　 ———————————————
　　 主　　　　谓　　　　　【层次分析法】
　　　　　　动　宾

可是汉语里边有些语法现象,用这些传统的分析方法却难以解释。例如:

(2) 那个人吃了一锅饭。
(3) 十个人吃了一锅饭。

例(2)和例(3)如果按传统的分析思路来分析,二者相同。请看:

(2′) 那个人　 吃了　 一锅饭。
(3′) 十个人　 吃了　 一锅饭。
　　 主　　　 谓　　 宾
　　 施　　　 动　　 受
　　 ———————————————
　　 主　　　　谓
　　　　　　述　宾

但是例(2)与例(3)是有明显区别的——例(2)主宾不能换位,而例(3)主宾可以换位。请看:

(2) 那个人吃了一锅饭。
(4) *一锅饭吃了那个人。

(3) 十个人吃了一锅饭。
(5) 一锅饭吃了十个人。

例(2)主宾不能换位,不能说成例(4)。这说明汉语里不存在无标记"受-动-施"句式。但是,例(5)在语义上不也是"受-动-施"吗?为什么就可以成立呢?换句话说,例(3)为什么主宾语可以换位说成例(5)呢?这该怎么解释呢?这里更值得注意的是,例(5)的意思没法从字面上推出来。那么例(5)的意思怎么来的?这些问题,传统的句法上"主-谓-宾"、语义上"施-动-受"分析思路和美国结构主义的层次分析法,都难以做出圆满回答,因为按传统的分析思路,对例(5)只能是这样分析:

(5) 一锅饭 吃了 十个人。
    宾前置 谓   主后置
    受   动   施
    ─────────────────
    主   谓
              ─────────
              述   宾

生成语法理论试图用动词空壳和轻动词理论(verb-shells & light verb theory)来对例(5)加以解释。①请看:(蔡维天,2005;vP代表轻动词结构)

(6) 一锅饭 [vP(供/够)[VP十个人吃了]]

一锅饭吃了十个人。

但也有问题。(其问题具体参看陆俭明,2010a)

其实不管例(3)或例(5),都含有共同的语法意义,即:

  X量 ＋ 容纳 ＋ Y量

这一点从它们表可能的否定式可以看得更清楚:

  (7) a. 十个人吃不了一锅饭。
    b. 一锅饭吃不了十个人。

例(7)a句是说,十个人的饭量容纳不了一锅饭的饭量(那锅饭的量大,或者说那十个人的饭量小);a句主宾对调后的b句是说一锅饭的饭量容纳不了十个人的饭量(那十个人的饭量大,或者说那锅饭的量小)。显然,主宾对调前、主宾对调后,所说的都是前边那个量(X量)容纳不了后面那个量(Y量)。这种构式里动词前的数量成分都表示容纳量,动词后的数量成分都表示被容纳量。不同的只是,在a句"十个人"表示容纳量,"一锅饭"表示被容纳量;而在b句,"一锅饭"表示容纳量,"十个人"表示被容纳量。这样看来,例(3)和例(5)两句的性质是完全相同的。例(3)和例(5)内部的语义配置(或说语义结构关系)表面看似有差异,前者为:

  施事-动作-受事

后者为:

  受事-动作-施事

实际上在这种句法格式中所凸显的都是下面这样的语义配置(或说语义结构关系):

  容纳量-容纳方式-被容纳量

事实上,例(3)和例(5)都属于同一种表示容纳量与被容纳量关系的数量关系句法格式。这里的动词已经没有什么动作性(张旺熹,1999)。

难道在例(3)和例(5)这种句子里边,"人"和"吃"之间,没有施事与动作的语义关系?"吃"和"饭"之间,没有动作与受事的语义关系?当然有。但是,在这些句式里那"施-动-受"关系只是一种潜在的语义关系;凸显的则是"容纳量-容纳方式-被容纳量"之间的语义关系。上述情况类似于人类社会中的人际关系。甲和乙是父子俩,但不一定在任何场合都凸显这种父子关系;假如作为儿子的乙成了某公司的总裁,作为父亲的甲只是该公司的一名会计,那么在公司里凸显的就不再是父子关系,而是雇员与雇主的关系。上述这种语言现象,我给它起了个名字,叫"词语之间语义结构关系的多重性"(multiplicity of semantic structure relations between words)。(陆俭明,2008)

上述事实告诉我们,传统的句法分析思路,虽然有用,但不能包打天下。这就要求我们,不能囿于传统的句法分析思路。

3. 构式语块分析法的基本理念

那么语言中为什么会存在相同词语间语义关系的多重性?为什么会存在各种属于不同概念范畴的语义结构呢(如事件结构、数量关系结构、存在结构等)?不囿于传统的句法分析思路,那么我们还需建立什么样的句法分析思路呢?我们所提出的"构式语块分析法"(陆俭明,2010b;苏丹洁、陆俭明,2010)可以回答上面提出的问题。

构式语块分析法的基本理念是——

a. 语言中存在的是各种各样的构式。

b. 构式内部语义配置的每一部分语义,都以一个语块的形式来负载。(陆俭明,2009a)

c. 构式由语块构成,语块是构式的构成单位,语块序列构成语块链。(苏丹洁,2009a、2010)

d. 构式义是认知域中意象图式在语言中的投射。(陆俭明,2010a)

e. 构式义通过线性链接的语块链来表达。(苏丹洁,2009a、2009b)

前面所举的例(3)和例(5)所代表的,就是一种容纳数量关系构式。这种构式由三个语块(chunks)构成,它的语块链是:

容纳量语块-容纳方式语块-被容纳量语块
　数量语块　　动词语块　　　数量语块
　NPq_1　　 V了/V不了　　 NPq_2

词语间语义关系的多重性,可以说是构式语块分析法的一个理论基础。

构式语块分析法,既适用于带有人类语言普遍性的一般的句法格式,更适用于各个语言中一些独特的句法格式,诸如现代汉语里的存在构式、容纳数量关系构式等,②更适用于类似习惯语的一些句法格式。如现代汉语里的"V+NP+V的"(如"开夜车开的")、"VP+就+VP"(如"大一点就大一点""去就去!")等。

4. 构式语块分析法的效用

构式语块句法分析理论有助于开拓汉语语法研究的思路,帮助我们来解释一些先前想不到去解释的例子,如现代汉语里的存在句(陆俭明,2008);先前觉得不好解释的例子,如上面所说的表容纳量数量关系构式。下面再举一个先前不好解释或者说解释得不令人满意的语法现象,那就是所谓"论元增量句"。例如:

(8)张三高李四一个头。
(9)我总共/一共吃(了)他三个苹果。

"高"是形容词,或者说是状态动词(state verb),它只能有一个论元。可是在例(8)里,"高"前后出现了三个不同性质的名词性成分——"张三"、"李四"、"一个头"。这怎么分析和解释?"吃"是二元动词,可是例(9)"吃"前后出现了三个不同性质的名词性成分——"我""他""三个苹果"。这又怎么分析和解释?以往的解释是:例(8)那三个不同性质的名词性成分是"高"的三个论元,"高"由一元动词涵变为三元动词;例(9)那三个不同性质的名词性成分是"吃"的三个论元,"吃"由一元动词涵变为三元动词。这种现象就是动词的增元现象。表面看来这解释不错,但是,其增元的机制、动因是什么?很难做出令人满意的回答。对此现象,构式语块理论可以做出较好的解释。一般的"张三高",这是一种性状构式,这个构式除了谓词"高"之外,只一个论元;而例(8)"张三高李四一个头"则是一种性状比较构式,这个构式除了谓词"高"之外,包含三个语块——性状主体"张三"、比较对象"李四"和比较差量"一个头"。同样,一般的"我吃苹果"是一种"施-动-受"事件构式,除了动词"吃"之外,包含两个语块——施事"我"和受事"苹果";而例(9)"我吃了他三个苹果"则是一种取得型双宾构式,除了动词"吃"之外,包含三个语块——取得者"我"、失去者"他"、取得物亦即失去物"三个苹果"。这种解释的根据,一是语言中确实存在的"词语之间语义结构关系的多重性",二是构式义实乃人的认知域的意象图式在语言中的投射。(陆俭明,2009b)

"增元"说和"构式语块"说这两种解释,哪一种更合理?哪一种对于语言事实更具有解释力?大家可以进一步去思考、比较。

必须指出,上述现象不只是汉语中存在,其他语言中也存在。Goldberg(1995:9)就说到英语里的 sneeze 是明显的不及物动词,但在下列句子中却带上了宾语:

(10) He sneezed the napkin off the table.
　　　他 打喷嚏　　餐巾　下来　桌子
　　　他打喷嚏打得把餐巾弄到桌子下了。

上例含有明显的使动意义,而这种使动意义很难说是由动词 sneeze 表示的。这种使动意义就是由这种特殊的构式所表示的。这种句子的存在,也让我们去进一步思考:Goldberg 所举的含有 sneeze 的句子能从动词 sneeze 的论元结构推导出来吗?如果回答是否定的,那么这是不是也说明同一个动词可以形成包含不同论元的构式?

总之,就汉语研究来说,构式语法理论有助于我们开阔语法研究的视野和思路。

在应用方面,2009 年 5 月,在对外经济贸易大学所举行的"首届全国语言语块教学与研究学术研讨会"上,苏丹洁(2009a)报告了汉语第二语言教学中形成的"构式语块教学法"。这种教学法的基本精神是:激活学习者自身具有的认知共性,以一种易懂易记的方式,引导学习者理解并掌握汉语的个性特征。以兼语句(如"老师派班长去办公室拿书")教学为例,不采取传统上"由动宾结构和主谓结构套在一起而形成的,动宾的'宾'兼做主谓的'主'"的分析思路,而采取"使令者(老师)-使令方式(派)-使令对象(班长)-使令内容(去办公室拿书)"的构式语块法的新思路,(苏丹洁,2009b)已有的教学实验(苏丹洁,2009b、2010)表明了这种教学法的有效性,这也从应用方面初步检验了构式语块句法分析思路的可行性。

5. 有待进一步思考的问题

当然,构式语块分析法还不是一个成熟的理论,还要做些基础性的研究。

第一,一个语言,如现代汉语,在句法平面上,到底可以概括为多少种构式？最常用的构式有哪些？从理论上来说,某个具体语言,一定有人类各语言共同的构式以及该语言特有的构式,那么人类各语言共同的构式具体有哪些？该语言特有的构式有哪些？

第二,对每一种构式是不是需具体研究下面这样一些问题？

a. 每种构式表示什么样的独特的语法意义？

b. 每种构式内部,其语义配置具体是怎么样的？

c. 每种构式可以分析为几个语块？

第三,一个构式,具体是如何选择所需的词项的？一个构式内部是否有关键性的词项？

第四,我们得承认语言中存在着许多近义构式。③例如:

  a. NP_L＋有＋NP   （墙上有幅画）
  b. NP_L＋有＋NP＋V＋着 （墙上有幅画挂着）
  c. NP_L＋V＋着＋NP   （墙上挂着一幅画）
  d. NP＋V＋在＋NP_L （画挂在墙上）
  e. NP＋在＋NP_L＋V＋着 （画在墙上挂着）
  f. 有＋NP＋在＋NP_L＋V＋着（有一幅画在墙上挂着）

a、b、c、d、e、f 都表示存在，可以认为是基本同义的构式。对这些构式如何分析？具体怎么看待和说明 a、b、c、d、e、f 之间的关系？似乎我们可以有多种假设：

(甲) 语义框架相同，a、b、c、d、e、f 是同一种构式的不同变体。

(乙) 语义框架相同，但 a、b、c、d、e、f 是并列的不同的构式。

(丙) 语义框架相同，a、b、c、d、e、f 是不同的构式，但 a 是母式，b、c、d、e、f 是由母式派生的子式。

(丁) 各句语义框架就不同，a、b、c、d、e、f 应分属于不同语义框架的不同构式——取这一分析态度，等于不承认 a、b、c、d、e、f 为同义句式。

上述几种假设，哪一种假设更符合语言实际？

第五，如果承认构式语块句法分析思路，那么句子内部的层次构造就将跟美国结构主义的分析有所不同。请看：

(11) 我弟弟　　吃了　　一个苹果。
　　a.　__1__　　__2__　　　　结构主义分析
　　　　　　　　__3__　__4__
　　　　- -
　　b.　__1__　__2__　__3__　　构式语块分析

这允许吗？

第六，构式语法，现在还是停留在对各种构式的孤立的研究上，并未形成一个依据构式语法理论所建立的完整的语法系统或者说语法体系。如何从现有的孤立的一个个构式的研究走向构建完整的语法体系？

6. 余论

最后还需要特别重复说明几点：

第一，我们不是要全盘否定传统的语法分析法和语法教学法，只是不能囿于传统的句法分析思路。任何一种句法分析理论与方法都不能包打天下。对于人类各个语言普遍所具有的构式，可以运用传统的"主-谓-宾""施-动-受"思路去分析，去解读；对于某个语言所特有的句式，如上面讲的容纳数量关系构式、存在构式等，运用构式语块分析法，成效比较显著。因此，构式语块分析法可以说是对传统句法分析法的一种补充。

第二，句子内部结构具有层次组块性，陆丙甫(1981、1985、1986、1993、2008)、史有为(1984)和鲁川(2005)文章中已包含这一思想，陆丙甫、蔡振光(2009)的文章也提出"主语"等概念是否是研究语言所必需的值得打个问号。而我们所提出的构式语块分析法跟他们所不同的是——在重视词语间语义关系的多重性这一前提下，强调运用构式语法理论，将构式理论与语块理论结合运用，从而明确提出与传统的句法研究思路不同的新的思路。

第三，朱德熙先生提出汉语语法研究不应该模仿印欧语，要摆脱印欧语的束缚，但我想朱先生绝不是要我们完全抛弃由印欧语中总结获得的所有句法分析理论与方法，因为语言有共性的一面。人类语言有共性，我们在研究某个具体语言时，首先要看到这一点。正如王洪君(1994)所指出的，"放弃对语言共性的探索，不仅使中国语言学逐渐落后于西方语言学，差距越拉越大，而且也很难真正搞清汉语的特点"。

附注

① 轻动词是一个假设的概念。轻动词是有语义内容而无语音形式的动词，它不能独立存在，一定得依附于实义动词语身上。由于在它之前无实义动词，于是就将它后面的动词语拉上来，即迫使后面的动词语往前移。

② 某概念化范畴及其框架全人类都有，但投射到各个具体的语言，所形成的构式不一定相同。譬如，全人类都有表"存在"的概念化范畴及其框架，作为存在一定包含三部分内容——存在物、存在处所和二者之间的链接。如果以存在处所作为说话的话题，不同的语言所形成的表"存在"的构式不一定相同。例如汉语为"NPL-有-NP"(如：桌上有一本书｜床上有病人)，或"NPL-V着-NP"(如：桌上放着一本书｜床上躺着病人)，或"NPL-有-NP-V着"(如：桌上有一本书放着｜床上有个病人躺着)；英语则为There-be-NP-there(如：There is a book there)，或There-be-NP-PP(如：There is a book on the table)。

③ 一般称为"同义构式"，实际上只能说是基本同义，故而我们用"近义构式"之说。

参考文献

蔡维天　2005　生成语法理论系列演讲,北京大学汉语语言学研究中心。
储泽祥　1997　汉语存在句的历时性考察,《古汉语研究》第4期。
顾　阳　1996　生成语法及词库中动词的一些特性,《国外语言学》第3期。
顾　阳　1997/1999　关于存现结构的理论探讨,《现代外语》第3期;又见徐烈炯主编《共性与个性:汉语语言学中的争议》,北京:北京语言文化大学出版社。
鲁　川　2005　预想论:现代汉语顺序的认知研究,《世界汉语教学》第1期。
陆丙甫　1981　主干成分分析法,《语文研究》第1期。
陆丙甫　1985　流程切分和板块组合,《语文研究》第1期。
陆丙甫　1986　语句理解的同步组块过程及其数量描述,《中国语文》第2期。
陆丙甫　1993　《核心推导语法》,上海:上海教育出版社。
陆丙甫　2008　直系成分分析法——论结构分析中确保成分完整性的问题,《中国语文》第2期。
陆丙甫、蔡振光　2009　"组块"与语言结构难度,《世界汉语教学》第1期。
陆俭明　2002　汉语句法研究的新思考,《语言学论丛》第二十六辑,北京:商务印书馆。
陆俭明　2008/2010a　词语之间语义结构关系的多重性,在"国际中国语言学学会第16次学术年会(IACL-16)"(2008.5.30—6.2,北京)的全体大会上宣读;另见《汉藏语学报》第4期。
陆俭明　2009a　《从构式看语块》,在"首届全国语言语块教学与研究学术研讨会"(2009.5.17,对外经济贸易大学,北京)大会上报告。
陆俭明　2009b　构式与意象图式,《北京大学学报》(哲学社会科学版)第3期。
陆俭明　2010b　《汉语语法语义研究新探索:2000—2010演讲集》,北京:商务印书馆。
潘海华　1997　词汇映射理论在汉语句法研究中的应用,《现代外语》第4期。
沈家煊　2007　汉语里的名词和动词,《汉藏语学报》第1期。
史有为　1984　语言的多重性与层-核分析法,见徐枢编《汉语析句方法讨论集》,上海:上海教育出版社。
苏丹洁　2009a　《从存现句习得实验看构式理论和语块理论在汉语语法课堂教学和网络教学中的作用》,在"首届全国语言语块教学与研究学术研讨会"(2009.5.17,北京)上报告。
苏丹洁　2009b　《"构式-语块"教学法的实质和价值——以兼语句教学实验为例》,在"第二届全球华语论坛"(2009.11.16,广州)上报告。
苏丹洁　2010　试析"构式-语块"教学法——以存现句教学实验为例,《汉语学习》第2期。
苏丹洁、陆俭明　2010　"构式-语块"句法分析法和教学法,《世界汉语教学》第4期。
王洪君　1994　汉语的特点与语言的普遍性,见袁行霈编《缀玉集》,北京:北京大学出版社。
邢福义　1995　小句中枢说,《中国语文》第6期。
徐通锵　1991　语义句法刍议,《语言教学与研究》第3期。
徐通锵　1994　"字"和汉语研究的方法论——兼评汉语研究中的"印欧语的眼光",《世界汉语教学》第3期。
余祥越、黎金娥　2006　"人喝酒"与"酒喝人"——最简方案框架下的汉英动词句法差异比较,《外语研究》第1期。
张伯江　1999　现代汉语的双及物结构式,《中国语文》第3期。
张旺熹　1999　《汉语特殊句法的语义研究》,北京:北京语言大学出版社。
朱德熙　1982/1998　在香山语法会议上的发言,《语言文字应用》第1期。

朱德熙　1985　《语法答问》,北京:商务印书馆。
朱德熙　1986　变换分析中的平行性原则,《中国语文》第 2 期。
Goldberg, A. E. 1995 *A Construction Grammar Approach to Argument Structure*. Chicago and London: The University of Chicago Press.
Miller, G. A. 1956 The magical number seven, pluse or minus two. *The Psycological Review* 63.

谈谈虚词释义的问题

马 真

北京大学

释义,是一部词典的灵魂。一部辞书水平的高低主要反映在对词的释义上。实词的意义比较实在;虚词的意义比较空灵,因为它表示的是语法意义。对实词的注释不容易,对虚词的注释更难。本文只谈虚词释义问题。

对于虚词,既要让读者了解它的语法意义,也要让读者了解它的用法。但是,无论是它的意义还是它的用法都比较难以把握,原因是虚词的意义太虚,用法又极为复杂。从目前一些辞书对虚词的注释看,都不能满足汉语作为第二语言/外语教学(下面简称"汉语教学")的需求。

目前的辞书对虚词的注释,主要有四方面的问题:

1. 只注释了虚词的基本意义,没交代用法,更没有说明该虚词使用的语义背景。

例如副词"毫",现在我们来看看当前一些工具书对它的注释。

《新华字典》(2003 第 10 版)

毫:数量极少,一点。

[例] 毫无诚意 | 毫不费力

《现代汉语词典》(2005 第 5 版)

毫:一点儿(只用于否定式)。

[例] 毫不足怪 | 毫无头绪

《现代汉语规范词典》(2010 第 2 版)

毫:表示极少;一点儿(只用于否定)。

[例] 毫不费力

这样的注释对母语为汉语的中国学生来说可以了，因为中国学生有丰富的汉语语感。可是对留学生来说，按这样的注释来理解"毫"，就造出了下面这样的偏误句：

(1) *他只吃肉，蔬菜他毫不吃。
(2) *我觉得这儿毫不好玩儿。
(3) *我感到很累，毫没有力气。

我们没有理由说这三个句子所用的"毫"违反了词典的注释。

再如对"反而"的注释，对表示加强否定语气的"并""又"的注释，都存在类似的问题。这我在《说"反而"》(1983)、《关于"反而"的语法意义》(1994)和《表加强否定语气的副词"并"和"又"》(2001)中都已做了分析。而且在文章中强调指出，注释虚词时一定要考虑虚词使用的语义背景，并使之融入到释义中去。比如"反而"，原先一般辞书的释义是：

《现代汉语八百词》(1980)
　　反而：表示跟前文意思相反或出乎预料之外。
《现代汉语词典》(1983 第 2 版)
　　反而：表示跟上文意思相反或出乎预料与常情。

如果将"反而"使用的语义背景融入释义之中，那么宜注释为：

反而：表示实际出现的情况或现象跟按常情或预料在某种前提下应出现的情
　　　况或现象相反。

关于要注意虚词使用的语义背景这个问题，我虽然在 1983 年《中国语文》上发表的《说"反而"》一文中就提出来了，但是多数工具书至今还未注意这一问题，对"反而"仍基本采用原先辞书的注释。请看：

《现代汉语八百词》(1999 增订本)

> 反而：表示跟前文意思相反或出乎预料之外，在句中起转折作用。

《现代汉语词典》(2005第5版)

> 反而：表示跟上文意思相反或出乎预料与常情。

《现代汉语规范词典》(2010第2版)

> 反而：表示跟上文意思相反或出乎预料，在句中起转折作用。

可是，按照上面这样的注释却无法解释下面这些留学生的偏误句和中国书、报上的病句：

(4) *大家都看电影去了，她反而在宿舍看书。

(5) *玛沙干得比谁都卖力，这一次我想老师准会表扬他，谁知老师反而没有表扬他。

(6) *大家对主张种植大棚蔬菜，老村长反而反对。

(7) *黎锦熙先生把主语规定为动作行为的施事（即动作者），或性质状态的具有者，赵元任先生反而认为汉语的主语不限于此，其他如动作行为的工具、时间、处所等都可以做主语。

再如对副词"往往"的注释，虽然我们在1985年出版的《现代汉语虚词散论》里已经说明"往往"与"常常"的异同，并说明了"往往"使用的语义背景，可是2010年5月出版的《现代汉语规范词典》(第2版)对副词"往往"的注释仍未注意。请看：

《现代汉语规范词典》(2010第2版)
> 往往：表示某种情况经常出现。

事实上并不是只要含有"经常"的意思就能用"往往"，只有在一定的条件、一定的语义背景下才能用"往往"。我今天所以要重提这个问题，就是希望辞书学界在对虚词释义时，一定要注意虚词使用的语义背景，特别是供外国人学汉语用的工具书更要注意这一点。

当然，我们也看到，近两年来，有些辞书对虚词的释义开始注意虚词使用的语义背

景,这值得称道。例如副词"按说",以往的辞书注释是:

《现代汉语八百词》(1999 增订本)
　　按说:按道理说。
《现代汉语词典》(2005 第 5 版)
　　按说:依照事实或情理来说。

新版本的辞书也还是类似这样的注释,例如:

《现代汉语规范词典》(2010 第 2 版)
　　按说:依照实际情况或道理来说。

这些注释显然都没有交代"按说"使用的语义背景。难怪外国学生会常常用错。例如:

(8)*"今天会下雨吗?""我敢肯定按说不会下雨。"

例(8)"按说",显然用得不恰当,但是他们是按词典的注释来用的("我敢肯定依照情理不会下雨")。其实,使用"按说"是有条件的。我们很高兴地看到,2006 年出版的《商务馆学汉语词典》好像意识到了这一点,所以在 注意 一栏里对"按说"的使用做了这样一点说明:

《商务馆学汉语词典》(2006)
　　按说:按道理说。…… 注意 "按说"用在句子的前面,可用逗号表示停顿,
　　　　也可不用。"按说"后面先说一般情况和道理,下面的话常常表示事
　　　　实上或结果往往不是这样。

注意 里这个说法比一般注释的说法要好,但我们觉得,还是没有将"按说"使用的

条件说清楚。"后面先说一般情况和道理"中的"一般"指什么,学生不清楚;另外语言事实告诉我们,在说了一般的情况后,下面也不一定非得有"表示事实上或结果往往不是这样"的话语。例如:

（9）明天是星期天,按说他会在家。

例(9)用"按说"的小句后面就没有"表示事实上或结果往往不是这样"的话。所以,外国学生看了《商务馆学汉语词典》的这个说明还是会摸不着头脑,还有可能会错用"按说"。

我们认为,使用"按说"时,一定有所隐含——主要隐含着"没有把握"这一层意思。如果是用于说未来发生的事情,则一定隐含着"实际会是怎么样现在没有把握"的意思,例如:

（10）"你说他会来吗？""今天他不上班,按说他会来的。"【隐含他会不会来,没有把握】

如果用于说已经发生了的事情,而说话人并不知道实情,句子也明显地隐含"没有把握"的意思。请看:

（11）"大哥早已到上海了吧？""按说他现在已在上海了。"【隐含没把握】

如果说话人已经知道实情,则隐含着"实际情况并非如此"的意思,例如:

（12）按说你不该告诉他。【实际上是"你"已经告诉了他】

使用"按说"时,一定有所隐含,这就是"按说"使用的语义背景,也可以认为是"按说"使用的条件。外国学生所以常常用错,就因为不了解"按说"使用的语义背景。前面所举的病句("今天会下雨吗？""我敢肯定按说不会下雨")的毛病就出在这里。这个句子说的是未来的事情,但句子并不隐含"实际会是怎么样现在没有把握"的意思,所以

"按说"用得不恰当。

2. 将格式的意义误归到格式中所包含的那个虚词的头上

这是不少辞书都普遍存在的问题。关于这个问题,我在1982年发表的《说"也"》一文中早已有所论述。在那篇文章中,我曾说道,一般工具书在说明副词"也"的意义和用法时,都列了好多种,归纳起来,副词"也"可以表示九种语法意义和用法——除了表示"相同"或"同样"外,还能表示什么"并列关系""递进关系""条件关系""转折关系""假设关系",等等。我在文章中论证说明,其实"也"主要表示类同(也可以表示委婉语气),其余什么"表示并列关系"呀,"表示递进关系"呀,"表示条件关系"呀,"表示转折关系"呀,"表示假设关系"呀等都是"也"所在的格式的意义,而并不是"也"本身的意义。

我们也曾举过介词"除了"的例子。(马真,2004)介词"除了"表示排除,这是大家都公认的。可是,有的工具书和汉语教科书认为"除了"还能"表示补充",还能"表示选择"。如《现代汉语虚词词典》,它所举的"表示补充"的例子是:

(13) 除了写诗,还学英文、法文 | 除了英语,物理也考了90分。

"表示选择"的例子是:

(14) 每天早餐,除了大饼就是油条 | 中央台的15频道,除了戏曲就是音乐。

就它所举的例子来看,全句确实分别含有"补充""选择"的意思。但问题是,这"补充""选择"等语法意义是不是由介词"除了"表示的? 如果不细细考虑,只是简单地依据"假如抽掉'除了',句子就不表示'补充'、'选择'的意思"这一点来确定"除了"的语法意义,好像那工具书的上述说法不无道理。但是,我们必须注意这样一点,所谓"表示补充"的例子,如果把跟"除了"呼应的"还""也"或"更"删去,句子同样就不能表示"补充"的意思,而所谓"表示选择"的例子,如果把跟"除了"呼应的"就是"删去,句子同样也就不能表示"选择"的意思。那我们是否就认为那"补充"的意思是由"还、也、更"表示的,"选择"的意思是由"就是"表示的呢? 当然不能这样看。事实上,那"补充"的意思是由"除了……还/也/更……"这种句法格式所表示的,而不是由"除了"单独表示的;同样,那"选择"的意思是由"除了……就是……"这种句法格式所表示的,而不是由"除了"单独表示的。这里我们不妨举个旁证。现代汉语中,"不是……就是……"也可以"表示选择"(如"不是大饼,就是油条")。谁也不会认为那"选择"的意思是由句中的"不是"或"就是"单独表示的。事实上,那"选择"的意思是由"不是……就是……"这整个句法格式表示的。因此,无论是"除了……还/也/更……"这一格式还是"除了……就是……"这一格式,其中的"除了"仍然只"表示排除在外"。

这里再举个新的例子。请看 2010 年 5 月出版的《现代汉语规范词典》(第 2 版)对介词"把"的注释:

《现代汉语规范词典》(2010 第 2 版)

把¹:……❾ 介 a)表示处置,"把"的宾语是后面及物动词的受事者……b)表示致使,后面的动词通常带有表示结果的补语,"把"后的名词与后面的动词的语义关系是多样的…… c)表示发生了不如意的事情,"把"后面的名词是当事者……

按这个注释,释义中 a、b、c 三项意义好像都是介词"把"所表示的。事实显然不是这样。《现代汉语词典》和《商务馆小学生词典》对介词"把"的注释就比较好。请看:

《现代汉语词典》(2005 第 5 版)

把² 介 :❶宾语是后面动词的受事者,整个格式大多有处置的意思。……❷后面的动词,是"忙、累、急、气"等加上表示结果的补语,整个格式大多有致使的意思。……❸宾语是后面动词的施事者,整个格式表示不如意的事情。……

《商务馆小学生词典》(2006)

把:❽跟名词组合,用在动词前,整个格式表示处置或致使的意思。

《现代汉语词典》和《商务馆小学生词典》对介词"把"的注释,就不是将"把"字句所表示的"处置"或"致使"等语法意义只归到介词"把"的身上。

3. 以词释词,是词典不可避免地所要采用的一种释义方式,但一般只适用于母语为汉语的中国人,不适合外国学习者。例如有的工具书,用"常常"来注释"往往",有的词典用副词"更"来注释副词"还"。这都容易造成误导,特别是对外国留学生。关于这个问题,我们曾举出大量实例做过说明。(陆俭明、马真,1985;马真,2004)可是我们看到,在专为外国人学汉语而编纂的辞书中也还是较为普遍地存在着。

4. 表述不准确,让人难以理解。请看《新华字典》(2003 第 10 版)关于"的"(de)的注释:

> 的:助词。❶用在定语后。1.主要修饰名词。美丽的风光、……。2.……。

编者的本意是说那"的"用在定语后,表示该定语用来修饰名词,可是按现在的表述,意思成了拿"的"来修饰名词了。这样的表述显然不好。(比较:《现代汉语词典》的 助❶用在定语的后面。a) 定语和中心语之间是一般的修饰关系……b)定语和中心语之间是领属关系……)再看《现代汉语词典》(第 5 版)关于"往往"的注释:

> 往往: 副 表示某种情况通常在一定条件下才会出现与发生。

这个注释应该说比原先的注释(往往:表示某种情况时常存在或经常发生)要好些,注意到了使用"往往"要讲条件,不是只要含有"时常存在或经常发生"的意思就能用"往往"。可是这个注释表述得不是很好,给人的感觉有点矫枉过正,只注意"要讲条件"这一点了,削弱了经常性。我觉得,"往往"主要用在"说明根据经验在某条件下情况通常如此"的语境中。似宜改为:

> 往往: 副 表示某种情况在某种条件下通常会出现与发生。

再如"除了",《现代汉语词典》第❷、第❸个义项是这样说的:

> 除了:……❷跟"还、也、只"连用,表示在什么之外,还有别的:他除了教课,还负责学校里工会的工作|他除了写小说,有时候也写写诗。❸跟"就是"

连用，表示不这样就那样：刚生下来的孩子，除了吃就是睡。

这个注释比上面说到的《现代汉语虚词词典》要好，但表述上还是容易让人误解为"补充""选择"之意是由"除了"表示的。

上面所谈的四点意见，也可以概括为这样两点：一是该属于所注释的词的意义和用法，一定要说到位，或者说一定要注释得到位，既包括它的基本意义，也包括它所使用的语义背景，而且要表述得比较准确。二是不属于所注释的词的意义和用法，千万别硬加在它身上，特别是不要将它所在格式的语法意义放在它头上。

有人说，编辞书是个无底洞。此话不假。辞书的特点就是不断修订。而在修订中要不断注意吸收学界已有的科研成果。这方面，应该说《现代汉语词典》还是做得比较好的。像第5版里有不少词条（如"啊、把"等），就吸收了学界的意见和研究成果，修改了先前不恰当的释义。可是，目前新出版、新修订的一些辞书还是普遍存在着"吸收学界研究成果"不够的问题。如"啊""也""往往""反而""已经""并""又"等，学界已有较好的研究成果，但并未很好吸收。举一个例子，留学生常常错用"反而"，北京语言大学王还先生20世纪90年代曾举了一个留学生的病例"她以为我不喜欢她，我反而很喜欢她"，指出这与一般词典的注释（"表示跟上文意思相反或出乎预料与常情"）有关，可是某些新近出版的专供外国学习者用的词典，仍然将"反而"注释为"跟预料的结果正好相反"。我觉得，"吸收学界研究成果"这一点辞书学界应该重视。

词的释义是一件非常难的事。要做好，必须以科研引航。譬如说副词"一概""一律"，《现代汉语词典》（2005第5版）的注释基本一样。请看：

一概：表示适用于全体，没有例外：过期一概作废。
一律：适用于全体，无例外：我国各民族一律平等。

《现代汉语规范词典》（2010第2版）的注释也是一样的：

一概：表示没有例外：
一律：表示全部，没有例外：

而专供外国学生用的《商务馆学汉语词典》,也还是这样注释:

一概:对全体都一样,没有任何例外情况:外边的人一概不准进去/大人小孩儿一概不收门票/这种事情不能一概否定/中外学生参加本次活动,我们一概欢迎。

一律:没有例外:没有命令,大家一律不准离开/中国各个民族的人一律平等/考试时一律不准把书带进考场/有的中学要求学生一律穿统一的服装。

外国留学生根据这样的注释就会误认为这两个副词可以随便换用。事实是有时确实能互换,例如:

(15) 来回旅费和食宿费用一概/一律自理。

(16) 违章建筑一概/一律拆除。

但更多的情况是不能互换的。请看:

(17) a. 新租的房子里,水、电、煤气、暖气、电话、电视、家具乃至锅碗瓢盆,一概齐全。
  b. 他家的事我一概不清楚。

(18) a. 每个人胸前一律佩戴着白底红字的校徽。
  b. 国家不分大小,应该一律平等。

例(17)的"一概"就不能用"一律"替换,我们不能说:

(17′) a. *新租的房子里,水、电、煤气、暖气、电话、电视、家具乃至锅碗瓢盆,一律齐全。
  b. *他家的事我一律不清楚。

而例(18)里的"一律"则不能用"一概"替换,请看:

(18′) a. *每个人胸前一概佩戴着白底红字的校徽。

b. *国家不分大小,应该一概平等。

显然,"一概""一律"的语法意义和具体用法是有区别的。那么区别在哪儿？在什么情况下,只能用"一概",不能用"一律";反之,在什么情况下,只能用"一律",不能用"一概"呢？这都需依据大量语料进行深入细致的研究分析后才能辨析清楚,才能分别给它们以准确、合适的释义。

当年丁声树先生、吕叔湘先生主持编写《现代汉语词典》坚持以科研引航,这为我们后辈进行辞书编纂树立了榜样,我们应该向老一辈学习。

参考文献

李行健主编　2010　《现代汉语规范词典》(第2版),北京:外语教学出版社、语文出版社。
鲁健冀、吕文华编　2006　《商务馆学汉语词典》,北京:商务印书馆。
吕叔湘主编　1980　《现代汉语八百词》,北京:商务印书馆。
陆俭明、马　真　1985/1999　《现代汉语虚词散论》,北京:1985年北京大学出版社版,1999年语文出版社版。
马　真　1982　说"也",《中国语文》第4期。
马　真　1983　说"反而",《中国语文》第3期。
马　真　1994　关于"反而"的语法意义,《世界汉语教学》第1期。
马　真　2001　表加强否定语气的副词"并"和"又",《世界汉语教学》第3期。
马　真　2004　《现代汉语虚词研究方法论》,北京:商务印书馆。
施光亨、李　鍫主编(2003)《两岸现代汉语常用词典》,北京:北京语言大学出版社。
中国社会科学院语言研究所词典编辑室编　2005　《现代汉语词典》(第5版),北京:商务印书馆。

从语法研究到语法教学
——以现代汉语完成体标记"了$_1$"为例

屈承熹

佛罗里达大学

1. 引言

汉语虚词研究,在国内无论是传统或当代的语法学中,一向十分受重视,近数十年来更可称成果丰硕。(见齐沪扬等编,2002)然而在语言教学中,虚词教学仍然是一个令人非常困惑的难点,尤以句末虚词及动词后缀为甚。故本文拟以动词后缀完成体标记"了$_1$"为例,来说明如何将语法研究的成果,以简明的方式,融会于语法教学之中,使直接应用于教材编纂及教学实践。

早在 20 世纪 80 年代,陆俭明、马真(1984:3—4)就指出了下面这样的问题:

(1) a. *我下车后,中国同学帮了我搬行李。
    b. 我下车后,中国同学帮我搬行李。
(2) a. *昨天你们真是帮我的大忙。
    b. 昨天你们真是帮了我的大忙。

他们感慨地说:"为什么例(4)[即上例(1)]中的'帮'后面不能加'了',而例(5)[即上例(2)]中的'帮'后面又得加'了'呢?虽然我们可以举上一两条理由,但是说实在的,目前还说不清楚,因为我们对这些虚词研究得还很不够。"这里所讨论的"了",就是一般称为完成体标记的"了$_1$"。

自1984年至今。这二十几年来,虽然"了₁"的研究在理论上颇有新猷,然而我们对上述问题,似乎依然是"说不清楚"。这究竟原因何在呢?

2. 现代汉语"完成体"的基本意义

近年来对"了₁"的研究,多半着重于如何界定"完成体"(perfective aspect)在现代汉语中的基本意义及功能。大致而言,其基本意义可归纳为"完成""有界""结束"等等,而其功能则表现在标示"实现""整体"等等。(竟成主编,2003)这样的结论,对语法的深层了解,固然做出了很大的贡献,但如何将之应用到语言教学上则颇费周章。故而,这些成果始终都未曾反映在语法教材中。本文拟针对此一问题,将语法理论研究之成果,简化为平实易懂的陈述,将之应用于教学实践,使语言理论能直接为语言教学服务。

纵观一般语言理论对"时体"(tense-aspect)之基本界定,均基于三个时间点之间的先后关系,即"事件时间"(event/situation time,略作E),"说话时间"(speech time,略作S)及"参照时间"(reference time,略作R)。(Smith,1997;Reichenbach,2005) E与S之间的关系,以"时态"表达;而E与R之间的关系,则以"体"来表达。以"过去时(态)"及"完成体"为例,则前者所表达的基本意义是"E先于S",记作$E<S$。①而后者所表达的基本意义是"E先于R",记作$E<R$。同时,如果没有明显的R形式时,则R就被默认为与S相同,也就是说,R的默认值是$R=S$。这就构成了一种歧义的情况,可以用下面(3)这个公式来表示:

(3) $E<R=S$

下面的例(4)可以用来说明这种情况:

(4) 我学了汉语。

其中的"了₁"标示:"我学汉语"(E)这件事早于某一个R。如果没有其他标记来确认这个R是某一个特定的时间点,那么,这个R就被默认为等同于S。换言之,例(4)中的完成体标记"了₁"实际上所表达的,完全相当于"过去时"。故而,虽然"完成体"与"过去时"在理论上相去甚远,而且汉语的语言学研究者也一再警告说,这两者是绝对不能混淆的;但是其实际使用,在某些情况之下,却是没有区别的。因此,我们面临的问题是:在初级的汉语教学中是否一开始就应该严格地区分"过去时"与"完成体"? 此处,我们特别强调"一开始"这个阶段。

3. 现代汉语完成体"了₁"与英语完成式"*have*＋V＋*en*"的异同

现在我们先看看"了₁"如何与英语中的完成式"*have*＋V＋*en*"相对应。

潘文国(2003)曾"以张培基先生译注的《英译中国现代散文选》为范本,选用其中11位作家的14篇散文为原始材料,摘出其中含有'了'字的句子,观察它们在英译时的情况,并与英语的时体做比较。②……这14篇文章中……出现了210个'了'字……"(P. 141)其中除了有十个"了"字不是虚词用法以外,其他200个"了"字与英语中各种语法形式的对应关系,可以列表如下:(其中"了₂"是情状改变句末虚词"了")

(5)"了₁""了₂"与英语语法形式的对应关系:

英语形式	"了₂"	"了₁"
过去进行	2	∅
现在进行	2	∅
过去完成	6	6
现在完成	8	3
简单过去	34	40
过去中的将来	1	2
简单将来	12	2
简单现在	26	23
非动词形式	9	24
总数	100	100

这些统计数字,显示了一个非常令人困惑的事实:既然"了₁"是个"完成体"标记,为什么与英语中的完成形式相对应的比率只有(6+8=)14%?相反地,它反而与简单式有高达(34+12+16=)62%的对应。这固然与英语的时体名称是否确实反映其真正的意义有关,但是现代汉语中的所谓"完成体"究竟具有什么样的功能,也是一个值得研究的问题。下面先看一看实例。③

3.1 "了₁"与英语"完成式"的对应

下面四例中,有两例中的"了"与英语"过去完成式"对应,另两例中的"了"与英语"现在完成式"对应:

(6) "了"与"过去完成式"相对应:

(a) 决定了之后,有两位朋友特来劝阻。(叶圣陶《我坐了木船》)

After I had made up my mind, two friends of mine came to dissuade me.

(b) 呀!凉云散了,树叶上的残滴,映着月儿,好似荧光千点,闪闪烁烁的动着。(冰心《笑》)

Ah, the rain clouds had vanished and the remaining raindrops on the tree leaves glistened tremendously under the moonlight like milliards of fireflies.

(7) "了"与"现在完成式"相对应:

(a) 于是人人都成了一个差不多先生。(胡适《差不多先生传》)

So everybody has become a Mr. Chabuduo.

(b) 找着了,言明价钱,多少钱坐到汉口,每块钱花得明明白白。(叶圣陶《我坐了木船》)

Once you have located it, you will know what the fare is from Chongqing to Hankou, and every dollar will be paid for what it is worth, no more, no less.

上例(6)、(7)中,(a)句中的"了"是"了$_1$",(b)句中的可以做"了$_2$"处理。很显然,这几个"了",无论是"了$_1$"还是"了$_2$",所标示的时间关系都是 E<R。(6a)中的 E 是"决定",R 是"两位朋友特来劝阻";(6b)中的 E 是"散",R 是其后两个动词组所标示的情状;(7a)中的 E 是"成",R 是一个默认值,就是现在,也就是说话时间 S,所以这是 E<R=S 的一例;(7b)中的 E 是"找着",R 是"言明"。例句(a)与(b)之间的不同,在于前者的 E 都是事件,而后者的 E 则是情状。这也就是汉语中"了$_1$"与"了$_2$"的主要分别。至于英译中完成式的现在与过去之别,则与"了$_1$"本身的功能并无关联。

上述四例显示,"了$_1$"与英语完成式之对应,并非依靠一个毫无条件的默认值,而是必须与其他条件并存的。(6a、b)及(6b)中,其 R 都是一个特定的事件或情状,如果以篇章组织的角度来看,这就是"了$_1$"将两件事件或情状做先后排序的功能。而(7a)中没有特定的 R,只有一个等同于"现在时"的默认值。这个情况之下的"了$_1$"应该是仅仅标示"过去时"。然而由于其动词"成"带有"转变完成"的语义,英语的"简单过去式"无法表达,因而必须用"现在完成式"来翻译。

3.2 "了$_1$"与英语"过去时"的对应

下列(8)、(9)的"了$_1$"均与英语的"过去时"相对应:

(8) 我赶紧拭干了泪,怕他看见,也怕别人看见。(朱自清《背影》)
    I quickly wiped them [i. e. tears] away lest he or others should catch me crying.

(9) 我们都答应了。(许地山《落花生》)
    We all agreed.

这两个都是"了$_1$",也都标示 E<R。例(9)中的"过去式"是毫无疑问的。然而,(8)中这样的"了$_1$"在研究文献之中,往往被认为是具有强烈的"完成"(completion)意义的。这个"完成"意义,其实并非完全来自"了$_1$",而主要是来自动词后的结果补语"干"。这个意念在译文中由英语的"副词补语"away 来表达。那么,为什么没有与英语的"完成式"对应呢? 实际上,英语的"完成式"(perfect form)并不等同于"完成体"(perfective aspect),也并不单纯地表示"事件的完成"。英语中的过去完成式,其主要功能是显示"先后排序",而现在完成式的主要功能是显示"过去发生的事件与说话时间点之间具有

某种关联"。因此,英语的过去完成式几乎都可以译成"了₁",其间对应关系较为明显,而现在完成式反而不是单纯的与"了₁"对应,还必须在"了₁"的"过去发生"以外,另外有其他形式才是。④

现在回头再看例(8),其中为一般所关注的"完成"意义,(即该事件不但发生了,而且已经结束了)既然实际上并非来自"了₁",而是来自其动词"拭"后的补语"干",那么,这个"了₁"也仅仅表示"事件的发生"而已。所以,它与英语的"过去式"相对应就是很自然的事了。因此,我们可以很有把握地说:"事件的发生"是 E<S 这种时间关系所能直接导出,而赋予"了₁"的最基本的语义。⑤

3.3 "了₁"与英语其他时式的对应

下列三例中的"了₁",分别与英语的"简单将来式""过去中的将来式"及"现在分词"相对应:

(10) 抛弃了学问,便是毁了你自己。(胡适《不要抛弃学问》)
Forsaking learning, and you will ruin yourself.

(11) 一块粗糙的木头经过了斧子劈,锯子锯,刨子刨,就变成了一方或一条光滑整齐的木板。(巴金《木匠老陈》)
A piece of coarse wood, after being processed with the hatchet, saw and plane, would become pieces of smooth and tidy wood, square or rectangular in shape.

(12) 我常在这种时候感到一种快乐,同时也感到一种伤感,那情形好比老妇人突然在抽屉里或箱子里发现了她盛年时的影片。(夏丏尊《中年人的寂寞》)
Often at this moment, I'll feel at once happy and sad—like an old lady suddenly fishing out from her drawer or chest a photo of her taken in the bloom of her youth.

(13) 书籍到了我的手里,我的习惯是先看序文,次看目录。(夏丏尊《我之于

书》)

As soon as a new book comes to hand, I always read the preface first and then the table of contents.

例(10)、(11)中"了$_1$"所标示的是动词"毁"和"变"所代表的这两件事件的"发生"。英译的两种不同时态,乃是语境的需要,与"了$_1$"的语义或功能并无关联。至于(12)中用"现在分词"的原因,乃在凸显该句"附属从句"(subordinate clause)的身份,因为在原文中该句也不是一个"主句"(main clause)。至于(13)中"了$_1$"的功能正是显示 E<R,该英译用 as soon as 表示,故虽系简单现在式,其实已有 E<R 之含义。

3.4 英语"完成式"≠"了$_1$"

还有一些情形,原文并无"了$_1$",而译文却用了"完成式"。下面五例中与英语"完成式"对应的词语,分别是:"没有……过"、"V-∅"、"已经"、"以来"和"……来"。

(14) 我没有看见过,也没有听见人说过。(巴金《木匠老陈》)
  I had never seen it happen, nor had I ever heard of it.
(15) 他告诉我他在他从前一个徒弟的店里帮忙。(巴金《木匠老陈》)
  He had told me that he was now working at the shop of a former apprentice of his.
(16) 在默默里算着,八千多个日子已经从我手中溜去。(朱自清《匆匆》)
  Counting up silently, I find that more than 8,000 days have already slipped away through my fingers.
(17) 在我自己的交游中,最值得系念的老是一些少年时代以来的朋友。(夏丏尊《中年人的寂寞》)
  Of all my friends, those I have known since childhood are most worthy of remembrance.
(18) 近几年来,父亲和我都是东奔西走,家中光景是一日不如一日。(朱自清

《背影》)

In recent years, both my father and I have been living an unsettled life, and the circumstances of my family going from bad to worse.

这五例的译文中,之所以要用"完成式"的原因都各不同。(14)原文用"没有看见过"和"没有听见过",其中的"过"是"经验体标记","没有"则否定这个"经验",恰恰与英语的完成式加上否定词 never 或 nor...ever (＝or...never) 完全吻合。所以,用英语完成式的否定形式来翻译。例句(15)中与英语 had told 对应的是"告诉",这个动词属于"言说"次范畴,通常其后有所说的内容时,则不用"了"。[6] 例句(16)原文中的副词"已经"显示该句具有"过去发生"的意义。要证明这一点,可以在该句的动词"溜去"后面加个"了",也同样合法,而且还可以将"八千多个日子"移到最后,变成"从我手中已经溜去了八千多个日子"。不过,原文之所以不用"了$_1$",固然与句中有"已经"这个副词有关,然而更重要的原因,则恐怕与篇章组织有关。由于没有上下文,这个原因仅系猜测而已。(17)中与英译 (have known) since 相对应的词语是"以来"。若依"以来"的词义而言,则译为 since 即可。然而,since＋N 在英语中仅能做副词修饰动词组,不能充当形容词修饰名词组。因此,译文中加上 I have known,以便承载 since childhood。例句(18)中的"(近几年)来"含"从过去某一未明言的时间至今"的意义,这恰恰是英语现在完成式的基本意义之一。

3.5 "了$_1$"与"实现"有关吗?

另外,潘文国(2003)依据下列(19)、(20)等实例,对"了$_1$"与"实现"相关此一看法,提出质疑。

(19) 他跑来跑去的寻,他想寻一个窟穴,躲了身子,将石子堵了穴口,隐隐的蜕壳。(鲁迅《螃蟹》)

(20) 这不但是辜负了北平,也对不住我自己。(老舍《想北平》)

其实,仔细审察,此两例句不但不是反证,而且还澄清了这样的疑虑。例(19)中两个"了"前的动词"躲"和"堵"所表达的事件,表面看来似乎都没有"实现"的意义,这是从整句的解读而获得的,因为其前的主句中的动词"想"所涵盖的语义范畴也包含其后几个小句,所以整句的语义都是在"想"的范畴之内。若就"躲了身子""堵了洞口"这两个小句本身而言,则绝对有"发生",也因此有"实现"的意义。至于(20)中的"了",严格地说,确实没有"实现"的意义,因为"实现"必须涉及"事件",而"辜负"仅是一种状态。既然是状态,那么,其后的"了"也就不是"了$_1$",而应该是标示"情状改变"的"了$_2$"了;然而,由于其不在句末,这个"了"就一般不被认作"了$_2$"。这是语法研究中的方法问题:究竟应该以句中位置为依据,还是以其功能为依据?如能两者兼顾,则最为上策。此处仅能点出问题,无法再进行详细讨论。

3.6 小结

上面第 3.1—3.5 诸小节,利用潘文国(2003)所举的英译实例,讨论了几个与"了$_1$"基本功能相关的问题。无论它与"完成式"或"过去时"相对应,它所执行的功能都是:E＜R。(第 3.1—3.2 节)这个功能在"无标记"的语境中,通常默认为"过去时"。至于英译中的其他对应(或不对应)形式,都可以由其基本语义"发生"(或"实现"),透过语境(包括同时呈现的语法形式)而衍生出来。例(10)—(11)的"发生"为"未然"所限定;(12)则"发生"在从属语句之中;(14)与"经验"同现;(15)受"言说"动词之影响;(16)与"已经"同现;(17)可归诸于"以来"与"since"对语法结构要求的不同;(18)中的"近几年来"的含义,恰恰与英语现在完成式的基本意义之一完全吻合。最后,(19)中的"了"虽然表面看似没有"实现"的意义,其实是由于受到其前主句动词的影响;而(20)中的"了"其实应该是"了$_2$",表达"情状改变"。当然,广义而言,"情状改变"也可以认作是"实现"的一个次类。

综上所述,我们可以将"了$_1$"和英语各种形式之间的错综复杂关系,透过各别所执行的功能,以图解来显示:

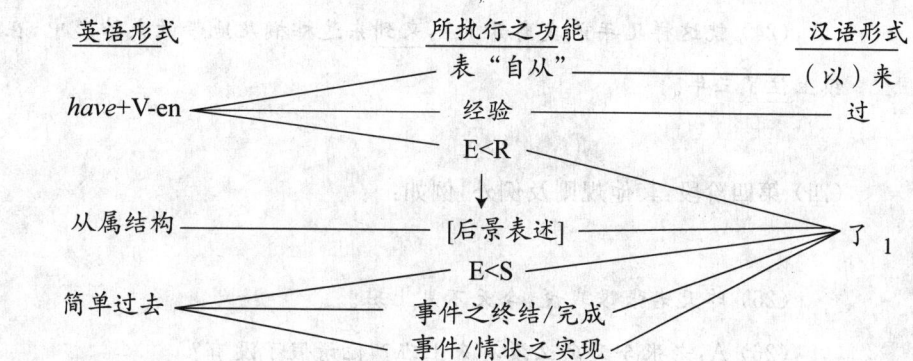

(21) "了$_1$""have+V-en"以及其他相关语法形式之间的对应关系:

```
英语形式              所执行之功能              汉语形式
                 ┌── 表"自从"──────────── (以)来
have+V-en ───────┼── 经验 ──────────────── 过
                 └── E<R
                     ↓
从属结构 ────────── [后景表述] ──────────┐
                     E<S                  ├── 了$_1$
简单过去 ────────┬── 事件之终结/完成 ─────┤
                 └── 事件/情状之实现 ─────┘
```

图中的[后景表述]是由 E<R 直接衍生出来的。很显然,"了₁"虽然一般称之为"完成体标记",但是它所能执行的功能却多与英语之"过去时"相重合,与英语之"完成式"仅有 E<R 一项相同而已。

4. "了₁"的循序教学

根据上面的讨论,我们主张:在现代汉语的语法教学中,完成体标记"了₁"尽管可以用"过去时"的概念为切入点,先行介绍其最基本的用法。其他各种用法则可以用循序渐进或随机介绍的方法,逐渐引进。实际操作,可以分成四个阶段(参看屈承熹,2004):(一)叙事性的过去——事件的发生,(二)相对的过去——事件的排序,(三)篇章组织——事件的组合,(四)其他。兹举例说明如下:

(一)第一阶段:叙事性的过去——事件的发生,例如:

(22)(昨天晚上)我跟几个朋友去看了一场电影,很好看。

(二)第二阶段:相对的过去——事件的排序,例如:

(23)明年这个时候,我已经离开了上海,回美国去了。

(三)第三阶段:篇章组织——事件的组合,例如:

(24)就这样几年前我离开LA,来到东边棕榈泉地带的大沙漠中,在不同的小镇上住了三年。⑦

(四)第四阶段:其他规则及例外,例如:

(25)昨天老张跟我说,今天不来上班。
(26)A:老张今天怎么没有来上班?他请假了没有?

B:他昨天跟我说了今天不来上班。我忘了告诉你。

第一阶段所介绍的"了₁",所发挥的功能就是E<(R=)S,可缩简为R<S。例(22)中,E所指的是"看了一场电影"。其实这个功能,非常接近西方语言中的"过去时"。所以在教学中不妨直截了当地把它称为"过去标记"。例如,(22)中无论有无"昨天晚上"这个时间副词,其时态都是过去。不过,这个"了₁"的功能,仅适用于"事件的发生",却不适用于"情状的存在"。因此,例(22)中的"好看"虽属过去,但不能用"了"。这一点非常重要,是在教学中必须强调的。⑧

第二阶段的"了₁",所发挥的功能也是E<R。只是这个R不是S,而是另外一个特定的参照点。例(23)中,E所指的,是"离开上海",R是所指的是"回美国去"。⑨换言之,"了₁"在这里发挥的功能是表示:说话者要特别明确地说明,"离开上海"发生在前,"回美国去"发生在后。这就是事件的排序。试比较:

(23′)明年这个时候,我已经离开上海,回美国去了。

例(23)与(23′)的唯一区别,就是前者特别说明,"离开上海"跟"回美国去"这两件事所发生的时间有前后之别,而后者没有这样的特别说明。当然,由于(23)中有一个时间副词"明年这个时候",它也可能被认定为R。那么,这个"了"的功能虽然不变,但是相对排列的,却是"该事件的发生"与"明年这个时候"这个时间点之间的先后次序了。

第三阶段的"了₁",是用来执行"事件整合"(event integration)的任务的。例(24)中,一共有三个动词组:"离开","来到","住"。三者都是"事件动词"(event verb),如果单独使用,都必须在其后加个"了₁"才能标示"事件的发生"。然而,事实上,(24)中只有第三个"住"的后面有"了₁",其他两个后面都没有。其后没有"了₁",在这个语境之中,并不表示这两件事件没有发生,而是表示"他们跟后面有'了₁'的那件事件,在说话者看来,应该是合而为一,是同一事件中的'子事件'(sub-events)"。

第四阶段应该介绍的,其实是前三个阶段所无法包括的用法。有些颇有规律,有些则可能是个别现象。后者如文言词语中动词后不能加"了₁",例如:"去国十载"不能说成"去国了十载",这是比较个别的现象。例(25)、(26)所举,则是较为有规律的。很多语言中的所谓"言说动词"(verbs of saying)大凡都是在动词这个范畴中自成一个"次范畴"(subcategory),在语法上会有某些特征。现代汉语也不例外,例(25)、(26)中的"说"就是其中之一。这类动词虽然是表示事件,但当叙述这类事件时,虽然发生在过去,如果后面紧跟着有所说的内容,则不用"了$_1$",如(25),其后的"今天不来上班"就是说的内容。不过,这里的"了$_1$"并不是绝对不能用,而是用了以后,就隐含了一个"说"与"不说"的对比,如例句(26),其中的对比是:在该语境中有个预设"老张说(今天不来上班)这事件未曾发生",而说话者在"说"后加上个"了$_1$"来与该预设对比,也就是说说话者要特别表示"老张确实说了"。这应该是标示"信息焦点"的用法。

当然,还有很多其他与上述第一至第三阶段不符的用法。遇到那样的情况,只有个别介绍。不过有很多用法,看似个别性很强,如果细究,则可能还是可以透过那三种基本功能而引申出来的。

5. 余论

最后,我们回头看看本文引言中所提出的问题,就是为什么例(1)、(2)中对"了$_1$"有不同的需求?

(1) a. *我下车后,中国同学帮了我搬行李。
　　b. 我下车后,中国同学帮我搬行李。
(2) a. *昨天你们真是帮我的大忙。
　　b. 昨天你们真是帮了我的大忙。

其实,我们还可以添加一个例句,如下:

(1) c. 我下车后,中国同学帮我搬了行李。

以此句与(1a)及(1b)对照,则更加令人困惑。动词"帮"及"搬"后面的"了$_1$"似乎都是可有可无,究竟什么时候该用,什么时候不该用呢?仅仅从句法的角度来观察,这个问题也许可以用头痛医头、脚痛医脚的方法来搪塞一时,却无法找到一个有系统的,而且是令人信服的解决方法。不过,如果以信息焦点和篇章组织的角度来观察,则不难获得一个较为合情合理的解释。首先必须说明,"了$_1$"在组句成章中所发挥的功能,是标记主要动词。这与许多语言中用时态来标记主要动词的方法是一致的。因此,例(1a)之所以接受度不高,并不是在语法上动词"帮"和"了$_1$"有什么不相容之处;而是用了"了$_1$",该句就是叙事体,即叙述一件事件的发生。既然是叙事,那么,就应该用其中动作性较强的动词"搬"作为叙述的中心,在其后用表示"发生"的完成体标记"了$_1$"。同时,"了$_1$"也标示了"搬"是其中的主要动词。这样,两个动词"帮"和"搬"就透过"事件整合"的手段结合成一句完整的句子,表达一件完整的事件。试以(1a、b、c)与下列(27)相比较:

(27) 昨天中国同学帮了我搬行李,今天我请他们喝咖啡。

这就更能确认"了$_1$"标示主要动词(亦即主要意念)的功能。例(27)是一句复句,前后各有独立的谓语,其中两个动词"帮"和"请"则相辅相成,有因果关系。所以这个复句中的信息焦点也就落在这两个动词上。标示信息焦点,当然有好几种不同的方法,但是在这个复句中的语法手段,就是用"了$_1$"来标示该动词是该句的主要动词,其所带信息是主要的信息。因此,(27)中的"帮了"是非常自然合理的用法。至此,(1a、b、c)与(27)之间的不同要求,也就迎刃而解了。

至于(2a、b)之间的不同需求,则可以简单地用"了$_1$"的'实现/发生"功能来解释。兹以(28)为例,加以说明。

(28) 昨天你们要是真的想帮(*了$_1$)我这个忙,为什么没有跟我一起去呢?

例(28)中,虽然有过去时间词"昨天",但因为"帮我这个忙"是可能发生而没有发生的事件,不能用表示"发生/实现"的"了$_1$"。而例(2)中必须有"了$_1$",因为它是对一个已经发生的事件所做的评论。

总之,"了$_1$"的用法固然错综复杂,似乎让人有千变万化之感。然而,万变不离其宗,只要掌握其基本功能"实现/发生",再配以"信息焦点、事件整合"等等的篇章手段,就不难解释其看似繁杂却相当系统化的各种用法及意义。循此法则,在汉语语法教学上,也可以设计出一个由易及难、循序渐进的教学方案。

附注

① 文献中多以 R<S 表"过去时态",本文为求简洁,改用 E<S 表达。

② 上海海事大学王菊泉教授指出,该研究中所选语料局限性甚高,如语料数量不足、语体不够广泛、是否合乎英语母语语感等等。诚然。对翻译语言之是否流畅,本文作者亦曾有所顾虑;不过,以本人"非本族人"之语感粗略判断,译文中并未发现有任何严重闪失,至少有关"了₁"及其对应部分,应该毫无问题。

③ 此处所引实例均出自潘文国(2003)。

④ 此处所说的其他形式,包括"经验体"(experiential aspect)、"自从"(since)等概念的表达方式。请参看上文第 3.1 节中对"成了"的讨论及下文第 3.4 节。

⑤ 参看张家骅(2004)。

⑥ 参看屈承熹著、潘文国等译(2006:60—61)。

⑦ 原文第一小句中"离开"后也有个"了",这个"了"的功能是"先后排序",但为避免混淆、便于讨论起见,已将之删除。

⑧ 由于"好看"是情状,如果其后有"了",则这个"了"就不是标记"事件的发生",而是标记"情状的改变",一般就将之视为句末虚词"了₂"。因此,"好看了"的意思不是"好看这个情状是在过去的发生或存在",而是"好看这个情状是由本来不好看经过改变而获致的"。

⑨ "回美国去"后面的"了"一般也认为是"了₂"。不过,这个"了₂"除了表示"情状改变"以外,往往还有标示篇章段落的功能。详见屈承熹著、潘文国等译(2006:119—133)。

参考文献

竟 成主编 2003 《汉语时体系倰国际研讨会论文集》,上海:百家出版社。
陆俭明、马 真 1985 《现代汉语虚词散论》,北京:北京大学出版社。
潘文国 2003 从"了"的英译看汉语的时体问题,见竟成主编(2003)。
齐沪扬、张谊生、陈昌来编 2002 《现代汉语虚词研究综述》,合肥:安徽教育出版社。
屈承熹 2004 结构、功能、篇章:语法的循序教学,《华语文教学研究》1.1。
屈承熹著、潘文国等译 2006 《汉语篇章语法》,北京:北京语言大学出版社。
张家骅 2004 通过俄汉对比看"了₁"的常体意义,《当代语言学》第 2 期。
Chu, Chauncey C. 2009 The English perfect and the Chinese perfective-LE: Between linguistic universality and language specificity."英汉对比与翻译学科建设高层论坛论文,上海海事大学外国语学院,2009.12.4—5.
Mani, Inderjeet, James Pustejovsky and Rob Gaizauskas (eds.) 2005 *The Language of Time: A Reader*. Oxford University Press.
Reichenbach, Hans 2005 The tenses of verbs. In Inderjeet Mani, James Pustejovsky and Rob Gaizauskas (eds.) (2005).
Smith, Carlota S. 1997 *The Parameter of Aspect* (2nd ed.). Kluwer Academic Publishers.

论汉语语法研究的北大精神

邵敬敏

暨南大学

如果说新时期的汉语语法学是一个百花盛开的大花园的话,那么北京大学的语法研究就是其中最有魅力的一朵奇葩。北京大学的汉语语法研究在中国语言学界里占有极为重要的地位,起着领头羊的作用。如果说这几十年来我国涌现出一大批优秀的语法学家的话,那么,以朱德熙、陆俭明为代表的北京大学语法研究团队就是其中的第一方阵。新时期30年风风雨雨,披荆斩棘,汉语语法研究赢得了极其辉煌的成就,这离不开北京大学研究团队的杰出贡献。

从王力先生,到朱德熙先生、陆俭明老师,一直到年轻一代的袁毓林、沈阳、郭锐教授,薪火相传,一脉相承,又推陈出新,更上一层楼。他们在汉语语法研究方面,各领风骚数十年。在北京大学这个特定的学术氛围里,形成了一个继往开来的传承关系。王先生的学问是博大精深,尤其擅长把中国传统语言学跟现代语言学融为一体。朱先生的研究极富创新意识,汉语语法研究在他的手里,不仅仅是一门学问,更是一门科学,一门艺术;不仅仅是一种生活,也是一种享受。陆老师的特点是精力过人,充满着青春与活力,不断地与时俱进,一直走在汉语语法研究的最前列。至于年轻一代,袁毓林的认知语法学、沈阳的形式语法理论的中国化、郭锐对句法语义的不懈探索,都构建了汉语语法研究的一个个学术高地。我们欣喜地看到,北大精神在汉语语法研究领域里得到了发扬光大。

1. 朱德熙先生的空前绝唱

朱德熙先生喜欢昆曲,聆听他演唱昆曲,是一种艺术的享受。那么听他的语法讲座,看他的语法论著,同样也是在享受一种艺术大餐。

朱德熙先生的成名之作是《现代汉语形容词研究》,该文以它崭新的研究角度、有效的研究方法和出色的研究结论引起国内外同行的注目。20世纪60年代,他全面运用结构主义学说来研究汉语的语法专题,对汉语描写语法的发展起到了举足轻重的推动作用。尤其是《论句法结构》(《中国语文》1962年第8、9期)一文为全面研究汉语的句法结构,揭示其中不同层次、不同组合的规律提供了可靠的理论和方法。《说"的"》(《中国语文》1961年第12期)更是他的呕心沥血之作,是结构主义语法理论跟汉语语法事实紧密结合的经典之作。

70年代到80年代,朱先生大胆引进新的研究理论,出色而娴熟地运用经过改造的变换方法,对动词进行再分类;并以深层结构理论为背景,揭示了汉语中隐藏在显性语法关系后面的隐性语法关系。这一切都为我们更深入更细致地分析汉语的句法特色和语义关系打开了思路。其中尤其是《汉语句法中的歧义现象》(《中国语文》1980年第2期)、《变换分析中的平行性原则》(《中国语文》1986年第2期)更给人以方法论的启迪。

1.1 朱德熙先生的语法研究成就

如果说《现代汉语语法研究》、《语法丛稿》是探索性的,《语法讲义》是描写性的,那么《语法答问》就是论辩性的。朱先生的语法思想集中体现在这四本著作中。

《现代汉语语法研究》、《语法丛稿》收录朱先生的语法研究专题论文,数量虽不多,但几乎篇篇都是呕心沥血之作,是以质胜量的典型代表。他的语法研究思想不断发展,不断创新,尤其在语法形式与语法意义的对应关系、互相验证方面屡有建树,运用语义特征、语义指向来解释句法现象,很有说服力。

《语法答问》的论题集中在一些有长期争论的问题上,观点鲜明,重点突出。作者努力摆脱印欧语的干扰,摆脱旧有观念的束缚,试图运用朴素的眼光看汉语,从而能提出一些新的富有启发性的见解。

《语法讲义》是全面体现作者对汉语语法体系认识的一个框架。它是国内继丁声树

《现代汉语语法讲话》之后,运用结构主义语法理论对现代汉语语法进行全面描写,并具有浓郁中国特色的一部最重要的语法著作,它构拟了一个崭新的"词组本位"语法体系,为汉语描写语法的发展做出了不可替代的贡献。

1.2 朱德熙先生语法思想的核心

朱德熙的语法研究思想代表了当代中国语法学界的主流,产生了深远的不可估量的影响。他在语法研究的理论与方法上的核心思想主要有以下四个方面:

1) 重新认识汉语的语法特点。作者认为主要有两点:一是汉语的词类跟句法成分之间不存在简单的一一对应的关系;二是汉语的句子构造原则跟词组的构造原则基本上是一致的。这两个特点决定了汉语语法其他一些具体的特点。

2) 明确提出以词组为基点的词组本位语法体系。作者认为它比句本位优越:一是内部一致,没有矛盾;二是具有简明性。

3) 对语法形式与语法意义的关系给以新的诠释,指出"语法研究的最终目的就是弄清楚语法形式和语法意义之间的对应关系"。因此,进行语法研究应该把形式和意义结合起来。真正的结合则是两者互相渗透,讲形式的时候能够得到语义方面的验证,讲意义的时候也能够得到形式方面的验证。

4) 提出横向的(方言)语法研究和纵向的(历史)语法研究相结合的方法。他根据自己研究"的"的切身体会,指出必须把"方言语法研究、历史语法研究和标准语语法研究"结合起来,这就弥补了描写语法研究先天存在的不足,就从原先静态的、孤立的研究变成动态的、比较的研究。从而不仅为汉语语法研究的健康发展指明了新的方向,而且具有语言类型学上的意义。

1.3 朱德熙先生语法研究的风格

朱德熙的语法研究不但具有鲜明的时代特点,而且也具有浓郁的个人风格。

1) 善于吸取国外新的语法理论和方法,而且经过了去粗取精、去伪存真的改造,一切都要经过汉语语言事实的验证,因而有所修正,有所发展。例如他指出:X1Y1 和 X2Y2 同构的条件都是:(1) $X_1Y_1 = X_2Y_2$ (2) $X_1 = X_2$ (3) $Y_1 = Y_2$,对于某些形态比较丰富的语言来说,条件(1)可能是多余的,但是汉语里仅仅满足条件(2)(3)不一定同构,例如:

烤白薯(述宾)……(A_1)　　烤白薯(偏正)……(A_2)

2) 善于吸取前人研究的成果,在此基础上开拓出新的研究领域,把研究水平提高到一个新的高度。例如关于动词"向"和歧义格式研究受到赵元任影响,关于形容词研究和语尾"的"的研究则受益于陆宗达、俞敏的《现代汉语语法(上)》一书。

3)善于抓住纷繁的汉语语法现象中的某一个专题,而该专题往往能较好地体现出汉语语法研究的一些原则问题,所以具有"以小见大""以实显虚"的特点。例如《说"的"》《与动词"给"相关的句法问题》便是这类代表作。

4)研究理论及方法前后的连贯性和对此不断的完善、改进。这种连贯性使他的论文在总的方向上始终保持前后一致,而这种改进性则使语法研究得到不断深入和发展。例如变换方法开始时只是作为区分"狭义同构"内部小类的一种方法提出来的,而发展到后来,则已成为证明是否具有相同语法意义的一种可靠的形式验证。

5)提倡"用朴素的眼光来看汉语",对外来的理论与方法都要经过汉语的实践,并且做出相应的改进。例如作者根据汉语中存在着"客人的到来"这样结构关系与功能不一致的情况,对布龙菲尔德关于"向心结构"定义做出了修改,认为"向心结构和它的核心关系包括语法和语义两方面。从语法上说,功能相同;从语义上说,受到相同的语义选择限制"。

6)在理论和研究方法上不断进行探索。这一点贯穿了朱氏的全部研究,作者提出"变换式矩阵里的句子无论在形式上还是在语义上都表现出一系列的平行性",此外,还指出了"自指""转指"以及"句法成分的提取"等新观念,这不仅对分析汉语语法,而且对其他语言的语法分析也都有普遍指导意义。

总之,朱先生是国内思想最活跃、最富有创新精神,研究卓有成效的著名语法学大师。几十年来,他坚持从汉语语言事实出发,不断地借鉴国外一些新的语法理论和方法,并融会贯通,推陈出新,对汉语语法进行科学精细的分析,从而得出令人信服的、富有启迪性的结论。并通过典型汉语法现象的分析研究,进一步提出在语法研究理论和方法上的新的富有创见的看法,从而为建立起具有中国特色的汉语语法理论框架而做出了极为重要的贡献。他精湛绝伦的语法思想不仅仅影响了我们这一代人,而且还将影响到几代学人。

2. 陆俭明老师的杰出贡献

陆俭明老师精力充沛,文思敏捷,不仅具有国际视野,而且观点前沿,稳妥中透出犀利,事实中蕴涵理论,平凡中包容着奇特。阅读他的论著,绝不能就事论事,而必须知一反三,静中见动。

陆俭明老师师承我国著名语言学家朱德熙先生,而且有所发展,有所创新,形成自己鲜明而独特的研究风格,成为新时期我国汉语语法研究学科的领军人物。他的研究深刻地体现了我国语言学界的优良传统,即坚持从汉语的语言事实出发进行深入的调查研究,但又不局限于局部的描写,而是努力体现研究方法的革新;他的研究也充分展示了我国新一代语法学家在理论上的追求,即在吸收、借鉴国外新的理论方法的基础上,努力结合汉语实践,加以修正,加以发展,并且形成自身的特点。

陆俭明对汉语语法规律有着相当深刻的认识,描写细致入微,论证扎实周到,结论严谨可靠,思路清晰严密,而且行文流畅可亲,深入浅出。其最重要的特点则是对汉语语法研究方法论的不懈的探索,这也是贯穿他全部研究的一根主线。

他的语法研究视野开拓,分析精细,从中我们可以清楚地看出一个真正的学者一步一个脚印所走过的艰辛而又灿烂的道路。重要论文结集为《著名中年语言学家自选集——陆俭明自选集》(河南教育出版社,1993)和《20世纪现代汉语语法八大家——陆俭明选集》(东北师范大学出版社,2001)。

2.1 陆俭明老师的语法研究成就

1) 专题研究。虚词研究是他研究的强项,代表作就是跟马真老师合写的《现代汉语虚词散论》(北京大学出版社,1985;修订本,语文出版社,1999)。其中《虚词研究浅论》是专门讨论研究方法的。该文特别指出研究虚词有两条线索:一是根据虚词的意义,依靠比较法。二是考察虚词的用法,作者提出从八个方面考察:句类、词类、音节、轻重音、肯定与否定、简单与复杂、位置、跟其他词语的搭配等。其次是句法分析,尤其是口语句式的分析有独到之处,代表作是《现代汉语句法论》(商务印书馆,1993)。

2) 方法论的探索。《八十年代中国语法研究》(商务印书馆,1993),重点就是讨论若干研究方法,包括"层次分析的应用""变换分析的应用""语义特征分析的应用""语义格和语义指向""形式和意义的结合""值得注意的理论和观点"。可贵之处就在于对80年代以来的汉语语法研究的若干重要研究方法进行了梳理,因此具有重要的指导作用。而后在《现代汉语语法研究教程》(北京大学出版社,2003)中还有进一步的发展。

3) 语法应用研究。他在语法教学和教材方面倾注了大量的心血。他是北京大学《现代汉语》教材的主要执笔者之一,也是《现代汉语虚词例释》(商务印书馆,1982)这本重要工具书编写的组织者和执笔者之一,他还跟沈阳合编了《汉语与汉语研究十五讲》(北京大学出版社,2004)。他还非常关注中学的语文教学,尤其是对外汉语教学,在教学第一线以及出国讲学过程中发现问题,解决问题,并在有关理论上进行了探索。

2.2 陆俭明老师语法研究的特色

陆俭明的语法研究不仅继承了老一辈语法研究的优良传统,而且形成了自己的特色。这些特色主要是:

1)研究的视野相当开阔,善于观察,善于挖掘,善于总结。他不仅研究虚词本身的特点,而且把虚词跟句式联系起来进行研究,从而打开了思路;不仅注意书面语的语法研究,而且注意口语里句式的变化,注意不同语用场合的特点,从而发现了一些不为人注意的动态变化;不仅注意句法形式的制约,而且注意语义特征、语义角色、语义指向对形式的决定作用;不仅注意语法本体的研究,而且还注意对外汉语教学以及计算机应用中所出现的问题;不仅注意具体语法规律的挖掘,而且注意研究方法的归纳。

2)擅长从各个角度进行多层次的比较。比较法并不是什么新的方法,但对比较方法能如此娴熟地运用,而且从不同角度进行多侧面比较,则是一门艺术。例如关于现代汉语疑问语气词的研究,就是综合使用了功能比较法、语义对应法和教学推导法,使比较研究更具有科学性,最后得出一个新鲜的结论:即现代汉语疑问语气词只有两个半:"吗""呢"和半个"吧"。也许你不一定同意他的结论,但不能不佩服他所采用的研究方法的科学性。这一方法体现了文理渗透的精神,简明实用,很有吸引力。

3)坚持语法形式与语法意义之间双通道的研究,互相结合,互相渗透,互相验证,以揭示这两者之间的相对应又不相对应的复杂关系。他认为句法结构是句法结构,语义结构是语义结构,两者不是一回事;他还指出语义类别和句法结构的制约和反制约的关系。因此,这一研究也是对朱德熙先生关于形式与意义关系学说的继承和发展。

4)强烈多元意识,主张不断探索研究方法的改进,针对不同的课题,采用不同的研究方法,以达到最佳的研究效果。这主要是综合使用变换分析法、语义特征分析法、语义指向分析法、计量分析法等等,而且他还特别重视对这些研究方法的总结,先后发表多篇关于方法论研究的论文。尤其是《八十年代中国语法研究》(商务印书馆,1993)更是一部带有理论总结性的著作,显示出他在探讨语法研究方法和理论方面的自觉意识。

2.3 陆俭明老师语法研究的风格

陆俭明是一位与时俱进不断创新的学者,充满活力和激情,即使年过七十,仍永葆学术青春。进入 21 世纪以来,仍然发表许多重要的指导性论文。例如:《汉语语法研究所面临的挑战》(与郭锐合作,《世界汉语教学》1998 年第 4 期)、《汉语语法研究的必由之路》(《语言文字应用》2005 年第 3 期)、《当代语法理论和现代汉语语法研究之管见》(《山西大学学报》2007 年第 3 期)等。他在学术上具有一种独特的敏感,最近几年里,发表了《"句式语法"理论与汉语研究》(《中国语文》2004 年第 5 期)、《构式语法理论的价值与局限》(《南京师范大学文学院学报》2008 年第 1 期)等,对构式语法理论进行了实事求是的评价,既肯定构式语法理论对推进语言研究有一定贡献,同时也指出这种理论还很不完善,甚至还存在某些问题与局限。

陆俭明老师是 20 世纪跟 21 世纪新旧世纪之交中国语法学界的领军性人物,他的语法研究无疑在汉语语法学史上占有无可替代的重要位置,起到了承前启后的桥梁作用,不仅自己的研究出类拔萃,而且在组织、引导中国的汉语语法研究健康发展、走向世界舞台方面也发挥了积极的作用。

3. 永远的火炬——北大精神

纵观北京大学的汉语语法研究,可以清楚地看到,一方面是源远流长,根深叶茂;另外一方面则是推陈出新,奔腾不息。

从王力先生,到朱德熙先生,到陆俭明老师,我们清晰地看到北京大学的语法学家长新不衰的脚步,也深刻领略到汉语语法研究的北大精神,就像奥林匹克那永远不会熄灭的火炬,光芒四射。这就是:脚踏实地的探索,与时俱进的创新。他们三位各领风骚若干年,他们之间有一定传承,更多的是发展和创新。各人有自己研究的强项和特色,各人也有自己研究独特的魅力。比如王先生的汉语句式分析在当时可谓"一枝独秀""玉树临风"。朱先生在进行句式变换、歧义分化时的思路和方法,读来简直就是一种享受,一种满足,可称得上是"如醉如痴""倾倒众生"。陆老师的虚词比较以及方法论的概括,竟然能够如此"出神入化"、不能不让我们"叹为观止"。这些特色如果要加以概括的话,那么至少有以下几点:

3.1 对汉语语法特点不懈的追求和挖掘

朱先生和陆老师对汉语语法的特点有自己独特的认识。朱先生主要有两点:一是汉语的词类跟句法成分之间不存在简单的一一对应的关系；二是汉语的句子构造原则跟词组的构造原则基本上是一致的。陆老师则在朱先生所说的两点基础上补充了四条：(1) 缺乏形态标志和形态变化。(2) 只要语境允许，句法成分，包括重要的虚词，可以省略。(3) 同一种语法关系可以隐含较大的语义容量和复杂的语义关系而没有任何形式标志。(4) 语序固定，语序成为汉语表示语法意义的重要手段。无疑，对汉语语法特点的认识，关系语法研究的全局，两位对此都做出了不懈的努力，并且得出了独具匠心的结论。

3.2　擅长通过具体专题显示语法研究的理论和方法

朱先生和陆老师语法研究的特色之一，就是善于抓住纷繁的汉语语法现象中某一个专题，而该专题往往能较好地体现出汉语语法研究的一些原则问题，所以具有"以小见大""以实显虚"的特点。

陆老师还主张不断探索研究方法的改进，针对不同的课题，采用不同的研究方法，以达到最佳的研究效果，所以他还特别重视对这些研究方法的总结，先后发表了《分析方法刍议》(《中国语文》1981年第3期)、《变换分析在汉语语法研究中的运用》(《湖北大学学报》1990年第3期)、《语义特征分析在汉语语法研究中的运用》(《汉语学习》1991年第1期)、《汉语句法分析方法的嬗变》(《中国语文》1992年第6期)、《关于语义指向分析》(《中国语言学论丛》第一辑，北京语言文化大学出版社，1997)、《当代语法理论和现代汉语语法研究之管见》(《山西大学学报》2007年第3期)等。

3.3　加强语法意义与语法形式的双通道研究

朱先生早期语法研究的理论主要来自结构主义，但是他从来也没有放弃过有关语义的探索，例如在《现代汉语形容词研究》一文中，他第一次把汉语的形容词分为"性质形容词"和"状态形容词"两大类，并且描述了这两类形容词所表达的不同的语法意义。到了70年代末，他开始全面接触句法里的语义这一敏感课题；并且就形式与意义的关系进行了卓有成效的理论探索，通过对汉语歧义句式的分化，在研究方法论上有重大发展：

(1) 根据平行性原则提出变换分析法。

(2) 根据语义特征提出词语的次范畴分类。

(3) 根据语义结构理论提出隐性语法关系。

陆老师继承并且发展了朱先生重视语法意义与语法形式之间双通道研究的优秀传统,强调互相结合、互相渗透、互相验证,以揭示这两者之间的相对应又不相对应的复杂关系。他的贡献在于:

(1) 指出句法结构是句法结构,语义结构是语义结构,两者不是一回事。
(2) 指出主语和话题的区别必须有严格的形式标准。
(3) 指出语义类别和句法结构的制约和反制约的关系。
(4) 加强了语义特征、语义配价、语义指向、语义范畴的理论研究。

北大精神要继续发扬光大,关键就要在借鉴、引进国外有关理论的同时,重视语法研究理论的独创性与中国化。

3.4 独到的创新思维

朱先生和陆老师之所以能够取得如此辉煌的成就,能够在汉语语法学界独树一帜,成为领军人物,并在国际上产生相当深远的影响,绝非偶然。最最主要的就在于他们具有独到的创新思维,他们清醒地认识到,我们的汉语语法研究,必须努力摆脱印欧语的干扰,摆脱旧有观念的束缚,必须运用朴素的眼光看汉语,这样才能够提出一些富有启发性的创新见解。

1) 尊重语言事实,一切从事实出发。尊重语言事实,一切从事实出发来归纳汉语语法的规律。同时又要跟世界上其他语言做横向的比较,具有类型学的视野。

2) 理论上具有多元兼容意识。不是唯我独尊,不是排斥异己,不是故步自封,而是采取宽容的胸怀,广泛吸纳各种有一定价值的力量和方法,在我们的研究中融为一体。

3) 对原创意识的不懈追求。学术研究的生命源就在于原创,就在于与众不同,独辟蹊径,具有强烈的创新意识。只有我们自己的原创,我们才有希望登上国际舞台,并且产生相应的影响。

4. 结语

进入 21 世纪以来,中国正在迅速和平崛起,中国的影响日益增长。随之而来的是汉语将成为强势语言,在世界上的影响越来越深远,这是不以人们意志为转移的发展趋势。汉语正在走向世界,我们的汉语语法研究也将大踏步地登上国际舞台。

在这样一种形势下,我们完全有必要总结以朱德熙先生和陆俭明老师为代表的北京大学的汉语语法研究的团队精神,走向世界,彰显自我!我们将对国际语言学做出更大的贡献并产生更为深远的影响。

参考文献

邵敬敏　2007　《汉语语法学史稿》(修订本),北京:商务印书馆。
邵敬敏　2011　《新时期汉语语法学史(1978—2008)》,北京:商务印书馆。

朱德熙先生最重要的学术遗产*

沈家煊

中国社会科学院

1. "向前跨一步总是好的"

朱德熙先生是我最敬佩的几位前辈语言学家之一,我个人的成长经历跟阅读朱先生的著作、领会朱先生的思想密切关联。我相信我的感受和许多同辈人的感受是一样的。今天我们纪念朱先生诞辰 90 周年,最好的纪念方式就是对朱先生留给我们的学术遗产加以盘点,以利于继承和发展。

朱先生主要的研究领域是汉语语法,在这个领域里朱先生最重要的贡献是什么?是不是提出了"分布"原则?是不是提出了"层次分析法"?都不是,因为分布和层次分析是西方结构主义语法学早就提出并且坚持的原则和方法。朱先生的重要贡献是将结构主义的原则和方法与汉语的实际紧密地结合起来,揭示了汉语语法有别于印欧语语法的特点,建立了一个比较适应汉语实际的语法体系。

我说过,从《马氏文通》开始,一个多世纪以来中国学人有两个"不曾停息"的努力:我们从西方借鉴先进的理论和方法的努力一直没有停息过,我们想摆脱印欧语的研究框架、寻找汉语自身特点的努力也一直没有停息过。朱先生在《语法答问》的"日译本序"里说:

---

* 本文是在"走向当代前沿科学的现代汉语语法研究国际学术研讨会——纪念朱德熙教授诞辰 90 周年和庆祝陆俭明教授从教 50 周年"(2010 年 8 月 17—18 日,北京大学)上的演讲稿,会上因时间所限没有讲第 5 部分,全文在会后做了少许修改。

中国有一句成语叫"先入为主",意思是说旧有的观念的力量是很大的。我们现在在这里批评某些传统观念,很可能我们自己也正不知不觉之中受这些传统观念的摆布。这当然只能等将来由别人来纠正了,正所谓后之视今,亦犹今之视昔。不过就目前而论,能向前跨一步总是好的,哪怕是很小很小的一步。

朱先生很谦虚,自认为在摆脱印欧语眼光为主导的传统观念的道路上只是前进了很小的一步。然而在我看来,这"很小很小的一步"正是朱先生留给我们的最重要的学术遗产。朱先生的思想在1982年的《语法讲义》里已经得到较为全面的贯彻,而出版于1985年的《语法答问》,其"目的是针对一些常常引起争论的基本概念和观点进行分析和评论",虽然只是薄薄的一本,却是朱先生对汉语语法的特点和对合理的汉语语法体系的集中、明确、系统的阐述。今天来盘点朱先生最重要的学术遗产,不能不好好地研读这两本书,特别是《语法答问》。

2. "汉语语法真正的特点"

朱先生向前跨出的一步是什么内容呢?那就是他明确无误地提出了汉语语法不同于印欧语的两个特点。《语法答问》第4—9页说:

……汉语语法真正的特点在哪里呢?要是细大不捐的话,可以举出很多条来。要是拣关系全局的重要方面来说,主要只有两条。一是汉语词类跟句法成分(就是通常说的句子成分)之间不存在简单的一一对应关系;二是汉语句子的构造原则跟词组的构造原则基本上是一致的。

关于第一条朱先生展开来这么说的:

汉语的动词和形容词无论是做谓语还是做主宾语,都是一个样子。传统汉语语法著作认为主宾语位置上的动词、形容词已经名词化了。这是拿印欧语的眼光来看待汉语。就汉语本身的实际情况来看,动词和形容词既能做谓语,又能做主宾语。做主宾语的时候,还是动词、形容词,并没有改变性质。这是汉语区别于印欧语的一个非常重要的特点。说它重要,因为这件事不但影响我们对整个词类问题的看法,而且还关系到对句法结构的看法。

朱先生的这一观点是贯穿始终的,虽然朱先生晚年建立了"名动词"这个动词内的次范畴。《语法答问》1985年出版,其中也谈到了"名动词",但是并没有拿"名动词"来否定或修正上面这个重要观点。汉语的动词和形容词既能做谓语又能做主宾语,当然是就大多数动词和形容词而言的,《语法讲义》(1982)里说"事实上绝大部分的动词和形容词都能做主宾语"(101页),《语法答问》里说"百分之八九十的动词和形容词可以做主宾语"(7页)。要是"事实上"可以做主宾语的动词和形容词不是"绝大部分",不是"百分之八九十",那么汉语的动词和形容词"做主宾语的时候还是动词、形容词,并没有改变性质"的观点就根本站不住了。

关于第二条朱先生解释如下:

> (英语里)句子和子句是一套构造原则,词组是另一套构造原则。举例来说:
> (11) He flies a plane.(他开飞机。)
> (12) To fly a plane is easy.(开飞机容易。)
> (13) Flying a plane is easy.(同上)

在(11)里,flies 在谓语位置上,用的是限定形式。在(12)和(13)里,to fly a plane 和 flying a plane 在主语位置上,分别用不定形式和分词形式。汉语的情形不同,动词和动词结构不管在哪里出现,形式完全一样。(11)—(13)里的 flies a plane,to fly a plane,flying a plane 用汉语说出来都是"开飞机"。

注意,朱先生不仅说汉语里动词(V)做主宾语和做谓语的形式完全一样,而且说动词结构(VP)做主宾语和做谓语的形式也完全一样,这一点下面还要谈到,这里先放一放。朱先生还接着说:

> 汉语句子的构造原则跟词组的构造原则的一致性还特别表现在主谓结构上。汉语的主谓结构独立的时候相当于英语的句子,不独立的时候相当于英语的子句。

按英语语法的观点来看,它是和词组相对立的东西。汉语的主谓结构实际上也是一种词组,跟其他类型的词组地位完全平等。它可以独立成句,也可以做句子成分。……跟印欧语比较的时候,主谓结构可以做谓语是汉语语法的一个明显的特点。

朱先生的这个看法跟早先赵元任(1968)"整句(S-P)做谓语"的观点(继承陈承泽"得以句为说明语"的看法)是一致的,都是基于对汉语实际的敏锐观察。一方面汉语的主谓结构可以跟述宾结构、状中结构、连谓结构等其他结构一样做句子的谓语,另一方面汉语里"没有主语的句子跟有主语的句子同样是独立而且完备的"(朱德熙,1987),所以汉语的主谓结构跟其他类型的结构地位平等。朱先生新的贡献在于把这一观察跟"汉语句子的构造原则跟词组的构造原则的一致性"联系起来,指出前者只是后者的一种"特别表现"。汉语句子的谓语可以是主谓结构,大家的语感是这符合汉语的实际,现在这一点已经被大多数汉语语法学家所接受并写进他们的著作里。

有人感到汉语语法的这两个特点之间有某种联系,朱先生说这个感觉"是有根据的",并具体说明这种联系:

造成这两个特点的根源都在于汉语词类没有形式标记。英语的动词和形容词放到主宾语位置上去的时候要么在后头加上名词后缀-ness、-ation、-ment、-ity之类使它转化为名词,要么把动词变成不定形式或者分词形式。汉语词类没有这种形式标记,不管放在什么语法位置上,形式都一样,这就造成了词类多功能的现象。另外一方面,由于汉语动词没有限定形式与非限定形式(不定形式和分词形式)的对立,这就造成了词组和句子构造上的一致性。

这段话里朱先生明确指出,这两个汉语语法的特点是有机地联系在一起的,因为造成这两个特点的根源是一样的。因此我在《我只是接着向前跨了半步》一文中说,这两个特点不可分离,如果你承认第一个特点,那就也得承认第二个特点;如果你承认第二个特点,那就也得承认第一个特点。反过来,你推翻了其中的一个,也就推翻了另一个。如前所述第二个特点又跟汉语的主谓结构可以做谓语这一特点具有内在的联系,要是你承认第二个特点,那就也会承认"汉语的主谓结构可以做谓语",要是你承认"汉语的主谓结构可以做谓语",那就等于承认了第二个特点。这样环环相扣、相辅相成,所以我们可以理解为什么朱先生在谈第一个特点的时候说这"不但影响我们对整个词类问题的看法,而且还关系到对句法结构的看法"。总之朱先生的一系列观点不是一个个孤立的,而是成系统的。现在有的汉语语法书一方面说汉语的主谓结构可以做谓语,一方面又说汉语的动词做主宾语极其受限制,须知这两个说法最终是矛盾的。

虽然这两个特点的根源都是老生常谈的"汉语缺乏形态变化",但是朱先生说"只有经过仔细的分析和比较,才能看清楚这个简单的现象背后的深刻的含义"。朱先生的贡献就是用上述两个特点揭示了"汉语缺乏形态变化"背后的深刻的含义,从而改变了我们对汉语整个词类问题和句法结构的传统看法,影响是深远的。

正是在这两个特点特别是第二个特点的基础上朱先生提出建立"以词组为本位"的汉语语法体系,《语法答问》第74页说:

> 由于汉语的句子的构造原则跟词组的构造原则基本一致,我们就有可能在词组的基础上来描写句法,建立一种以词组为基点的语法体系。……如果我们把各类词组的结构和功能都足够详细地描写清楚了,那么句子的结构实际上也就描写清楚了,因为句子不过是独立的词组而已。

朱先生的这个"词组本位"的思想具体贯彻在他的《语法讲义》中,改变了传统以句子为本位的汉语语法体系,其影响也是深远的。现在有人只说"词组本位"和"句子本位"各有优劣,不相上下,却忽略朱先生提出"词组本位"是我们摆脱印欧语眼光的持续努力中向前跨出的重要一步,不管对不对,不能就这么轻描淡写地带过。

3. 朱先生是怎么想的?

朱先生的汉语语法理论和语法体系不是说后人不能修正,但是修正的前提是先要正确理解朱先生的理论和体系,先要搞清楚朱先生究竟是怎么想的? 为什么这么想?

现在有一些人用一些统计数字来说事,企图根据这些统计数字对朱先生的理论和体系加以修正,其实是没有搞清楚朱先生究竟是怎么想的,朱先生的本意是什么。争议的问题之一是汉语的动词是不是绝大部分都能做主宾语。有的说单个动词(不带修饰语或宾语)做主宾语很受限制,只是少数现象,如郭锐(2002:185,189)统计能单独做主宾语的只占动词的46%。有的说单音动词能进入"N的V"这个结构的极其受限制,如詹卫东(1998)统计《汉语动词用法词典》中单音节动词1316个,能进入这一结构的只有"爱、苦、死、笑"四个,仅占单音动词总数的0.3%。袁毓林(2010b)认为形式为"N的VP"的说法是"硬译"英语,是有严格的限制的,并且是不可类推的,限于书面语,在口语中尚无地位。还有的说单音动词做主宾语的时候句子的谓语动词极其受限制,如朴重奎(2003)在考察了所有单音动词后说,单音节自主动词充当主语的时候只限于能愿动词"可以"做谓语的句子,如"去可以"、"看可以"等。

在花费很多的时间和精力做这些统计之前应该先看一看朱先生是怎么论证他的观点的。请看《语法答问》在论证汉语动词做主宾语没有"名词化"的时候所举的例子(第23页):

> 去是有道理的。
> 不去是有道理的。
> 暂时不去是有道理的。
> 他暂时不去是有道理的。
> 他的去是有道理的。
> 他的不去是有道理的。
> 他的暂时不去是有道理的。

第一,朱先生恰恰是拿单音动词而不是双音动词做例证,"去"已经超出"爱、苦、死、笑"四个的范围;第二,朱先生的例证既有单个V也有"N的V"里的V,说这两个V都没有"名词化";第三,朱先生的论证既有动词V也有动词结构VP,说"动词和动词结构不管在哪里出现,形式完全一样",认为没有必要说"去"一词的性质转来转去,也没有必要说词组"不去""暂时不去"的性质转来转去。

要是到语料库里去找的话可能根本找不到这些句子或找到的极少,一般的动词用法词典更不会收录这样的用例。但是语料里词典里找不到或很少找到并不足以否定朱先生的例证,因为朱先生的想法是,凭中国人的语感,这些句子自然是符合汉语语法的。

"去"可以用其他单音动词来替换,事实上单音动词做主宾语(不管是单独还是做 VP 的中心)在汉语里是正常现象,古代汉语固然如此,现代汉语也是这样:

  打是疼,骂是爱。
  爸爸的打和妈妈的骂使他更加逆反。
  不要理睬她的大哭大闹。
  吃有吃相,站有站相。
  广州的吃全国第一,但是他在吃上不讲究。
  他的快吃和长睡都是班里第一。
  有两种快,一种是快而不好,一种是又快又好。(《语法答问》第 16 页的例子)
  你怎么解释乌龟的快兔子的慢?
  加速的时候渐快比突快好。

在口语里动词做主宾语甚至更倾向用单音而不是双音:

  你快决定吃(进)还是抛(出)。
  你到底想(出)卖还是(出)租?
  要我跟你比试比试?我不怕比,只是……

这样的例子可以无穷地举下去,真正不能做主宾语的动词为数极少,即使是"是""有""值""认为"这样的动词也不是一定不能做主宾语:

  我想是,他一定离婚了。
  有总比没有好,大家还是想有。
  值就买,不值就不买。
  问我是不是也这样认为?认为怎么样,不认为又怎么样?

谓语部分也可以替换成其他词语,绝不是只限于"可以",就以"去"为例:

去有难处,不去也有难处。
去怎么样,不去又怎么样?
去有好处,不去也没关系。
去不对,不去也不对。
去挨骂,不去也挨骂。
去就去,不去就不去。
去可以,不去也可以。
去拖拖拉拉,不去又犹豫不定。

这样的例子也可以无穷地举下去。要说语料库,下面倒是从儿童语料库中找到的2—4岁儿童说出的动词和动词词组做谓词"怕"的宾语的例子[①]:

怕丢了。
我怕倒。
怕打屁股。
我怕说我。
我怕掉下去。
我怕不出来接我。
我怕过来偷我的。

不过我们仍然认为,语料库虽然很重要,应该参考和依靠,但是不可依赖,更不可迷信语料库。乔姆斯基用自己编造的句子 colorless green ideas sleep furiously 和人们的语感来证明句法结构的客观存在,其结论并不因为语料库里根本找不到这样的实例而被推翻。语料库里一时找不到的句子不等于永远找不到,用乔姆斯基的话说,语法规则不仅要能生成已有的合乎语法的句子,还要能生成可能生成的合乎语法的句子,这是当今"生成语法"的立论之本。

袁毓林(2010b)为证明 VP 受"的"字结构修饰有严格的限制,举了下面的例子:

*不容易的<u>教高中毕业班</u>   *看的<u>下象棋</u>

*对身体很有好处的<u>游泳</u>　　*喜欢的<u>骑马</u>
　　*看着舒服的<u>干净一点儿</u>　　*希望的<u>暂缓</u>
　　*比较好的<u>睡觉前喝牛奶</u>　　*开始的<u>写诗</u>

　　且不说"对身体很有好处的游泳"和"希望的暂缓"不用打*号,有的只要把词语稍微变化一下(基本结构不变)就变得自然,如"十分喜欢的骑马""开始不久的写诗""连着看的下象棋",这只是表明修饰语的语义内容不能太少。有的加上一定的上下文就能说,如"对付失眠有多种治疗法,相对而言,<u>比较好的睡觉前喝牛奶</u>没有任何副作用"。"不容易的教高中毕业班"不太好,但"不容易的带班"就很好,即便是英语也不说 the difficult teaching a high middle graduating class,尽管 the difficult teaching 是能说的,这只是表明被修饰的中心语不能过长。总之这种限制也值得研究,但是并不能用来否定朱先生"V 和 VP 都可以做主宾语"的论断。

　　袁文还花了很长的篇幅来说明汉语里"图书的出版"和"傲慢与偏见"这样的说法是"硬译"英语的产物,这个话实在让人费解。英语 publish→publication 和 proud→pride 都是名词化,分别有-tion 标记和"异干交替"([au]/[ai])形式,要是我们在翻译英语的时候也加上个类似名词化标记的成分,比如说译成"图书的出版程"和"傲慢性与偏见",那才是在"硬译"英语,"图书的出版"和"傲慢与偏见"正是汉语最自然的表达法。

　　总之,朱先生的本意是:一,汉语"事实上绝大部分的动词和形容词都能做主宾语","百分之八九十的动词和形容词可以做主宾语"(着重号为笔者所加),他不是在讲语料中有多少动词、形容词实际做了主宾语。二,这个话不仅针对双音动词也针对单音动词,不仅针对单个 V 也针对"N 的 V"里的 V;不仅针对单个 V 也针对动词结构 VP。三,朱先生自己也是用汉语说话的正常的中国人之一,凭中国人的语感就可以判定他所列举的那些例子是符合汉语语法的。

　　对于朱先生提出的第二个特点以及在此基础上提出的"词组本位"思想,现在有人批评说,词组和句子毕竟不一样,有的词组不能独立成句,即便像"他开飞机"这样的主谓结构一般也只在应答的时候独立使用(如回答"他是干什么的?"),不然就得对举着用(如"我开火车,他开飞机"。)这种批评也没有很好地理解朱先生是怎么想的和说的。《语法答问》在提出建立一种以词组为基点的语法体系后,朱先生有如下一段话:

这就是说，我们可以把各类词组（主谓结构、述宾结构、述补结构、偏正结构、联合结构、连动结构以及介词结构、"的"字结构等虚词结构）作为抽象的句法格式来描写它们的内部结构以及每一类词组作为一个整体在更大的词组里的分布状况，而<u>不急于</u>把它们跟具体的句子联系起来，特别是不把它们钉死在句子的某个成分上。（第74页，着重号为笔者所加）

在有人提出"在词组本位的语法体系里句子是不是就没有什么地位，讲了词组是不是就不必讲句子了"的问题时，朱先生解释说：

不能这么说。我只是<u>强调</u>汉语的句子的构造原则跟词组的构造原则是一致的。句子的结构实际上就是词组的结构。不过句子跟词组终究是两回事，不能混为一谈。（第78页，着重号为笔者所加）

一个"不急于"，一个"强调"，都能说明朱先生对这个问题是怎么想的。因为从语法体系这个大局着眼的话，我们总要分清主次和轻重缓急，这样才能提纲挈领，不致本末倒置。区分主次就要在淡化一部分事实的同时"强调"一部分事实，区分轻重缓急就要决定哪些问题要先行解决哪些问题"不急于"解决。在确立"讲语法的间架"（第68页）的时候朱先生淡化有的词组不能独立成句的事实，因为词组能不能独立成句的问题在汉语里不是真正的语法问题，而是跟表述或语用有关的问题。英语里句子 He fly a plane 绝对不合语法，而汉语句子"他开飞机"只要有一定的语境就能成立和独立。朱先生什么时候才去考虑词组能不能独立成句的问题呢？那是在分小类的时候，例如在形容词这个大类下区分性质形容词和状态形容词的时候朱先生就说"今儿冷"不能独立说，要对举着说"今儿冷，昨儿暖和"，而"今儿怪冷的"就能独立说，并据此将"冷"和"怪冷的"划归不同的小类。（朱德熙，1956）从朱先生的回答里可以看出，不能因为"有的词组不能独立成句"就否定"汉语的句子和词组是一套构造原则"，道理很简单，因为"汉语的句子的构造原则跟词组的构造原则是一致的"这个现象从语法体系这个角度讲是根本，是大局，是"关系全局的重要方面"，因此是需要"强调"的，是需要首先（不是"不急于"）认真对待的。批评朱先生的人倒是应该反思是不是有点"眉毛胡子一把抓"或者"捡了芝麻丢了西瓜"。就拿计算机应用研究来说，要是机器生成了"叫了出租汽车"这种不能独立的句子,这还不是一个急于要解决的问题,十分紧迫的问题是,机器把它翻译成了"called to let out a car"。

有人说要真正了解一个对象就必须观察得尽量细致,但是情况恰恰相反。比如,我发给你两张特写的电子照片,要你分辨哪一张是郭德纲哪一张是周立波,如果你把照片放大到最大,分辨率最高,你看到的只是一些颜色各异的色块,两张照片对你来说似乎没有什么大的分别。只有把分辨率调得足够"粗略"或者你退到足够远的距离,这些色块都模糊化,你才能看见整个构图,从而有效地区分两张照片。同样,我们只有像朱先生那样有意忽略一些细节,汉语和英语的差异才能一目了然。

朱先生不仅坚持句子和词组是一套构造原则,而且进一步认为,在词组和句子之间的关系上汉语和印欧语"大不相同",印欧语是"组成关系"而汉语是"实现关系",并且对这两种关系做了详细的说明:

> 这种语法体系把词组看成是抽象的、一般的东西,把句子(包括句子的整体和它的部分)看成是具体的、特殊的东西。在描写词组的内部结构和语法功能的时候,不考虑它是不是句子或句子的组成部分,只把它当作抽象的句法结构看待。可是词组随时都可以独立成句或者成为句子的一个组成部分。这个过程就是从抽象的词组"实现"为具体的句子或句子的组成部分的过程。按照这种看法,词组和句子的关系就不是部分和整体的关系,而是抽象的语法结构和具体的"话"之间的关系。(第75页)

"组成关系"是"部分和整体的关系","实现关系"是"抽象和具体的关系",这一对概念的提出标志着朱先生对汉语语法体系的特点的概括已经上升到理论的高度,后来国外的语言类型学家在比较不同语言的词类系统的时候才开始意识到这一点。[②]十分遗憾的是,我们自己却"只见树木不见森林",纠缠于有的词组不能独立成句的局部现象而忽视了朱先生在这方面的重要贡献。还有人说朱先生的论断"词组和句子的关系……是抽象的语法结构和具体的'话'之间的关系"只是一种"抄近路"的说法而已,是"用牺牲严密性来换取可读性,因为,词组和句子都有不同的抽象层次"。(袁毓林,2010b)"词组和句子都有不同的抽象层次",为什么词组和句子的关系就不能是抽象的语法结构和具体的"话"之间的关系?我们看不出这种说法的逻辑性,倒是觉得这是小看了朱先生

对严密性的重视,是忽视了朱先生对语言事实"仔细的分析和比较"。在回答"讲了词组是不是就不必讲句子了"的问题时,朱先生确实说过"句子跟词组终究是两回事,不能混为一谈",有人据此就认为朱先生的本意是,词组和句子的一致性只是"结构"上的一致性,跟"具体的'话'"无关。这是只知其一不知其二:有的词组不能独立成句,这是其一;绝大多数的词组只要有一定的语境就能成句,这是其二。在朱先生看来,这"其一"是应该承认和需要说明的事实,而"其二"是默认的、无须说明的事实。这么说有什么根据呢?我们不仅要看朱先生是怎么说的,更要看朱先生是怎么做的。在讲到有的词组不能独立成句的时候,朱先生举了经常提到的例子:V+了+O(吃了饭|打了电话),V+C+O(吃完饭|拿出一本书)。之所以说这样的词组不能独立成句,只是因为它们通常在应答或对举的时候才能说,例如:

——走,散步去! ——他冲进去拿出了什么?
——吃了/完饭。着什么急呀! ——拿出一本书。
打了电话,来了警察。 拿出一本书,放进一件衣服。

"他开飞机"跟"他开过飞机"不一样,"他开飞机"也是要应答或对举时才能说:

——他开什么的?
——他开飞机。
我开火车,他开飞机。

然而,朱先生说汉语里词组和句子是一套结构原则,进一步说二者的关系是"实现关系",其全部的论证恰恰就是从句子"他开飞机"和英语 He flies a plane 的比较上开始的。朱先生并没有用"他开过飞机"(不必应答或对举时说)来论证,这是因为汉语里"他开飞机"和"他开过飞机"的差别不像英语 He fly a plane 和 He flied a plane 的差别那么重要,差别的性质"大不相同":英语 He fly a plane 不合语法,汉语"他开飞机"合乎语法。可见朱先生的本意是:汉语只要有一定的上下文或语境绝大多数的词组都能成为句子,然而又有哪一个句子(包括"他开过飞机")不是在一定的上下文或语境里说出来的"话"呢?这一点前面已经讲过,这里还要讲,因为这个"大不相同"正是朱先生"词组本位"体系的立论之本。所以朱先生关于"实现关系"的论断并没有错,汉语词组和句子的关系就是"抽象的语法结构和具体的'话'之间的关系",在这个汉语和印欧语"大不相同"的问题上朱先生怎么会牺牲自己一贯坚持的严密性呢?当然,"吃完饭"和"吃完饭了","拿出一本书"和"拿出了一本书","他开飞机"和"他开过飞机"等毕竟有区别,独立性不一样,朱先生也承认这一点,但是从《语法答问》通篇的论证来看承认这个"其一"绝对不是要否定那个默认的"其二"。

我在《我只是接着向前跨了半步》一文里继承朱先生关于"实现关系"的思想,说"他开飞机"是词组的时候"开"是抽象的语法单位"动词","他开飞机"是句子的时候"开"是具体的语用单位"谓词"(或叫"陈述语"),抽象的动词直接"实现"为具体的陈述语。袁毓林(2010b)好像对此有疑问,问"他开飞机"是词组的时候"开飞机"是什么"语法单位"?"他开飞机"是句子的时候"开飞机"是什么"语用单位"?这个问题很好回答,按照朱先生"动词和动词结构不管在哪里出现,形式完全一样"的观点,"他开飞机"是词组的时候"开"是抽象的语法单位"动词","开飞机"是抽象的语法单位"动词词组";"他开飞机"是句子的时候"开"是具体的语用单位"陈述词","开飞机"是具体的语用单位"陈述语"。我当时把"陈述词"也叫作"陈述语"不算错,因为最小的陈述语就是单个的陈述词,就像最小的动词词组就是单个的动词。当然为了避免误解,现在不妨把我那段话里的"陈述语"改为"陈述词"。

4. 朱先生为什么这么想?

在提出建立"词组本位"的汉语语法体系后,朱先生说了下面几段很重要的话(《语法答问》第70—78页):

> 以句子为基点描写句法是印欧语语法书一贯的做法。不但传统的印欧语语法如此,就连现代新兴的语法理论如生成转换语法、格语法(case grammar)等等也是如此。这是因为印欧语的语法构造允许——或者说是宜于——采取这种描写方法。(第70页)

> 总之,在句本位语法体系里,由于词组、句子成分、中心词等基本概念之间互不

协调，产生了许多矛盾。为了解决这些矛盾，就想出了词组"熔解"以及词类转化之类的说法。等到这些说法也无能为力的时候，就只好承认一般规则之外，还有哪些例外。结果是体系越来越复杂。所以句本位语法体系不但由于内部有矛盾，缺乏严谨性，同时也缺乏简明性，实在不能说是一个好的语法体系。（第72—73页）

评价一种理论或系统的时候，简明性跟严谨性一样，都是很重要的标准。（第77页）

词组本位语法体系适应汉语实际，所以简洁而自然。句本位语法体系硬要用印欧语语法来范围汉语，圆凿方枘，扞格难通，所以显得既啰唆，又勉强。（第78页）

我们前面讲了朱先生究竟是怎么想的，从上面几段话就可以明白朱先生为什么这么想。第一，简明性和严谨性在建立理论或体系的时候同等重要，体系要"简洁"，不要"啰唆"，不能"越来越复杂"。第二，体系要"自然"，不要"勉强"，要"适应汉语实际"。第三，简洁和自然二者不矛盾，适应语言实际的体系一定是既简洁又自然的体系。朱先生是多么地看重简洁和自然，由此可以理解为什么朱先生在建立汉语语法体系的时候主张分清主次和轻重缓急，强调和首先关注"关系全局的重要方面"，因为只有分清主次和着眼全局的体系才是简洁和自然的体系。"奥卡姆剃刀"原理说，当两种说法都能解释相同的事实时，应该相信假设少的那个。"动词能做谓语"，"动词做主宾语的时候变成了名词"，在汉语里这和"动词本来能做谓语也能做主宾语"说明的是同一件事，但前者多了一个假设，所以前者不可信。朱先生的重要贡献是，他操起这把剃刀把不必要的假设给剃掉了（也剃掉了"词组入句后'熔解'为句子成分"的假设），从而使汉语语法的研究更接近于"科学的"研究。现在有人似乎很不在乎这把"奥卡姆剃刀"，有的想回到"名词化"说和"词组熔解"说的老路上去，有的增加不必要的层次，比如在词汇层面的词类上再加一个句法层面的词类，将词性转来转去，有的在"的$_3$"之外再增加一个"的$_4$"，说"N 的 VP"里的"的"是插在主谓结构当中的名词化标记，有的认为"调查很重要"是歧义结构，说一个意思的"调查"是动词，一个意思的"调查"是名词。按照这些做法说法，体系不是越来越简单而是越来越复杂，这跟朱先生看重的"简明原则"是完全背离的。还有人把"简明"跟"周到"对立起来，说做到周到就做不到简明，做到简明就做不到周到，实际是在为自己无端的复杂化做辩护，在覆盖等量事实的条件下当然是简明的好。

至此,朱先生留下的最重要的学术遗产应该说有两项:一、在将分布原理和层次分析法运用于汉语语法分析的时候揭示出汉语不同于印欧语的两个重要特点,建立起比较适应汉语实际的"以词组为本位"的语法体系;二、在建立汉语语法体系的时候明确提出简明性和严谨性同等重要的原则并加以贯彻,使汉语语法研究更加"科学化"。

　　我们今天在借用西方新的语法理论来研究汉语的时候,也一定不要忘记朱先生的这几段话。现在不少人喜欢在枝节上大做文章,把次要现象当作主要现象,或者把特殊现象当作一般现象,想以此来修正朱先生提出的汉语语法的两个重要特点。比如,用一些语料统计数字来否定汉语"事实上绝大部分的动词和形容词都能做主宾语"这个论断,用有的 VP 做偏正结构的中心受限制来否定汉语"动词和动词结构不管在哪里出现,形式完全一样"这个论断,用有的词组不能独立成句来否定"汉语句子的构造原则跟词组的构造原则基本上一致"和"汉语词组和句子的关系是抽象的语法结构和具体的'话'之间的关系"的论断。这样做的后果是严重的,这等于否定了朱先生提出的汉语语法的第一条特点或者第二条特点,前面说过,否定了第一条也就得否定第二条,否定了第二条也就得否定第一条,否定了第二条还得连带否定"汉语的主谓结构也可以做句子成分",还得连带否定"没有主语的句子在汉语里也是正常的句子",那么朱先生建立的"以词组为本位"的整个体系就基本上垮掉了,那还有什么朱先生的学术思想可言?说是只对朱先生的体系做"部分的修正",结果是推翻朱先生的整个理论体系。我的意思是,大道理要管小道理,枝节现象不是不需要研究,语料统计也不是不重要,但是更重要的是对汉语语法体系的大格局有一个准确的把握,不分主次、舍本逐末只能带来不好的后果,也曲解了朱先生的本意,对朱先生是不公平的。

5. 覆盖而不是推翻

　　我赞赏这样的科学发展进程,就是新的理论是覆盖而不是完全推翻旧的理论,就像爱因斯坦的相对论覆盖而不是完全推翻牛顿的经典物理学理论一样。今天我们来盘点和整理朱先生留下的学术遗产,千万不要把其中最有价值的东西廉价处理掉了。我完全接受朱先生从简明和自然出发提出的汉语语法特点的那两条,一是汉语动词充当主宾语的时候没有一个"名词化"的过程,二是汉语的动词入句做谓语的时候没有一个从非限定形式变为限定形式的"熔解"(也叫"陈述化")过程。这两条的提出是一百年来我们在不断摆脱印欧语的研究框架、寻找汉语自身特点的攀登路上达到的新境界。最近我(沈家煊,2007、2008、2009、2010a、2010b、2010c)只是在朱先生已经跨出的十分重要的一步的基础上接着向前跨了半步,根据汉语的事实提出汉语的名词入句做主宾语的时候没有一个"指称化"的过程:

    a. 他开飞机。 * He fly a plane. He flies a plane.
    b. 开飞机容易。 * Fly a plane is easy. Flying/To fly a plane is easy.
    c. 他开飞机。 * He flies plane. He flies a plane.

  这是汉语和印欧语差异的 ABC,a 和 b 的差异是朱先生早就提出的,我只是接着提出 c 的差异而已,英语名词 plane 入句做主宾语(广义的"指称语")的时候要加冠词或变为复数形式,汉语光杆名词就可以做主宾语。a 表明汉语的动词就是陈述词,c 表明汉语的名词就是指称词,汉语里名词和动词的区分实质是指称词和陈述词的区分,最后通过 b 得出结论,汉语的动词(陈述词)也是名词(指称词)。这个系统覆盖而不是推翻朱先生的理论体系,特别包含了汉语的词组和句子之间是"实现关系"的思想。

  现在有人对我重视的 c 点也有疑问,如袁毓林(2010b)说,汉语真实文本语料显示,在许多情况下,汉语会广泛利用数量词、指示代词或限定性词组来表示名词所指概念的指称情况和数量情况,另外英语中也有用光杆名词做主宾语的情况。我们的回答是,汉语真实文本语料也显示,在许多情况下,汉语会广泛利用"了、着、过"等表示时体的小词、"一次、两下、三遍"等动量词语来表示动词所指概念的陈述情况和数量情况,但是这并不能否定朱先生"汉语的动词做谓语的时候没有一个从非限定形式变为限定形式的过程"这一论断,须知朱先生的"词组本位"体系主要就建立在这一点之上。我们已经反复讲过,不加"了、着、过"的"他开飞机"只要有一定的语境就能独立成句,"了、着、过"并不是"强制性的"语法标记。③关于英语中也有光杆名词做主宾语的情况,这是事实,但是你总得区分一般现象和特殊现象,光杆名词做主宾语在英语里是特殊情形,在汉语里是一般情形。

  词类信息并不能完全反映词的分布状况,要是让词类信息完全反映词的分布状况的话,那就得一个词一个类。我赞同这个说法,而且我一直对不断地往下分小类不以为然。但是这个话只说对了一半,因为还有一半话要说:词类信息应该反映词的主要分布状况。那么什么是讲语法的时候要反映的"词的主要分布状况"呢?那就是词充当句法成分主宾语、谓语、定语、状语的状况,就名词和动词而言主要就是充当主宾语和谓语的情况。如果划分出来的词类无助于我们判别词与词之间是主谓关系、述宾关系、定中关系还是状中关系,那就失去了划分词类的主要意义。当前的语言类型学进行的词类系统跨语言的比较研究实际也就是考察词的这些主要分布情况。(见 Croft,1991;Hengeveld,1992)

我将汉语的动词定为名词的一个次类以后曾经说,现在我们可以名正言顺地将"这本书的出版"里的"出版"标为名词,因为动词也是名词。有人说,这样做并没有什么好处,因为"这本书的不出版"里的"出版"你不还得标为动词么?不错,这个"出版"是得标为动词,但是动词词组"不出版"可以名正言顺地标为名词词组。上面已经特别说明,朱先生不仅说汉语里单个动词做主宾语和做谓语的形式完全一样,而且说动词结构做主宾语和做谓语的形式完全一样。这就是说,朱先生认为,汉语里不仅单个动词做主宾语的时候没有"名词化",而且动词词组做主宾语的时候也没有"名词词组化"。按照我们上面对汉语动词和名词关系的看法可以推出,汉语里的动词词组也是一种名词词组。这正好跟"汉语里名词和动词的区分实质是指称语和陈述语的区分"这一论断相契合,因为说汉语的动词是名词的一个次类、动词词组是名词词组的一个次类,说的其实都是汉语的陈述语是指称语的一个次类。所以我们对"他的去"和"他的不去"是这样来标注的,如果我们还要利用 N、V、NP、VP 这些范畴的话:(V/N 表示是动词也是名词,VP/NP 表示是动词词组也是名词词组,它们还表示接下去的分析以斜杠后的范畴为准)

[他的[去]V/N]NP

[他的[不[去]V]VP/NP]NP

"去"是动词也是名词,所以"他的去"是 NP,不违背中心扩展原则;"不去"是 VP 也是 NP,所以"他的不去"是 NP,也不违背中心扩展规约。("这本书的出版"和"这本书的迟迟不出版"可做同样的分析)"我怕抓"和"我怕被抓"的标注如下:

我[怕[抓]V/N]VP

我[怕[被[抓]ᵥ]ᵥₚ/ₙₚ]ᵥₚ④

有结构歧义的"出租汽车"和"大量研究"的标注如下：

动宾：[出租ᵥ 汽车]ᵥₚ　　定中：[出租ᵥ/ₙ 汽车]ₙₚ
状中：[大量 研究ᵥ]ᵥₚ　　定中：[大量 研究ᵥ/ₙ]ₙₚ

注意，这种分析法不需要增加新的层次，不需要在词汇层面的词性上面再增加一个句法层面的词性，也不需要将词性转来转去，因为汉语的动词本来就是一种名词，动词词组本来就是一种名词词组。增加层次和转换词性都违背朱先生十分看重的简明原则。

有人认为这对中文信息处理"不仅于事无补，反而会徒增纷扰"，因为人工标注者或者软件系统必须先学会识别"去、抓、不去、被抓"是非谓语[核心]才能把它们标注为N和NP。（袁毓林，2010b）我们说，人工标注者要识别它们是非谓语[核心]根本不是问题，至于软件系统，不要忽视计算机的"学习"能力，在人工标注了相当数量的语句后，计算机能"接受训练"慢慢学会如何标注，美国宾州大学的中文树库已经证明了这一点。（黄昌宁，2010）相反，将"图书出版"和"图书的出版"这两个名词性词组里的"出版"前者标为名动词后者标为动词，或者说前者在词汇层面由动词转化为名词，后者在句法层面由动词转化为名词，那才是"徒增纷扰"呢。

当然这不是说中文信息处理也一定按这个方式来处理，实际上当我们认定汉语的动词也属于名词的时候，这已经表明在汉语里我们不必过分看重名词和动词的对立。之所以不必过分看重汉语里名词和动词的对立，因为动词也是一种名词；但是汉语也不可不区分名词和动词，因为名词不都是动词。在汉语里区分名词和动词不是没有意义，但是意义确实不像在印欧语里那么大。中文信息处理也许有更好的解决办法，在理论上和大局上对汉语的特点有了更深刻的认识之后，应用上的新突破是可以期待的。

最后，还有人担心在这个新的词类体系里朱先生所界定的"名动词"得不到安置，其实用不着担心。确立"名动词"这个范畴无非是要在动词内部分出一类名性较强的动词来，我们把动词定为名词中的一个子类，叫作"动态名词"，简称"动名词"，但是我们并不否认这类"动名词"内部还是可以按照名性的强弱加以区分。朱先生界定的"名动词"在我们的体系里属于"动名词"("名"字重读)或"动弱名词",名性更强一些,它区别于一般的"动名词"("动"字重读)或"动强名词"。但是区分"动弱"和"动强"毕竟是第二位的事情,第一位的事情是要认清汉语里名词和动词之间关系的大格局。

附注

① 感谢张云秋向我提供这些出自儿童语言语料库的例子。
② 例如 Broschart(1997)意识到,汤加语(Tongan)的词类系统跟印欧语相比大不相同,它首先不是区分名词和动词,而是区分词型(type)和词例(token),看重的是抽象单位和具体单位之间的关系。
③ 例如"他开回来(了)一架飞机","他一边开(着)飞机一边拍照","他曾经开(过)飞机出海",参看吕叔湘(1979:92)。
④ 如果把"被抓"分析为述宾结构,"抓"是动词"被"的宾语,那么整个短语应该这样来分析:我[怕[被 v[抓]$_{V/N}$]$_{VP/NP}$]$_{VP}$。

参考文献

郭　锐　　2002　《现代汉语词类研究》,北京:商务印书馆。
黄昌宁　　2010　《利用树库的隐含信息来提高自动句法分析的精度》,中国语言学会第 15 届年会(内蒙古大学,呼和浩特)论文。
吕叔相　　1979　《汉语语法分析问题》,北京:商务印书馆。
朴重奎　　2003　单个动词作主语的语义语法考察,《汉语学习》第 6 期。
沈家煊　　2007　汉语里的名词和动词,《汉藏语学报》第 1 期。
沈家煊　　2008　"病毒"和"名词",中国语言学会第 14 届年会(温州)论文;另见《中国语言学报》第十四期,2010。
沈家煊　　2009　我看汉语的词类,《语言科学》第 1 期。
沈家煊　　2010a　我只是接着向前跨了半步——再谈汉语的名词和动词,《语言学论丛》第四十辑。
沈家煊　　2010b　从"演员是个动词"说起——"名词动用"和"动词名用"的不对称,《当代修辞学》第 1 期(创刊号)。
沈家煊　　2010c　《关于先秦汉语的名词和动词》,中国语言学会第 15 届年会(内蒙古大学,呼和浩特)论文。
袁毓林　　2010a　汉语和英语在语法范畴的实现关系上的平行性——也谈汉语里名词/动词与指称/陈述、主语与话题、句子与话段,《汉藏语学报》第 4 期。
袁毓林　　2010b　汉语不能承受的翻译之轻——从去范畴化角度看汉语动词和名词的关系,《语言学论丛》第四十一辑。
詹卫东　　1998　关于"NP＋的＋VP"偏正结构,《汉语学习》第 2 期。
赵元任　　1968　《中国话的文法》,伯克莱和洛杉矶:加州大学出版社。
朱德熙　　1956　现代汉语形容词研究,《语言研究》第 1 期。
朱德熙　　1982　《语法讲义》,北京:商务印书馆。
朱德熙　　1985　《语法答问》,北京:商务印书馆。

朱德熙 1987 句子和主语——印欧语影响现代书面汉语和汉语句法分析的一个实例,《世界汉语教学》第 1 期。
Broschart, Jürgen 1997 Why Tongan does it differently: Categorial distinctions in a language without nouns and verbs. *Linguistic Typology* 1.
Croft, William 1991 *Syntactic Categories and Grammatical Relations*. Chicago: University of Chicago Press.
Hengeveld, Kees 1992 *Non-Verbal Predication: Theory, Typology, Diachrony* (*Functional Grammar Series* 15).

结果偏离义"VA了"结构的句法和语义分析

沈 阳　彭国珍

北京大学　浙江工业大学

1. "挖深了"还是"挖浅了"?

陆俭明先生在《汉语学习》1990年第1期上发表的《"VA了"述补结构语义分析》是一篇非常重要而且影响很大的文章。文章发现,汉语"VA了"述补结构,如"晾干了""挖浅了""挖深了",分别有或兼有"预期结果实现义(以下简称'结果实现义')"和"预期结果偏离义(以下简称"结果偏离义")"两种情况。陆先生指出,造成结果偏离义"VA了"的条件或原因主要有:(1) A的性质不同;(2) A的语义指向不同;(3) V对A的制约作用不同。

后来尽管也有一些研究对结果偏离义"VA了"结构进行了不同的分析和解释,但我们觉得其实陆先生说的这三条线索仍然是分析结果偏离义"VA了"结构的关键。即如果深入研究下去,我们无非是要在这三个问题的基础上再问:在结果偏离义的"VA了"中,A究竟有什么特点,V对A之间实际是一种什么样的制约作用,A到底指向结构中的什么成分。也就是说,陆先生已经告诉我们怎么去"挖"这个坑,只不过迄今为止对这个问题的研究还远没有"挖深了",而仍然有点"挖浅了"。我们还是应该沿着这三条线索继续"挖"下去。

2. 结果偏离类"VA 了"中的 A 有什么特点?

对"VA 了"中 A,特别是结果偏离类"VA 了"中 A 的特点,陆俭明(1990)和马真、陆俭明(1997)都做过深入考察。但有两点我们觉得还需要重新认识,或者说需要严格定义。

先说第一个问题:形容词 A 的褒贬性质对"VA 了"的意义究竟会有一种什么样的影响?或者说"预期结果偏离义"和"非理想结果实现义"这两种意义到底有什么区别?

现在有一种误解,即贬义的 A 构成的"VA 了"就是偏离类"VA 了"。比如"洗干净了"是实现义,"洗脏了"就是偏离义。其实陆文说得很清楚,贬义 A 构成的"VA 了"也是预期结果实现义,无非是表示"非理想结果的实现"罢了。但这两种意义确实十分接近,更何况结果偏离类的"VA 了"中既有"挖深了"这种"挖得比预定结果更深了"的预期结果偏离义,也有"挖浅了"这种"没挖到预期结果那么深"这种预期结果偏离义。那么这些不同的意义,尤其是"非理想结果实现义"和"预期结果偏离义"又究竟该怎么区别呢?我们想大概有三种办法来区别:

一是从"VA 了"表达的意义本身来区别。非理想结果实现义表示"本来某个动作行为应该有理想的某种结果,可并没得到这种结果,反倒成了'相反'的另外一种结果"。如"洗衣服"的结果本来当然应该是"干净",但也有可能不但没洗干净,反而越洗越脏。因此"(衣服)洗脏了"仍然是"洗"的预期结果实现义,但就是一种"非理想结果实现义"。

二是从不同句式的意义差异来区别。"(衣服)洗脏了"的意义和"(衣服)洗得太脏了"的意义不同,后者才是"洗得过于/太脏了"的预期结果偏离义;但"(毛衣)织大了"和"(毛衣)织得过于/太大了"意义基本相同,都只表达偏离说话者预期的结果,即"织大"表示有一个"织"的事件,结果是"毛衣太大了",即表示动作的结果比预期的"大"。这类"VA 了"尽管字面上没有"太、过于"等字眼,但却都表达这样一种不符合预期值的意义。

三是最简单的办法,即在偏离类"VA 了"中排除带有褒贬义 A 的结构。也就是说凡是带褒贬义的 A 构成的"VA 了",都只表达非理想结果实现义,即无论"洗干净了/脏了""摆齐了/乱了",只要其中的 A 是有褒贬义的,就都不会是预期结果偏离类的"VA 了",除非另外说成"V 得过于/太 A 了"。

再说第二个问题:其实上面说的还不是问题的关键,因为即使说褒贬义的 A 不可能构成偏离义"VA 了",即把这部分 A 排除,我们还是要继续问,究竟什么样的 A 才能构成偏离类的"VA 了",或者说这种 A 的性质和特点又是什么呢?

上面提到的陆俭明(1990)和马真、陆俭明(1997)都对偏离类"VA 了"中 A 进行了考察。陆俭明(1990)把构成结果实现义"VA 了"中的 A 记作"A_1",把所有能构成结果偏离义"VA 了"中的 A 记作"A_2",而 A_2 只限于以下几小类:度量 A(如"大、小、长、短"等)、表颜色 A(如"白、红、黑"等)、表味觉 A(如"甜、酸、咸、辣"等)、其他 A(如"胖、瘦、亮、暗"等)。但这其实还只是一种归纳性的描写,并没有真正总结出其中 A 的性质特点。马真、陆俭明(1997)又进一步指出,所有"中性形容词"做补语构成的"VA 了"格式都能表示偏离义,这无疑是进了一步。王红旗(1996)将这类述补结构称为"评价补语",并认为只有中性形容词才能表示这种评价。显然"中性形容词"这个概念在这里起了很重要的作用。如果用最小对立体的"VA 了"来做一个对比,就能更清楚地说明这一点。例如"墙角挖掉了""古董挖坏了"和"坑挖浅了"三例动词相同,补语不同。但只有"挖浅"表达偏离义,"挖掉"和"挖坏"都没有偏离义。可以发现,其中"掉"是动词,"坏"是贬义形容词,而"浅"就是中性形容词。

为什么中性形容词做补语能表示结果偏离义,以前的研究并没有明确回答。中性形容词、褒贬义形容词都只是形容词的感情色彩分类,也没从语法或语义角度对偏离类"VA 了"进行解释。仔细观察就可以发现,"长、短、大、小、深、浅"这类形容词和"干净、空、破、碎、坏"等形容词在语义上有很大的不同。后者有一个内在的标准,"杯子碎了"的标准是杯子已经不是一个整体了,"衣服干净"的标准是衣服上的污垢不见了。而"大、小"这类形容词却没有一个内在的标准,即不能直接确定什么才是"大",什么才是"小"。借用 Wechsler(2005)的形容词分类,"碎"这类形容词为"封闭等级式形容词","大"这类形容词为"开放等级式形容词"。开放等级式形容词没有一个内在的标准,必须依靠外在的语境才能取得一定的标准。当这个标准取说话者期望值的时候,就会呈现出偏离义。"毛衣织大了"和"坑挖浅了"中的"大"和"浅",就是与说话者的期望值相比起来"大"了和"浅"了。由此可以得到的一个结论就是,结果偏离类的"VA 了"中的

A 应该就是这一类"开放等级式形容词"(以下仍记作 A_2),这才是结果偏离类"VA 了"中 A_2 的真正性质和特点。

3. 结果偏离类"VA 了"中 V 对 A 有什么制约作用?

在确定了结果偏离义"VA"了中 A_2 的性质特点后,当然并不是就全部解决问题了,因为还需要进一步看不同的"VA 了"中的 V 对 A_2 有什么样的制约作用。

陆俭明(1990)曾正确地指出,结果偏离义"VA 了"中的 V 对 A_2 的制约作用分为三种情况:一种是 V 对 A_2 不起制约作用。例如"买"这个动作不可能制约所买东西的大小、长短、颜色等。再一种是 V 对 A_2 有制约作用,但这种制约作用是单向的,或顺向,或逆向。例如"挖"这个动作对所挖的坑的大小深浅都起作用,但从道理上说,只可能顺向地越挖越大、越挖越深,不可能逆向地越挖越小、越挖越浅。还有一种是 V 对 A_2 有制约作用,但这种制约作用是双向的,而且都是顺向的。例如"写"这个动作对所写的字的大小能起制约作用,但无论写大还是写小都有可能,而且无论写大写小就都是顺向的。这样分化出不同动词类型后,陆文认为,第一类动词加 A_2 构成的"VA 了"一定表示结果偏离义,如"买大了""买小了"。第二类动词加 A_2 构成的"VA 了",其中逆向的,也一定表示结果偏离义,如"挖浅了""剪长了";顺向的则可能兼有结果实现义和结果偏离义,如"挖深了""剪短了"。第三类动词加 A_2 构成的"VA 了"都兼表结果实现义和结果偏离义,如"写大了""挂高了"。

陆先生的分析无疑是有道理的。但我们也可以从另一个角度来看这个问题。正因为不是所有动词带上开放等级式形容词 A_2 就一定都构成结果偏离义的"VA 了",或者说并不是所有情况下开放等级式形容词 A_2 的参照标准都是说话者的期望值,当然也就并不是所有带开放等级式形容词 A_2 构成的"VA 了"都可以表示结果偏离义。比较:

(1) a1. 这画挂高了。(偏离义)　　a2. 张三长高了。(非偏离义)
　　　b1. 纸条裁宽了。(偏离义)　　b2. 马路变宽了。(非偏离义)

上例中的补语同样是开放等级式形容词 A_2"高、宽",但只有"挂高""裁宽"可以有结果偏离义,"长高""变宽"却没有结果偏离义。或许有人会说"挂、裁"是及物动词,"长、变"是不及物动词,所以只有及物动词和开放等级式形容词 A_2 构成的"VA 了"才能表示结果偏离义。但"洗"也是及物动词,"衣服洗小了"却并没有结果偏离义,可见动词的及物性也并不是问题的实质所在。

我们觉得这里可以引入另一对对动词分类的概念,即"制作类(effective)动词"和"影响类(affective)动词"(Levin,1993)。制作类动词的结果是产生新的事物(即带结果类宾语的动词),如"织、盖、做、炒、写、画"等,动作结果分别是"毛衣、房子、衣服、菜、字、画"等。而影响类动词不会产生新的事物(即不能带结果类宾语的动词),而是对已经存在的事物进行影响,使事物出现一种新的状态,例如"洗、打、擦"等,可以造成"衣服干净""花瓶破""桌子干"等状态。制作类动词比影响类动词更容易与开放等级式形容词 A_2 组合,但只有前者才能构成结果偏离类"VA 了",如"织大、织小、做肥、做瘦"等,后者不能构成结果偏离类"VA 了",如"洗小、长高、变宽"等。有些动词在特定语境中也可以看成制作类动词,如"切、裁、剪、炒"等。例如"白菜丝切长/短了""纸条裁宽/窄了"、"头发剪短/长了"、"菜炒咸/淡了"等,所以也可以有结果偏离义。

还有一小部分动词,如"买"和"挂"等,也能构成结果偏离义"VA 了",比如"衣服买大了""画挂高了",表面看这类动词既不属于制作类动词也不属于影响类动词,但是实际上这类动词更类似于制作类动词。Basilico(1998)提到英语中"买"和制作类动词的句法表现几乎一样,即都是把一个新的事物介绍到语篇中来,只不过一个是通过创造得到,一个是通过某种方法(如"买")从别处获得。所以"买、挂"这类动词在汉语中都可以构成结果偏离类"VA 了"也就不足为怪。从下表(2)归纳的"不同类动词与不同类形容词构成的'VA 了'比较"中就可以看出,只有制作类动词和开放等级式形容词(A_2)构成的"VA 了"才表达结果偏离义。

(2) 不同类动词和不同类形容词构成的"VA 了"比较:

	开放等级式形容词	封闭等级式形容词
制作类动词	偏离义"VA 了"	实现义"VA 了"
影响类动词	实现义"VA 了"	实现义"VA 了"

4. 结果偏离类"VA 了"中 A 指向结构中什么成分？

最后要讨论结果偏离义"VA 了"的句法构造，这才是本文的重点。陆俭明（1990）也已指出，结果偏离义的"VA 了"不但有语义的特点，也有句法的特性。陆文从两个方面分析了结果偏离义"VA 了"的句法构造。一是从层次分析看二者不同：结果实现义的"VA 了"的结构形式要分析成"VA/了"，如"晾干/了"；而结果偏离义的"VA 了"要分析成"V/A 了"，如"挖/浅了"。二是从形容词 A 的指向看二者不同：I. A 指向 V 本身，如"来早了""走快了"；II. A 指向 V 的施事或受事位移的距离，如"走远了""搬近了"；III. A 指向 V 的施事，如"长矮了""养瘦了"；IV. A 指向 V 的受事，如"买贵了""买便宜了"。因此陆文认为，前两类"VA 了"都可以兼表结果实现义和结果偏离义，后两类"VA 了"则都只表示结果偏离义。

陆先生的上述观察和分析基本上是正确的，但也不是完全没有问题。一方面这种分类的结果其实并不尽然，如 III 类中的"长高了"，就似乎可兼表结果实现义和结果偏离义；IV 类中的"锯短了"，也可兼表结果实现义和结果偏离义。另一方面上面两种分析也没有说明为什么"VA 了"会有两种层次分析和为什么 A 的不同指向会构成两种"VA 了"。

那么从句法结构上怎么才能分析结果实现义"VA 了"和结果偏离义"VA 了"的差异呢？换句话说，如果说两种"VA 了"的层次不同，或者两种"VA"了中 A 的指向不同，这种层次不同或指向不同的更深层的句法构造形式又究竟是怎样的呢？

首先可以肯定，虽然看起来只有制作类动词和开放等级式形容词 A_2 构成的"VA 了"才表示结果偏离义，但事实上这种现象并非仅仅与动词、形容词的词义和词类有关而与句法无关。如下面（3）中的"剪短""挖深"也是制作类动词和开放等级式形容词 A_2 构成的"VA 了"，却没有结果偏离义。如果结果偏离义"VA 了"确实来自动词和形容词，那这两句话应该也可以表示结果偏离义才对，但是这两句话无论在什么语境下都没有结果偏离义。只有说成（4），即把受事"头发""坑"放在"VA 了""剪短""挖深"的前面，句子才会有结果偏离义。比较：

(3) a. 她剪短了头发。　　b. 他挖深了坑。

(4) a. 头发剪短了。　　　b. 坑挖深了。

这就证明结果偏离类"VA 了"绝不仅仅是词义或词类的问题,同时也一定是句法问题。我们认为,结果实现义"VA 了"和结果偏离义"VA 了"应该是两种完全不同的句法结构。上面例(4)都是有歧义的,既可以表示预期结果的偏离,如"头发(剪得)太短了""坑(挖得)太深了",也可以表示预期结果的实现,如"头发短了""坑深了"。这种歧义其实也是一种结构性的差异:一种是结果实现类结构,一种是结果偏离类结构。因此就可以假设,正是两种不同的深层结构生成了同一种表层形式,才会构成上述歧义结构。事实上这两类结构在句法上有着下列对立性的表现:

第一,结果实现类"VA 了"中,施事出现与否会导致构成相应的及物性结构或者不及物性结构;而结果偏离类"VA 了"中,施事永远不能出现在"VA 了"前构成及物性结构,而只能构成不及物性结构。这也就是为什么(3)只表示单纯的结果,而(4)却有歧义的原因(这一点许多学者都提到过,如董淑华、范庆华,1997;陈颖,2002;马真、陆俭明,1997;李小荣,1994)。下面例(5)是结果实现类结构,例(6)才是结果偏离类结构。比较:

(5) a1. 张三打破了这个花瓶。　　a2. 这个花瓶打破了。
　　b1. 她洗干净了衣服。　　　　b2. 衣服洗干净了。

(6) a1. *她织大了这件毛衣。　　　a2. 这件毛衣织大了。
　　b1. *他做肥了衣服。　　　　　b2. 衣服做肥了。

第二,正如马真、陆俭明(1997)指出的,结果实现类"VA 了"在一定情况下(如祈使句)可以省略"了";而结果偏离类"VA 了"在任何情况下都不能省略"了"。比较:

(7) a. 那杯子你一定得把它洗干净。　　b. 你跟他的关系千万不能搞坏。

(8) a. *不要把毛衣织大/小。　　　　　b. *不要把白菜丝切长/短。

第三,结果实现类"VA 了"的补语指向述语动词的受事时不允许动词进行拷贝而构成重动结构;而结果偏离类"VA 了"补语指向述语动词的受事时却可以构成重动句,如(9)。对于有歧义的"VA 了"如(3)中的"剪短、挖深"来说,一旦进行动词拷贝则歧义消失,只能表示偏离义,如(10)。比较:

(9) a1. 这个花瓶打破了。　a2. *张三打花瓶打破了。
　　 b1. 衣服洗干净了。　　b2. *他洗衣服洗干净了。
　　 c1. 毛衣织大了。　　　c2. 她织毛衣织大了。
　　 d1. 衣服买贵了。　　　d2. 她买衣服买贵了。
(10) a. 她剪头发剪短了。　 b. 他挖坑挖深了。

结果实现类"VA 了"和结果偏离类"VA 了"在句法上的上述区别,有些前人虽有提及的,却没有解释产生这种区别的原因。我们认为这是因为两者各自不同的句法生成机制所致。

我们以"打破"为例简单说明结果实现类"VA 了"的句法生成过程。根据 Sybesma (1999)、司马翎、沈阳(2006)的分析,"花瓶打破了"的生成过程如图(11)所示:

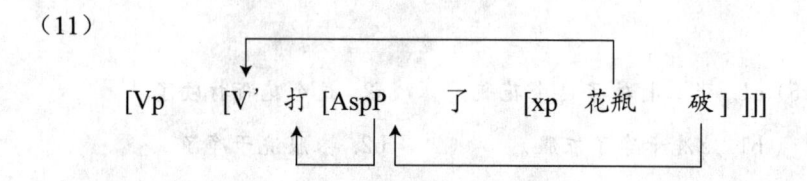

(11)　　[Vp　[V' 打 [AspP　了　[xp 花瓶　破]]]]

(11)中动词"打"的补语是一个小句"花瓶破了","花瓶"和"破"是主谓关系,"了"是 AspP(完成短语)的中心语,表示实现。"破"首先移到"了"位置,与其合并成"破了",随后两者一起前移到"打"合并成"打破了",小句中的主语"花瓶"为了取得格位也要移到主句的主语位置,这才构成"花瓶打破了"。及物性结构的生成过程也类似,只不过多了一层轻动词投射 vP,如图(12)。"张三"作为致使者在 vP 的 Spec 位置生成,"打破了"前移到 v^0 位置,"花瓶"前移到 VP 的 Spec 位置以便获得格位。由于"把"是一个轻动词,因此(12)也可以生成"张三把花瓶打破了"。如果"把"不出现,"打破了"就需要再移到 v^0 位置构成"张三打破了花瓶"。例如:

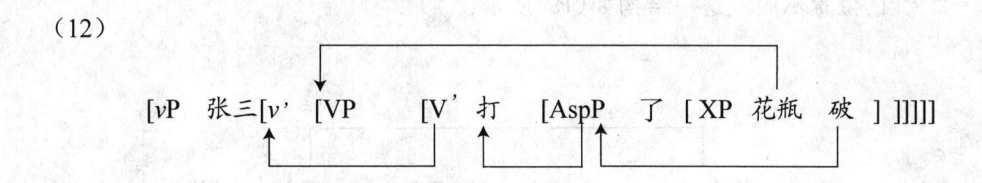

(12) [vP 张三[v' [VP [V' 打 [AspP 了 [XP 花瓶 破]]]]]

现在可以来看结果偏离类"VA 了"的生成过程。前面已论证结果偏离类"VA 了"和结果实现类"VA 了"的结构很可能不一样,那么它又会是怎样的一种结构呢？从意义上来说,结果实现类"VA 了"的述语动词是影响类动词,其结果是影响事物出现一个新的状态,"打"的结果是"花瓶破"。结果偏离类"VA 了"的述语动词是制作类动词,其结果是制造出一个产物,"织"的结果是"毛衣","大"是一个补充说明和评价这个结果的成分。从这个意义上来说,"毛衣"与"大"的关系跟"花瓶"与"破"的关系很可能是不一样的,即二者不应该也是主谓关系。换言之,"花瓶打破了"这种结果实现类"VA 了"中的补语小句是"花瓶破",而"毛衣织大了"这种结果偏离类"VA 了"中的补语小句却并不是"毛衣大"。

为什么这么说呢？因为根据上述"补语小句"分析,补语小句的作用是为一个没有终结点的活动事件提供一个终结点,结果实现类"VA 了"中补语是封闭等级式形容词或者动词,因此构成的小句就可以完成终结活动事件这一功能。如"花瓶破"本身表达了一个有内在标准的概念,"打"的动作到"花瓶破"就结束。而结果偏离类"VA 了"中的补语是一个开放等级式形容词,本身没有一个内在标准,因此也就不能完成终结活动事件这一功能。不能说"织"的动作到"毛衣大"为止,因为"毛衣大"本身就是一个开放的概念,大一厘米是大,大两厘米还是大。这是又一个证据证明结果偏离类"VA 了"中的补语小句不是"毛衣大"。

我们假设"毛衣"的产生和完成才是活动事件的终结点,是结果偏离类"VA 了"中补语小句表述的内容。因此补语小句中包含一个空谓词"Φ",意思是"完"或者"成"。形容词"大"是对该结果的补充描述和说明,作为补语小句的附加语。也就是说在两分支的结构(binary branching)中"毛衣"先和"Φ"合并成一个句法成分,然后再和"了"合并成小句(SC/AspP),然后小句再和"大"合并。不过这个合并并不增加投射的层级,仍然是一个小句。因为在生成语法理论体系中与附加语(adjunct)的合并并不会增加投射的层级。在这里"了"仍然和单纯结果补语结构中的"了"一样,表示实现。不同在于

"大"的位置不同。这一结构如(13)所示：

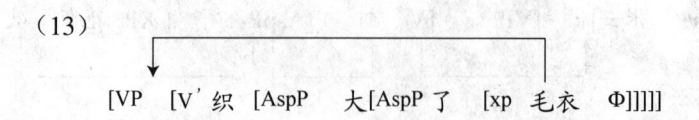

(13) [VP [V′ 织 [AspP 大[AspP 了 [xp 毛衣 Φ]]]]

这个结构和结果实现类的结构(12)的关键区别在于,"破"在(12)中处于小句谓语的位置,即补语小句是"花瓶+破";而"大"在(13)中处于附加语的位置,即不严格地说,补语小句是"毛衣Φ+大"。这一关键区别源自结果偏离类"VA 了"的动词和补语本身的特点,而且这种分析也就可以合理地解释结果实现类"VA 了"和结果偏离类"VA 了"的不同句法表现。

其一,(12)结果实现类"VA 了",如"打破了",是通过一系列中心语移位合并在一起。但对于(13)结果偏离类"VA 了"来说,"大"作为附加语,不在中心语位置,因此不可能通过中心语移位与"织"合并成"织大"。"织大"也就不可能像(12)"打破"那样作为整体前移至上层轻动词,构成"她织大了毛衣"。只能小句的主语提升到主句主语位置以获得主格格位,生成"毛衣织大了"。

其二,"大"是附加在"毛衣Φ"的小句之上的,只有这件事情实现才有可能对其描述和评价。这也就是为什么结果偏离类"VA 了"中表示实现的"了"不能省略的原因。

其三,这种分析也有助于解释两者在重动句构造上的差别。其中至少有一个可能的原因是因为结果偏离类"VA 了"如"织大"没有像结果实现类"VA 了"如"打破"那样能合并在一起,所以"织"可以允许单独拷贝,构成"她织毛衣织大了"。

最后,该分析的另一个好处是能使结果偏离类"VA 了"和"把"字句的分析统一起来,按照补语小句理论,"把"是处于轻动词中心语位置,因此按照本文的分析,结果偏离类"VA 了"是可以生成把字句的,语言事实也恰恰印证了这一点,"她把毛衣织大了"是一个合法的句子。

上面的分析和解释可能过于技术性。我们不妨回到前面陆先生关于偏离义"VA 了"的句法构造的分析。陆说从层次分析看,结果实现类"VA 了"和结果偏离类"VA 了"不同:结果实现类的"VA 了"的结构形式要分析成"VA/了",而结果偏离类的"VA 了"要分析成"V/A 了"。按我们的分析,结果实现类"VA 了"中的 A_2 是直接与动词合并的,而结果偏离类"VA 了"中的 A_2 并不是直接与动词合并:这其实正是为什么两类"VA 了"层次分析不同的根本原因。陆还说从形容词 A_2 的指向看,结果实现类"VA 了"和结果偏离类"VA 了"不同,其中包括 A_2 指向 V 本身、A_2 指向 V 的施事或受事位移的距离、A_2 指向 V 的施事和 A_2 指向 V 的受事。现在看来,如果说结果偏离类"VA 了"的句法构造确实与 A_2 的语义指向有关,那么这与本文关于结果偏离类"VA 了"中 A_2 句法位置的分析也算是异曲同工。因为按照我们的分析,结果偏离类"VA 了"与结果实现类"VA 了"在句法上的根本差异,也可以说就是因为 A 的指向不同,即结果实现类"VA 了"中 A 的原始位置是"V[NP A]",而结果偏离类"VA 了"中 A 的原始位置是"V[A_2[NPΦ]]"。这样,从某种意义上说,两类"VA 了"结构中 A 的指向当然也就不会相同。

参考文献

陈　颖　2002　"VA 了"述补结构带宾语功能的探析,《上饶师范学院学报》第 2 期。
董淑华、范庆华　1997　VA 述补结构带宾语的情况考察,《东疆学刊》第 3 期。
李斌玉　1999　"VA 了"述补结构再考察,《山西大学学报》(哲社版)第 3 期。
李小荣　1994　对述结式带宾语功能的考察,《汉语学习》第 5 期。
陆俭明　1990　"VA 了"述补结构语义分析,《汉语学习》第 1 期。
马　真、陆俭明　1997　形容词作补语情况考察(1—3),《汉语学习》第 1、4、6 期。
彭国珍　2006　偏离类"VA 了"的句法特性,《华中科技大学学报》(社会科学版)第 4 期。
司马翎、沈　阳　2006　结果补语小句分析和小句的内部结构,《华中科技大学学报》(社会科学版)第 4 期。
王红旗　1996　"VA 了"述补结构的语义是什么,《汉语学习》第 1 期。
David Basilico 1998 Object position and predication forms. *Natural Language and Linguistic Theory*.
Hoekstra,Teun 1988 Small clause results. *Lingua* 74.
Levin,B. 1993 *English Verb Classes and Alternations*:*A Preliminary Investigation*. University of Chicago Press,Chicago.
Sybesma,Rint 1999 *The Mandarin VP*. Dordrecht:Kluwer Academic Publisher.
Wechsler,Stephen 2005 Weighing in on scales:A reply to Goldberg and Jackendoff. *Language*.

名词性短语的内部结构

石定栩

香港理工大学

1. 多项定语的顺序与名词性短语的结构

朱德熙先生(1982、1983、1984、1985a、1985b)曾经多次对名词性短语的内部结构做过详尽的描述,并且以多项定语的顺序为突破口,对各个成分之间的次序做出了相当精辟的总结。朱先生认为,名词性短语只有一个名词核心,但可以有多重定语,形成黏合式和组合式两大类定中结构。黏合式定中结构中的定语是名词、区别词或性质形容词;而组合式定中结构里的定语包括"的"字结构、数量成分、指示词加量词以及领属成分。

朱先生还指出,黏合式定中结构的句法功能相当于单个名词,可以替换黏合式里的名词,也可以替换组合式里的名词,而组合式只能代替组合式里的名词。更重要的是各种定语必定按照一定的次序排列:带"的"定语在不带"的"定语之前,但数量定语可以放在带"的"定语前面;不带"的"定语的次序一般为领属定语＞数量词＞形容词＞名词。朱先生的这一分析现在已经成为主流意见,国内关于名词性短语或定语分布的讨论,基本上都沿用了这一观点。(如齐沪扬,2000;王珏,2001;崔应贤等,2002;张斌,2010)

2. 黏合式定中结构

朱先生的分析基于当时所掌握的事实和当时的理论,从而留下了一些可以充实提高的空间,其中比较重要的,是黏合式定语的分布限制。朱先生认为只有名词、区别词和性质形容词才能充当黏合式定语,而动词没有这一功能,因为"动词必须加上'的'才能修饰名词。要是把动词直接加在名词前头,造成的就不是偏正结构而是动宾结构"(朱德熙,1985b)。当然,朱先生也同时指出,"调查""支持""考虑"和"准备"之类的名动词比较特别,既可以跟在虚化动词"进行""加以""给予""予以"和"作"后面充当准谓宾,又可以直接修饰名词。

"打牌""喝咖啡""开车"之类的动名组合,当然只能理解为动宾结构,但问题在于动词直接修饰名词的情况其实相当普遍,而且并不局限于某一类动词,也不限于某一种特殊的句法-语义关系。例(1)中所有的动名结构都表示定中关系,其中(1a)里的动和名都是黏着语素,(1b)里是黏着语素加自由语素,(1c)里是自由语素加黏着语素,(1d)里则两个都是自由语素。例(2)中的动名组合也都表示定中关系。从句法语义的角度来分析,(2a)里的中心语是动词的施事,(2b)里的中心语是工具,(2c)里的中心语是地点,(2d)里的中心语是受事,但这都不妨碍其中的动词去修饰名词,只不过其中有些组合有歧义,也可以同时理解为动宾结构。更为重要的是,这些充当定语的动词性成分都不能出现在虚化动词后面充当准谓宾,因此都不可能是名动词。

(1) a. 饮料、弃儿、容器、汇单、印张、驻地、败军、囚犯
    b. 铸铜、窃贼、卫兵、覆水、决心、挂表、贺信、战车
    c. 爱儿、哭腔、雇农、从犯、论丛、锻工、捐款、杀手
    d. 铲刀、沉船、伏笔、挂面、落花、流水、喷头、煎饼
(2) a. 飞禽、作家、牧童、邮递员、售票员、伐木工人、监考老师
    b. 屠刀、烧杯、刨刀、钓竿、拖网、杀猪刀、车检仪、杀虫剂
    c. 入口、退路、理发店、禁飞区、收银台、炼油厂、养老院
    d. 烧鸡、烤烟、填鸭、送审件、租赁车、烤白薯、应付款项

另一个值得探讨的问题是黏合式中定语的修饰方式。朱先生在讨论黏合式结构的功能时曾经提及,黏合式定中结构可以替换另一个黏合式里的名词,而且黏合式定语本身可以带有修饰语,但却并没有详细描述修饰的方式和所受的限制。这就为我们探讨定语的地位提供了线索。在(3a)中,名词"大衣"修饰"衬里",(3b)中"大衣"受另一个名词"鸭绒"修饰,然后整个定中结构修饰"衬里"。不过,这里"大衣"的修饰语只能是光杆

名词,如果像(3c)那样换成"的"字结构,整个定中结构就不能接受。①虽然定语"大衣"不能受"的"字结构修饰,中心语"衬里"却可以像(3d)那样受"的"字结构修饰;而且只要不是充当黏合式定语,"大衣"还是可以像(3e)那样受"的"字结构修饰的,而且整个定中结构还可以像(3f)那样作为另一个"的"字结构的一部分去修饰"衬里"。同样地,例(4)中的名词"柴鸡"作为"蛋"的定语,可以受动词"散养"的直接修饰,但却不能受"的"字结构的修饰,尽管"柴鸡"单独出现时可以受"的"字结构修饰。与此形成对比的是,(5a)的"水果礼盒"作为一个整体,既可以在(5b)中受黏合式定语"塑料"的修饰,而且可以在(5c)中受组合式定语"塑料的"修饰。有意思的是,与(5a)意思相同的(5d)却不能受"塑料"修饰,所以(5e)不可以接受,②尽管用"塑料的"修饰"水果的礼盒"的(5f)又是能说的。很显然,作为黏合式定语的名词可以受另一个黏合式定语修饰,但却不能受"的"字结构修饰;反过来也一样,组合式定中结构可以受"的"字结构修饰,却不能受黏合式定语修饰。

(3) a. 大衣衬里 　　　　　　b. 鸭绒大衣衬里

　　 c. *鸭绒的大衣衬里 　　d. 鸭绒大衣的衬里

　　 e. 鸭绒的大衣 　　　　 f. 鸭绒的大衣的衬里

(4) a. 柴鸡蛋 　　　　　　　b. 散养柴鸡蛋

　　 c. *散养的柴鸡蛋 　　　d. 散养的柴鸡

(5) a. 水果礼盒 　　　　　　b. 塑料水果礼盒

　　 c. 塑料的水果礼盒 　　 d. 水果的礼盒

　　 e. *塑料水果的礼盒 　　f. 塑料的水果的礼盒

如果充当黏合式定语的是形容词,也同样可以像(6b)那样受修饰,但修饰语不能是"很""太"之类的程度副词,所以(6c)和(6e)都不能说。受"很""太"修饰的形容词只能够像(6d)和(6f)那样,作为"的"字结构的一部分间接修饰名词性成分。

(6) a. 旧电脑 　　　　　　　b. 超旧电脑

　　 c. *很旧电脑 　　　　　d. 很旧的电脑

　　 e. *太旧电脑 　　　　　f. 太旧的电脑

就连充当黏合式定语的动词,也有着类似的特性。在(7a)中充当黏合式定语的动词"通过",可以像(7b)那样直接受"高速"的修饰,但却不能受重叠式状语的修饰,所以(7c)不能说。不过,如果像(7d)那样作为"的"字结构的一部分,"通过"受重叠式状语修饰却又是可以接受的。

(7) a. 通过车辆　　　　　b. 高速通过车辆

c. *慢慢通过车辆　　　d. 慢慢通过的车辆

3. 组合式定中结构

朱先生称为组合式定语的各种成分,实际上可以分为两组。指示词、数词、量词为一组。这组成分的内部顺序固定,只能是指示词＞数词＞量词＞名词,如果像(8b)、(8c)或(8d)那样出现颠倒,形成的结构就不可接受。通常情况下,这组成分在一个名词性结构里只能出现一次,但只要不会造成语义上的冲突,偶尔也会出现(9a)和(9b)那种两组成分叠加的情况。

(8) a. 这几位总裁　　　　b. *几这位总裁

c. *这位几总裁　　　　d. *几位这总裁

(9) a. 那三本这种书　　　b. 这五车第四类进口废钢

指示词、数词、量词和名词都能以零形式出现。除了零形数词以外,其他零形式的具体意义都必须从上下文或现实语境中去寻找。比如(10a)里充当主题的定中结构,里面的指示词和名词都是零形式,整个偏正结构就没有固定的意义,会随着零形指示词的指向变化,以及零形名词的不同所指而会获得多种解读。如果(10a)跟在(10b)后面,(10a)的主题就会以"外边的两箱这种小包"为前指,也就是零形指示词会表示远指"那",而零形名词会指代"这种小包";如果(10a)跟在(10c)后面,零形指示词就会表示近指"这",而零形名词就会指代"(我)要的苹果"。有可能出现在(10a)前面的小句多不胜数,"两箱"的实际意义也就随之不计其数。

(10) a. 两箱我都要。

b. 外边还有两箱这种小包。

c. 您要的苹果我这里只剩下两箱了。

零形量词通常只在口语里出现。如果像(11a)那样跟在数词"一"后面,零形量词的实际内容取决于名词所表示事物的计量方式;如果像(11b)那样跟在指示词后面,那么除了事物的计量方式以外,还取决于名词所表示事物的数量,也就是说,(11b)里零形量词可能相当于"些",也可能相当于"本"。

(11) a. 门口站着一小男孩。

b. 这书怎么办?

数词虽然也能以零形式出现,但却只能表示"一",而且零形式的"一"前面不能直接出现"的"字结构,所以(12a)是不能说的。数量结构前面要出现"的"字结构,就只能像(12b)那样带有显性数词。

(12) a. *巧夺天工的幅苏绣

b. 那巧夺天工的一幅苏绣

"的"字结构和领属成分属于另一组。这两种成分的主要特点是没有完全固定的结构位置,或者说同其他成分的相对顺序有一定的灵活性。"的"字结构可以像(13a)那样出现在指示词前面,像(13b)那样出现在数词前面,或者像(13c)那样出现在名词前面,但却不能出现在数词和量词之间,所以(13d)是不能说的。

(13) a. 刚出版的这三本小说

b. 这刚出版的三本小说

c. 这三本刚出版的小说

d. *这三刚出版的本小说

带"的"领属成分的分布和"的"字结构大致相同,例(14)的情况基本上是例(13)的翻版。唯一比较特殊的是(14b)。由于指示词很少与人称代词连用,所以一般情况下领属成分需要与其他"的"字结构并列,才能出现在指示词和数词之间。

(14) a. 我的这三本小说

b. 这刚出版的、我的三本小说

c. 这三本我的小说

d. *这三我的本小说

不带"的"领属成分的情况要复杂一些,分布上受到的限制也要多一些。通常分析为表领属义的无"的"结构有三种。较为常见的是例(15)和(16)那种,人称代词直接出现在名词前面;较为少见的是例(17)那种,代词出现在指示词前面;更为少见的是例(18)和(19)那种,代词出现在"的"字结构前面(刘月华等,2001;黄伯荣、廖序东,2002)。

(15) a. 我爸爸　　　b. 我公司

c. 我国　　　　d. 我方

(16) a. 我们爸爸　　b. 我们公司

c. 我们国家　　d. 我们一方

(17) a. 我这三个兄弟

b. 你那件大衣

(18) a. 我英勇善战的人民解放军渡江部队

b. 英勇善战的我人民解放军渡江部队

(19) a. 他上学期的成绩

b. 哥哥在上海的家

这些结构当然都是能说的,但却并不都表达同一种意义。(15a)只能表示领属义,而且领属成分也能以"的"字结构形式出现。(15b)有歧义,"我"可以表示领属者、从属者,也可以表示一种接近指示词的直指义。表领属义时,"我"可以和"我的"互换,都表示"我"是"公司"老板;表从属义的"我"也能和"我的"互换,"我"可以是同"公司"相关的、老板之外的任何人。表直指义的"我"不能和"的"共现,其用法大致上相当于指示词"本"。在实际语境中,"我公司"同"贵公司"相对立。(15c)和(15d)中的"我"在特殊情况下可以表示领属义或从属义,但由于"国"和"方"都是黏着语素,所以这两个意义都不能用"的"字结构表示。(15c)和(15d)里"我"的常用义都是直指,不能用"我的"表示。在实际使用时,"我国"通常与"贵国"相对立,"我方"则与"敌方"相对立。

例(16)中出现在名词前的是"我们",除了在(16a)中只表示领属义之外,在(16b)、(16c)和(16d)中都可以表示领属义和从属义,但却并不能表示直指义。这些"我们"都可以同"我们的"互换。

(17a)和(17b)通常都表示领属关系,其中的"我"也都可以同"我的"互换。(18a)里的"我"虽然有可能表示领属和从属关系,但在实际交际中并不这样用,而是只表示直指,即表示同"敌防御部队"相对立的、在语境中可以确定的事物。这个表示直指的"我"不能用"我的"代替,但可以像(18b)那样出现在"的"字结构后面。

(19a)和(19b)的确主要表示领属义,③而且领属成分也可以用"的"字结构表示。这两个"的"字结构可以互换位置而不影响整体的真理值。

很显然,文献中所说的领属结构其实并不都表示领属关系,而真正的领属关系可以用"的"字结构表示,也可以不用"的"而直接出现。表领属义和其他意义的各种"的"字结构可以互换位置。

与此相关的是,"的"字结构并不一定要紧挨着被修饰成分,(20a)、(20b)和(20c)中,"很甜的"出现在不同的结构位置上,但却都在修饰"橘子",整个结构都表示一种味道很好的水果。

(20) a. 那一筐很甜的橘子
 b. 那很甜的一筐橘子
 c. 很甜的那一筐橘子

与此不同的是,黏合式定中结构里的定语,只能黏附在所修饰成分上。例(21)的"四川"从意义上说只能修饰"橘子",所以只能黏附在"橘子"上。如果像(21b)、(21c)或(21d)那样,黏附在组合式中的其他成分上,整个偏正结构就不能接受,也不可能表达"四川橘子"的意义。当然,这种限制只适用于组合式定中结构,如果是(22a)和(22b)那样的黏合式定中结构,里面的多重定语有时候是可以互换位置的,而且位置的改变并不影响结构的整体意义。

(21) a. 那一筐四川橘子
　　 b. *那一四川筐橘子
　　 c. *那四川一筐橘子
　　 d. *四川那一筐橘子

(22) a. 那一筐四川薄皮橘子
　　 b. 那一筐薄皮四川橘子

有时候量词或数词前面也会出现黏附式的修饰成分,但这种成分只能修饰所黏附的数词或量词,而不能修饰其他成分。(23a)里的"大"黏附在量词上,就只能修饰"筐",从体积的角度来限制竹制容器的集合,而同"橘子"的体积无关。(23b)的"大"黏附在数词上,就只能表示实际的筐数要略微大于"三百",而同"橘子"的状况无关。实在要限制"橘子"所代表的集合,就只能像(23c)那样,让"大"依附在"橘子"上。

(23) a. 那三百大筐橘子
　　 b. 那大三百筐橘子
　　 c. 那三百筐大橘子

4. 对相关事实的解释

将朱德熙先生的描述和上面的补充糅合在一起,可以这样描述定中结构的基本性质:充当定语的可以是名词、形容词、动词或者相关的黏着语素,也可以是"的"字结构。词或黏着语素充当定语时只能黏附在名词上,或者是叠加在已经有黏合定语的名词上,而不能黏附在"的"字结构上。通常归入领属结构的有些是定中结构,领属成分可以带"的",也可以不带"的";还有些其实不表示领属义,而且也不能带"的"。

作为定语的"的"字结构可以出现在名词、带有黏合定语的名词,以及带有"的"字结构的名词前面,而且"的"字结构并不一定要紧挨着所修饰的名词;"的"字结构也可以出现在指示词或数词前面,但却不能出现在量词前面。

量词可以有黏附的修饰成分,但这些成分只能修饰量词,其作用范围不能涉及后面的名词。同样地,数词也可以有黏附的修饰成分,但这种成分也只能修饰数词,而不能涉及后面的量词或名词。

名词性结构中的各种成分都只能出现在名词的前面,而不能出现在名词后面。有些成分之间有着相对固定的顺序,这包括两种情况。一是黏合式修饰成分只能黏附在被修饰的词或语素上;二是指示词＞数词＞量词＞中心名词这一顺序不容改变。其余成分之间的顺序相对自由,但前提是不能扰乱应有的固定顺序。

这些现象当然可以沿用结构主义的传统(Bloomfield,1933),按照朱德熙先生(1982、1983、1984、1985a、1985b)的做法,用多重定语的顺序来加以解释;但是,如果吸收现代理论句法的新发展,跳出名词性结构里只有名词中心语和定语这两种成分的框框,是可以找到更简单、更合理的解释方法的。

很早就有人注意到(如 Quirk et al.,1972、1985),在英语等印欧语言中,名词性结构中的某些必有成分,如指示词、冠词、全称量化成分之类,结构位置类似于定语,但句法特性却和一般意义上的定语不同,将其归入定语显然弊大于利,只不过一时还找不到更好的分析方法。解决的办法最后来自形式句法理论。80年中期,随着形式句法进入原则与参数理论时期,小句结构变得复杂起来,不但在更高的层次上反映了语言事实,而且更接近一般短语的结构。Abney(1987)看到了这一点,于是借用小句的结构来描述名词性短语的内部结构,这就是所谓的 DP 假设。简单地说,Abney 将名词性短语分为两层,上层是 DP,核心是 D,即指示词、冠词等成分;下层是 NP,核心是名词 N。这样做的主要根据是只有带指示词或冠词的名词性成分才能充当句子成分,而真正意义上的名词短语则没有这一功能。用 DP 假设来解释的话,就是只有 DP 才能充当句子成分,而 NP 则只能作为 DP 的一部分间接起作用。

由于有着很强的解释能力,DP 假设很快就进入了汉语研究的视野,而且针对汉语名词性成分的具体情况,在 DP 和 NP 之间还加入了数词短语 NumP 和量词短语 ClP。(如 Tang,1990;Li,1998、1999;Cheng & Sybesma,1999;Wu,2000、Simpson & Wu,2002、Zhang,2007;Huang et al.,2009)按照汉语 DP 假设的观点,名词性短语内部的成分包括必有与或有两部分。必有部分的顺序是固定的,即 DP＞NumP＞ClP＞NP;或有部分主要是"的"字结构,这显然符合汉语定中结构的基本情况。

名词性成分的内部结构大致上可以从三个方面分析和讨论。一是定中复合词;二是 DP 及其内部的结构层次;三是定中短语。

黏合式定中结构的句法地位是词,是由黏着语素和黏着语素、黏着语素和词,或者词和词组成的复合词(石定栩 2002);而"的"字结构的句法地位是短语,作为定语修饰名词性短语(石定栩,2002;司富珍,2006;周国光,2007;Huang et al.,2009)词只能修饰词,而不能修饰短语。(5e)中的名词"塑料"修饰短语"水果的礼盒",所以不能说。反过来也一样,复合词的内部组成部分只能受词修饰,而不能受短语修饰。在(3c)中,"鸭绒的"作为短语去修饰复合词的定语"大衣",所以不能接受。(4c)的情况大致相同,"散养的"修饰"柴鸡蛋"的定语,所以不能说。

(5) e. *塑料水果的礼盒

(3) c. *鸭绒的大衣衬里

(4) c. *散养的柴鸡蛋

从名词性短语内部成分的分布来看,汉语的名词性短语 DP 不应该分析为四层,而是应该分析为三层:指示词短语 DP、数-量词短语 Num-ClP 和名词短语 NP,分别由指示词、数-量复合词及名词为核心,各层相互之间的关系可以用简化了的图(24)表示。

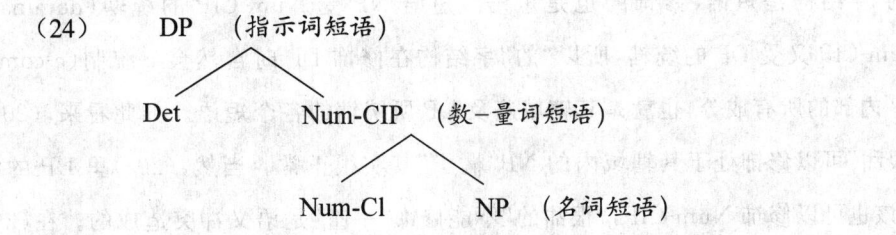

(24)　　　DP　　(指示词短语)
　　　　　／＼
　　　Det　　Num-ClP　(数-量词短语)
　　　　　　　／＼
　　　　Num-Cl　　NP　(名词短语)

汉语中是否存在冠词争议很大(见张伯江,2010),但这并不等于汉语中没有应该作为 DP 核心的成分。名词性短语的定指与否是由指示成分 Det 决定的。也就是说,DP 核心的作用是说明 DP 和上下文的关系,或者指明 DP 在语境中所处的地位。汉语中表示定指的指示词"这、那、本、该",表示不定指的"某",表示疑问的"哪"以及表示总括的全称量化词"每、任何"等,都应该具有这种功能,也就应该出现在 Det 位置上。

文献中通常将数词短语 NumP 和量词短语 ClP 分开,作为 DP 下面两个相互独立的层次(如 Cheng & Sybesma,1999;Li,1999;Huang et al. ,2009),这似乎也符合朱德熙先生的基本观点。不过,问题在于虽然量词和数词都可以受黏合式成分的修饰,但量词前面却不能出现"的"字结构,所以(13d)和(14d)都不能说。与此相反的是,名词、数词、指示词前面都可以直接出现"的"字结构,例(25)那样的短语虽然少见,但却的确能说。很显然,数词和量词的结构地位并不相同,而且其表现与黏合式定中复合词的特性极为相似。最直接也最简单的解释是数词和量词构成一个复合词,内部成分可以带黏合式修饰成分,却不能受短语的修饰,而以数-量复合词为核心的短语则可以整体受短语的修饰。

(13) d. *这三刚出版的本小说

(14) d. *这三我的本小说

(25) 他要吃的那刚刚进口的一种法国生产的新药

这样分析还可以很好地解释各种修饰成分的辖域范围。前面说过,"的"字结构可以不必紧挨着所修饰的成分,所以(20b)和(20c)里的"很甜的"都可以表示"橘子"的味道;而黏合式修饰成分则只能修饰其所黏附的成分,而不能涉及其他成分,所以例(23a)和(23b)里的"大"都不能表示"橘子"的尺寸。这正好符合两种句法结构的不同特点。"的"字结构是短语,修饰的也是短语。短语 NP 受 Num-ClP 的统辖(dominate),而 Num-ClP 又受 DP 的统辖,所以"的"字结构在修饰 DP 时自然会 c-统制(c-command)DP 内部的所有成分,也就是其辖域遍及 DP 所统辖的各个短语。如此看来,(20c)里的"很甜"可以修饰处于其辖域内的 NP"橘子"其实很正常。当然,(20c)里 DP 的修饰语应该也可以修饰 Num-ClP,"很甜的"不能修饰"一筐"是语义冲突造成的。在(26)那样的定中结构里,DP 的修饰语"很大的"就既可以表示"堆"的尺寸,也可以表示"苹果"的直径。

(20) b. 那很甜的一筐橘子

　　 c. 很甜的那一筐橘子

(23) a. 那三百大篓橘子

b. 那大三百篓橘子

(26) 很大的一堆苹果

另一方面，(23a)里的"大"和"篓"形成一个复合词，"大"就只能在复合词内部起作用。在短语或句子层面上，"大篓"内部的"大"没有句法地位。同样地，(23b)里"大三百"形成一个复合词，"大"没有对外的句法地位。名词性成分结构上的差异，直接影响到定语辖域的范围。

领属结构的句法表现，同样与结构有关。文献中所说的领属结构大致上可以分为两种。一种以(15c)、(15d)、(18a)和(18b)为代表，这里的"我"只有在极为罕见的情况下才会表示领属，而最基本的用法是直指中的自指。这种用法多少有点文言文的色彩，一般用于正式场合或正式公文，同直指中的对指"贵、你"，以及和直指的他指"该、他、此"相对应。指示词有时候可以和词或黏着语素搭配，共同构成复合词，如"此地、他人"之类，(15c)和(15d)也应该属于这一类。指示词还可以作为 DP 的核心出现在 Det 位置上，表示该名词性短语同语境或语篇的关系，如"那风景如画的大草原"之类，(18a)和(18b)都应该属于这一类。也正因为如此，"我""他"等与代词同形的指示词，都没有相应的带"的"形式。

(15) c. 我国   d. 我方

(18) a. 我英勇善战的人民解放军渡江部队

b. 英勇善战的我人民解放军渡江部队

真正的领属结构也可以大致分为两类，一种是由代词和黏着语素构成的"我爸、我哥、我妹"之类，其领属关系不能用"的"字结构表示，而且分布极为狭窄，分析为复合词更合适。

在其余的领属结构中，无论领有者是什么，都可能以"的"字结构的形式出现，反而是无"的"领属结构的分布受到很多限制。从经济性原则的角度出发，最直接的解释方法是假设所有领属结构都带"的"，但"的"在一定条件下会以零形式出现。零形式"的"并不罕见，(27a)里的"昨天来找你"显然是"那个学生"的定语，而且也能以"的"字结构的形式出现,但在口语和比较轻松的作品中这个"的"往往以零形式出现。同样地,(27b)的"三个月前"是短语,充当定语时应该带有"的",但口语中这个"的"也经常以零形式出现。在北方话和书面语中,零形"的"出现的必要条件是表示定指的指示词"这、那"(石定栩,2008;张伯江,2010),例(17)中的领属成分出现在表定指的指示词前面,不带"的"也就正常了。

(27) a. 昨天来找你那个学生又来了。

b. 三个月前那起交通事故至今还没查清楚呢。

(17) a. 我这三个兄弟

b. 你那件大衣

"的"以零形式出现的另一个必要条件是并列。(吕叔湘,1999;张斌,2010)(28a)中两个"的"字结构并列,前一个"的"就可以像(28b)那样以零形式出现。同样地,(28c)中的两个"的"字结构并列,前面的那个就可以在(28d)里以零形式出现。从这个角度去分析,(19a)和(19b)的两个领属结构中出现零形"的",也就很正常了。

(28) a. 一个充满活力的、繁荣富强的中国

b. 一个充满活力、繁荣富强的中国

c. 刘厂长的、冠冕堂皇的借口还真的挑不出什么毛病。

d. 刘厂长冠冕堂皇的借口还真的挑不出什么毛病。

(19) a. 他上学期的成绩

b. 哥哥在上海的家

比较特殊的是(15a)、(15b)以及例(16)中那些表示领属义的结构,没有出现任何指示词,但也仍然出现了零形"的"。"爸爸""国家"这些名词所表示的事物当然都是很大的集合,但出现在领有者后面时就只能是一个单一成员的子集。换句话说,这里的"爸爸""国家"都是表示定指的 DP,Det 位置上是个零形指示词,所以领属成分可以带零形"的"。"公司"出现在领属成分后面时不一定表示一个单一成员的集合,但一定表示确定事物的集合,所以同样是表示定指的 DP,可以满足零形"的"出现的条件。也正因为

如此，例(29)中的几个领属结构表示的是完全等同的意思。

　　(15) a. 我爸爸　　b. 我公司
　　(16) a. 我们爸爸　b. 我们公司
　　　　 c. 我们国家　d. 我们一方
　　(29) a. 我那个爸爸
　　　　 b. 我们这个国家
　　　　 c. 我那几个公司

5. 余论

　　尽管所依据的理论框架不同，本文的分析和朱德熙先生的多项定语排序理论依据的其实是同一组语言事实。本文采用形式句法的 DP 假设，最大的优点是将名词性短语里必有成分的地位固定了下来，作为相互之间有着选择性限制的三个短语层次，这样可以给指示词、数词、量词和名词之间的固定顺序一个理论上站得住脚的解释，也给了"的"字结构的不固定位置一个合理解释。

　　DP 的内部结构不容扰动，带来的另一个后果是各个层次的核心成分都必须出现，可以是显性形式或者是零形式，但却不能没有。这正好可以解释汉语的另一个特点。名词性短语在句子里出现时可以有不同的表面形态，但必然表示定指或不定指，表示以某种计量单位为基础的某个数量，而且总是表示某种特定事物。假设指示词、数词、量词和名词都能以零形式出现，也给了这一现象一个合理解释。

　　本文的讨论还基于现代语言学的一个基本信条，即单靠反例并不能推翻现存的理论，只有更好的理论才能取代原有的理论。我们应该尽力寻找能更好地、更全面地解释语言现象的理论。正是从这一点出发，希望能有更多的同行投入关于名词性短语的研究，并对本文提出批评，使我们的认识能够不断提高。

附注

① 如果将"鸭绒的大衣衬里"理解为"鸭绒的"修饰"大衣衬里"，理论上是可以接受的，但其实际

意义在现实生活不成立。不过,这和本文的讨论无关。

②同样地,如果将"塑料水果的礼盒"理解为"塑料水果的"修饰"礼盒",理论上是可以接受的,只是其实际意义在现实生活中几乎不存在。

③"他上学期的成绩"还可以有许多其他解读,比如表示"他"上个学期给学生的成绩,但这和本文的讨论没有直接关系。

参考文献

崔应贤等 2002 《现代汉语定语的语序认知研究》,北京:中国社会科学出版社。
黄伯荣、廖序东 2002 《现代汉语》(增订第三版),北京:高等教育出版社。
刘月华、潘文娱、故铧 2001 《实用现代汉语语法》,北京:商务印书馆。
陆俭明 1963 "的"的分合问题及其他,《语言学论丛》第五辑。
吕叔湘主编 1999 《现代汉语八百词》,北京:商务印书馆。
齐沪扬 2000 《现代汉语短语》,上海:华东师范大学出版社。
施春宏 2001 名词的描述性语义特征与副名组合的可能性,《中国语文》第3期。
石定栩 2002 复合词与短语的句法地位,《语法研究和探索》(十一)。
石定栩 2008 "的"和"的"字结构,《当代语言学》第4期。
司富珍 2006 中心语理论和"布龙菲尔德难题"——兼答周国光,《当代语言学》第1期。
王珏 2001 《现代汉语名词研究》,上海:华东师范大学出版社。
张斌主编 2010 《现代汉语描写语法》,北京:商务印书馆。
张伯江 2010 《汉语限定成分的语用属性》,《中国语文》第3期。
周国光 2007 "NP+的+VP"结构和相关难题的破解,《汉语学报》第3期。
朱德熙 1982 《语法讲义》,北京:商务印书馆。
朱德熙 1983 自指和转指:汉语名词化标记"的、者、之、所"的语法功能和语义功能,《方言》第1期;另见《朱德熙文集》(三),北京:商务印书馆,1999。
朱德熙 1984 《定语和状语的区分与体词和谓词的对立》,《语言学论丛》第十三辑;另见《朱德熙文集》(三),北京:商务印书馆,1999。
朱德熙 1985a 《语法问答》,北京:商务印书馆。
朱德熙 1985b 现代书面汉语里的虚化动词和名动词——为第一届国际汉语教学讨论会而作,《北京大学学报》(哲学社会科学版)第5期。
Abney, Steven 1987 The English noun phrase in its sentential aspect. Doctoral dissertation, MIT.
Bloomfield, Leonard 1933 *Language*. New York: Holt.
Cheng, Lisa and Rint Sybesma 1999 Bare and not-so-bare nouns and the structure of NP. *Linguistic Inquiry* 30:509—542.
Huang, C.-T. James, Y.-H. Audrey Li and Yafei Li 2009 *The Syntax of Chinese*. Cambridge: Cambridge University Press.
Li, Y.-H. Audrey 1998 Argument determiner phrase and number phrase. *Linguistic Inquiry* 9:693—702.
Li, Y.-H. Audrey 1999 Plurality in a classifier language. *Journal of East Asian Linguistics* 8:75—99.

Quirk, Randolph, Sidney Greenbaum, Geoffrey Leech and Jan Svartvik 1972 *A Grammar of Contemporary English*. London: Longman.

Quirk, Randolph, Sidney Greenbaum, Geoffrey Leech and Jan Svartvik 1985 *A Comprehensive Grammar of the English Language*. London: Longman.

Simpson, Andrew and Zoe Wu 2002 From D-to-T: Determiner incorporation and the creation of tense. *Journal of East Asian Linguistics* 11:169—209.

Tang, Jane C. C. 1990 Chinese phrase structure and the extended X'-theory. Doctoral dissertation, Cornell University.

Wu, Xiu-zhi Zoe 2000 Grammaticalization and the development of functional categories in Chinese. Doctoral dissertation, University of Southern California.

Zhang, Hong 2007 Numeral classifiers in Mandarin Chinese. *Journal of East Asian Linguistics* 16: 43—59.

构式语块分析法的理论框架[*]

苏丹洁

加州大学洛杉矶分校

1. 引言

表示"某处存在某物"的存在句,是一种见于多个语言的句式。汉语学界一般将其句法结构分析为"主-谓-宾",语义结构分析为"处所-动作-受事/施事"。但这样分析有不少问题。

以现代汉语为例。陆俭明(2008a)曾指出,以往对诸如"(1)a.墙上挂着一幅画""(2)门口站着许多孩子"这种存在句的分析,无法很好地解释这些问题:(一)"许多孩子"怎么可能是宾语?"许多孩子"作为"站"的施事怎么会在动词后面?(二)"挂"的施事怎么不出现?(三)一般认为宾语的语义角色不同,整个结构的语法意义就不同。可存在句虽宾语的语义角色不同,但整个句子的句法意义还是相同的——表示存在,表静态,这为什么?对此,陆俭明指出,"施事-动作""动作-受事"这种语义关系,在存在句里只是潜在的,"存在构式"里凸显的其实是"存在处所-存在方式-存在物"的语义关系。

这种对"主-谓-宾""施-动-受"传统思路的反思,同样见于李临定(1982)和陆丙甫(1984、1987)的论述。他们同样认为,只用"主、谓、宾、定、状、补"这套句子成分分析句子结构是有局限的。在这种反思下,陆丙甫(1987)建议用"处所语·动词·存现物"描

---

[*] 本文初稿曾在"走向当代前沿科学的现代汉语语法研究国际学术研讨会——纪念朱德熙教授诞辰90周年和陆俭明教授从教50周年"上宣读(2010年8月17—18日,北京大学),后改动较大。导师陶红印先生、周小兵先生曾就存在句相关问题加以教正,戴浩一先生、张敏先生曾当面赐正本文观点,Bernd Heine先生阅读了英文版初稿并提出详细的修改意见,《语言科学》匿名审稿专家也提出了中肯的改进意见,谨此表示衷心的感谢。本文错谬之处概由作者负责。

述存现句。

在陆俭明(2008a)运用构式语法解释存在句的基础上,苏丹洁(2010a)将存现句构式内部的语义单元视为3个语块(即语义块)。这3个语块的线性序列构成该构式的语块链:存现处所-存现方式-存现物,并提出构式由语块构成这一看法。于是逐渐形成了将构式和语块结合起来的一种新的句法分析法——构式语块分析法(陆俭明,2010;苏丹洁、陆俭明,2010;苏丹洁,2010a)。

运用构式语块分析法,不仅可以较好地解释存在句,对其他一些句式,如"把"字句(苏丹洁,2011)、"兼语句"(苏丹洁,2009b、2012),也可以得到一定的解释。然而,构式语块分析法目前还只是一个初步的思路。用它来分析句法现象,譬如存在句,也还只是个开端。本文进一步分析存在句,并以此为例阐述构式语块分析法的基本理论框架。

2. 构式语块分析法的基本观点和主要研究问题

构式语块分析法(Construction-Chunk Approach)是一种建立在构式语法理论(Construction Grammar)和认知组块理论(chunking)基础上的句法语义分析方法。其主要观点是:构式是一条语块链。其基本理念是:语言的句法层面存在的是各种各样的构式。构式义是认知域中意象图式在语言中的投射;构式内部语义配置的每一部分语义,一般都以一个语块的形式来负载。(陆俭明,2009a、2010)构式由语块构成,语块序列形成语块链,构式义通过线性链接的语块链来表达。(苏丹洁,2009a、2009b、2010a)

如果单纯使用构式理论,将会面临下面这样的问题:对构式[①]内部如何分析?怎么分析才有助于人们对该构式所表示的意义的理解?譬如,"(3)草地上坐着两个小女孩",这是现代汉语里最常见的一种存在构式[②]的一个实例。如果用传统的句法上的"主-谓-宾"、语义上的"施事-动作-受事"来分析,其内部结构是:

草地上	坐着	两个	小女孩
主语/状语	谓语	定语	宾语
处所	动作		施事

运用结构主义层次分析法,其内部结构是:

```
草地  上  坐  着  两  个  小女孩
__1___      ___2_____            1—2 主谓/状-中偏正
_3_ _4_   _5_  __6__             3—4 定-中偏正;5—6 述宾
         _7_8_ _9_ __10__        7—8 助词结构;
                                 9—10 定-中偏正
               _11_ _12_         11—12 定-中偏正
```

上面这些分析事实上无助于人们对这个句子所表示的意义的准确理解。那么构式内部该如何分析?运用语块理论,或者说组块理论来进行分析比较好。

我们所讲的"语块",并不是根据内部的组成成分来界定的,不是目前外语教学界所说的词汇层面上高频出现的、具有一定习语性的词汇型语块(lexical chunks)或习语语块(formulaic language)。

构式语块分析法所讲的"语块"(chunk)是从构式的角度来说的,是根据构式的语义配置自上而下界定出来的。它指的是构式中承担相对独立的一部分语义单元的词项成分。例如上面所举的例子"草地上坐着两个小女孩"中的"两个小女孩"表示"存在物"这个语义单元,"草地上"表示"存在处所"这个语义单元,"坐着"显示存在处所与存在物之间的关系(这里具体为表示存在的方式);它们分别是一个语块。语块的实质是句子内部的语义块。借助语块理论来分析构式内部结构,更有助于理解句子的意义。

语块是一种具有心理现实性的语言组块(chunking)现象,是认知心理层面的"组块"(Miller,1956)在语言句法层面的体现,是人类信息处理能力的实际运用单位。(Langacker,1995:170、1997:9;Croft,2001:186、189;Murray et al.,2002;Robinson,2005;Amidzic et al.,2006;Ottem et al.,2007;Xu & Chun,2007;陆丙甫,2008;Feigenson & Halberda,2008;王士元,2010)组块理论的核心内容是,根据心理实验所提供的数据,大脑运用语言进行编码、解码,能容纳的离散块的最大限度是"七左右"(7 ± 2)。处理者会把需要记住的离散块数量尽量控制在"四"以下。(陆丙甫、蔡振光,2009)这样,一个语句表面看是由若干个词甚至说语素组合成的,在处理加工中实际的单位是语块。

构式理论与语块理论相结合,便产生了构式语块分析法。构式语块分析法是一种基于实际使用(usage-based)的语法观,而且符合 Croft & Cruse(2004：285)所说的,构式内部各部分的关系必须从语义角度进行界定。构式语块分析法关注并探讨人类语言是如何将某一认知概念意义用构式的形式表达出来的,一个构式的意义又是如何通过构式的语块链的形式表达出来的。它研究的主要问题是:人类语言句法层面的构式"是怎么样的"以及"为什么是这样的"。具体而言是：

1) 一个构式表达的意义(构式义)是什么？其内部的结构是怎么样的？它凸显的是什么样的语义结构关系？这种语义关系来源于什么样的认知概念结构？这种语义关系如何在句法上体现出来,并最终使一个构式的线性序列具有独特的形式、语义和功能？

2) 一个语言中的构式体系是什么样的？构式与构式之间的关系如何？

3) 人类语言的构式体系是什么样的？表达同一个意义,不同语言的构式之间有何共性和个性？

3. 构式语块分析法的方法论

运用构式语块分析法,对任何一个构式的具体实例的分析,将遵循从构式义到语块链的分析路径：

第一,分析所属构式的构式义。例如,"(1) a. 墙上挂着一幅画 b. 墙上有一幅画""(3) 草地上坐着两个小女孩"所属的存在构式的构式义是表示存在,表静态,具体说表示某处存在着某物,强调的是形成存在关系的整个静态场景。

第二,分析所属构式的内部语义配置结构。具体分出构式内部的相对独立的各个语义单元。例如,上述存在构式可以分出三个相对独立的语义单元：存在处所(构成存在关系的处所)、存在物(构成存在关系的实体)、存在关系(体现了存在物与存在处所之间具有的联系)或存在方式(实现这种存在关系的具体方式)。

第三,分析构成构式的语块链。一般情况下,一个语义单元就是一个语块。例如上述汉语存在构式,可以分出[存在处所(墙上/草地上)]、[存在关系/方式(有/坐着)]和

[存在物(一幅画/两个小女孩)]这三个语块。这三个语块与整个构式之间的关系是"部分-整体"的关系。(苏丹洁,2010b)由这三个语块构成一个线性的语块链：

存在处所-存在关系/存在方式-存在物

对于中间那个语块,存在关系表示的是存在处所和存在物之间的一种笼统的联系,常用"有"或"是"来充当。"有"表达一种泛指的空间存在关系。例如,"墙上有一幅画",仅仅告知墙上有画,至于墙上是否还有其他存在物,无从得知。"是"则表达一种排他的空间存在关系,即,某存在处所仅有某存在物。试比较：

(4) a. 他是医生。

　　b. 他不是医生。

(5) a. 墙上是一幅画。

　　b.? 墙上不是一幅画。

例(4)中的"是"表示判断。如果加以否定,则表示否定判断。而例(5a)存在句中的"是"表示的是一种排他的存在关系。"墙上是一幅画"表示说话人认为墙上仅有这幅画,并无他物。如果加以否定,如例(5b),可接受性便降得很低。③

如果要指明某存在物是以何种具体方式存在于某处所的,则用存在方式。它表示的是存在处所和存在物之间的具体联系,常用"动词+着"来充当。例如,"墙上挂着一幅画",不仅告知墙上有画,还道明了画是以何种方式存在于墙上的——通过挂还是通过贴,等等。

先前认为汉语存在句构式由三部分组成:存在处所、两者链接/存在方式、存在物。(陆俭明,2008a、2008b;苏丹洁,2010a)然而这样分析存在问题:1)"两者链接"并没有概括出该语块的语义。2)如何解释那些既含有两者链接("有")又含有存在方式("挂着")的存在构式(例如,"墙上有一幅画挂着")？

本文提出,在汉语里,"有"表示的是一种笼统的存在关系,而"动词+着"则表示一种具体的存在方式。如果以存在处所为话题,以存在物作为句子的结尾,即句子自然的信息焦点,则"有"和"动词+着"不能共现,即：

(1) a. 墙上挂着一幅画。

b. 墙上有一幅画。

c. *墙上有挂着一幅画。

如果以存在处所为话题,"有"和"动词+着"要在句中共现,其语块链如下:

| 存在处所 | 存在关系 | 存在物 | 存在方式 |

d. 墙上　　　有　　　一幅画　　　挂着

显然,存在关系和存在方式必须看成两个单独的语块。有些语言的存在句里,这两个语块是分开的。例如下例越南语和泰语:

(6) 越南语:có một bình nu'ó'c đặt trên bàn.
　　词　译:有 一 瓶 水 放 在……上 桌子
　　句　译:有一瓶水放在桌子上。

(7) 泰语:มี น้ำ หนึ่ง ขวด วาง อยู่ บน โต๊ะ.
　　词　译:有 水 一 瓶 放 在 上 桌子
　　句　译:有一瓶水放在桌子上。

不管是越南语,还是泰语,这两个构式的语块链都是:存在关系-存在物-存在方式-存在处所,它们都同时包括了"存在关系"和"存在方式",这两个语块分处不同的位置。

构式语块分析法的语块不是根据内部词语的多少来决定的。本文所讨论的这种存在构式,不管句子有多长,不管包含有多少个词,都是3个语块。为了说明这一点,我们拟了一个便于说明问题的"极端"的例子:

(8) a. 桌上放着花。

b. 上个星期爸爸刚买的那张红木桌子上放着一盆我昨天从王府井买来的准备送给美国朋友的红彤彤的花。

例 a 只包含 5 个词(桌、上、放、着、花),分析为 3 个语块,其语块链是:

　　　　桌上　—　放着　—　花
　　　[存在处所] [存在方式] [存在物]

例 b 包含了 32 个词(上、个、星期、爸爸、刚、买、的、那、张、红木、桌子、上、放、着、一、盆、我、昨天、从、王府井、买、来、的、准备、送、给、美国、朋友、的、红彤彤、的、花),但仍是分析为 3 个语块:

　　上个星期爸爸刚买 — 放着 — 一盆我昨天从王府井买来的准备
　　的那张红木桌子上　　　　　　送给美国朋友的红彤彤的花
　　　[存在处所]　　[存在方式]　　　　　[存在物]

4. 以往认知语言学的语法模型

认知语言学关于语法组织的基本共识是:在人类认知的概念结构(conceptual structure)中存在着一些反映了人类现实生活经验的概念空间(conceptual space)。语言是概念化的符号表达,概念化方式的共性和个性导致了人类语言的共性和个性。句法结构有着来自现实生活和认知上的动因,并不是一个绝对自主的系统。句法结构与概念结构相联系。

不同学者对上述基本共识的具体主张有所不同:

Langacker(1987)的理论框架是一个三层的单向模型:

　　　概念结构→语义结构→句法结构

Croft(2001:128)认为 Langacker 的模型忽略了语义结构对思维的影响,应该是双向互动:

概念结构⇌语义结构⇌句法结构

戴浩一(2002、2005)的看法和 Croft 比较接近,他在对 Jackendoff(1990)的模型进行修正的基础上提出,语法的组织是一个多层的多向模型:

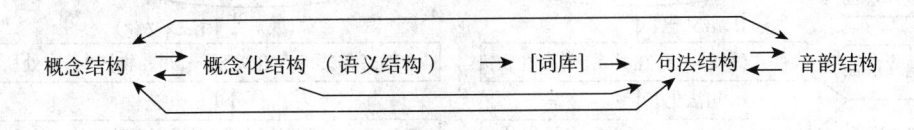

概念结构 ⇌ 概念化结构（语义结构）→ [词库] → 句法结构 ⇌ 音韵结构

陆俭明(2009b)的"认知-言语过程"假设提出了一个涉及了六个层面(从认知到语言则是五个层面)的模型:

Ⅰ→客观世界;Ⅱ→直感形象或直觉;Ⅲ→意象图式,概念框架;Ⅳ→人类语言的语义框架;Ⅴ→反映该语义框架的构式;Ⅵ→具体的句子

我们认同上述主张的基本理念,认同从认知概念结构到语言结构的基本路径,认同从概念结构到语义结构再到句法结构的层次关系。然而这些模型没有明确说明一个层面中所包含的具体内容之间的关系、不同层面各自所包含的具体内容之间的对应关系。各个层面之间的联系也不够清晰。而且,旨在解释人类自然语言语法的模型,却不容易从中看出人类语言的共性。

5. 构式语块分析法对语法机制的假设

借鉴上述认知与语言关系诸模型的基本精神,构式语块分析法形成了对语法[⑥]机制的初步假设。这一小节和下一小节将分别从实例和理论上进行阐述。

为便于说明,这一小节从一个实例入手。汉语"(9)桌子上有一瓶水"和英语"(10) There is a bottle of water on the desk"都表示"某处存在某物"。图1是构式语块分析法对这两个句子的语法机制的假设。

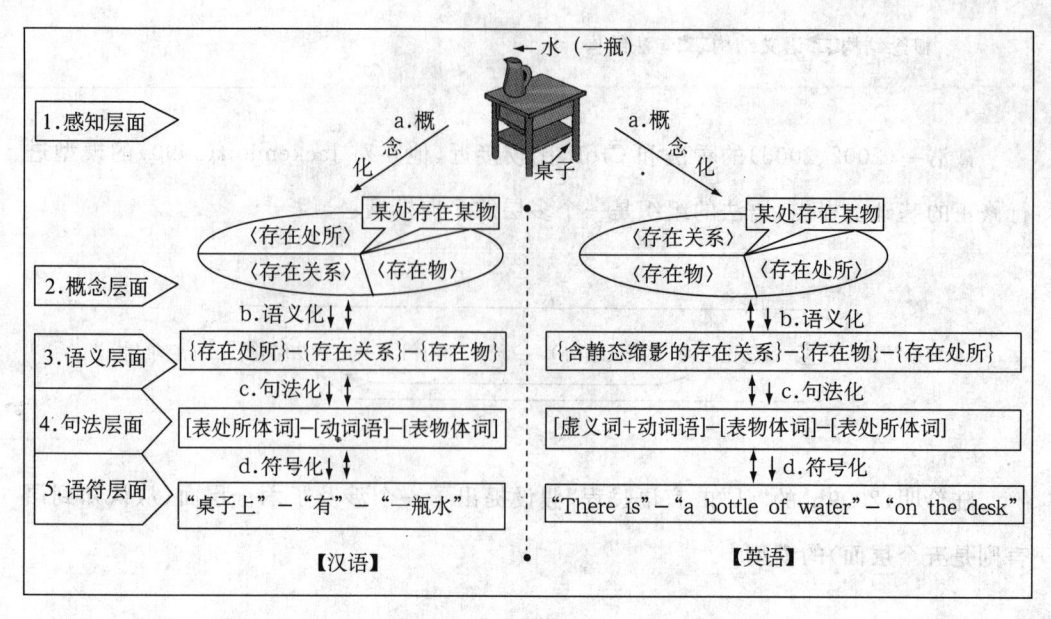

图1 汉语和英语存在句语法机制的例释

图1从上至下的五个层面依次表示：

（一）汉语本族语者（下简称"汉语者"）和英语本族语者（下简称"英语者"）在感知世界这个层面（下称"感知层面"）都存在着人类对一个存在场景进行感知后形成的直觉性信息。这种认知共性是由人类的生理机制决定的。

（二）汉语者和英语者在概念结构层面（下称"概念层面"）都存在着一个由〈存在处所〉、〈存在关系〉和〈存在物〉这三个概念组块构成的概念空间；这个概念空间反映了这样一种经验意义：某处存在某物。这是汉语者和英语者的共性。而两者在概念化方式上的个性至少体现在：汉语的空间概念是根基于"全体→局部"的基模（Tai,1993、2002），汉语者更加注重"由全体至局部"，从大的场景（存在处所）到小的实体（存在物），反映了一种寻找物品的认知过程。英语则刚好相反，由小至大，从存在物到存在处所。换言之，汉语是用"移动自我"的策略来描述空间关系，英语则是用"移动客体"的策略来描述。（张敏，1998:161）

（三）汉语和英语的语义结构层面（下称"语义层面"）都存在着一个由{存在处所}、{存在关系}和{存在物}这三个语义单元构成的、直接对应于概念空间的语义配置式。这是两个语言的共性。两个语言的个性则体现在语义化途径不尽相同：汉语遵循{存在处所}-{存在关系}-{存在物}这种"由全体至部分"的语义序列；英语则采用{存在关系}-{存在物}-{存在处所}这种"由部分至全体"的语义序列。两个语言的个性还体现在{存在关系}这个语义单元的不同。汉语只需要用单个动词"有"来表示{存在关系},而英语的{存在关系}包含了一个特殊的语义成分——整个静态场景的缩影。这个静态缩影指的是句首的"there"。关于这个"there"到底来自何方,很多学者讨论过(如 Fillmore, 1968:73;Allan,1971;等等),但都很难让人满意。本文认为,"there"是英语存在句中一个抽象的构式标记,这个标记的功能在于指示并提示整个构式所表达的是一种静态的存在场景。存在句构式描述的是一种 Huumo(2003)所说的从外部观看的视角(external viewpoint)。"there"具有一种特殊的语义功能,提示随后的话语将是从外部对一个存在场景的整体描述。

(四)汉语和英语的句法结构层面(下称"句法层面")都存在着一个由三个句法单元构成的、直接对应于语义配置式的词类序列。这是两个语言的共性。两者的个性则体现在句法化途径的不尽相同:汉语是[表处所的体词]-[表关系的动词语]-[表物的体词];英语是[虚义词+表关系的动词语]-[表物的体词]-[表处所的体词]。

(五)汉语和英语的语符结构层面(下称"语符层面")都存在着一个由三个音/字符块构成的、直接对应于词类序列的句子实例。这是两个语言的共性。两者的个性则体现在语符化途径的不尽相同。例如,汉语使用单个动词(如"有"),而英语则使用一个语义虚空的句法成分"there"+动词"be"来填充。"there"位于句首,阻止英语存在句形成由"be"开头的格式,从而避免被误识别为一般疑问句。

以上是对英汉存在句的例释。下一小节将从理论上讨论构式语块分析法的语法模型。

6. 构式语块分析法的语法模型

图 2 概括了构式语块分析法的语法模型,下面阐述这一模型的理论主张:

(一)语法机制涉及五个层面:感知层面、概念层面、语义层面、句法层面、语符层面(包括音韵系统和文字系统)。这五个层面之间的关系体现为四种路径:概念化[5]、语义化、句法化、符号化。

这些层面先前的学者已有所论述。感知层面存在着人类感知客观世界所形成的直觉性信息也是一种常识。我们所提出的构式语块分析法的新的思想在于对概念层面、语义层面、句法层面和语符层面各个层面所包含的具体内容的看法。

```
         1. 感知层面
              ↓ a.概念化
    ┌──→ ┌─────────────────────────────────────────────────┐
    │    │ 2. 概念层面    （一个个由〈概念组块〉构成的 概念空间）│
    │    └─────────────────────────────────────────────────┘
    │         ↓ b.语义化        ⋁            ⋁
    │    ┌─────────────────────────────────────────────────┐
    │    │ 3. 语义层面    （一个个由｛语义单元｝构成的 语义配置式）│
    │    └─────────────────────────────────────────────────┘
    │         ↓ c.句法化
    │    ┌─────────────────────────────────────────────────┐
    │    │ 4. 句法层面    （一个个由［句法单元］构成的 词类序列）│
    │    └─────────────────────────────────────────────────┘
    │ ┌────┐   ↓ d.符号化
    │ │词库│
    │ └────┘
    └──→ ┌─────────────────────────────────────────────────┐
         │ 5. 语符层面    （一个个由 音/字符块 构成的 句子实例）│
         └─────────────────────────────────────────────────┘
                               语块            构式
```

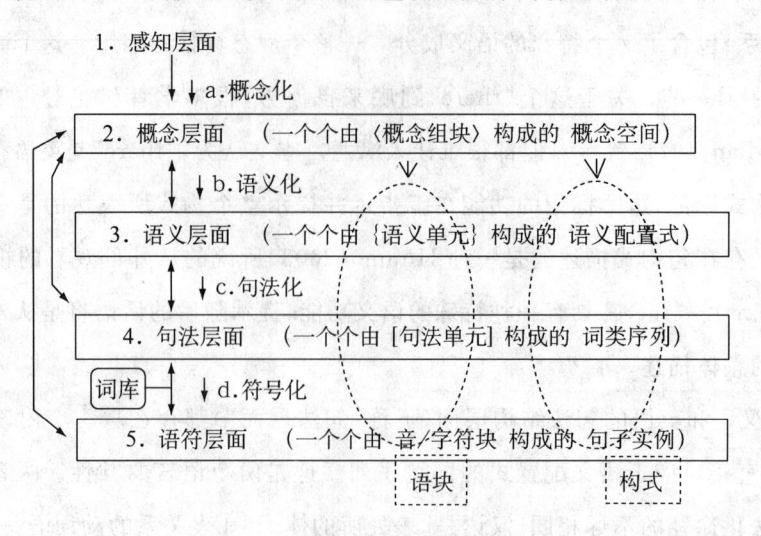

图 2　构式语块分析法的语法模型

我们认为,概念层面存在着一个个由概念组块构成的概念空间,语义层面存在着一个个由语义单元构成的语义配置式,句法层面存在着一个个由句法单元构成的词类序列,语符层面存在着一个个由音/字符块构成的句子实例。

感知层面通过概念化形成概念结构。"概念化"指人类根据本族的认知策略、方式和原则将所感知的外界信息转化成相应的概念经验的过程。概念层面通过语义化形成语义结构。"语义化"指一个语言使用具体的策略、方法和方式,将一个概念进行语义编码的过程。语义结构通过句法化形成句法构式。"句法化"指一个语言为表达特定的语义内容,选取具有相应表达功能的句法单元的过程。句法构式通过符号化形成语符实例。"符号化"指一个语言为了表达特定的语义内容,选取那些符合句法语义要求的词项,填充这一特定的句法语义结构的过程。

这四种路径都具有特定的方式和原则。拿汉语来说,以往发现的时间顺序原则(PTS),"施事者非默认值""动作-结果""全体-部分""名词不可数"等原则(Tai,1985、1989、1993、2002)发生在这四个路径中。

(二) 构式由语块构成,构式是一条语块链。

构式和语块存在于语言系统的三个层面中。一个构式就是认知层面中一个或若干个概念空间的语言化象征——从语义层面说,体现为语义配置式;从句法层面说,体现为词类序列;从语符层面说,就是某个具体的句子实例。而一个语块就是认知层面中一个或若干个概念组块的语言化象征——体现为语义配置式中的一个语义单元,词类序列中的一个句法单元,句子实例中的一个音/字符块。

一个构式对应于认知层面中一个或若干个概念空间。那若干个概念空间在语言句子里如何组合,取决于语言的象似性动因和经济性动因互相竞争(Haiman,1983;张敏,1998、2008)的结果。就这个角度看,也可以说一个构式是若干个概念空间的语言化象征。

在上文第 3 小节中我们曾说"一般情况下,一个语义单元就是一个语块",这意味着有时一个语块可能含有不止一个语义单元。拿现代汉语里表致使的"把"字句构式来说,许多"把"字句表面上看似乎可以分析为四个语块,例如:

(11)　　姐姐　　把衣服　　　洗　　　干净了
　　　【致使者】【致使对象】【致使方式】【致使结果】

我们完全可以将上面这个"把"字句分析为由四个语块构成的语块链。然而,有的"把"字句中,体现致使方式的动词可以同时体现致使结果。如:

(12) a. 她把花生吃了。
　　　b. 他把火灭了。

这里,a 句里的"吃"是致使方式,但带上"了"后,"吃了"又同时可以认为是一种致使结果;b 句里的"灭"可理解为致使结果,致使方式"弄/吹"隐含其中。因此,在例(12)这两个"把"字句里,其致使方式和致使结果这两个语义单元整合在一起了,组成一个语块。因此例(11)和(12)的语块链实际上是:

【致使者】—【致使对象】—【致使方式+致使结果】(苏丹洁,2011)
(11')　　姐姐　　　把衣服　　　　洗干净了
(12) a. 她　　　　把花生　　　　吃了。
　　　b. 他　　　　把火　　　　　灭了。

这也就是说,由于语言的经济性原则和语言加工时短时记忆能处理的组块容量的限度(Miller,1956;陆丙甫、蔡组光,2009),特别是出于经济性的压力,若干个概念组块有可能在语言层面(包括语义层面、句法层面和语符层面)被整合成一个语块。在这种情况下,一个语块就是若干个概念组块的语言化象征。薛凤生(1987)曾认为汉语里的许多动词除了代表动作以外,还可以代表由该动作产生出来的结果。说的其实就是这种情况。

构式决定内部语块的格局,一个构式中各个语块之间的关系具有单一确定性。构式通过语块决定内部词项的构成。(苏丹洁,2010b)由于构式义的决定性作用,相同的若干个词语在不同的构式内部,凸显不同的语义关系。这就是陆俭明(2008b)所说的"词语之间语义结构关系具有多重性"。

(三)人类语言句子构式的共性和个性主要体现在语块链的同异。

对不同语言里的存在句如何分析?怎么看待它们之间的共性和个性?

我们认为,就句子构式而言,人类语言的共性和个性主要体现在语块链的同异。语块链的同异指的是语块数量、语块性质、语块次序和语块内部语法手段的相同和不同。下面继续以存在句为例说明。

据初步考察,汉语、英语、西班牙语、德语、俄语、罗马尼亚语、印度尼西亚语、越南语、日语和韩语这十个语言[⑥],都有"某处存在某物"这个概念框架,都有表示这一意义的存在构式,其存在构式都可以划分出"存在处所""存在关系/存在方式""存在物"这些语块。所不同的主要是语块的次序和语块内部的具体特点。(苏丹洁,2010a)其中,汉语、西班牙语、德语、俄语、罗马尼亚语、印度尼西亚语、越南语这七个语言都有"存在处所-存在关系/存在方式-存在物"这样的语块链,例如:

(9) 汉　　语:桌子上有一瓶水。

　　语　块　链:[桌子上]-[有]-[一瓶水]。

(13)西班牙语:En la mesa hay una botella de agua.

　　词　　译:上　桌　有　一　瓶　　的　水

　　语　块　链:[en la mesa]-[hay]-[una botella de agua]。

(14)德　　语:Auf dem Tisch steht　eine flasche Wasser.

　　词　　译:上　　桌　是　一　瓶　水

　　语　块　链:[Auf dem Tisch]-[steht]-[eine Flasche Wasser]。

(15) 俄　　语：На столе стоит одна Бутылка воды.
　　　词　　译：上桌　是　一　　瓶　　　水
　　　语块链：[На столе]—[стоит]—[одна бутылка воды].

(15) 罗马尼亚语：Pe masă se află o sticlă cu apă.
　　　词　　译：上桌　是　一　瓶　带有　水
　　　语块链：[Pe masă]—[se află]—[o sticlă cu apă].

(17) 印尼语：Di atas meja ada satu botol air.
　　　词　　译：上　桌　有　一　瓶　水
　　　语块链：[Di atas meja]—[ada]—[satu botol air].

(18) 越南语：Trên cái bàn đặt một cốc nưóc.
　　　词　　译：上　桌　　放一　杯　水
　　　语块链：[trên cái bàn]—[đặt]—[một cốc nưóc].

英语比较特殊，其语块链是"存在关系-存在物-存在处所"。关于这一语块链的形成及其特殊性的解释，上文第 5 小节已有论述，这里不再赘述。

(10) 英　　语：There is a bottle of water on the desk.
　　　词　　译：(虚义) 是 一 瓶 (所有格)水 在……上(定冠词) 桌子
　　　语块链：[There is]—[a bottle of water]—[on the desk].

而日语和韩语由于受到 SOV 基本语序的影响，谓词性的[存在方式]位于体词性的[存在物]之后，其语块链为"存在处所-存在物-存在方式"。例如：

(19) 韩　　语：책상 위에 물 한 병이 놓여있다.
　　　词　　译：桌　上　水　一　瓶　　放
　　　语块链：[책상위에]—[물한병이]—[놓여있다].

(20) 日　　语：机の 上に 一 瓶の 水が 置いてあります。
　　　词　　译：桌　上　一　瓶　水　放着
　　　语块链：[机の上に]—[一瓶の水が]—[置いてあります].

值得注意的是,不同的层面,共性的比例不同。从概念结构到语符结构,各个语言在这四个层面上所具有的共性的比例依次下降。举例说来,Blumstein(1989:226)发现,语法缺失患者不能产生句法正确的句子,这似乎并不说明他们已丧失句法结构的概念基础,因为他们能用其他策略和手段产生意义相当的句子。例如,very cold 中的强调副词 very,患者用重叠式 cold cold 取代,像 The boy is taller than the girl 这样的比较句,患者用 The boy is tall, the girl is not 两个分离的简单句取代;像 He will go 中的时态标记,患者用时间词替代,如 Tomorrow, he go,如此等等。在第二语言习得中也存在着同样的现象:所有二语习得在习得一个语法现象时,不管其母语是有标记的,还是无标记的,一开始产出的都是无标记的中介语。这些事实表明,概念结构层面的共性内容比句法结构层面的共性内容要多。

7. 结语

为了探索人类语言句法层面的构式"是什么样的"以及"为什么是这样的"这两个问题,构式语块分析法提出了一个"五层面四路径"的语法模型。其理论的核心观点是:构式是一条语块链。

本文以存在句为例讨论了构式语块分析法的基本观点、主要研究问题,以及用来分析具体构式的操作方法;并以英汉存在句为例初步阐述了其语法模型;在此基础上分析十个语言里的存在句的共性,以此为例说明人类语言句子构式句法的共性和个性主要体现在语块链的同异上。

本文的分析初步表明,构式语块分析法可以为某些句法现象提供有效的分析方法,起码为进一步认识语法机制增加了一种认知功能视角,为进一步认识人类语言的共性增加了一种理论工具。当然,作为一个尚不成熟的新思路,构式语块分析法还有许多基础问题需要研究,这有待在对大量语言事实考察和分析的基础上做进一步的探索。

附注

① 关于构式范畴的成员,学界有不同的看法。如 Goldberg 认为从语素、词语到句子都是构式。

陆俭明先生则认为语素不是构式。本文所谈的构式指的是句子层面的构式。

② 存在句有多种（陆俭明，2008a），对这些近义的存在构式怎么分析，我们将在另一篇探讨构式语块分析法对构式体系的看法的文章中专门讨论。本文主要讨论诸如"草地上坐着两个小女孩"的较典型的存在句。

③ 这里讨论的是句子自足的情况，对于那些非自足情况，如对举出现（墙上不是一幅画，而是一张挂毯），本文暂不涉及。

④ 本文说的语法主要指的是句法，而非词法。

⑤ 戴浩一（2002）对语法组织的看法中，有一个模块是"概念化后的句法形式及词汇"。由此看来，"概念化"后的产物是"句法形式及词汇"。而从 Tai（2005）的表述"对现实的概念化可能是相对的"（our conceptualization of reality can be relative）看来，"概念化"实际上指的是形成概念结构的策略和原则。我们倾向于用"概念化"来指称人类感知客观世界这个环节的认知原则，而将戴浩一（2002）所指的"概念化"称为"语义化"。

⑥ 从所属语系看，这十个语言包括了至少四种语系：(1) 汉藏语系：汉语；(2) 印欧语系：英语、德语（西日耳曼语支）、俄语（斯拉夫语族东支）、西班牙语、罗马尼亚语（拉丁语族）；(3) 马来-波利尼西亚语系：印度尼西亚语；(4) 阿尔泰语系：韩语；(5) 语系未明：日语、越南语。

参考文献

李临定　1982　事实和理论——对语法研究的两点建议，《中国语文》第 2 期。
陆丙甫　1984　从"要谈谈两个问题"等格式为什么不合格谈起，《中国语文通讯》第 1 期。
陆丙甫　1987　从心理学角度看汉语句型问题，见《动词和句型》，北京：语文出版社。
陆丙甫　2008　语序类型学理论与汉语句法研究，见沈阳、冯胜利主编《当代语言学理论和汉语研究》，北京：商务印书馆。
陆丙甫、蔡振光　2009　"组块"与语言结构难度，《世界汉语教学》第 1 期。
陆俭明　2008a　构式语法理论的价值与局限，《南京师范大学文学院学报》第 1 期。
陆俭明　2008b　词语间语义结构关系的多重性，国际中国语言学学会第十六届年会（IACL-16）会议论文，北京：北京大学；另见《汉藏语学报》2010 年第 4 期。
陆俭明　2009a　《从构式看语块》，首届全国语言语块教学与研究学术研讨会会议论文，北京：对外经济贸易大学。
陆俭明　2009b　构式与意象图式，《北京大学学报》（哲学社会科学版）第 3 期。
陆俭明　2010　《汉语语法语义研究新探索：2000—2010 演讲集》，北京：商务印书馆。
苏丹洁　2009a　《构式理论、语块理论和语法教学》，首届全国语言语块教学与研究研讨会会议论文，北京：对外经济贸易大学。
苏丹洁　2009b　构式语块教学法的实质——以兼语句教学及实验为例，第二届全球华语论坛会议论文，广州：暨南大学；另见《语言教学与研究》2011 年第 2 期。
苏丹洁　2010a　试析"构式-语块"教学法——以存现句教学实验为例，《汉语学习》第 2 期。
苏丹洁　2010b　语块是构式和词项的中介——以现代汉语"V 起 NP 来"为例，国际中国语言学第十八届年会暨北美中国语言学第二十二次会议（IACL-18&NACCL-22）会议论文，波士顿：哈佛大学；另见《中山大学学报》（社会科学版）2012 年第 1 期。
苏丹洁　2011　《用构式语块分析法重新审视"把"字句》，国际中国语言学第十九届年会（IACL-19）

会议论文,天津:南开大学。

苏丹洁 2012 取消"兼语句"之说——构式语块法的新分析,《语言研究》第2期。

苏丹洁、陆俭明 2010 "构式-语块"句法分析法和教学法,《世界汉语教学》第4期。

薛凤生 1987 试论"把"字句的语义特性,《语言教学与研究》第1期。

张 敏 1998 《认知语言学与汉语名词短语》,北京:中国社会科学出版社。

张 敏 2008 自然句法理论与汉语语法象似性研究,见沈阳、冯胜利主编《当代语言学理论和汉语研究》,北京:商务印书馆。

Allan,K. 1971 A note on the source of there in existential sentences. *Foundations of Language* 7(1): 1—18.

Amidzic,O.,Riehle,H. & Elbert,T. 2006 Toward a psychophysiology of expertise: Focal magnetic gamma bursts as a signature of memory chunks and the aptitude of chess players. *Journal of Psychophysiology* 20(4): 253—258.

Blumstein,S. E. 1989 Neurolinguistics an overview of language-brain relations in aphasia. In F. J. Newmeyer (ed.) *Language: Psychological and Biological Aspects*. (*Linguistics: The Cambridge Survey*. V. 3),Cambridge University Press. 225—226.

Croft,W. 2001 *Radical Construction Grammar: Syntactic Theory in Typological Perspective*. Oxford: Oxford University Press.

Croft,W. & D. A. Cruse 2004 *Cognitive Linguistics*. Cambridge University Press.

Feigenson,L. & Halberda,J. 2008 Conceptual knowledge increases infants' memory capacity. *Proceedings of the National Academy of Sciences of the United States of America* 105 (29): 9926—9930.

Fillmore,C. J. 1968 The case for case. In Bach,E. and R. T. Harms (eds.)*Universals in Linguistic Theory*. New York: Holt,Rinehart and Winston. 1—88.

Haiman,J. 1983 Iconic and economic motivation. *Language* 59(4): 781—819.

Huumo,T. 2003 Incremental existence: The world according to the finnish existential sentence. *Linguistics* 41 (3): 461—493.

Langacker,R. W. 1987 *Foundations of Cognitive Grammar*. *Vol. I*. *Theoretical Prerequisites*. Stanford,California: Stanford University Press.

Langacker,R. W. 1995/2000 *Grammar and Conceptualization*. Berlin and New York: Mouton de Gruyter. 2000.

Langacker,R. W. 1997 Constituency,dependency and conceptual grouping. *Cognitive Linguistics* 8 (1):1—32.

Miller,G. A. 1956 The magical number seven,plus or minus two-Some limits on our capacity for processing information,*Psychological Review* 63: 81—96.

Murray,S. O.,Kersten D.,Olshausen,B. A.,Schrater,P. and Woods,D. L. 2002 Shape perception reduces activity in human primary visual cortex. *PNAS* 99 (23) 15164—15169;published ahead of print November 4,doi:10. 1073/pnas. 192579399.

Ottem,E. J.,Lian,A. & Karlsen,P. J. 2007 Reasons for the growth of traditional memory span across age. *European Journal of Cognitive Psychology* 19(2): 233—270.

Robinson,P. 2005 Cognitive abilities,chunk-strength,and frequency effects in implicit artificial grammar and incidental L2 learning: Replications of Reber, Walkenfeld, and Hernstadt (1991) and Knowlton and Squire (1996) and their relevance for SLA. *Studies in Second Language Acquisition* 27(2): 235—268.

Tai, James H.-Y. 1985 Temporal sequence and word order in Chinese. In John Haiman (ed.) *Iconicity in Syntax*. Amsterdam: John Benjamins Publishing Company. 49—72.

Tai, James H.-Y. 1989 Toward a cognition-based funcional grammar of Chinese. In James H.-Y. Tai (戴浩一) & Frank F. S. Hsueh(薛凤生) (eds.) *Functionalism and Chinese Grammar*. *Chinese Language Teachers Association*. Monograph Series No. 1: 187—226.

Tai, James H.-Y. 1993 Conceptual structures of Chinese spatial expressions. *Papers from the Parasession on Conceptual Representations*. CLS 29(2): 347—362.

Tai, James H.-Y. 2002 概念结构与非自主性语法: 汉语语法概念系统初探,《当代语言学》第1期。

Tai, James H.-Y. 2005 Conceptual structure and conceptualizations in Chinese grammar. *Language and Linguistics* 6 (4): 539—574.

Wang, William S.-Y. 2010 The evolution of evolutionary linguistics. 第九届中国语音学学术会议 (PCC2010)会议论文,天津: 南开大学。

Xu, Yao da & Chun, M. M. 2007 Visual grouping in human parietal cortex. *PNAS* 104 (47) 18766—18771; published ahead of print November 12, doi: 10.1073/pnas.0705618104.

朱德熙先生的语法观与教学语法体系

田小琳

香港文化教育出版社

20世纪50年代、80年代,在中国教育部的直接关注和支持下,语法学界的专家学者通力合作,制定了供中国语文基础教育使用和参考的两套教学语法体系——"暂拟汉语教学语法系统"和"中学教学语法系统提要(试用)"。这两套教学语法系统均吸收了当时理论语法的研究成果,在语法史上,记载了语法研究的辉煌。

朱德熙先生参与了两次教学语法体系的研讨和制定,他的语法观对教学语法体系的制定,特别是对80年代教学语法体系的制定,具有很大的影响。

1. 朱德熙先生与教学语法体系

1.1 20世纪两次教学语法体系的颁布

1956年公布的"暂拟汉语教学语法系统"(以下简称"暂拟系统")和1984年公布的"中学教学语法系统提要(试用)"(以下简称"语法提要")都是由教育部直属机构人民教育出版社(中学汉语编辑室/中学语文室)具名公布的。因为人民教育出版社是统编全国中小学教材的出版社,地位重要。而两次教学语法体系的具体编制工作均由张志公先生担纲。很多著名的语言学家参加了教学语法体系的制定工作,包括参加研讨、编写文章等。王力、吕叔湘两位大师级语言学家参加了两次教学语法的制定,给予了制定工作很多指导性的意见。朱德熙先生亦积极参与其中。

1.1.1 20世纪50年代颁布的"暂拟系统"简述

50年代中期,中学语文课程改革,一度试行汉语、文学分科教学,分科教材分别规定了汉语教学和文学教学的目的任务。《初级中学汉语教学大纲（草案）》里规定："教给学生有关汉语的基本的科学知识，提高学生理解汉语和运用汉语的能力，是初级中学汉语教学的重要任务。"语法教学在汉语教学中占有重要地位，为了编好汉语课本，就要解决面对各种不同语法体系的问题。当时考虑要制定的教学语法系统应该是能把几十年来语法学者的成就融汇起来，形成一个综合的系统，而不是单纯的任何一种理论系统；同时尽可能使这个系统的内容是中学语文教师比较熟悉的，是在这门学科中已经有定论的东西。

1954 年上半年开始草拟教学语法系统，又根据这个系统编成试教讲义，在京津等地多次试教，在各地举行座谈，又经专家审订，形成 1956 年 1 月拟定的"暂拟系统"全稿（约 17000 字）。所以用"暂拟"二字，还是希望经过全国的试教再做进一步修订，反映了编者十分严谨、严肃的学术态度。

"暂拟系统"分为十六部分，见下表（详细目录见附录1）：

一、词和词的构成	二、词类
三、实词	四、虚词
五、助词和叹词	六、词的组合词组
七、句子	八、句子成分
九、复杂的谓语	十、主谓结构做句子成分
十一、联合结构做句子成分	十二、特殊的句子成分
十三、句子成分的倒装和省略	十四、单部句
十五、复句	十六、复句的紧缩

执笔者为：吕冀平、洪心衡、孙功炎、张中行、张志公、郭翼舟。

要了解"暂拟系统"，最重要的著作是《语法和语法教学——介绍"暂拟汉语教学语法系统"》，人民教育出版社 1956 年 5 月第 1 版，1957 年 5 月第 3 版（1980 年 12 月第 5 次印刷，印数 55000 册）。还有《汉语知识》，人民教育出版社编辑出版，1959 年 12 月第 1 版，1997 年 7 月第 2 版（1983 年第 11 次印刷，印数 150 万册）。

1.1.2　20 世纪 80 年代颁布的"语法提要"简述

"文革"动乱结束，70 年代末 80 年代初，教学语法体系的问题又一次摆到大家面前。"暂拟系统"一用二十多年，在语文教学中发挥了很大作用，如何修订这套体系，如何吸收二十多年来理论语法研究的成果，使教学语法体系完善，大家希望再有一次语法学界的共同商讨。

当时,高校有几套现代汉语教材在编写中,1980年7月教育部委托兰州大学和山东大学在青岛召开高校《现代汉语》教材审稿会。会上好多位专家希望人民教育出版社再次出面组织语法体系的研讨。

1980年10月,中国语言学会成立大会在武汉召开。王力、吕叔湘先生等学者,支持1981年召开一次全国性的语法和语法教学讨论会的倡议,建议由人民教育出版社和黑龙江大学、哈尔滨师范大学等机构合办会议。由此,张志公先生再次开始主持第二次教学语法体系制定的工作。

全国语法和语法教学讨论会于1981年7月在哈尔滨成功召开,特邀代表王力、吕叔湘与来自全国26个省、市、自治区的综合大学、师范院校、科研出版单位的119位代表出席。张志公先生主持会议。教育部浦通修副部长与黑龙江省政府领导出席大会并讲话。可以说,这次会议在20世纪是绝无仅有的盛会。这是一次经教育部批准的带有工作会议性质的学术讨论会,十分郑重;它有广泛的代表性,老中青三代语法学者齐聚;讨论会集中了大家的智慧,获得了积极的成果,产生了《"暂拟汉语教学语法系统"修订说明和修订要点》。像50年代的"暂拟系统"一样,这个修订的说明和要点是集体研究的产物。反映这次会议成果的论文集为《教学语法论集》,人民教育出版社1982年4月出版。

会后人民教育出版社中学语文室根据《"暂拟汉语教学语法系统"修订说明和修订要点》,经过多次广泛征求意见,多次修改,在吕叔湘先生、张志公先生的指导下,制定了"语法提要",并于1984年1月公布,由人民教育出版社出版单行本。参加"语法提要"的执笔者有人民教育出版社中学语文室的田小琳、黄成稳、庄文中等。

"语法提要"框架见附录2。

1.2 朱德熙先生参与教学语法的研制

1.2.1 朱德熙先生参与"暂拟系统"的研制

朱德熙先生为阐述"暂拟系统"著文《单句、复句、复句的紧缩》,刊于《语法和语法教学——介绍"暂拟汉语教学语法系统"》一书(第313—324页)。文中对主谓结构的阐释反映出他对汉语语法特点的探求。文中说:"如果一个独立的主谓结构内部包含另外一个(或更多的)主谓结构,被包含的主谓结构是作为原来的主谓结构的一个成分而存在的,这样构成的句子也是单句。""两个或两个以上在意义上有关联的主谓结构联合起来表达一个完整的意思,每一个都不做另一个的任何成分,这样的句子叫复句。组成复句的主谓结构叫分句。"这两段话其实说的就是主谓结构既可以做句子成分,又可以独立成句。

"暂拟系统"采用中心词分析法,在句法结构的认识上,存在不一致的地方,因为从主谓结构、联合结构中找不到中心词,所以把主谓结构、联合结构还是从词组里拿出来,单列出来讲。在第十部分,讲"主谓结构做句子成分",包含主谓结构做谓语,主谓结构做其他成分(主语、定语、宾语、补语)。

朱先生对于主谓结构语法特点的重视在《语法答问》一书中有更明确的阐述。

1.2.2 朱德熙先生参与"语法提要"的研制

朱德熙先生 1981 年 7 月亲临哈尔滨全国语法和语法教学讨论会,参加了会议的分组、联组讨论,多次做了启发性的发言。根据朱先生的发言,后补充整理成《语法分析和语法体系》一文,收于《教学语法论集》一书(第 69—80 页)。此篇文章着重谈两个问题。一是层次分析法和中心词分析法,因为会前《中国语文》杂志关于语法体系的讨论,大家焦点集中在评论这个问题上,会上也就此问题多有争论。朱先生对什么是层次分析做了透彻说明。二是点明"暂拟系统"将一切句法结构分析附丽在句子的模型上进行,例如,将连动、兼语等复杂的动词结构叫"复杂谓语",可是这些结构在句中不一定充任谓语;又如,将主宾语位置上的动词、形容词称之为动词和形容词的名物化用法,等等。朱先生认为这是因袭了印欧语法的说法,而他主张:"由于汉语的句子的构造原则跟词组构造原则一致,我们就有可能在词组的基础上来描述句法。"这篇文章的内容后在《语法答问》一书中做了更充分的发挥。

朱先生在会上的发言,引起了与会者的关注。他将《语法讲义》和《语法问答》两书中的审慎思考,贯彻在他的讲话中。朱先生以大量的例子、深入浅出的说明,引导大家从汉语语法的实际和特点考虑问题。

我们可以发现,目前公布的"语法提要",吸收了朱先生的很多研究成果。朱先生的研究对"语法提要"的影响,比对"暂拟系统"的影响要大得多。这在下一部分将详述。

2. 朱德熙先生的语法观对教学语法体系的影响

朱先生的语法观基于他对汉语语法特点的探究和认识。在《语法答问》里,他回答"汉语语法真正的特点在哪里呢?":"一是汉语词类跟句法成分(就是通常说的句子成分)之间不存在简单的一一对应关系;二是汉语句子的构造原则跟词组的构造原则基本上是一致的。"这自然是一个高度概括的答案,其中都可衍发出汉语语法的具体特点。而且,这个答案,实际上也是对汉语缺乏形态变化的解读。教学语法体系首先吸收的是理论语法研究中最能体现汉语语法特点的部分,因而朱先生的这些见解为80年代制定的"语法提要"所借鉴、所吸收。下文只着重谈短语问题和层次分析问题。

2.1 短语说对教学语法体系的影响

2.1.1 朱德熙先生关于短语的研究成果

朱先生在为《汉语语法丛书》(十种)写的序言里,对比着20世纪前50年出版的有代表性的十本语法专著,评论印欧语和汉语在语法分析上的分别。朱先生认为:"早期的语法著作,大都以印欧语法为蓝本,这在当时是难以避免的。但由于汉语和印欧语在某些方面有根本区别,这种不适当的比附也确实给当时以及以后的语法研究,带来了消极的影响。在印欧语里,句子跟小于句子的句法结构——词组——构造不同,界限分明。在汉语里,词组和句子的构造原则是一致的。词组被包含在句子里时是词组,独立时就是句子。早期语法著作想要按照印欧语法的模型,把句子和词组截然分开,事实上又做不到,因此产生纠葛。"这一结论凸显了印欧语与汉语在语法分析上的一个重大分别。

朱先生有关短语的理论在语法学界得到很高的评价,马庆株曾指出:"朱先生提出了词组本位的语法体系,把词组的重要性提到了前所未有的高度,这是对汉语语法研究的一大贡献。"(《词组的研究》,见《语言教学与研究》1997第4期)当然,重视短语研究不止朱先生一人,从五六十年代,到七八十年代,语法学界对短语的研究获得很大成果,而朱先生是其中的表表者。他不仅从理论上提出句法结构理论,而且在《语法讲义》一书中,详列句法结构,举例详细阐述。

《语法讲义》是朱先生语法观点的简明、系统的阐述,也可以说是朱先生所建构的专家语法体系。词组作为句法结构在书中占有重要地位。全书共十八章,第七章至第十二章讲述各种句法结构,包括主谓结构、述宾结构、述补结构、偏正结构、联合结构、连谓结构等,占全书篇幅三分之一以上。因而可以说,《语法讲义》充分体现了"词组本位"的主导思想。

朱先生细致描写各种语法结构,为语法分析提供了可靠依据。吕叔湘先生在《汉语语法分析问题》一书的序言里提倡对实际用例多做调查,并指出一种不好的倾向:"很多人一提到语法研究,往往只想到语法体系方面的大问题,忘了这个和那个词语的用法(在句子里的作用),这个和那个格式的用法(适用的场合)和变化(加减其中的成分,变换其中的次序,等等),忘了这些也都是语法研究的课题。"吕先生认为,个别词语、个别格式的研究和语法体系的研究是互相支持、互相促进的,两方面互相配合,语法研究才能顺利前进。

《语法讲义》就是注意了摆事实和讲道理两个方面。以对各种句法结构的描写来说,关于主谓结构、述宾结构、述补结构、偏正结构,都分为十一二个问题来谈,注意到每种格式的组成、用法以及变化。以主谓结构为例来说,先从结构、语法、表达三个方面分析了主语和谓语的关系。作为总述,又分别对主语和谓语做了描写。主语的类型有时间主语和处所主语,受事主语、与事主语和工具主语,谓词性主语;谓语的类型有体词性谓语,形容词谓语,由动词"是"组成的谓语,主谓结构做谓语。最后又讨论了由"的"字结构组成的判断句。每个问题都对实际用例做了概括的说明,进行了语法分析。其中像主谓结构做谓语,朱先生认为这是汉语语法的一个特点。书中详细分析了整个主谓结构的主语和谓语部分里的主语的关系,有时有领属关系或整体与部分的关系,或者二者都是时间词、处所词,或者二者之一是后边动词的受事等等。由于对语言事实描写得比较细致,所以分析出的道理是有说服力的。书中从结构、语义、表达以及逻辑等不同方面来观察分析句法结构,也显示出汉语没有形态变化的特点,这里不再赘述。

2.1.2 "语法提要"对短语研究成果的吸收

与50年代的"暂拟系统"比较,"语法提要"变动最大的部分,便是吸收朱德熙等理论语法专家关于短语的研究成果。单从篇幅便可窥见一斑。人民教育出版社1984年1月出版的单行本《中学教学语法系统提要》,共31页,短语部分约占10页;"语法提要"全文共约17000字,短语部分约5500字,约占1/3。由此可见短语在全部"语法提要"中的分量。

统观"语法提要",对短语的分类用了两种标准:一是功能标准,即把短语分为名词短语、动词短语,形容词短语三种。一是结构标准,即把短语分为并列关系、偏正关系、主谓关系、动宾关系、动补关系、介宾关系、复指关系等等。这两种分类都应让学生掌握。

按功能给短语分类,这是"语法提要"新采用的分类标准,短语作为一个整体,就具有了某种词类的性质,或者说某种造句的功能,名词短语、动词短语、形容词短语分别具有名词、动词、形容词的句法功能。这种分类和句子的分类又有一致的地方。比如,主谓句根据谓语的结构类型,分为动词谓语句、形容词谓语句、名词谓语句等;非主谓句分为名词非主谓句、动词非主谓句、形容词非主谓句等。

按内部结构给短语分类,这一点和语素与语素组合的方式一致,前面已经讲到。在这种分类时,就出现了主语、谓语、定语、状语、补语、宾语这种六种成分。因此要注意的是,这六种成分是短语成分,一旦短语加上语调、语气成了句子,这六种成分也就成了句子成分。

"语法体系"的短语部分分量很重,教学短语要注意哪些问题呢?"语法提要"中已经在注中指出:"因为短语在汉语中很重要,而构成和运用的情况又很复杂,从应用的需要考虑,这一部分写得比较详细。这里所写的并不是要求在一个时间里一股脑儿教给学生。"教材编写时,也会分散难点,在初中教材里,要注意选择一些对学生特别需要的内容,不要面面俱到。

2.2 层次分析理论对教学语法体系的影响

2.2.1 朱德熙先生关于层次分析的阐释

朱先生对层次分析的认识基于对语言本质的认识。他认为:"所有自然语言的语法构造都是有层次的,层次性是语言的本质属性之一。既然如此,进行语法分析就不能不进行层次分析,层次分析是语法分析的一部分,是进行语法分析不可缺少的手续之一,不是一种可以采用也可以不采用的方法。"(《语法分析和语法体系》)在《语法答问》一书关于中心词分析和层次分析部分中,朱先生也是反复强调这一观点。邵敬敏等认为:"第一个全面从方法论高度介绍层次分析法并系统地运用于汉语句法结构的是朱德熙。"(邵敬敏等,2003)

朱先生在区别中心词分析和层次分析时,仍然回到问题的根本:"中心词分析和层次分析的对立不在提取中心词这一点上,而在中心词分析法不承认词组可以做句子成分这一点上。其实层次分析并不排斥提取中心词,而中心词分析法却不能容忍包含在层次分析里的词组可以做句法成分的原理。"(《语法答问》)这个话说得有道理,"暂拟系统"采用中心词分析法,因而偏正词组、述宾词组、述补词组都可以提取中心词,便不能以整体的句法结构做句子成分。那么,层次分析本身对找中心词又是什么态度呢?朱先生进一步分析道:"层次分析本身不要求找中心词,可是它也不排斥找中心词。所谓不排斥,是说层次分析跟提取中心词这两件事之间没有矛盾。其实这个话说得还不够。事实是不但没有矛盾,而且从理论上说,提取中心词还只能在层次分析的基础上进行。"(《语法答问》)朱先生以"咬死了猎人的狗"这个有名的例句,分析出两种不同的层次构造,要提取的中心词是不同的。他深入浅出地说明了提取中心词也离不开层次分析,层次分析是进行语法分析不可缺少的一步。

80年代,在一些人对层次分析推崇备至时,朱先生十分冷静客观地评析了层次分析在解释语法现象上并非万能。他认为:"层次分析只不过是语法分析的一部分,不是全部。我们不能把层次分析看成是自足的、完备的语法分析手续。进行层次分析一点也不排斥同时进行结构关系的分析。有人以为层次分析可以解释一切语法现象,这是误解。"(《语法答问》)

2.2.2 "语法提要"对层次分析理论的借鉴

在80年代制定新教学语法体系时,修改"暂拟系统"的争论中心,首先反映在将中心词分析法拿来跟层次分析的比较上。哈尔滨会议之前在《中国语文》杂志上的讨论,以及在会议上的讨论,都离不开这个热议的话题。朱先生以四两拨千斤的方式,化解了这场争论。关于层次分析的评论,大部分学者都接受了朱先生的看法。

吕叔湘先生也和朱先生的看法相同。总起来看,"语法提要"所采用的析句法,正如吕叔湘先生在《汉语语法分析问题》第73节谈到的:"是层次分析法和句子成分分析法的结合:按层次分析,但是不抛弃句子成分;后者反映在词组名称上,'主谓词组'、'动宾词组'这些不用说,'偏正词组'或者是定语和名词的组合,或者是状语和动词(形容词)的组合。"

"语法提要"中关于单句的图解,为了教学的方便,首先采用"符号法"。符号法在分析主谓句时,用"‖"划分开主语、谓语,这已经是第一个层次。说明主语和谓语可以由短语充任,承认了短语是构成句子的基础。

"语法提要"同时介绍了框式图解,用层层的框架标明了句子各部分的内部结构。非主谓句则用"|"划分第一个层次。图解中还特别说明:"主谓短语做其他短语的成分

时,主语下边画＿＿,谓语下边画＿＿。这些图解方式都体现了对层次分析的重视。"框式图解能够反映出词和词的层层组合,使我们对语法的层次性有具体的了解,这个优点是显而易见的。"语法提要"主张教学中可以使用框式图解,是比"暂拟系统"前进了一步。这表明"语法提要"吸收了用层次分析法来分析句子的长处,认为任何句子都是由词和短语一层一层组合起来。而框式图解比起符号法图解更能显示出句子的层次来,如果需要还可以从语素的组合开始。

"语法提要"介绍了两种图解法,也是考虑到教学的便利。无论用哪一种,目的都不在图解本身,而是运用图解加深学生对句意的理解,也帮助他们了解构造句子的种种方法,以便他们自如地构造层次较多的句子。

在教学上,教师常常会认为对一个复杂的句子结构进行层次分析,不断地二分,显得很烦琐。朱先生不这样认为,他认为层次分析显示出的多层次,是"详尽"。他说:"层次分析所以显得烦琐是因为它传达的信息量大,就是说,它告诉我们的东西多。当我们对一个句子做层次分析的时候,事实上也是把包含在这个句子里的所有由两个以上的词组成的段落的层次关系都做了交代。"(《语法答问》)

3. 教学语法(学校语法)与理论语法(专家语法)的密切关系

3.1 回顾历史

前文已论及"暂拟系统"和"语法提要"制定的背景和简况。我们可以看到,20世纪制定颁布的两个教学语法体系,倾注了我国理论语法专家对中小学基础教育的热情与关心,以王力、吕叔湘先生为首的几代语法专家都参与其中。这在中国语法学史上都是值得记载的大事。

50年代,《语法和教学语法》一书,由张志公主编,编者有:王力、文炼、刘世儒、孙功炎、孙德宣、任铭善、朱德熙、吕叔湘、吕冀平、周祖谟、洪心衡、胡附、高向夫、高名凯、徐仲华、殷焕先、张中行、张寿康、郭翼舟、郑光仪、黎锦熙。

80年代,《教学语法论集》一书,参与撰文的学者有:王力、吕叔湘、王还、张志公、朱德熙、洪心衡、史存直、邢公畹、胡裕树、张斌、黄伯荣、李临定、于漪、张寿康、史锡尧、李裕德、吕冀平、廖序东、胡明扬、徐枢、张静、张拱贵、俞敏、叶长荫、邢福义。(以文章排列

先后为序)

还有一些参与研讨的学者如殷孟伦、周祖谟、郎峻章、殷焕先、张中行、王维贤、徐仲华、许绍早、吴启主、唐启运、傅雨贤、高更生、吴为章、刘月华、房玉清、李芳杰等未能尽列。从以上的名单中,我们可以看出语言学界的专家学者对教学语法体系的关注,他们每人都有自己的专著,有的建有自己严整的语法体系,但在建立为学校所用的语法体系上,却能贡献自己所得,求同存异,并肯花时间来从事这项普及的工作。特别是80年代"语法提要"的制定,许多大学的著名学者几乎都参与其中,十分投入,比50年代研讨制定"暂拟系统"的气氛还要热烈。

教学语法体系作为学校语法,用于各级各类师范学院,特别是用于中小学的中国语文教学,作为教师教学汉语语法的重要参考,对于提高中文基础教育的素质起了积极作用。回顾这两段历史,对于我们当前基础教育的语法教学现状如何改进,可能不无裨益。

3.2 检讨现状

80年代制定的"语法提要"在颁布以后,各省教研单位也举办了培训班,各地出版社也出版了不少阐述"语法提要"的著作。但比较起来,似乎没有50年代的"暂拟系统"那样深入人心。五六十年代的中学语文老师熟悉"暂拟系统",光是《汉语知识》一书,截至1983年,共印150万册,由此可见一斑。本来新体系吸收了理论语法界二三十年来的研究成果,更加贴近汉语语法的特点,应该用来更好地装备中文教师。可后来出现的"淡化语法"的说法似乎越来越占上风。一些中学语文教材的编写对于新体系的五级语言单位的描述没有尽取,比如,语素和句群两部分,这是很实用的内容,但却不再提及,一些教师对于新语法体系的内容也不甚了了。总之,基础教育的语法教学现状堪忧。

陆俭明(2003)在论及教师的语法修养时说:"须知,语法知识,乃至整个语文知识在语文教学中能否处理得恰到好处,真正使语法知识起到它应有的作用,先决条件是教师本人的语法知识要'到位'。所谓到位,一是要求语文老师所掌握的语法知识尽可能丰富,广博;二是要求对具体的语法知识尽可能掌握得牢;三是在教学中能善于利用语法知识。"我很赞同这样的说法。语法知识如同文字、语音、词汇、修辞及其他语言知识一样,是要渗透在中国语文教学的课堂里,结合范文阅读、学生写作,把有用的知识教给学生,把汉语的规律传递给学生,让学生能够举一反三。但要能做到这点,首先是教师的语言知识包括语法知识要到位。

我们从未要求也不主张将语法理论知识、语法术语一股脑儿放在教材里,一股脑儿教给学生。在"语法提要"的"说明"里,这点说得很清楚:"《提要》只是说明语法体系和名称术语的要点,不是教学方案。并不要求所有的中学按照《提要》的系统详尽全面地讲语法,只是建议,在编写中学语文教材和进行语文教学中,在涉及语法问题的时候,参酌试用这里提供的语法体系和名称术语,以利教学工作的进行,避免过多的分歧给教学造成困难。"

对于使用"语法提要",也做了如下三点建议:"(一)选出最切实用的一些语法点,各写成一篇简明的短文,配备适量的练习,编在初中语文教材里。(二)据以编成一本简明的语法教材,供实行文、理分科的文科高中使用(理科高中、职业高中、中专等学校可自由选用)。(三)据以写成一本语法教学参考书,比较详细地阐述这个系统,并建议一些教学方法,供中学教师参考。"这些建议,目前也被"淡化"了不少,这不能不令人遗憾。

令人高兴的是,《现代汉语词典》第5版(商务印书馆,2005年)进行了词类标类。"把词分为12大类:名词、动词、形容词、数词、量词、代词、副词、介词、连词、助词、叹词、拟声词。"这个分类采用了"语法提要"的分类,也是理论语法界当时共同认可的研究成果。

3.3 瞻望未来

在论及汉语语法体系时,朱先生首先对什么是语法体系做了说明。他认为:"通常说的语法体系在很大程度上是指的语法事实和语法规律的表达系统。说得通俗一点,就是讲语法的间架。"(《语法答问》)我们在附录里清楚看到"语法提要"所列的语法间架。经过25年,我们可以在"语法提要"的基础上再做调整修订,将这二十多年来理论语法研究的新成果中大家都认可的部分加入到语法体系中。应该说,"语法提要"是一个基础较好的语法间架。"语法提要"的"后记"中就曾说到这个愿望:"这个《提要》是一个试用方案,对各级学校的教师来说,带有参考性质,没有绝对的强制性。欢迎教师在试用过程中继续提出意见,以便在适当时机经过大家充分研究进行修订。"现在是不是又到了这个适当时机呢?再由哪个机构来牵头做这个工作呢?谁肯来担负起这个责任呢?

加强基础教育的语法教学,是提高中小学生的中文水平不可或缺的重要措施。不论是以汉语为母语的中国上亿万的学生,还是以汉语为第二语言的世界各国上千万的学生,汉语教学中都需要教学语法。而"精要、好懂、有用"的教学语法体系会带给教学极大的方便,起到事半功倍的作用。

面对"淡化语法"这样不科学的说法做法,希望我们大家一起关注语法教学,效法王力、吕叔湘、朱德熙、张志公等前辈语言学家,为中文基础教育,为中小学生们倾注热情,做些实事。

参考文献

胡明扬　　教学语法、理论语法、习惯语法,见张志公主编《现代汉语》中册专题部分。
黄成稳　　1986　《新教学语法系统阐要》,杭州:浙江教育出版社。
陆俭明　　2003　《现代汉语语法研究教程》,北京:北京大学出版社。
吕叔湘　　1979　《汉语语法分析问题》,北京:商务印书馆。
倪宝元、田小琳主编　1986　《中学教学语法基础》,北京:北京教育出版社。
全国语法和语法教学讨论会业务组编　1982　《教学语法论集——全国语法和语法教学讨论会论文
　　汇编》,北京:人民教育出版社。
邵敬敏　　2006　《汉语语法学史稿》(修订本),北京:商务印书馆。
邵敬敏、任芝锳、李家树　2003　《汉语语法专题研究》,桂林:广西师范大学出版社。
田小琳　　1990　《语法和教学语法》,河南教育出版社、香港文化教育出版社。
张志公主编　1956　《语法和语法教学——介绍"暂拟汉语教学语法系统"》,北京:人民教育出版社。
张志公主编　1985　《现代汉语》中册,北京:人民教育出版社。
朱德熙　　1999　《朱德熙文集》,北京:商务印书馆。

附录1:暂拟汉语教学语法系统目录

一、词和词的构成

　1. 词

　2. 单音词和多音词

　3. 单纯词和合成词

　4. 合成词的构成方式

二、词类

　5. 划分词类的标准

　6. 词类表

　7. 一词多类

三、实词

8. 实词的特点

9. 名词

10. 方位词

11. 动词和形容词

12. 动词和形容词的特殊用法

13. 能愿动词

14. 趋向动词

15. 判断词

16. 数词

17. 量词

18. 数量词

19. 代词

四、虚词

　　20. 虚词的特点

　　21. 副词

　　22. 介词

　　23. 连词

五、助词和叹词

　　24. 特殊的虚词

　　25. 助词

　　26. 叹词

六、词的组合词组

　　27. 词组

　　28. 词组和合成词的区别

七、句子

　　29. 句子

　　30. 双部句和单部句

　　31. 单句和复句

八、句子成分

　　32. 主语和谓语

　　33. 定语

　　34. 状语

　　35. 宾语

　　36. 补语

　　37. 扩展的句子成分

九、复杂的谓语

　　38. 复杂的谓语

十、主谓结构做句子成分

　　39. 主谓结构做谓语

　　40. 主谓结构做其他成分

十一、联合结构做句子成分

　　41. 联合结构做句子成分

十二、特殊的句子成分

　　42. 独立成分

　　43. 复指成分

十三、句子成分的倒装和省略

　　44. 倒装

　　45. 省略

十四、单部句

　　46. 无主句

　　47. 独词句

十五、复句

　　48. 复句的结构

　　49. 分句间的关系

　　50. 省略形式的复句

十六、复句的紧缩

　　51. 由复句紧缩成的单句

附录2：中学教法语法系统提要(试用)目录

1. 概述
   1.1 语素
   1.2 词
   1.3 短语
   1.4 句子
   1.5 句群

2. 词
   2.1 名词
   2.2 动词
   2.3 形容词
   2.4 数词
   2.5 量词
   2.6 代词
   2.7 副词
   2.8 介词
   2.9 连词
   2.10 助词
   2.11 叹词
   2.12 拟声词

3. 短语
   3.1 名词短语
      3.1.1 名、代、动、形做定语
      3.1.2 指、数、量组合做定语

   3.1.3 名词+方位词
   3.1.4 的字短语
   3.1.5 复杂的定语
   3.1.6 多项定语的次序
   3.1.7 名词短语的用途
   3.2 动词短语
      3.2.1 动+宾
      3.2.2 动+补
      3.2.3 动+得+补
      3.2.4 状+动
      3.2.5 状+动+补+宾
      3.2.6 能愿动词(+状)+动(+宾)(+补)
      3.2.7 动词短语的用途
   3.3 形容词短语
      3.3.1 形容词短语的构成
      3.3.2 形容词短语的用途
   3.4 主谓短语
      3.4.1 主谓短语的构成
      3.4.2 主谓短语的用途
   3.5 介宾短语
      3.5.1 介宾短语的构成
      3.5.2 介宾短语的用途
   3.6 复指短语
   3.7 固定短语

4. 句子
   4.1 单句的结构
   4.2 句子的主干
   4.3 主谓句的主要类型
      4.3.1 动词谓语句
      4.3.2 形容词谓语句
      4.3.3 名词谓语句
      4.3.4 主谓谓语句
   4.4 非主谓句
      4.4.1 名词非主谓句
      4.4.2 动词非主谓句
      4.4.3 形容词非主谓句
      4.4.4 叹词非主谓句
   4.5 特殊句式
      4.5.1 把字句
      4.5.2 被字句
      4.5.3 连动句
      4.5.4 兼语句
   4.6 句子的用途
      4.6.1 陈述句
      4.6.2 疑问句
      4.6.3 祈使句
      4.6.4 感叹句

5. 复句
   5.1 复句的构成
   5.2 分句间的关系
   5.3 紧缩句

5.4 多重复句

6. 句法上的几个问题

    6.1 并列和偏正

    6.2 省略和并合

        6.2.1 单纯省略

        6.2.2 有所省，有所合

    6.3 几种附属成分

        6.3.1 独立成分——插入语

        6.3.2 评论性状语

        6.3.3 关联性状语

        6.3.4 解释性状语

    6.4 不相连的复指

        6.4.1 称代复指

        6.4.2 总分复指

    6.5 句子的图解

        6.5.1 单句的图解

        6.5.2 多重复句的图解

7. 句群

8. 附记

区分黏合组合结构的重要价值

王洪君

北京大学

1. "形式-意义"的一体两面性

朱德熙先生对"形式-意义"一体两面性的强调和身体力行的实践所取得的成果给我留下了深刻的印象。朱先生在课上多次指出,语法形式与语法意义是一体两面的:凡语法形式上有区别的,意义上一定有区别;但意义的层次、类别会有不同,比如词类范畴义、时体范畴义、话题义、焦点义等等。反过来,凡语法(或语用)意义上有区别的,形式上也一定有区别;当然,形式的层次、类别也会不同,比如虚词、句式、语调、重音、层次、转换能力等等。语法研究既可以从形式出发揭示意义上的不同,也可以从意义入手揭示语法形式上的差别。朱先生还说,语法的种种不同范畴中,有的范畴从意义出发比较容易发现其典型成员,之后以典型的实例作为标准可以找出形式上精确的判定标准,从而对边缘成员做出划分。汉语中较大的词类区分,比如名、动、形的词类区分,就属于这种情况。另一些范畴则先从形式出发比较容易发现,依据形式确定了类的成员之后,一个范畴类内部所有成员共同的语法意义和不同范畴成员之间的语法意义的差别才能进一步显示出来。汉语中一些次级词类的区分,比如朱先生所发现的汉语形容词和状态词的区分(朱先生的命名是"性质形容词"和"状态形容词")就属于这一种情况。这一区分的发现,与朱先生的对外汉语教学实践有直接关系。他发现留学生经常按照自己语言的习惯将汉语中典型的性质形容词匹配为谓语,说出类似"这朵花红"的句子,而实际上这些句子在汉语中只能出现在对举句中,不能独用。从形式入手,朱先生发现原来公认为汉语形容词的词,其分布有对立的两类:

词类	很__	不__	做谓语	做定语	做状语
形容词	+	+	受限	受限	受限
状态词	−	−	自由	自由	自由

根据形式确定了形容词、状态词这两类的区分之后,这两类在范畴意义上的差别也渐次揭出,(朱德熙,1956、1982;石毓智,1992;徐通锵,1997;沈家煊,1997)逐渐深入。从开始时发现的形容词单纯表属性,状态词带有明显的描写性,到后来发现的形容词是不带量级的、较为恒定的属性,而状态词是带有具体量级的、较为临时性的属性。

2. 区分黏合组合结构的形式标准

本文要着重阐述的是朱德熙先生从形式入手提出的汉语中另一对十分有价值的语法范畴——黏合结构和组合结构。同样,这一对范畴是朱先生从形式入手而建立的;之后,它在普通语言学上的重要的范畴意义、它对于汉语研究以至普世语言学的重要价值也渐次揭出,笔者的研究曾直接受益。我们先简略回顾一下朱先生对黏合、组合结构的解释。

朱先生(朱德熙,1982)在偏正、述补两类结构之下进一步区分出黏合、组合两类。其中,偏正结构中黏合式定语包括不带"的"字的名词、区别词、性质形容词,而组合式定语则包括:①"的"字结构,②数量词或指示词加量词,③表示领属关系的词(特别是人称代词)或结构。比如,"我(的)那两件穿了十几年的粗毛线的小红羊毛背心"中,"小、红、羊毛"为黏合式定语,而"我(的)、那、两件"和"穿了十几年的、粗毛线的"则为组合式定语。

黏合、组合定语是根据出现位置和移位的潜能而得出的:黏合式定语总是出现在更加靠近中心语的内层,这一内层结构之中不能移入任何一种组合式定语。比如"*小-两件-红羊毛背心"、"*小红-我那-羊毛背心"、"*小红羊毛-粗毛线的-背心"。而组合式定语只能出现在黏合式定语的外层,并且,组合式定语之间、组合式定语与中心语之间均可以移入其他组合式定语。比如"我-那-羊毛背心""我-那-穿了十几年的-羊毛背心""我的-穿了十几年的-那件-羊毛背心""那件-我的-粗毛线的-羊毛背心",等等。

根据在结构中实际出现的位置和移位插入的潜能等形式特征,朱先生确定了黏合、组合两类结构,并同时指出了与之相应的语法意义——黏合式定语与中心语的结构关系紧密而组合式定语与中心语的结构关系松散,黏合式定语表现事物较稳定的属性而组合式定语具有高的"现场指别性"。

3. 黏合、组合结构与汉语节奏单元的关联

任何语言的语流均由大小不同的韵律单元组成。其中,音节之上、语调短语之下的韵律单元(音节→音步→停延段→语调段)是由不同层级的轻重或松紧交替而形成的节奏单元。不少学者早就指出,语流中音步、停延段等节奏单元的分界与语法单元的分界明显有关系,但又不尽一致。那么,我们应该进一步追问,汉语节奏单元的分界在什么条件下与语法单元的分界一致,什么条件下不一致?节奏单元与语法单元不一致的情况是不是也有规律呢?

笔者1999—2005年几年间着重探讨了上述问题。研究发现,如果仅仅依据层层二分的直接成分组合结构,仅仅依据主谓、述宾、述补、定中、状中、联合等基本结构类型,只能得到"节奏分界与语法分界有明显关系,但又不尽一致"的结论;实际上,与汉语节奏分界更为相关的是黏合、组合结构的区分。(王洪君,2002)具体来说,有如下基本规则(更详细的描述见王洪君,2008:124—137、264—273):

    1. 黏合结构[①]的成分在节律上结合紧密,黏合结构总是内紧外松的。也即黏合结构的外边界总是与语法边界一致,黏合结构内部则按先IC、次DM、再F'的次序组织音步[②]。

    2. 等立结构[③]的成分在节律上的结合非常松散,也即等立结构的成分之间必定有较大的节律边界。等立结构的外边界由语法边界的性质和分界两边的韵律长度共同决定。

    3. 组合结构的内部成分在节律上结合比较松散。组合结构内的左一成分,可能与右一成分结合为一个节律单元,也可能向左跨越语法边界组织节律单元。是否跨界取决于双方的韵律长度。

4. 除去语法结构的限制,汉语节律自身的规律是"二常规、一三可容、四受限"。也即,除虚词等衬头、赘尾等成分外,汉语中两音节音步和两音步停延段是最常见的节奏单元,一三音节音步或一三音步的停延段也比较常见;而四音节一般分做 2-2 或 1-3、3-1 的两个音步,四音步一般分做 2-2 或 1-3、3-1 的两个停延段。

(我的)
(买了) 那件 新的④ 却过了时的 小红毛背心

指称数量跨界组段取决于长度

两个"的"定语之间必有停延

"的"定语是否左跨界取决于长度

"的"定语是否右合并取决于长度

黏合定中内紧于外内:先IC 次DM 再F'

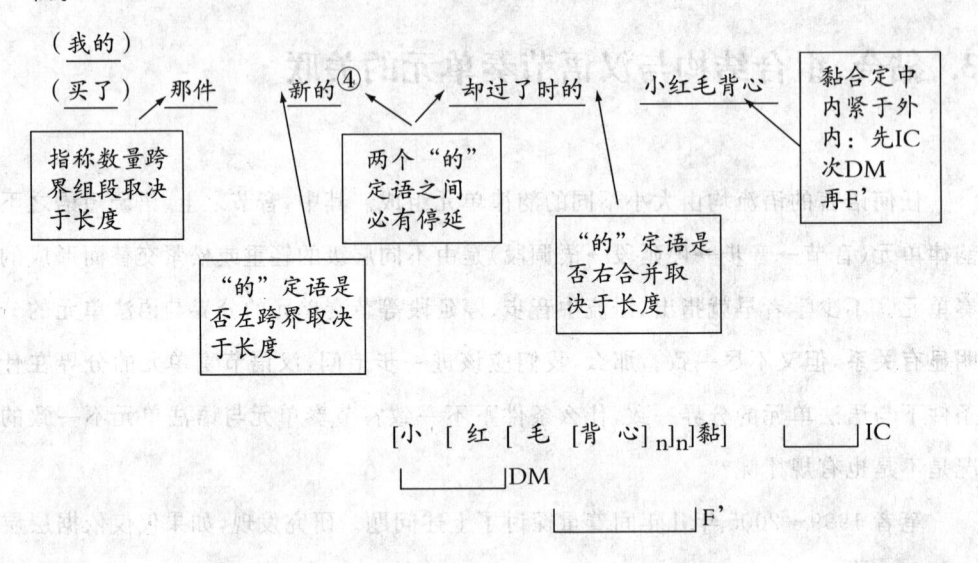

[小 [红 [毛 [背 心]ₙ]ₙ黏]　　IC
　　　　　　　　　　　　　　DM
　　　　　　　　　　　　　　F'

总之,汉语节奏与语法的关联规则中,黏合、组合、等立结构的区分最为重要——黏合结构的外边界与等立结构的成分界总是与语法边界一致,不一致的只有组合结构的外边界、成分界。与语法边界不一致的节律边界由"二常规、一三可容、四受限"的节律模式控制。

节律与语法的这种关联,想一想其实也很自然。朱先生已经指出,语法上,黏合结构的成分结合紧密而组合结构的结合松散;语法上结合的松紧不同,在节律上当然应该有所体现。黏合、组合结构的区分,对于控制汉语节律的价值,不输于主谓、述宾、定中等基本结构。

4. 区分黏合、组合结构在语用、语义层面的普世价值

朱先生对于黏合、组合结构的区分,是依据汉语定中、述补结构的结构成分的分布

或分布潜能的不同而得出的,也即是根据形式特点而得出的。然而正如朱先生反复强调的,"形式-意义"是一体两面的,朱先生依据形式特点而得出的黏合、组合之分,在语用或语义层面也有重要的对应,而且这些对应许多是普世性的。比如,系统功能学派对英语定语的功能分类及各类在语义语用层面的解释如下(引自 Halliday,1985/1994:187—188):

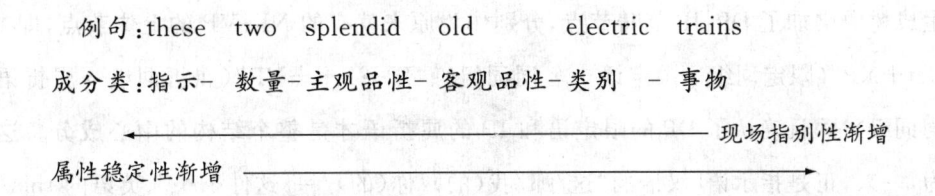

例句:these　two　splendid　old　electric　trains
成分类:指示-　数量-主观品性-客观品性-类别　-事物

　　　　　　　　　　　　　　　　　　　　　现场指别性渐增
属性稳定性渐增

不难看出,英语出现于名词性中心语之前的修饰语(定语),其出现次序与汉语不带"的"的定语十分类似,离中心语最远、与中心语关系最松的定语也是指示语、数量语。Halliday 指出,定语的这一次序不是"任意的",而是与经验世界和语言交际有着"天然(natural)联系的":语言成分一旦进入言语交际,言者最先需要告知听者的,就是所言在变动不居的经验世界中的定位,这是根据言谈现场的说话人而定位"我-这里-现在"(I-here-now),也即,所言的言者(I)是谁,所言跟言者的空间关系如何(距离远近、领属关系、是否言者心目中自己或听说双方确知的,等等),所言的时间关系(以发话时间定位的现在、过去、将来)。

关于数量成分,Halliday 只提到了它不是事物稳定的属性,是在不同的言谈环境中有多种变化的成分,因此出现在离中心语次远的地方。现在,根据之后许多学者的研究我们知道,数量成分也具有一些类似指示语的功能,比如表示名词性中心语的有指/无指、定指/不定指等等。

总之,指示语(包括人称代词)是语言与具体言语现场挂钩的索引(index),是朱先生所说"现场指别性"最高的成分,数量语也常常部分担负语言与具体言语现场挂钩的索引功能,因此这两种成分"天然"需要放置在离中心语最远和次远端的位置,这不仅是英语、汉语共同的规律,也是所有人类语言普遍的规律。

不仅国外功能语言学的一些研究与朱先生区分黏合组合结构的思想有很好的契合,形式语言学 20 世纪 80 年代之后的一些新进展也与朱先生的这一观点有很好的契合,下面仅谈谈生成理论的情况。

生成学派较早期的理论,如第一、第二期的理论(Chomsky,1957;Chomsky,1965),都是把句法深层结构假设为一套由"S→NP+VP"起始的、可以用树型图表示的、下层规则可嵌有上层范畴的生成规则。20世纪80年代之后,在X-杠理论和空范畴(empty category,其中的category也译作"语类",下同)理论(Abney,1987)的推动下,关于词汇性类范畴(lexical categories)和功能性类范畴(functional categories)的区分逐渐深入,生成树中增加了DP、IP范畴节点,分别作为原来就有的NP、VP的上位节点,即"DP→Det+NP"(限定词组→限定语+名词词组)、"IP→Infl+VP"(屈折词组→屈折语+动词词组),并且确认了DP的限定语和IP的屈折语才是整个结构的中心成分。这是因为,一来,正是指示语[汉语的"这/那/我(的)/你(的)/一/这件……"、英语的this/that/the/a 等]和时态标记(汉语的"了"、英语的过去时语素等)决定了整体结构是体词性的还是谓词性的;二来,在许多情况下,如果没有限定语或表示时态的屈折成分,整个结构就不能成立,而没有这些成分出现的结构都可以认为是这些范畴其实是使用了形式为零的隐性表达方式。从更高的层面看,指示词组与屈折词组有很好的平行性,因此生成理论(Chomsky,1995;可参考 Radford,1997)又进一步把两者概括为更加抽象的 XP→specifier(head)+X'(词组X→指示语+X'),X'→X(head)+complement(X'→X+补足语)。

生成派在20世纪80年代的以上重要进展,突出了句子的两大成分其实都需要与经验世界的有指/无指、定指/非定指、确指/非确指相关的,或与言谈交际现场(I-here-now)挂钩的索引成分,而且两大成分有各自必须的索引成分在有的语言中还可能进一步需要在语法上标明两者之间的一致关系;因此普世的语法理论必须为这些与经验世界、与言语现场挂钩的索引成分预留位置。

早在20世纪80年代初,朱先生就根据形式标准而得出汉语的定中结构需要区分黏合和组合结构,而定语是否加"的"并不是辨别组合式定语的唯一标准,因为不带"的"的指示代词、人称代词(用于表领属关系时)、数量结构定语,具备放在"的"字结构定语外层的潜能,是与中心语关系更加松散的组合式定语。不难看出,朱先生根据分布潜能得到的这一类成分,与生成派的"限定语"有很好的契合。朱先生指出这一类成分的特点是"有很强的现场指别性"也触及了它们在语义、语用层面的特殊重要性。

当然,生成理论在20世纪80年代的进展更为全面和深刻,特别是关于DP、IP词组的中心语其实是限定语、屈折语等功能性范畴的看法,既有深刻的语义语用层面义的内涵,也涵盖了跨语言的各种不同形式表达的共性。比如,这些成分在汉语和其他语言中全都有"韵律为轻"的特点,这与其他不同层次的结构的韵律表现有"中心成分重、辅助成分轻"的规律十分一致;再比如,汉语的限定语与不同语言中的限定语一样,都具有可以省略后面的 NP 而独立指代 NP 所指的能力("我的那件昨天刚买的、粗毛线的小红背心找不到了"在特定的语境中可以说成"我的那件找不到了")。

朱先生发现的另一类组合式定语"的"字结构,其与黏合式定语的区分,也有跨语言的价值。在我看来,"的"字结构定语有些相当于英语的后置定语,比如"these two splendid old electric trains with pantographs"中的"with pantographs"。这里不再详细讨论。

5. 结语

朱先生关于"形式-意义"一体两面的思想是很深刻的语言理论,朱先生身体力行根据形式标准(定语次序和可插入或移位的潜能)而找到的汉语语法层面上的黏合、组合结构之分有重要的语言学价值。

黏合、组合结构是跨语法-韵律两个层面的重要范畴,是决定汉语语流的节奏单元边界的重要制约因素,在其他语言中也有相应的表现。

黏合、组合结构涉及词汇性范畴与功能性范畴的对立。朱先生所定义的组合结构中最松散的那类结构成分(指示、人称、数量定语),其实是语义、语用层面十分重要的功能范畴——与言谈现场挂钩的索引成分——的体现形式。把这一类成分独立出来在普通语言学上有重要的价值。

朱先生坚持从汉语的事实入手观察问题,进而深入到语言理论的学术思路和研究成果至今仍有重要的现实意义。谨以此文纪念敬爱的朱德熙先生。

附注

① 我们所说的黏合结构,包括朱先生定义的黏合定中、黏合述补,还包括两字述宾(除"助动词+动词")、主谓和整体义是各个成分义的上位概念的联合结构(比如"桌椅、钟表、钢铁、工农兵、工农兵

学商、柴米油盐酱醋茶")及只能出现于"不"或"很"内层的、不带"-地"等状语标记的状中。

② 汉语语流中,有直接成分关系的两个单音节优先组织成两音节音步,称作 IC(直接成分)步。直接成分组步后剩下的、句法分支方向相同的若干单音节,按照从左至右的次序,两两组织为音步,称作 DM(两拍步)。之后如果还剩有单音节,按照句法分支方向并入邻近的音步而成三音节音步,称作 F'(超音步)。

③ 等立结构指单纯的并列,即整体义不构成成分义之上位概念的联合结构,书面上一般由顿号将各并列成分隔开。如"(我买了)桃儿、李、杏儿、梨……"。并列的"的"字结构定语、介词短语状语亦属该类。

④ 如果"一件"前面出现"我的"或"买了",则"一件"跨界与左边成分先组织为两音步的一个停延段("我的一件"或"买了一件")。由于长度已满足常规,正常语速中"新的"将不跨界而独立成单停延段。如果"一件"前面不出现其他成分,则"一件"一般与后面的"新的"构成一个停延段。

参考文献

沈家煊　1997　形容词句法功能的标记模式,《中国语文》第 4 期。
石毓智　1992　《肯定和否定的对称和不对称》,台北:台湾学生书局。
王洪君　2002　普通话中节律边界与节律模式、语法、语用的关联,《语言学论丛》第二十六辑。北京:商务印书馆。
王洪君　2008　《汉语非线性音系学:汉语的音系格局与单字音》(增订版),北京:北京大学出版社。
徐通锵　1997　《语言论——语义型语言的结构原理和研究方法》,长春:东北师范大学出版社。
朱德熙　1956　现代汉语形容词研究,《语言研究》第 1 期;另见朱德熙(1980)。
朱德熙　1980　《现代汉语语法研究》,北京:商务印书馆。
朱德熙　1982　《语法讲义》,北京:商务印书馆。
Abney, S. P. 1987 *The English noun phrase in its sentential aspects*. PhD diss., MIT.
Chomsky 1957 Syntactic Structures. The Hague:Monton Publisher.
Chomsky 1965 *Aspects of the Theory of Syntax*. Cambridge Mass. MIT Press.
Chomsky 1995 *The Minimalist Program*. Cambridge Mass:MIT Press.
Halliday, M. A. K. 1985/1994 *An Introduction to Functional Grammar*. London:Edward Arnold.
Radford 1997 *Ayntax：A Minimalist Introduction*. London:Cambridge University Press.

语气词的功能属性

王 珏

上海交通大学

1. 词组本位对语气词功能属性的认识

词组本位语法对语气词功能的认识可以概括为以下三个方面。

（一）语气词是在词组（或句法结构）层面依据句法功能得出的词类。朱德熙先生指出："词和词组合为词组，本书有时也称为句法结构。"（朱德熙，1982：14）"一个词的语法功能指的是这个词在句法结构里所能占据的语法位置。"（朱德熙，1982：37）"说得准确一点，一个词的语法功能指它所能占据的语法位置的总和。要是用现代语言学的术语来说，就是指词的（语法）分布（distribution）。"（朱德熙，1985：11—14）由此可知，词组本位语法所谓的语法功能、句法功能或分布，指的都是词在词组里的句法功能或分布。语气词也是依据这样的标准得出的句法或语法词类，即在词组层面依据句法功能得出的词类。

（二）语气词在句子里的分布有三种情况：多半是附加在谓语上头的，某些类型的句子里加在整个主谓结构上头，有时候加在谓语内部一个成分上头。（朱德熙，1982：215）由此出发，朱德熙先生将"X+语气词"的结构视之为"语气词结构"（马真，2010），显示出在词组本位框架内解决语气词在句子里的层次地位问题的愿望。

（三）语气词依据功能和连用顺序分为三类，即时态语气词、疑问与祈使语气词和态度与情感语气词，并明确指出，"几个语气词接连出现，彼此在结构上没有直接的关系"。（朱德熙，1982：207—208）

由上可知，朱德熙先生主要在词组、句子层面讨论语气词的功能属性。但事实上，语气词虽然分布于句子里,其功能却涉及语体、语篇、句类、句子、语气等多个层面。因此,对语气词及其功能的研究不应限于词组和句子层面,而应从与之有关的诸方面去考察。对于语气词在语篇层面的功能,屈承熹(2006)做过很好的研究,下文将从语体、句类、句子和语气等四个层面依次讨论语气词的功能。

2. 语气词在语体层面的功能

语气词在语体层面的功能表现为以下两个方面,即口语语体的标记和对话语体的标记。

首先,语气词是口语语体的标记之一,以此对立于书语语体。薛凤生(1998)曾提出,"汉语中语气词数目之多,当亦为'口语风格'的表现",其证据是语气词多半与句调有关。郭锐(2002:276)发现,语气词在口语里的频率为6.2%,书面语里的频率为0.1%,前者是后者的59倍之多。我们也发现,非语气词句在书面语里是绝对多数,各种语气词句几乎只在口语里出现。另外,语气词有自由音变与条件音变(郭小武,2000),也只能视为语气词是口语语体的重要表现之一。当然,各个语气词的语体限制可能稍有不同,"的"的语体限制最小,"了"主要用于叙事散文和小说,"呢"主要用于对话语体。(史金生,2000)

其次,语气词是对话句类的标记之一,以此对立于叙述句类等。陆俭明先生(1982)曾经指出,语气词主要出现于对话句里。我们统计了老舍《茶馆》第一幕第一段里的对话与潜台词,结果发现:带语气词的对话句约占对话句总数的52%,而潜台词里几乎一个语气词也没有出现。

语气词作为口语语体里对话句的标记,在古今汉语里都是一贯的。赵长才(1995)发现,《论语》里所有语气词连用形式都只在对话中出现,而《论语·乡党》这种没有对话的篇目,虽然篇幅较长,却没有出现一次。其他各书的情况也大致如此,口语性越强的作品越常使用语气词,而客观叙述或思辨色彩浓的作品则较少出现语气词。(郭锡良,1988、1989;裘燮君,2000)[①]

由上可知,语气词作为口语语体的标记,对立于书语语体;作为对话语体的标记,对立于叙述句等。

3. 语气词在句类层面的功能

对于语气词与语气、句类之间的关系,学界历来有两种观点。一种观点将语气词、语气与句类挂钩,将语气词视为表达不同语气的句类的标记。(黎锦熙,1924;杨润陆、周一民,1995:274;钱乃荣,1995:192)另一种观点认为,语气词和语气之间不存在一一对应关系(吕叔湘,1982;王力,1985;丁声树等,1961;陆俭明,1982;邵敬敏,1989;邢福义,1997;徐晶凝,2008)。邢福义(1997:242)认为:"语气助词和语气有瓜葛,但它们不是一回事","一个句子,如果没有语气助词,照样有语气",因为语气词的作用不过是"加强语气表达的信息量"。徐晶凝(2008:28)则明确将语气词归入语用范畴,认为"在语法上,它不是语法结构必需的成分,有或没有不影响语法结构的合法性;……在语义上,它没有实在意义,有或没有不影响语法表达式的内容(命题)"。

如果接受语气词与句类之间不存在一一对应的观点,也就等于承认没有一个语气词是专用于某句类的。换句话说,汉语句类都没有自己专用的语气词,那么语气词就只能是句类的下位成员的非强制性标记。就句类而言,疑问句、祈使句的对话色彩最强,陈述句、感叹句的对话色彩要逊色得多,所以各自对语气词的选择必然是不均等的。其次,句类作为原型范畴,其内部成员之间存在着核心、非核心与外围之分,它们对语气词的选择也必然是不均等的。换言之,句类核心成员无疑是无标记的,无需语气词;只有非核心与边缘成员才经常以语气词作为标记,以此有别于核心成员。下面分别讨论部分语气词与句类非核心成员之间的关系。

"的""了""呢"不用于陈述句的核心成员——直陈句,而经常用于非直陈句。(岳方遂,2004)如:

(1) 孩子们到餐厅吃饭∅。

(2) a. 孩子们到餐厅吃饭了。　　b. 孩子们到餐厅吃饭的。

(3) a. 孩子们到餐厅吃饭呢。　　b. 孩子们到餐厅吃饭了呀/哟。

以上三例都是口语里的陈述句,由于语气词有无、异同、多少而语气各有不同,形成陈述句的不同下位类型：(1) 代表核心陈述句即直陈句，(2) 代表非核心陈述句，(3) 代表边缘陈述句。显然，普通直陈句加上语气词就不再是直陈句而是非直陈句了。所以张德禄(2009)认为："在陈述句中，通常没有语气词。所有有语气词的陈述句都是在某种程度上有标记的。"其实吕叔湘早就指出："语气的表达，兼用语调和语气词：语调是必需的，语气词则有时可以不用，尤其是在直陈语气。"(吕叔湘，1982:257)"直陈语气可以不用语气词……但也可以用语气词。"(吕叔湘，1982:260)"啊"的作用是"在普通的直陈语气之上加上一层感情色彩，使语气更加精辟，更加敏锐"(吕叔湘，1982:267)。

公认的疑问语气词"吗"主要用于是非问句（或一般问句）而非特指问句。吕叔湘(1982:283)指出："大率老老实实的问话不大用语气词，用语气词较富于疑讶的神情。"胡壮麟(1994)则发现现代汉语是非问句里"吗"的出现频率仅有48.7%；特指问句里"呢"的出现频次只有26.3%。

祈使语气词"吧"主要用于祈使句的商度句而非命令句。但同时马清华(1995)又发现："过半数的祈使句是不带语气词的。在不带语气词的祈使句中，有些是可以添加语气词的，但添加后口气有所改变……这说明，无语气词的祈使句有其独立性。另外，有些祈使句因为受到句法、节律或情景等方面因素的制约，根本不带语气词。"此外，庄重、正规的祈使句，不能添加语气词；言辞肯定、坚决，说得紧张、急促，也很难与语气词相容。

感叹语气词"啊"主要用于非独词感叹句而非感叹词句。(岳方遂，2004)而"单纯使用语气词作为标志的感叹句一般在抒发感情的同时都带有一定的表意内容，有的句子甚至难以区分究竟是以抒情为主还是表意为主，因而，和使用指示或限定词语作为标志的感叹句相比，这种感叹句的感叹性要弱得多"(杜道流，2005:93)。

句类核心成员与非核心成员是否用语气词可例示如下：

       核心成员   非核心成员

(4) a. 我不说出去。   b. 我不说出去的。（陈述句）

(5) a. 谁是厂长？   b. 他是厂长吗？（疑问句）

(6) a. 别进来！   b. 别进来了吧。（祈使句）

(7) a. 嗨！   b. 太阳出来啦！（感叹句）

以上两个方面互相选择的结果可以归纳为下表。

表 1　语气词与交际功能句类非核心成员之间的对应关系

	陈述句			疑问句					祈使句						感叹句	
	直陈	语陈	强陈	特指	是非	测度	选择	正反	命令	禁止	请求	劝谏	戏谑	提醒	独词	有标
的	的		的													
了	了		了													
呢		呢		呢			呢	呢								
吧	吧				吧						吧	吧	吧			
吗					吗											
啊	啊															啊
哎	哎															哎
哦	哦															

上表显示,"(1) 在任何类型的小句中,语气词都不是必需的,也就是说,任何类型的小句都可以没有任何语气词;(2) 在用语气词的同类结构中,可用的语气词其中之一(或者从其中派生出来的)是典型的"。也就是说,"语气词是一个可选择范畴。当它们出现时,每一个范畴都有一个典型语气词,其他的不是标识这个类别的语气词,而是表达附加的人际意义"(张德禄,2009)。

语气词的语体功能与句类功能可以归纳如下图:

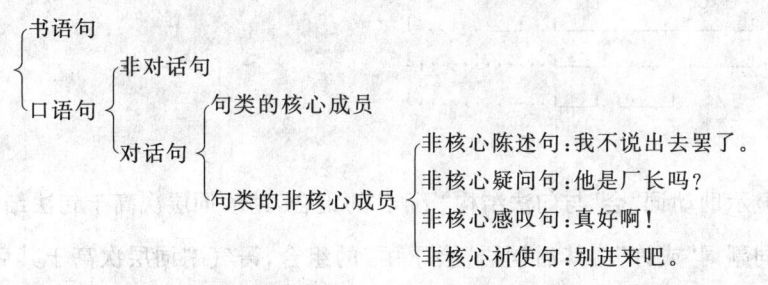

```
          ┌书语句
          │        ┌非对话句
          └口语句  │        ┌句类的核心成员
                  └对话句  │                    ┌非核心陈述句:我不说出去罢了。
                          └句类的非核心成员    │非核心疑问句:他是厂长吗?
                                              │非核心感叹句:真好啊!
                                              └非核心祈使句:别进来吧。
```

图 1　语气词的语体功能句类、交际功能句类属性示意图

4. 语气词在句子层面的功能

4.1 层次切分法证明语气词层次高于语气副词、助动词

句子的广义情态成分充当者包括特定结构、叹词、语调、语气副词、助动词和语气词等。姑且不考虑特定结构、叹词和语调,参考贺阳(1992)和齐沪扬(2002:177),语气副

词、助动词和语气词与句法结构四者的线性顺序模式可排列如下：

言语句：语气副词＞助动词＞句法成分＞语气词

要对一个语篇衔接语为零的言语句进行层次切分，理应有如下三种处理：

(8) a. 或许｜会‖下雨‖‖吧。　　b. 或许｜会‖下雨吧。　　c. 或许‖会‖‖下雨｜吧。

例(8)a 严格遵循层次切分法"先左后右"的操作顺序，但显然没有正确处理语气词在句子里的层次地位问题；例(8)b 里"吧"下圆点是传统分析法用来表示附着于句子的成分的标记，这样处理虽然注意到了语气词分布于句子层面，但似乎没有认真对待它的层次问题；(8)c 是本文提出的新的层次切分法：首先"先右后左"切分出语气词"吧"，而后其余成分才按照"先左后右"顺序进行切分。新的层次切分法可图示如例(9)：

(9)　　或许　会　下雨　吧
　　　　└──┘　└─┘……1
　　　　└──┴──┘………2
　　　　　　└─┴──┘……3

上图第 3 步显示助动词"会"与句法结构"下雨"的组合，助动词层次高于句法结构；第 2 步显示语气词副词"或许"与其后词语"会下雨"的组合，语气副词层次高于其后词语；第 1 步显示语气词"吧"与其前词语"或许会下雨"的组合，"吧"的层次高于其前句法成分。新层次切分法显示，语气词在情态成分里层次最高，[②]语气副词次之，助动词最低，句法结构"下雨"的层次则低于助动词。这与张亚军(2002:44)等学者的分析是一致的。

4.2　中心语理论证明语气词是可选性标句词

新的层次分析法虽然证明了语气词在句子里的层次仅次于语篇衔接语而高于其余情态成分，但不曾考虑它与语调之间的关系。这需要借助于生成语法的中心语理论。

为了解决句子也是一个向心结构的问题，生成语法提出了中心语理论。中心语(head)可以是实词、虚词乃至形态成分。(徐烈炯,2009:220—242)生成语法学认为，句子的中心语叫标句词(complementizer,简称 C),而句子是一个标句词短语 CP,即标句词的最大投射。Cheng(1991)提出汉语句子的标句词是语气词。但邓思颖(2010)发现汉语的语气词与日语、英语等语言的标句词存在如下分布差异:

	根句(root sentence)	嵌套小句
日语的标句词疑问助词	+	+
英语的标句词 whether	−	+
汉语的语气词	+	−

由此他质疑道:如果汉语语气词是标句词,为什么只能在根句出现?如果语气词只在根句出现,那么汉语嵌套小句的句类又靠什么手段来标示?于是他提出,具有句类功能的语调是标句词,语调构成标句词短语即小句,而且可以出现于根句和嵌套小句;语气词位于标句词短语之外,而且只能在根句出现。邓文意味着:(一)汉语句子必有语调和语气词两个强制性要素;(二)语气词位于语调制约之外。如此处理语调与语气词之间的关系,虽不失为一个新颖而大胆的假设,但似乎不能很好地解释如下事实:

一是非语气词语言的句子里只有语调而没有语气词。

二是汉语绝大多数书语句和半数左右的口语句都不带语气词。

三是汉语句子里的语调对语气词的音高具有一定影响。[③]

四是汉语的一般词语都能在不带语气词的情况下自由充当更大句法结构(或短语)的成分,甚至可以独立成句;然而一旦带有语气词,就不再能充当词组的成分,而只能和语调一起独立成句或充当"言语行为提示语"的宾语小句。(黄国营,1994)如:

	充当句法成分	独立成句	充当言语动词的宾语
(10)	a. 吃饭的人	b. 吃饭!	c. 我说吃饭。
(11)	a. 吃了(过)饭的人	b. ?吃了(过)饭。	c. ?我说吃了(过)饭。
(12)	a. 吃着饭的人	b. *吃着饭。	c. *我说吃着饭。
(13)	a. *吃饭吧的人	b. 吃饭吧。	c. 我说吃饭吧。
(14)	a. *吃(了)饭了的人	b. 吃(了)饭了。	c. 我说吃(了)饭了。

所以，凡出现语气词的序列都不能还原为句法结构。（朱德熙，1985:78—79）

五是汉语语气词与句子的句法结构无关，与核心谓词之间不存在语义制约关系（不受核心谓词的制约），也不具备为主语赋格的功能，所以即使承认语气词是汉语句子的中心语，并承认整个句子是它的最大投射，但它与生成语法所说的英语类语言的中心语也应该有所不同。

六是"语气词不能直接标记句子的交际功能语气"。因为"句调类别有限，无法细致周全地标记不同的具体语气。语气词的功能正在于弥补句调的这一缺陷，来区别标记具体句子的不同语气，显示它们之间的细微差别。可以说，句调是句子必需的，是第一层面的，语气词是在句调的基础上起作用的，是第二层面的"（吴剑锋，2009）。

鉴于上述理由，吸收石定栩与胡建华（2006）、吴剑锋（2009）、邓思颖（2010）等学者的观点，我们将语调和语气词都视为标句词，只是功能有所不同：

语调是汉语句子的强制性标句词，可称之为第一标句词（C_1）；

语气词是汉语句子的可选性标句词，可称之为第二标句词（C_2）。

句调先赋予句子以基本的言语行为功能；然后，语气词表示言语行为的下位范畴，细化或增强其功能。换言之，语气词并不改变句子的基本语气类型，只是对基本功能细化或增强。因此也可以说，语气词所表语气是言语行为范畴的下位范畴。如：

(15) a. 你这样下去要出问题。→你这样下去要出问题的。（＋陈述＋肯定）
  b. 这简直是开玩笑。→这简直是开玩笑嘛。（＋陈述＋显然）
  c. 日子过得多快活！→日子过得多快活哟！（＋感叹＋夸张）
  d. 她已经回来了？→她已经回来了吧？（＋疑问＋委婉）
  e. 你见到小张了？→你见到小张了吗？（＋疑问＋强调）

其次，以语调为中心语的 C_1P 构成绝大多数书语句和半数左右的口语句，以语气词为中心语的 C_2P 是在语调标句词短语（C_1P）的基础上构成半数左右的口语句。换句话说，语气词是在 C_1P 的基础上增加了口语对话句的特有功能要素。在口语里，句末语气词语音表达的语气意义与本身携带的语气意义共同为句子增添了丰富的语气。（张彦，2006）由于每个句子必须有语调作为标句词，而不一定有语气词作为标句词，所以汉语就有了以下两种不同类型的句子：

A. 仅以语调为中心语的标句词短语句(C_1P)，可以称之为"非语气词句"或"单标句词短语句"；

B. 同时使用语调和语气词为中心语的标句词短语句$[C_2P(C_1P)]$，可以称之为"语气词句"或"双标句词短语句"。

这两类句子的结构可以分别公式化如下：

(a) 非语气词句 $= X + C_1$

(b) 语气词句 $= [X + C_1] + C_2$

上述两个公式分别代表了两种句子结构类型：公式(a)是单标句词短语句，公式(b)是双标句词短语句。如：

(16) a. 或许明天会下雨。（单标句词句或非语气词句）

　　　b. 或许明天会下雨吧。（双标句词句或语气词句）

当然，(a)(b)两个公式可以进一步合并为公式(c)：

(c) 句子 $= [X + C_1] \pm C_2$

公式(c)里的"$\pm C_2$"表示汉语句子理论上有一个语气词位置，该位置有两个参数可供选择：语气词为"$-$"（即没有语气词或语气词为零）是汉语里的非语气词句，语气词为"$+$"（即出现语气词）是汉语里的语气词句。统计证明，汉语绝大多数的书语句和半数左右的口语句都是非语气词句，仅有半数左右的口语句才是语气词句。

进而言之，公式(c)也适用于所有自然语言的句子，即非语气词语言（如英语、法语等）的句子里，语气词取值为"$-$"（即语气词为零），句子都是 $X + C_1$；语气词语言（如汉语、日语、壮语等）的句子里，语气词取值为"$+$"（即有语气词），句子是 $X + C_1$ 或 $X + C_1 + C_2$。换言之，非语气词语言的句子模式是 C_1P，语气词语言的句子是 C_1P 或 $C_2P(C_1P)$。④

5. 语气词内部的功能差异

5.1 单纯语气词与复合语气词的功能差异

我们(2009)曾尝试用五条标准确定出现代汉语有16个语气词、8个单纯语气词和8个复合语气词(见下表)。⑤

表2 现代汉语语气词表

单纯语气词(8)	的	了	呢	吧	吗	啊	哎	哦
复合语气词(8)	就是	罢了² 得了 好了 算了 不成 不是	着呢					

单纯语气词与复合语气词虽然都是语气词,但两者之间存在着如下对立。

首先,二者出现于同一次连用时,复合语气词位于单纯语气词之前,即更靠近表达命题的句法结构。如:

(17) a. 他有工时卡着呢啊,你愿歇多少天歇多少天。
　　　b. 于德利:"你别跳闸,千万别,我不言语了还不成吗?"

其次,单纯语气词侧重表达基于交际关系而话语态度是针对"人"的;复合语气词侧重表达对命题的主观情态,是针对事件而言的(史有为,1997:173—182;史冠新,2006;王彦杰,2010)。⑥相对于单纯语气词而言,复合语气词大都具有较弱的述谓功能,即便全轻声的"着呢"也能微弱地强调性状,它所在句子的谓语部分往往排斥程度状语或补语,而同样具有增强语气功能的"啊"则不受此限制。如:

(18) a. 他俩要好!　　b. 他俩要好着呢!　　c. 他俩要好啊!
(19) a. 他俩特别要好!　　b. *他俩特别要好着呢!　　c. 他俩特别要好啊!

(20) a. 他俩要好得很！ b. ?他俩要好得很着呢！ c. 他俩要好得很啊！

就各自来源来看,单纯语气词直接源自本就虚化程度很高的虚词,如"吗、吧"源自副词,"啊、欸、呕"源自叹词,"了"源自体态词,"的"源自结构助词。但是除"着呢"外,复合语气词多源自虚化程度不高的谓词,如我们认可的"就是、不是、不成、没有、罢了、得了、好了、算了"以及打入另册的"来着、来的、也好、也罢"等都是如此。

由上述可知,语气词家族里的单纯语气词是核心成员,复合语气词是非核心成员。前者语法化程度最高,单纯表示语气;后者语法化程度低,既具有语气功能,也具有一定的述谓功能。

5.2 单纯语气词内部的差异

单纯语气词内部也并非同质的。最直接的证据是单纯语气词在句子里的连用顺序。参照胡明扬(1981)、朱德熙(1982)的分类以及连用顺序,[7] 并结合大量语料考察,我们(2009)将 8 个单纯语气词的连用顺序模式排列如下图。

A1 的＞A2 了＞A3 呢＞B1 吧＞B2 吗＞C1 啊＞C2 哎＞C3 哦
陈述　　　　　　疑问/祈使　　　　　感叹

图 2　单纯语气词连用顺序模式

连用顺序模式也可视为语气词语法化程度高低的序列：左端的 A 组,语法化程度最低；居中的 B 组,语法化程度居中；右端的 C 组,语法化程度最高。如"的"是由结构助词经过语法化而成为肯定语气词的,仍然保留有结构助词的某些特征,连用时最靠近核心谓词及其短语,学界或不承认它是语气词(朱德熙,1982),或认为它是边缘成员(徐晶凝,2008)。其次,语气词"了"由体态词"了"语法化而来,仍带有体态词痕迹,以至有人将它视为体态词或时态词(主要见袁毓林,1999:76;刘勋宁,2002;金立鑫,2003;陈前瑞,2005),所以连用时只能位于"的"之后,说明其语法化程度略高于"的"而低于其余语气词。限于篇幅,其余语气词恕不详论。

5.3 语气词连用中的功能差异

汉语普通话句子可以是非语气词句,也可以是语气词句,语气词句最多可以出现三个语气词连用。[8] 对三个语气词连用的句子,可用新切分法切分如下图。

```
     [X+语调]///语气词₁//语气词₂/语气词₃
     └─────────────────────────────────┘ a
     └─────────────────────────┘ b
     └──────────────┘ c
     └────┘ d
```

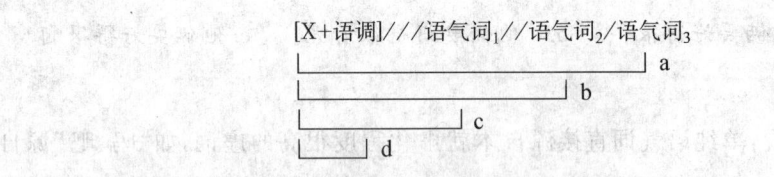

图 3　三语气词句的切分示意图

切分表明,三语气词句实际上是一个四层次的语气词句:d 是单标句词句(语调),c 是双标句词句(语调和语气词₁),b 是三标句词句(语调和语气词₁、语气词₂),a 是四标句词句(语调和语气词₁、语气词₂、语气词₃)。由此说明,所谓"语气词连用"的说法,仅仅是就其在句子里的线性分布而言的,其实连用中的语气词分布于句子的不同层面,功能存在着差异或对立。⑨

5.4　语气词的词类归属

词类划分有两个重要前提:一是选择正确的观察、发现词类所分布的语法单位,二是确定划分标准。目前,学界观察、发现词类的语法单位主要有两个:一是句子,二是词组。理论上,句子是层次高于词组的语法单位,在句子里理应可以观察、发现到多于词组里的词类,因为有些词根本不分布于词组,而只分布于句子层面。⑩划分词类的标准也有两个:一是根据词在词组里的分布,二是根据词在句子里的分布。根据词在词组(句法结构)里的分布得出的词类可称之为"句法词";根据词在句子里的分布得出的词类可称之为"非句法词"(包括叹词、语篇衔接语、语气副词、助动词和句中语气词、句末语气词、话语标记等),其中表示广义情态功能的词类可以称之为"情态词",表示连贯功能的词类可称之为"语篇衔接语"。语气词显然不应属于句法词类范畴,而应属于情态词范畴。理由如次。

首先,语气词不参与构成词组(句法结构),既不参与构成主谓结构、动宾结构等,也不充当主语、宾语等句法成分。换言之,语气词不分布于词组层面,而是分布于句子层面;语气词的有无、异同或多少,不影响词组的成立。

其次,就语义结构关系而言,语气词与句子的核心谓词之间不存在语义关系,即不受核心谓词的语义制约,核心谓词也不能为其指派论元资格。从形式句法学角度来看,语气词不具备为主语赋格的功能。

最后,与同属情态词范畴的叹词、语气副词和助动词相比,语气词在词汇、分布、功能以及句法切分诸方面都具有自己的显著特点。第一,语气词在语音上既是词汇轻声,又是语流轻声,以此有别于同属情态词的叹词、语气副词和助动词。第二,语气词永远不能单独成句,以此有别于叹词、部分语气副词、助动词。第三,大多数情况下不影响词组与语调结合后能否成句("吗"可能是一个例外)。这与语气副词、助动词都有几分相似,只是分布位置对立:语气副词分布于句首,助词分布于句中谓语核心词之前;语气词分布于句尾,层次高于语气副词。第四,语气词具有将语调标句词短语转化为口语对话句的功能,以此有别于叹词、语气副词和助动词。第五,在层次切分上,语气词不符合"先左后右"的切分顺序,而符合"先右后左"的切分顺序。

由上述可知,语气词不可能是依据它在词组里的分布而得出的词类范畴(依据词在词组里的分布得出的词类可以称之为"句法词类"),而只能是依据它在句子层面的分布或功能而得出的词类范畴,"是句子平面上的东西"(陆俭明,1982、2001),属于广义"情态词类"范畴。

6. 结语

由上文可知,语气词具有多层面的功能:在语体层面,语气词是口语之对话句的标记;在句类层面是句类非核心成员的标记;在语篇层面,语气词具有语篇连贯功能;(屈承熹,2006)在句子层面,语气词高于语气副词、助动词,更高于句法句,是汉语句子的可选性标句词(语调是强制性标句词);在语气词层面,单纯语气词是核心成员,复合语气词是非核心成员,单纯语气词内部也存在着核心与非核心成员之别,存在着功能差异与对立。在词类范畴层面,语气词属于情态词范畴,而非句法词类范畴。

附注

① 某些外语也如此。如俄语口语1000个词语的文本中出现116个语气词,而同样数量词语的科技语体中只出现16个语气词。(田君,2002)

② 处于最高层次亦即最后的语气词,也就是最接近另外一个句子的位置,这就等于具有了衍生出语篇连贯功能的基础。(屈承熹,2006;赵国军,2009)

③ 李明(1996)发现,语气助词的音高不仅要受它前面非轻声音节的影响,还要受语调升降的影响。另外,张彦(2006)发现,重音能够对句末语气词的时长和能量都产生比较大的影响。

④ 其他语言或方言的语气词位置不一定在句末,也可以在句首和句中。(刘丹青,2005)

⑤ 彭利贞(2009)从空情态词、情态词对"了$_2$"的允准、"了$_2$"与情态的互动、"了$_2$"的情态黏着特点等方面证明,现代汉语祈使句尾的"了$_2$"不指向事件,而指向情态,是对情态敏感的情态指示成分,起

情态指示的作用，表示情态的出现或变化。这对我们所提的标准具有重要的意义。

⑥ 史著承认"罢了、来着、来的、着呢"四个复合语气词，将"就是了、也罢、也好、不是、不成、是吧"六个另名为"后附表态成分"，"表示各种说话人的语态"，"都具有述谓功能"，有时候可以实现为小句。

⑦ 胡明扬(1981)将语气词分为"结构·时态、辅音、元音"三类。朱德熙(1982:208)按照功能，也将语气词分为三类，即时态语气词(了、呢$_1$)、疑问或祈使语气词(呢$_2$、吗、吧$_1$、吧$_2$)、说话人态度和情感语气词(啊、呕、欤、噻、呢$_3$)，并指出："这三组语气词在句子里出现的顺序是固定的。如果句子里有两个或两个以上的语气词接连出现，总是第一组在最前边，第二组次之，第三组在最后。当中可以有缺位，但次序不能颠倒。"

⑧ 有的汉语方言最多可以有五至六个连用。

⑨ 这样处理或许可以与石定栩(2009)统一起来。石文借用朱德熙(1982:208)语气词三分理论，将汉语 CP 分三层：第一层(即最外层)是由"啊、呕、欤、么(噻)、呢$_3$"所充当的 Illoc(utionay) 的最大投影，标示说话者的感情色彩(即口气)；第二层 ForceP 是由"呢$_2$、吗、吧$_1$、吧$_2$"所充当的 Force 的最大投影，标示句类；第三层是由"了$_2$、呢$_1$、来着"所充当的 Status(小句状态变化标记)的最大投影。在这样的分层小句结构里，各种语气词出现于不同结构位置，发挥不同的句法作用。口气和句类可能用语气词标示，语气(mood)以及情态(modality)属于下层小句 IP，与上层小句 CP 无关，同语气词没有直接关系。

⑩ 吕叔湘(1999:521—522)曾指出："一般讲语法，到句子为止，句子是最大的语法单位，因此句子只有结构分类，没有功能分类。其实这也是一种老框框。若干句子组成一个段落，句子和句子之间不仅有意义上的联系，也常常有形式上的联系……这些都应该算是语法手段。"史锡尧(1994)也指出，词的组合功能"只有放在句中做动态的研究，才能深入细致地揭示出词的组合功能和一些词在句中的表意作用"。同时，有些词脱离句子便无法研究其组合功能，如语气词、语气副词和复句关联词语。他不仅指出了词的组合或分布具有短语和句子两个不同层面的表现，还指出了专门在句子层面才会出现的词语，其思路对语气词的词类归属很有启发。

参考文献

陈前瑞　2005　句尾"了"将来时间用法的发展，《语言教学与研究》第 1 期。
邓思颖　2010　汉语句类和语气的句法分析，《汉语学报》第 1 期。
丁恒顺　1987　语气词的连用，《语言教学与研究》第 3 期。
丁声树等　1961　《现代汉语语法讲话》，北京：商务印书馆。
杜道流　2005　《现代汉语感叹句研究》，合肥：安徽大学出版社。
古川裕　1989　副词修饰"是"字情况考察，《中国语文》第 1 期。
郭　锐　2001　《现代汉语词类研究》，北京：商务印书馆。
郭锡良　1988　先秦语气词新探(一)，《古汉语研究》第 1 期。
郭锡良　1989　先秦语气词新探(二)，《古汉语研究》第 1 期。
郭小武　2000　"了、呢、的"变韵说——兼论语气助词、叹词、象声词的强弱两套发音类型，《中国语文》第 4 期。
胡明扬　1981　北京话的语气助词和叹词，《中国语文》第 5、6 期。
胡壮麟　1994　英汉疑问语气系统的多层次和多元功能解释，《外国语》第 1 期。
黄国营　1994　句末语气词的层次地位，《语言研究》第 1 期。

金立鑫 2003 "S了"的时体意义及其句法条件,《语言教学与研究》第2期。
黎锦熙 1924 《新著国语文法》,北京:商务印书馆。
李　明 1996 语气助词的音高分析,《世界汉语教学》第4期。
刘丹青 2005 句类及疑问句和祈使句:《语法调查研究手册》节选,《语言科学》第5期。
刘勋宁 2002 现代汉语句尾"了"的语法意义及其解说,《世界汉语教学》第3期。
陆俭明 1982 现代汉语副词独用刍议,《语言教学与研究》第2期。
陆俭明 2001 序徐杰《普遍语法原则与汉语语法现象》,见徐杰《普遍语法原则与汉语语法现象》,北京:北京大学出版社。
吕叔湘 1982 《中国文法要略》,北京:商务印书馆。
吕叔湘 1999 《汉语语法论文集》(增订本),北京:商务印书馆。
马清华 1995 论汉语祈使句的特征问题,《语言研究》第1期。
马　真 2010 关于虚词的研究,见马庆株主编《语法研究入门》,北京:商务印书馆。
彭利贞 2009 论一种对情态敏感的"了$_2$",《中国语文》第6期。
齐沪扬 2002 《语气词与语气系统》,合肥:安徽教育出版社。
钱乃荣 1995 《汉语语言学》,北京:北京语言学院出版社。
裘燮君 2000 先秦早期不同文体文献在语气词运用上的差异,《徐州师范大学学报》第4期。
屈承熹 2006 《汉语篇章语法》,潘文国等译,北京:北京语言大学出版社。
邵敬敏 1989 语气词"呢"在疑问句中的作用,《中国语文》第3期。
石定栩 2009 汉语的语气和句末助词,《语言学论丛》第三十九辑,北京:商务印书馆。
石定栩、胡建华 2006 "了2"的句法语义地位,《语法研究和探索》第十三辑,北京:商务印书馆。
史冠新 2006 《临淄方言语气词研究》,山东大学博士学位论文。
史金生 2000 传信语气词"的""了""呢"的共现顺序,《汉语学习》第5期。
史锡尧 1994 在句子中研究词的组合功能——语法研究方法论之一,《汉语学习》第3期。
史有为 1997 完句和完句标记,见史有为《汉语如是观》,北京:北京语言文化大学出版社。
田　君 2002 语气词与实义切分,《长春理工大学学报》第3期。
王洪君、李　榕、乐　耀 2010 "了$_2$"与话主显身的主观近距交互式语体,《语言学论丛》第四十辑,北京:北京大学出版社。
王　珏 2011 现代汉语语气词系统初探,见邵敬敏、石定栩主编《汉语语法研究的新拓展》(五),北京:北京大学出版社。
王　力 1985 《中国现代语法》,北京:商务印书馆。
王彦杰 2010 "着呢"句式中形容词性成分的使用情况专察,《世界汉语教学》第2期。
吴剑锋 2009 言语行为动词的句类标记功能,《语言科学》第4期。
邢福义 1997 《汉语语法学》,长春:东北师范大学出版社。
徐晶凝 2008 《现代汉语话语情态研究》,北京:昆仑出版社。
徐烈炯 2009 《生成语法理论:标准理论到最简方案》,上海:上海教育出版社。
薛凤生 1998 试论汉语句式特色与语法分析,《古汉语研究》第4期。
杨润陆、周一民 1995 《现代汉语》,北京:北京师范大学出版社。
袁毓林 1999 定语顺序的认知解释及其理论蕴涵,《中国社会科学》第2期。
岳方遂 2004 论语气三角和句末点号,《安徽大学学报》第6期。
张德禄 2009 汉语语气系统的特点,《外国语文》第5期。

张亚军　2002　《副词与限定描状功能》,合肥:安徽教育出版社。
张　彦　2006　陈述语气的语气词实验分析,《语言文字应用》第 4 期。
赵长才　1995　先秦汉语语气词连用现象的历时演变,《中国语文》第 1 期。
赵国军　2009　表假设的"吧"与"的话",《汉语学习》第 4 期。
朱德熙　1982　《语法讲义》,北京:商务印书馆。
朱德熙　1985　《语法答问》,北京:商务印书馆。
Cheng, Lisa L.-S. (郑礼珊) 1991 On the typology of wh-questions. Doctoral dissertation, MIT.

A Generative Lexicon Approach to Possessive Relations in Mandarin Chinese

Shan Wang   Chu-Ren Huang

The Hong Kong Polytechnic University

1. Introduction

The possessive relation is an important topic in linguistics. Zhu (1982) introduces some common relations between a modifier and its head, in which "NP1 (DE) NP2" mainly has the following relations: The modifier is a possessor (wǒmen de xuéxiào 'our school' | gōngshè de shēngkou 'the commune's animals'), material (mùtou fángzi 'wooden houses' | sùliào kǒudai 'plastic bags'), time and location (zuótiān de bào 'yesterday's newspaper' | Běijīng de tiānqì 'Beijing's weather'). This paper takes the first and third type as possessive relations. Lu (2003) further summarizes 18 possessive relations: appellation, ownership, organ, part, material, attribute, feature, concept, membership, transformation, achievement, product, situation, wound, career, landscape, location and ability. Other studies of possessive relations in Chinese include: Event coercion of $NP_1+de+NP_2$ (Song, 2009), semantic scopes on ambiguity in possessive structures (Si, 2009), the relationship between a personal pronoun and the modified noun (Cui, 1992; Xu, 1999), optional behavior of 'de' (Cui, 1992; Liu, 2004; Zhang, 1998; Zhu, 1982), syntactic account (Shen, 1995; Shou & Zhu, 2002), discourse account (Zhang, 1994; Zhang & Fang, 1996), frame semantic account (Cheng, 2003), among others. Moreover, Partee & Borschev (2000) analyze the argument-modifier distinction in genitive constructions in different languages. Vikner & Jensen (2002) assume only one syntactic type for genitive NPs. It requires that a genitive NP combines with relation nouns. If there is a non-relational head noun, eg. *the girl's car*, the genitive NP coerces the head noun to become relational, during which the qualia structure of the head noun works.

These studies have shown us the properties of possessive relations from various perspectives. However, a limited amount of research has been conducted on revealing the interaction between a possessor and a possessee, as well as on the meaning of a possessive relation. Based on previous studies, this paper examines the possessive relation '*Possessor(NP_1) DE Possessee(NP_2)*' based on The Generative Lexicon theory (henceforth GL). This theory was first proposed in Pustejovsky (1991) and further developed in Pustejovsky (1995), with the goal of capturing lexical creativity in a generative manner. The aims of this paper are to account for the semantic relations in possessive constructions and explore the representation and meaning of such relations in GL framework. The data of this study are largely extracted from Sinica Corpus[①] (accessed through Chinese word sketch engine[②]), with a few examples collected online through the search engines Google and Baidu.

The sections of this paper are arranged as follows. Section 2 introduces GL theory and our expansion of it. Section 3 explores the possible possessive relations and the relation between a possessor and its possessee. Section 4 discusses the meaning of possessive relations. The conclusion and suggestion for future work are summarized in Section 5.

2. The Generative Lexicon Theory

2.1 Qualia Structure

Pustejovsky (1995) investigates how lexical items encode semantic information of the qualia structure. There are four roles in a qualia structure, and each has associated values: (i) the constitutive role is about the relation between an object and its constituents or parts. Its role values include material, weight, parts and component elements; (ii) the formal role can distinguish an object from a larger domain. Orientation, magnitude, shape, dimensionality, color, and position are the role values; (iii) the telic role is about the purpose and function of the object; (iv) the agentive role describes factors involved in the origin of an object, such as creator, artifact, natural kind, and causal chain.

This paper argues that the scope of the constitutive role can be elaborated to account for Mandarin possessive relations. This role is extended to include the relations between a location and an entity, time and an entity, and an institute and its members.

2.2 The Domain of Individuals

Pustejovsky (2001, 2006) and Pustejovsky & Jezek (2008) separate the *domain of individuals* into three distinct levels: (i) natural types that refer to the formal and constitutive qualia roles; (ii) artifactual types that refer to telic or agentive roles; (iii) complex types that make references to the relation between types.

It is possible to argue that this is not an absolute delimitation for natural and artifactual types, because natural types can have telic and agentive roles. For example, the water we drink is usually produced through sedimentation, filtration and disinfection, which are water's agentive role. The telic role of water is to maintain life. However, the telic and agentive roles of natural types are contextualized events, which are not inherent to what 'water' is. Similarly, artifactual types can take on the constitutive role and formal role. For instance, the qualia structure of 'table' is represented below.

$$\begin{bmatrix} \text{table} \\ \text{Argument Structure} = \begin{bmatrix} \text{ARG1} = & x : \text{furniture} \\ \text{D-ARG1} = & y : \text{objects} \end{bmatrix} \\ \text{QUALIA} = \begin{bmatrix} \text{FORMAL} = x \\ \text{CONSTITUTIVE} = \{\text{a flat top, legs}\ldots\} \\ \text{AGENTIVE} = \text{make}(e_1, z, x) \\ \text{TELIC} = \text{support}(e_2, x, y) \end{bmatrix} \end{bmatrix}$$

If we trace back a table that is made of wood, we will find that wood is a part of a tree, which is natural. However, we still consider a table as artifactual, because a tree does not directly form a table. Only the telic and agentive roles are inherent to a table. Another case in point is a pen. A pen has shape and color as well, which are the formal role values. Nevertheless, these are just pieces of contextual information. Only the telic role is inherent, that is, a pen is for writing.

Confronted with the above difficulty of distinguishing natural types and artifactual types, this paper sets the following criteria to differentiate the two types, as complements to Pustejovsky (1995).

(i) Whether an Object can Originate without Human Labor

If an object can never come into being without human involvement, then it is not NATURAL. For instance, a table can never exist if no one bothers to make it.

(ii) Whether an Object can Originate in Nature

xiāngjiāo 'bananas', qíncài 'celery' are objects of nature. Their formal role is plant. Even if they are grown by farmers, they are still NATURAL types.

(iii) Time and Location

Time and locationare natural, even though the names we use to address certain time or places are artifactual. For example, the name Tángcháo 'Tang dynasty' is given by human beings, which is artifactual. However, when it refers to a period of time in history, it is a natural type.

3. Relation between Possessor and Possessee

This section describes the relation between a possessor and its possessee from a GL perspective. Two issues are discussed. (i) The semantic categories of participants in a possessive relation. Please note that it is not an exhaustive study of semantic categories; (ii) Interaction between NP_1 (*possessor*) and NP_2 (*possessee*) represented through a possessive relation and the qualia role that is at work. The following part not only examines the qualia roles that trigger the interaction between a possessor and its possessee, but also analyzes the possible semantic categories of combination between a possessor and a possessee according to the *domain of individuals*, namely, natural types, artifactual types and complex types.

3.1 Possessee as a Constitutive Role of Possessor

In a possessive relation, a possessee typically acts as a constitutive role of their possessor. The following part examines the subtypes of the constitutive role in possessive relations and the semantic categories of the possessor and possessee combination.

3.1.1 Possessive Relations with Possessors from Natural Types

When a possessor belongs to natural types, its possessee can be from natural types, artifactual types or complex types. Therefore there are three types of collocations: *NATURAL DE NATURAL*[3], *NATURAL DE ARTIFACTUAL*, and *NATURAL DE COMPLEX*.

(i) *NATURAL DE NATURAL*

When a possessor and its possessee both belong to natural types, the possessee is usually an integral part or pieces of it. For instance, when a possessor is non-sentient, e.g. a natural object, location, time, some possessive relations are as follows.

NATURAL DE Constituents: Tàiyáng de guāng 'the light of the Sun'. The Sun obtains continues energy through nuclear fusion, during which hydrogen nuclei converts into helium. The energy is consumed through blackbody radiation, and therefore the light is part of the Sun.

Location DE NATURAL: Shāndōng de Tàishān 'Mount Tai of Shandong'. Mount Tai is a well-known landmark of Shandong province, so it is a constitutive role of Shandong.

Time DENATURAL: dōngtiān de xuě 'snow of the winter'. dōngtiān 'winter' is the coldest season of the year. xuě 'snow' is precipitation falling from clouds. dōngtiān de xuě 'snow of the winter' is the snow that falls in winter and is thus part of the winter.

When a possessor is sentient, the possessee is usually a part of it, e. g. *Sentient Being DE Constituents*: rén de xìbāo 'human cells', huángfēng de chìbǎng 'a hornet's wings'.

(ii) NATURAL DE ARTIFACTUAL

Location DE Artifact: Xiānggǎng de xiàwǔchá 'afternoon tea of Hong Kong'. Xiānggǎng 'Hong Kong' is a city situated on China's southern coast. xiàwǔchá 'afternoon tea' is a light afternoon meal of snacks, which is from artifactual types. Xiānggǎng de xiàwǔchá 'afternoon tea of Hong Kong' is the afternoon snacks of Hong Kong.

Time DE Event: qīmò de kǎoshì 'final exams'. qīmò 'end of term' is the ending period of a semester. kǎoshì 'exam' is an assessment event to evaluate skill or knowledge, which is an artifactual type. qīmò de kǎoshì 'final exams' are exams that take place at the end of a term.

Human DE ARTIFACTUAL: Mǎlì de yǐzi 'Mary's chair'. In GL, human related terms can be either a natural or artifactual type according to whether a telic role is involved. Here we take Mǎlì as a natural type as no specific telic role is emphasized. yǐzi 'chair' has a telic role 'sit on', so it is an artifactual type.

(iii) NATURAL DE COMPLEX

Location DE COMPLEX: Gǔlàngyǔ de yīnyuèhuì 'concerts on Drum Wave Islet'. Drum Wave Islet is an island off the coast of Xiamen in China. yīnyuèhuì 'concert' is a complex type: event • music. Gǔlàngyǔ de yīnyuèhuì 'concerts on Drum Wave Islet' are concerts on the Drum Wave Islet. yīnyuèhuì 'concerts' are common activities of Drum Wave Islet and thus can be regard as constituents of the island.

Time DE COMPLEX: qùnián de xìn 'letters of last year'. xìn 'letter' belongs to complex types, with the representation as PhysObj • info. qùnián de xìn 'letters of last year' are letters of last year. xìn 'letter' can be taken as a constitutive role of last year.

It should be noted that NATURAL DE ARTIFACTUAL and NATURAL DE COMPLEX are only possible when the natural possessor is a location, time or human. This is because Natural types are atomic and thus cannot have artifactual and complex type possessees except when the possessor is in a location or time.

3.1.2 Possessive Relations with Possessors from Artifactual Types

When a possessor comes from natural types, the possessees can be natural types, artifactual types or complex types, so there are three kinds of construction: ARTIFACTUAL DE NATURAL, ARTIFACTUAL DE ARTIFACTUAL, and ARTIFACTUAL DE COMPLEX.

The question of whether an artifactual possessor can have a natural possessee is quite controversial. Intuitively the possessee of an artifactual possessor should also be artifactual. However, it is not difficult to find a possessee that mimics the nature. For example, the *light* of a lamp and the *sound* of a piano. This paper tentatively takes such imitative features as natural.

(i) ARTIFACTUAL DE NATURAL

The semantic categories of this construction include:

Artifact DE Constituent: xiāngyān de nígǔdīng 'nicotine of cigarettes'. xiāngyān 'cigarette' is a man-made product. nígǔdīng 'nicotine' is an alkaloid found in Solanaceae, which is from natural types. xiāngyān de nígǔdīng 'nicotine of cigarettes' is the chemical nicotine in the tobacco of cigarettes.

Organization DE Member: gōngchǎng de rén 'people of a factory'. gōngchǎng 'factory' is a plant that manufactures goods, which is an artifactual type. rén 'people' are humans in employment, which is from natural types.

(ii) *ARTIFACTUAL DE ARTIFACTUAL*

This subtype of the possessive relation is quite common. For instance, when the posessee is an integral part of the possessor, examples are shuǐjiǎo de xiàn'ér 'stuffing of dumplings', chéngbǎo de chéngqiáng 'walls of a castle', bōli de suìpiàn 'pieces of the glass', shèyǐngjī de yínmù 'the screen of a video camera'.

(iii) *ARTIFACTUAL DE COMPLEX*

An instance of this construction is zhuānjiā de jiǎngzuò 'a lecture of an expert'. zhuānjiā 'expert' has a telic role, to 'have expertise in a special field', so it belongs to ARTIFACTUAL types. jiǎngzuò 'lecture' is event • info, which is a COMPLEX type.

3.1.3 Possessive Relations with Possessors from Complex Types

If a possessor falls into a complex type, the possessees can be from natural, artifactual or complex types. Thus their combinations include: *COMPLEX DE NATURAL*, *COMPLEX DE ARTIFACTUAL*, and *COMPLEX DE COMPLEX*.

COMPLEX DE NATURAL: zǎocān de niúnǎi 'milk of breakfast'. zǎocān 'breakfast' can represent an eating event or the food. niúnǎi 'milk' has the formal role 'liquid', which is from the natural type.

COMPLEX DE ARTIFACTUAL: bàozhǐ de wénzì 'characters in a piece of newspaper'. bàozhǐ 'newspaper' is PhysObj • info, which belongs to complex types. wénzì 'characters' are written symbols created by human-beings, which is an artifactual type. bàozhǐ de wénzì 'characters in a piece of newspaper' are the characters written on newspapers.

COMPLEX DE COMPLEX: yǎnjiǎng *de* shǒugǎo 'the manuscript of a speech'. Both the possessor and possessee are complex types. yǎnjiǎng 'speech' is event • info, shǒugǎo 'manuscript' is PhysObj • info. The manuscript is a possible constituent that is written before a speech and used during a speech.

3.2 Possessee as a Formal Role of Possessor

A possessee can function as a formal role of its possessor, and the possible combinations and examples are:

NATURAL DE NATURAL: xiàngjiāo de tánxìng 'elasticity of a rubber'. xiàngjiāo 'rubber' is latex from trees, so it belongs to natural types. tánxìng 'elasticity' is a physical property of entities, which is also a natural type. What's more, tánxìng 'elasticity' is a formal role of xiàngjiāo 'rubber'.

ARTIFACTUAL DE NATURAL: bōli de yánsè 'the color of the glass'. bōli 'glass' is a brittle transparent solid with the telic role of architecture application, illumination, electrical transmission, etc. Therefore it is from artifactual types. The possessee yánsè 'color' is a formal role of the possessor bōli 'glass'.

COMPLEX DE NATURAL: chá de wèidào 'the taste of tea'. chá 'tea' is liquid • plant • leaf, which is a complex type. wèidào 'taste' is the flavor of substances, which is a natural type. Moreover, the possessee wèidào 'taste' is a formal role of the possessor chá 'tea'.

3.3 Possessee as an Agentive Role

3.3.1 Possessee as a Direct Agentive Role

If a possessee is a nominalized verb and indicates the origin of the possessor, then the possessee is a direct agentive role of the possessor. A few examples are shown below.

ARTIFACTUAL DE ARTIFACTUAL: tiělù de jiànzào 'the construction of railways'. The agentive role of tiělù 'railway' is to construct, so the possessee jiànzào 'construction' is the direct agentive role of the possessor.

COMPLEX DE NATURAL: kāfēi de shēngzhǎng 'the growth of coffee'. The complex type possessor kāfēi 'coffee' is plant • liquid. shēngzhǎng 'growth' is the agentive role that brings the origin of coffee.

COMPLEX DE ARTIFACTUAL: diànyǐng de chuàngzuò 'the creation of films'. diànyǐng 'film' is PhysObj • info, which is from complex types. The agentive role of diànyǐng 'film' is to create, which is exactly the possessee.

3.3.2 Possessee as an Agentive Role through Event Coercion

In possessive relations, a possessee usually does not directly act as an agentive role. A coerced event links the possessor and possessee together.

NATURAL DE NATURAL: tā de māma 'his mother'. tā 'he', whose agentive role is 'be given birth to', came into existence through birth. māma 'mother' is the creator of new life. Hence māma 'mother', as the source for his birth, plays an eventive agentive role in bearing him.

COMPLEX DE ARTIFACTUAL: yǎnchū de jiémùbiǎo 'the program of a performance'. yǎnchū 'performance' is a complex type: process • result. jiémùbiǎo 'program' is a schedule for events. The drawing up of a program is based on series of performances. Hence the possessee jiémùbiǎo has an eventive agentive role of 'formulated according to performances' in yǎnchū de jiémùbiǎo 'the program of a performance'.

3.4 Possessee as a Telic Role

3.4.1 Possessee as a Direct Telic Role

If a possessee expresses the purpose or function of the possessor, then it is the possessor's telic role. Such a possessee is often a nominalized verb. For example, *ARTIFACTUAL DE ARTIFACTUAL*: bùduì de bǎowèi 'the defense of the army'. The possessor bùduì 'army' has a telic role 'to defend', which is just the possessee bǎowèi 'defense'. Here bǎowèi 'defense' is a nominalized verb.

NATURAL DE NATURAL: yǔshuǐ de chōngshí 'rain erosion'. yǔshuǐ 'rain' is water drops from the sky. chōngshí 'erosion' is a mechanical process that remove materials from the earth's surface. Both yǔshuǐ 'rain' and chōngshí 'erosion' are natural types. Erosion, as a telic role of rain, is one of the effects that rain has on the earth.

COMPLEX DE NATURAL: píngguǒ de kàngyǎnghuà 'apple's anti-oxidation'. píngguǒ 'apple' is plant • fruit. kàngyǎnghuà 'anti-oxidation' is inhibiting the oxidation of an entity, which is one of the apple's functions. Therefore the possessee is a telic role of the possessor.

COMPLEX DE ARTIFACTUAL: níngméng de tíshén 'the refreshing of lemon'. The COMPLEX type noun níngméng 'lemon' is plant • fruit. The possessee tíshén 'refreshing' is to make people feel refreshed, which is a telic role of the possessor níngméng 'lemon'.

3.4.2 Possessee as a Telic Role through Event Coercion

Similar to the fact that a possessee needs event coercion to have an agentive role, a possessee also need coercion to get a telic role.

ARTIFACTUAL DE NATURAL: diàndēng de guāng 'the light of an electric lamp'. diàndēng 'an electric lamp' is an artificial source of visible illumination. To emit light is the telic role of an electric lamp. Hence the possessee guāng 'light' fills in the telic role of a lamp through the emitting event when the lamp is turned on. A similar example is língdāng de shēngyīn 'the sound of a bell'. língdāng 'bell' is a man-made acoustic device. The natural type shēngyīn 'sound' is an auditory effect produced by a certain cause. A bell is designed with the aim of producing sound. When a bell is struck, it makes a sound. That is, striking the bell leads to sound. The telic role 'producing sound' of the possessor língdāng 'bell' is achieved through the striking event.

To sum up, in this section, the possible possessive relations through the combination of natural, artifactual and complex types are detected as shown in table 1.

Table 1 Possible Possessive Relations

possessor \ possessee	NATURAL	ARTIFACTUAL	COMPLEX
NATURAL	+	+	+
ARTIFACTUAL	+	+	+
COMPLEX	+	+	+

What's more, the qualia roles that a possessee takes have been examined. These results are demonstrated in table 2.

Table 2 Possessees' Qualia Roles in Possessive Relations

Possessive Relations	Qualia Roles of Possessees			
	Constitutive	Formal	Agentive	Telic
NATURAL DE NATURAL	+	+	+	+
NATURAL DE ARTIFACTUAL	time, location or human as possessor only	−	−	−

（续表）

NATURAL DE COMPLEX	time, location or human as possessor only	—	—	—
ARTIFACTUAL DE NATURAL	+	+	—	+
ARTIFACTUAL DE ARTIFACTUAL	+	—	+	+
ARTIFACTUAL DE COMPLEX	+	—	—	—
COMPLEX DE NATURAL	+	+	+	+
COMPLEX DE ARTIFACTUAL	+	—	+	+
COMPLEX DE COMPLEX	+	—	—	—

('+' means attested, while '—' means rarely attested)

First, considering the qualia roles, the possible possessive relations are revealed.

Constitutive Role as a Possesee:

The possesee can be from natural, artifactual or complex type. Thus all the nine relations are possible: *NATURAL DE NATURAL*, *NATURAL DE ARTIFACTUAL*, *NATURAL DE COMPLEX*, *ARTIFACTUAL DE NATURAL*, *ARTIFACTUAL DE ARTIFACTUAL*, *ARTIFACTUAL DE COMPLEX*, *COMPLEX DE NATURAL*, *COMPLEX DE ARTIFACTUAL*, *COMPLEX DE COMPLEX*. But for *Natural DE Artifactual* and *Natural DE Complex*, the possesee is restricted to be time, location, or human.

Formal Role as a Possesee:

The possible relations are: *NATURAL DE NATURAL*, *ARTIFACTUAL DE NATURAL*, *COMPLEX DE NATURAL*. The role values of the formal quale include orientation, magnitude, shape, dimensionality, color, and position. These are all natural types, so only natural type possesee is acceptable. What's more, a formal role can be a hypernym from natural, artifactual, or complex types. However, a possesee cannot be a hypernym of a possessor, so there is no artifactual or complex type possesee acts as a formal role in a possessive relation.

Agentive Role as a Possesee:

Four types of relations are possible: *NATURAL DE NATURAL*, *ARTIFACTUAL DE ARTIFACTUAL*, *COMPLEX DE NATURAL*, *COMPLEX DE ARTI-*

FACTUAL. Natural types cannot have a possesee from artifactual or complex types as an agentive role. Artifactual types cannot have a possesee of natural types as an agentive role. Artifactual and complex type possessors cannot have complex type possessee as an agentive role.

Telic Role as a Possessee:

There are five possible relations: *NATURAL DE NATURAL*, *ARTIFACTUAL DE NATURAL*, *ARTIFACTUAL DE ARTIFACTUAL*, *COMPLEX DE NATURAL*, *COMPLEX DE ARTIFACTUAL*. It should be noted that when a natural type possesee act as a telic role, the function is not human designed, but a natural phenomenon.

Second, a possessee takes the following qualia roles in a possessive relation.

Possessee of a Natural Type Possessor:

A natural type possessor can have natural possessee, which takes a constitutive, formal, agentive or telic role. A natural type possessor, which is time, location or human, can have artifactual and complex type possessee that takes a constitutive role. A natural type possessor usually does not have artifactual or complex type possesee that is formal, agentive or telic role.

Possessee of an Artifactual Type Possessor:

Artifactual types can have an artifactual type possessee, which is a constitutive, formal, agentive or telic role. Artifactual types could have a natural possessee, which is through artificial design to produce natural entities, such as diàndēng de guāng 'the light of an electric lamp'. An artifactual possessor can only have a complex type possessee that is a constitutive role.

Possessee of a Complex Type Possessor:

A complex type possessor can have a natural type possessee which is a constitutive, formal, agentive or telic role. It can also have an artifactual or complex type possessee that is a constitutive, agentive or telic role. Moreover, it can have a complex type possessee that is a constitutive role.

Third, based on qualia structure, there are two types of interaction between a possessor and a possessee in a possessive relation. (i) Some possessees are directly a qualia role of a possessor. Such possessees are generally constitutive or formal role of the possessor, or agentive or telic role of the possessor when the possessee is a nominalized verb; (ii) Some possessees do not directly assume a qualia role of a possessor. It gets an agentive or telic role through event coercion.

4. The Meaning of Possessive Relations

Ahrens et al. (1998) and Ahrens et al. (2003) distinguish whether a word meaning is a meaning facet or a sense. Meaning facets are defined by three criteria: (a) more than one meaning facet of a sense can coexist in the same context;(b) a meaning facet is an extension from a core sense or from other meaning facets;(c) nouns of the same semantic classes will have similar sense extensions and related meaning facets. Senses are defined according to these criteria: (a) individual senses cannot appear in the same context (unless the complexity is active,or triggered,as in a pun);(b) there is no core sense from which it is extended;(c) no logical/conceptual mappings can be established between two senses,nor can the link between the two senses be inherited by a class of nouns.

zázhì 'magazine'—$Sense_1$:—meaning $facet_1$:physical object

—meaning $facet_2$: information

—meaning $facet_3$: institution that publishes magazine

Chinese WordNet[④] is an online dictionary that is created based on the above criteria. In this study,we classify ambiguity and polysemy according to whether a word has more than one sense or meaning facet. If a word has two or more senses,it is ambiguous. If a word has two or more meaning facets under one sense, it is polysemous.[⑤] In GL,artifactual types are related to senses while complex types to meaning facets. Thus artifactual types can be ambiguous while complex types[⑥] can be polysemous.

This following section investigates sense and meaning facet selection in possessive relations. There are univocal and polysemous possessive relations due to the possessor or possessee's sense or meaning facets.

4.1 Univocal Possessive Relations

The *Possessor DE Possessee* construction can be univocal. For instance, when the possessee is an integral part or piece of the possessor, e.g. jīnyú de wěiba 'the tail of a goldfish' and bōli de suìpiàn 'pieces of the glass', a formal role of the possessor, e.g. xuéxiào de wèizhi 'the location of the school', or possessive relation is about social relation, e.g. Xiǎomíng de jiěfu 'Xiaoming's brother-in-law', the *Possessor DE Possessee* construction has only one meaning.

4.2 Ambiguous and Polysemous Possessive Relations

When an ambiguous artifactual type or a polysemous complex type acts as a possessor or possessee, a possessive relation collocation can have two or more explanations. Sometimes all the explanations are acceptable and sometimes only one is acceptable. The following section shows what explanation is reached when the possessor, possessee, or both of them, are ambiguous or polysemous.

4.2.1 Possessive Relation with an Ambiguous or Polysemous Possessor

This part explores the meaning when the possessor is ambiguous and polysemous.

4.2.1.1 Possessive Relation with an Ambiguous Possessor

When the possessor has more than one sense, while the possessee has only one sense, only one sense of the possessor will be activated. For example, the artifactual type xiàngqí 'chess' has two senses: A physical object or an event, as demonstrated in (1a) and (1b).

(1) a. Yībān   gāodàng xiàngqí yóu guìzhòng mùcái huò yùshí
       generally high-grade chess   from valuable wood or jade
zhì chéng. (physical object)
make

'Generally high-grade chesses are made of valuable wood or jade.'

b. Jìnniánlái, Měiguó wán xiàngqí de rén yuèláiyuèduō。(event)
recent years America play chess DE people more and more
'In recent years in America, more and more people play chess.'

(1a) introduces the materials that high-grade chesses are made of, so xiàngqí 'chesses' refers to physical objects. In (1b) it is the event of playing chess that becomes popular.

The *ARTIFACTUAL DE NATURAL* construction xiàngqí de xíngzhuàng 'the shape of chess', only the 'physical objects' sense of xiàngqí 'chess' is activated, as illustrated below.

```
xiàngqí 'chess'              xíngzhuàng 'shape'
a physical object   ──────►   formal
an event
```

4.2.1.2 Possessive Relation with a Polysemous Possessor

When the possessor has more than one meaning facet while the possessee is univocal, the possessee will activate one meaning facet of the possessor. This is observed when the possessor is a complex type, while the possessee is natural or artifactual type.

(i) *COMPLEX DE NATURAL*

zǎocān 'breakfast' is a dot object (event • physical object). In zǎocān de niúnǎi 'milk of breakfast', the 'physical object' aspect is exploited.

```
zǎocān 'breakfast'            niúnǎi 'milk'
a physical object   ──────►   a physical object
an event
```

(ii) *COMPLEX DE ARTIFACTUAL*

bàozhǐ 'newspaper' is a complex type. It can mean PhysObj • info and organization. wénzì 'character' has the telic role 'facilitate communication and record culture' and thus it is an artifactual type. As a *COMPLEX DE ARTIFACTUAL* construction, bàozhǐ de wénzì 'characters in a piece of newspaper', only the 'PhysObj • info' aspect of bàozhǐ 'newspaper' is reasonable.

```
bàozhǐ 'a piece of newspaper'      wénzì 'characters'
     PhysObj • info         ──────▶    a physical object
  an organization
```

4.2.2 Possessive Relation with an Ambiguous or Polysemous Possessee

When the possessee is ambiguous or polysemous, the possessor usually activates one sense or one meaning facet of possessee in a possessive relation.

4.2.2.1 Possessive Relation with an Ambiguous Possessee

If the possessee is ambiguous, while the possessor is univocal, the *Possessor DE Possessee* construction can have more than one explanation. Here we give an example in the *NATURAL DE ARTIFACTUAL* construction.

NATURAL DE ARTIFACTUAL

lánqiú is from the artifactual type and is ambiguous with two senses: a physical object; an event. When the possessee lánqiú represents a physical object, Yáo Míng de lánqiú means the basketball that Ming Yao owns. When lánqiú is an event, Yáo Míng de lánqiú means the ability of Ming Yao to play basketball.

```
Yáo Míng 'Ming Yao'        lánqiú 'basketballs, basketball games'
     human            ─────▶       a physical object
                          ╲──▶     an event
```

4.2.2.2 Possessive Relation with a Polysemous Possessee

When the possessee is a dot object with more than one meaning facet, the possessive relation can also have more than one explanation. Here we look at two constructions: *NATURAL DE COMPLEX* and *ARTIFACTUAL DE COMPLEX*.

(i) *NATURAL DE COMPLEX*

Liánxiǎng 'Lenovo' is a complex type and has two meaning facets: producer · product. In Liǔ chuánzhì de Liánxiǎng 'Chuanzhi Liu's Lenovo', Liánxiǎng 'Lenovo' can refer to any facet; thus this collocation has two explanations as illustrated in (2a) and (2b).

(2) a. Cóng 1984 nián Liánxiǎng chénglì zhì 1997 nián Liǔ Chuánzhì
from 1984 year Lenovo establishment till 1997 year Chuanzhi Liu
de Liánxiǎng chéngxíng, 1997 nián juéduì shì Liánxiǎng fāzhǎn lìshǐ
DE Lenovo come into shape, 1997 year definitely is Lenovo development history
shàng de zhòngdà zhuǎnzhé。(producer)
on DE major turning point

'From the establishment of Lenovo in 1984 to the coming into shape of Chuanzhi Liu's Lenovo, the year 1997 is definitely a major turning point in Lenovo's development history.'

b. Liǔ chuánzhì de Liánxiǎng fàng zài zhuō shàng。(product)
Chuanzhi Liu DE Lenovo put table on

'Chuanzhi Liu's Lenovo is on the table.'

In (2a), Liánxiǎng 'Lenovo' is a computer company. In (2b), it is the product of the brand Lenovo that lies on a table.

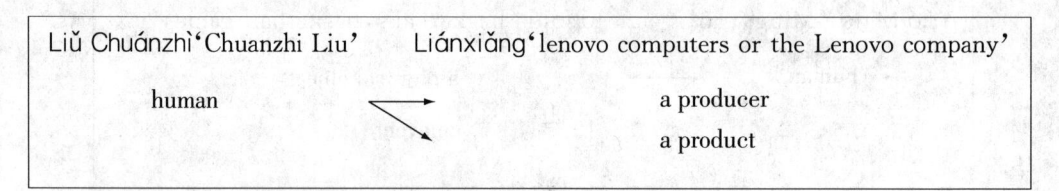

Liǔ Chuánzhì 'Chuanzhi Liu'	Liánxiǎng 'lenovo computers or the Lenovo company'
human ⟶	a producer
	a product

(ii) *ARTIFACTUAL DE COMPLEX*

chuānghu 'window' is a polysemous word, making reference to a physical object or an aperture. dàlóu has an agentive role 'make act', so it is an artifactual type. As an *ARTIFACTUAL DE COMPLEX* construction, dàlóu de chuānghu 'windows of a building' has two meanings as shown below.

(3) a. Sān   rén   lìjí   chuānguò   dàlóu   de   chuānghu,
    three people immediately pass through   building DE   window,
zhí   fēixiàng   le   tiānkōng。 (aperture)
directly fly to ASP   sky
'The three people immediately passed through the building's window, and directly flew to the sky.'

b. Dàlóu   de   chuānghu   bù huì   cā   yī cì   jiù   gānjìng。
   building DE   window   cannot   wipe once   at once clean
(physical object)
'The windows of the building cannot be cleaned just by wiping once.'

In (3a), what these people went through should be an aperture of a window. In (3b), what you can wipe is physical objects, including the framework and glass. Thus dàlóu de chuānghu 'windows of a building' has two interpretations as illustrated below.

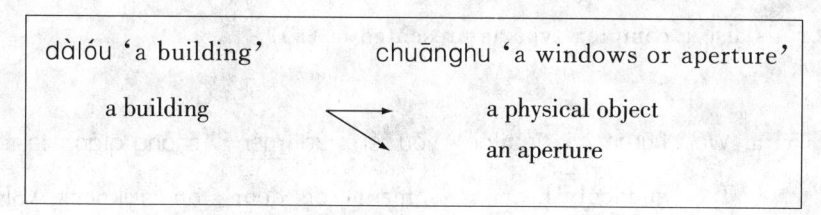

```
dàlóu 'a building'          chuānghu 'a windows or aperture'
   a building                     a physical object
                       ⟶
                         ↘        an aperture
```

4.2.3 Possessive Relation with both a Polysemous Possessor and a Polysemous Possessee

If the possessor and the possessee are both polysemous, that is, they are both from complex types, the meaning of possessive relation *COMPLEX DE COMPLEX* has many potential possibilities. For example, in Báigōng de mén 'doors of the White House', both Báigōng 'the White House' and mén 'door' are dot objects. The former is *building • government*, while the latter is *physical object • aperture* as shown in (4) and (5) respectively.

(4) a. Dāngjīn   shìjiè   shàng, bǐ   Báigōng   piàoliang
       nowadays world   on,   compare the White House beautiful
de duō de zhùzhái, bù zhī   yǒu   duōshǎo。(building)
DE more DE house, do not know have how many

'In today's world, no one knows how many houses are more beautiful than the White House.'

   b. Báigōng   xuānbù   Jiānádà   zǒnglǐ   jiāng yú
      White House announce Canada   Prime Minister will
yuè dǐ   fǎng Měi。(government)
the end of this month visit USA

'The White House announced that the Canadian Prime Minister will visit the United States at the end of this month.'

In (4a), the appearance of the White House is in comparison with other houses in the world. Therefore, the White House here refers to the building. In (4b) the White House is used as a metonym for American government. Similar to the White House, mén 'door' is also a complex type as presented in (5).

(5) a. Wǒ hūrán   tīngjiàn yǒu rén zài mén   shàng qiāo le   liǎng
       I   suddenly hear   someone on   door on   knock ASP two
shēng。(physical object)
sound

'I suddenly heard someone knock on the door twice.'

   b. Wǒmen chū   le nà   gè mén, wǎng   yòubian yī   zhuǎn,
      we   go out ASP that CL door, towards right one turn,
jiù   kàn dào chēzhàn le。(aperture)
at once see   station ASP

'We went out of that door, turned right, and saw the station.'

In (5a), what someone can knock on is the panel, so mén 'door' is about a physical object. In (5b), it is an aperture through which you can enter or leave a building or a room.

The complex types Báigōng 'the White House' and mén 'door' each has two meaning facets. For complex types, different meaning facets can be realized in one sentence as indicated in (6).

(6) Tā   rēng   le   nà   běn   wúliáo   de   xiǎoshuō。
    he   throw ASP   that   CL   boring   DE   novel

'He threw away that boring novel.'

In (6), xiǎoshuō 'novel' is PhysObj • info. What he threw rēng 'throw' is the novel as a physical object, while what is wúliáo 'boring' is the information of the novel. The two meaning facets of xiǎoshuō 'novel' are merged together in one sentence in (6).

In the *COMPLEX DE COMPLEX* type Báigōng de mén 'doors of the White House', Báigōng 'the White House' can only refer to the building, while mén 'door' can mean a physical object, an aperture or PhysObj • aperture, as revealed in (7).

(7) a. Báigōng   de   mén   hěn   jiāngù。 (building DE physical object)
       the White House DE door   very solid

'The doors of the White House are very solid.'

   b. Tā cóng Báigōng   de   hòu mén   chūlái。 (building DE aperture)
      he from the White House DE back door come out

'He came out from the back door of the White House.'

   c. Báigōng   de   mén   xiàng   nán   kāi。 (building DE
      the White House DE door towards south open

PhysObj • aperture)

'The White House's doors are open to the south.'

In (7a), what are solid are the doors as physical objects. In (7b), it is through the aperture of the door that the person came out. In (7c), the doors are on the southern wall of the building. Even if the panel that swings on hinges is absent, that is, when there is only an aperture, we can still utter (7c).

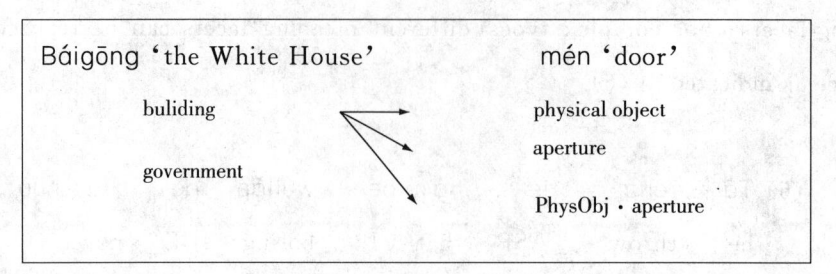

```
Báigōng 'the White House'              mén 'door'
    buliding                              physical object
                                          aperture
    government
                                          PhysObj · aperture
```

This section has investigated sense or meaning facet selection in possessive relations. When a possessor is ambiguous or polysemous, while its possessee is univocal, the *Possessor DE Possessee* construction usually has only one possible explanation. This is because the possessee selects a qualia role from the qualia structure of the possessor. When a possessee is ambiguous or polysemous, while its possessor is univocal, the *Possessor DE Possessee* construction will have more than one explanation. This is because the possessee selects different qualia roles of the possessor. When both the possessor and the possessee are polysemous, a possessive relation has many possible explanations depending on which qualia role of the possessor is selected by the possessee.

Besides sense or meaning facet selection, event selection is also very important in a possessive relation. Even when a correct sense or meaning facet is selected, a possessive relation may still have many interpretations. For example, when a possessor is an agent, there are quite a few possibilities of eventive relations between the possessor and possessee. A case in point is Qiáobùsī de Píngguǒ 'Jobs' Apple/apple'. Apple is a homonym, either producer · product or fruit. If what we want to convey is Apple as a corporation, it is still not clear about the eventive relation between Jobs and Apple. It could be the Apple that Mr. Steve Jobs established (the agentive role of Apple), bought, invested in, managed, etc. Linguistic knowledge alone cannot bridge the eventive gap. World knowledge and contextual information may intervene to locate the exact event.

5. Conclusions and Future Work

This paper has the following findings about possessive relations. (i) Possible possessive relations under the classification of the *domain of individuals* (natural, artifactual and complex types) are revealed. (ii) Different possessee takes different qualia roles in possessive relations. (iii) A possessor and a possessee can interact with each other through qualia roles. If a constitutive or formal role is exploited, the possessee directly assumes such a role of the possessor. If an agentive or telic role is applied, the possessee directly gets such roles or gets them in the way of event coercion. (iv) Sense or meaning facet selection happens when a word has more than one sense or meaning facet. There univocal, ambiguous and polysemous possessive relations. (v) A possessive relation can still have different interpretations when the eventive relation between a possessor and possessee is unclear. Linguistic knowledge, world knowledge and contextual information can play a role in establishing the implicit event.

For the extension of GL theory, first, this paper suggests some criteria to distinguish natural types from artifactual types; second, the scope of the constitutive role of qualia structure is enlarged by including a location and its constituents, a period of time and its constituents, and an institution and its member.

Besides the possessive relation '*Possessor*(NP_1) *DE Possessee*(NP_2)' discussed in this paper, in Mandarin Chinese, *Possessor* + *Possessee*, yǒu 'have', shǔyú 'belong to' et al. can also demonstrate possessive relations. For future research, these constructions need to be investigated in order to gain an overall view of possessive relation.

Acknowledgements

Various versions of the manuscript were presented on different occasions. We are grateful to the following scholars for their constructive comments: Prof. James Pustejovsky, Prof. Wei-Tien Tsai,

Prof. Fuzhen Si, Dr. Zuoyan Song and Dr. Feng Gu. The remaining errors are ours.

Annotations

① http://db1x.sinica.edu.tw/kiwi/mkiwi/.

② http://158.132.124.36/.

③ For abbreviation purpose, we use *Natural*, *Artifactual*, and *Complex* to represent that an NP is from natural types, artifactual types, and complex types respectively though this paper.

④ http://cwn.ling.sinica.edu.tw/.

⑤ In Ahrens et al. (2003) a word with multiple senses shows active ambiguity, while a word with several meaning facets shows latent ambiguity.

⑥ Complex types are also called dot objects.

References

Ahrens, Kathleen, Chu-Ren Huang & Yuan-hsun Chuang 2003 Sense and meaning facets in verbal semantics: A MARVS perspective. *Languages and Linguistics* 4.3: 469—484.

Ahrens, Kathleen, Li-li Chang, Keh-jiann Chen & Chu-Ren Huang 1998 Meaning representation and meaning instantiation for Chinese nominals. *Computational Linguistics and Chinese Language Processing* 3.1: 45—60.

Cheng, Qilong 2003 Possession frame and its grammatical realizations (《领属框架及其语法体现》). *Foreign Languages and Their Teaching* (《外语与外语教学》) 4.

Cui, Xiliang 1992 The optionality of 'de' when personal pronouns modify nouns (人称代词修饰名词时"的"字隐现问题). *Chinese Teaching in the World* (《世界汉语教学》) 3.

Liu, Yongsheng 2004 The optionality of 'de' in the possessive structure "$N_1/P+De+N_2$" in a sentential perspective (从句子层面看领属性"$N_1/P+$的$+N_2$"结构中"的"字的隐现). *Rhetoric Learning* (《修辞学习》) 6.

Lu, Jianming 2003 *A Course on Modern Chinese Grammar* (《现代汉语语法研究教程》). Beijing: Peking University Press.

Partee, Barbara H. & Vladimir Borschev 2000 *Genitives, Relational Nouns, and the Argument-Modifier Distinction*. In Ewald Lang, Cathrine Fabricius-Hansen & Claudia Maienborn (eds.) *Approaching the Grammar of Adjuncts: Proceedings of the Oslo Conference*. 177—201. Berlin: ZAS Working Papers in Linguistics.

Pustejovsky, James 1991 The generative lexicon. *Computational Linguistics* 17.4: 409—441.

Pustejovsky, James 1995 *The Generative Lexicon*. Cambridge, MA: MIT Press.

Pustejovsky, James 2001 Construction and the logic of concepts. In Pierrette Bouillon & F. Busa (eds.) *The Language of Word Meaning*, 91—123. Cambridge: Cambridge University Press.

Pustejovsky, James 2006 Type theory and lexical decomposition. *Journal of Cognitive Science* 6: 39—76.

Pustejovsky, James & Elisabetta Jezek 2008 Semantic coercion in language: Beyond distributional analysis. *Distributional Models of the Lexicon in Linguistics and Cognitive Science. Special Issue of Italian Journal of Linguistics/Rivista di Linguistica.*

Shen, Yang 1995 Possessive relation and the syntactic function of possessive NP (《领属范畴及领属性名词短语的句法作用》). *Journal of Peking University（Humanities and Social Sciences）*[《北京大学学报》(哲学社会科学版)]5.

Shou, Yongming & Shaoqing Zhu 2002 An analysis of the $NP_1+(NP_2+VP)$ pattern (领属关系主谓谓语句分析). *Journal of Zhejiang University（Humanities and Social Sciences）*[《浙江大学学报》(人文社会科学版)]2.

Si, Fuzhen 2009 The effects of semantic scopes on ambiguity in possessive structures (《影响领属结构歧义解读的语义辖域因素》). *Language Teaching and Linguistic Studies* (《语言教学与研究》) 3.

Song, Zuoyan 2009 *Research on Event Coercion in Mandarin Chinese—Based on the Generative Lexicon Theory and Light Verb Hypothesis* (《现代汉语中的事件强迫现象研究——基于生成词库理论和轻动词假设》). Beijing：Beijing University Press.

Vikner, Carl & Per Anker Jensen 2002 A semantic analysis of the English genitive. Interaction of lexical and formal semantics. *Studia Linguistica* 56. 2:191—226.

Xu, Jianhua 1999 The semantic types of possessive and non-possessive Rd structure (《领属性与非领属性 Rd 结构的语义类型》). *Chinese Language Learning* (《汉语学习》) 3.

Zhang, Bojiang 1994 Semantic types of the possessive structure (《领属结构的语义构成》). *Language Teaching and Linguistic Studies* (《语言教学与研究》) 2.

Zhang, Bojiang & Fang, Mei 1996 *Functional Studies of Chinese Grammar* (《汉语功能语法研究》). Nanchang：Jiangxi Education Publishing House(江西教育出版社).

Zhang, Min 1998 *Cognitive Linguistics and Chinese Noun Phrases* (《认知语言学和汉语名词短语》). Beijing：Chinese Social Sciences Press.

Zhu, Dexi 1982 *Grammar Handouts* (《语法讲义》). Beijing：The Commercial Press.

汉语方言中"可 VP"问句的性质[*]

徐 杰　张媛媛
澳门大学　黄淮学院

1. "可 VP"问句与反复问句的关系

一代语言学大师朱德熙先生(1985)以其特有的锐利眼光和理论视野明确指出,吴语、西南官话、下江官话等多种汉语方言中存在动词前加疑问副词的疑问句式。这里的疑问副词包括苏州话中的"阿"、昆明话中的"格"和合肥话中的"克"以及明清白话小说中的"可"。这种句式一般被通称为"可 VP"疑问句式。朱先生深刻论述了这种现象的理论意义,且明确断定,"可 VP"问句是另外一类反复问句,它跟"VP 不 VP"问句是反复问句内部的两个类型。这两种反复问句,无论在历史上还是现代始终互相排斥,不在同一种方言里共存。

时隔四分之一世纪后的今天,我们重读朱先生这篇重要文章,依然倍感一代大师语法分析的深度和理论概括的高度。众所周知,先生开拓性的学术贡献引发了语法学界对相关问题广泛强烈的关注和持续不断的讨论。仅笔者所看到就有王世华(1985)、黄正德(1988)、李小凡(1990)、施其生(1990)、吴振国(1990)、张敏(1990)、项梦冰(1990)、贺巍(1991)、刘丹青(1991)、游汝杰(1993)、袁毓林(1993)、汪如东(1994)、谢留

---

[*] 本文的相关研究得到了教育部人文社会科学重点研究基地重大项目"语法原则与汉语特殊句式"基金资助(项目批准号:2009JJD740011)。特此申谢!本文初稿曾在"走向当代前沿科学的现代汉语语法研究国际学术研讨会——纪念朱德熙教授诞辰 90 周年和庆祝陆俭明教授从教 50 周年"(2010 年 8 月 17—18 日,北京大学)上宣读讨论,承蒙刘丹青先生和王珏先生等多位学者参与讨论和指正。修改过程中又蒙李小凡先生、齐春红教授、沈威博士以及华中师范大学博士生田源和张莹、澳门大学博士生邢凤翔和新加坡国立大学博士生陈瑶等帮助搜索文献和提供方言语料。作者在此一并致谢!

文(1995)、李子玲与柯彼德(1996)、何元建(1996)、罗福腾(1996)、刘祥伯(1997)、徐烈炯、邵敬敏(1999)、谢旭慧(2001)、徐杰(2001)、丁治民(2003)、李孝娴(2006)、胡利华(2008)、王琴(2008)、赵金枝(2008)以及丁崇明与荣晶(2009)等一系列重要论著。这本身就从一个侧面反映了朱先生在语法学界的重要地位和巨大影响。朱先生虽非发现汉语方言中存在"可 VP"问句的第一人,[①]但无疑是他将这一现象提升到前所未有的理论高度进行共时的比较和历时的追踪。尽管后来有多位学者提出不同意见,如王世华(1985)、施其生(1990)、贺巍(1991)、刘丹青(1991)以及李子玲与柯彼德(1996)就指出,"可 VP"和"VP 不 VP"可以在同一种方言中并存,亦即二者不一定相互排斥;李小凡(1990)和游汝杰(1993)等提出一些重要理由,把"可 VP"分析为是非问句,[②]但是朱先生多年前的这一重要理论概括,无疑仍具有极高的理论价值和极大的启发意义。从后来发表的文章来看,朱先生有关"("可 VP"问句)就其性质来说,却跟其他方言里由谓词性成分的肯定式和否定式并列起来组成的'VP 不 VP'型反复问句相当",亦即"可 VP 问句"在性质上是一种反复问句,其中的"可"类疑问副词都是反复问句的标志这一核心观点似乎依然是广为接受的主流观点。

朱先生持上述观点的主要论据如下:

(一)苏州话、昆明话和合肥话中对"可 VP"问句的回答方式跟选择问句(亦即反复问句,朱先生认为反复问句也是一种选择问句)相同,而跟是非问句不同。如苏州话和昆明话的是非问句可以分别用"是格"和"是呐"(意思是"是了么")作为肯定的回答,而"可 VP"问句跟选择问句一样,不能用"是格"和"是呐"回答,除非主要动词本身就是"是"字。

苏州话("可 VP"问句用复述谓词的方式回答)

(1) 问:耐阿晓得?

答:晓得格。

(2) 问:耐看阿好?

答:蛮好。

昆明话(是非问句不用复述谓词,而是用"是呐"等确认词回答)

(3) 问:你认得他咯?

答:是呐。

(4) 问：只有你们两位去咯？
　　答：是了么。

（二）苏州话和昆明话中"可 VP"问句在语气词的配搭上跟选择问句相同，而跟是非问句不同。比方说，苏州话里"可 VP"问句和选择问句的句尾都可以带语气词"嗄"，而是非问句句尾是不能带语气词"嗄"的。

(5) 耐是吃饭还是吃粥嗄？
(6) 耐阿吃得落嗄？

另一方面，昆明话里是非问句句尾可带语气词"咯"，但是"可 VP"问句和选择问句句尾都不能带语气词"咯"。

(7) 你认得他咯？
(8) 只有你们两位去咯？

（三）苏州话、昆明话和合肥话中都没有"VP 不 VP"型反复问句。朱先生特别指出，在上述三个理由中，第三点特别值得注意，因为如果不把这些方言中的"可 VP"解释为反复问句，那这些方言里就没有反复问句了。

（四）其实，还有另外一些语法现象似乎支持把"可 VP"归入反复问句。比如，本文笔者之一徐杰本人的母语方言河南永城话是一种"可 VP"问句和反复问句并存的方言。③在永城话中，"可 VP"就跟反复问句一样，只能用作一般疑问句，不能用作反问句。

2. "可 VP"问句与选择问句（反复问句）之间的差异

但是，正如李小凡（1990）所指出的，苏州话中"可 VP"问句跟反复问句（选择问句）并非处处相同，它们之间也存在许多差异，而这些差异也往往正好是"可 VP"问句跟是非问句（"VP 吗"问句）的共性。我们注意到，其实不仅苏州话，其他汉语方言中也可以看到不支持朱先生的分析的相关现象。比如,前述永城方言中就有一些现象清晰显示"可 VP"问句与选择问句(反复问句)之间的差异。下文还有机会引述李小凡有关苏州话的事实和观点,这里先看看永城话中的相关语法现象。

(一)在永城话中,"可 VP"问句在句尾语气助词的配搭上跟选择问句不同。选择问句可以用句尾"呢",但是"可 VP"问句不能用"呢"。

(9) 你喜欢吃米饭还是喜欢吃馒头呢?
(10) 你是要买房子还是要租房子呢?
(11) *你可喜欢吃米饭呢?
(12) *你可要买房子呢?

就此而言,"可 VP"问句正好跟是非问句(不管是否已用句尾"吗")相同,而跟反复问句不同。

(13) 你喜欢不喜欢吃米饭呢?
(14) 你要不要买房子呢?
(15) *你喜欢吃米饭(吗)呢?
(16) *你要买房子(吗)呢?

(二)在永城话中,"可 VP"问句在句中语气副词的配搭方面跟选择问句和反复问句都不相同。选择问句可以用"究竟",但是"可 VP"问句不能。

(17) 你究竟是见过李老师还是见过王老师?
(18) 你究竟是喜欢小李还是喜欢小王?
(19) *你究竟可见过李老师?
(20) *你究竟可喜欢小李?

就此而言,"可 VP"问句也正好跟是非问句相同,而跟反复问句不同。

(21) 你究竟见没见过李老师？
(22) 你究竟喜欢不喜欢小李？
(23) *你究竟见过李老师吗？
(24) *你究竟喜欢小李吗？

（三）跟朱德熙(1985)提到的现代合肥话和江苏淮安人吴承恩所作《西游记》中"可VP"可以充当从句不同，①在永城话中，"可 VP"问句作为一个整体的句法功能跟选择问句不同。选择问句既能独立成为主句，也可以充当主语从句和宾语从句，但是"可VP"问句只能独立成为主句，不能充当主语从句，也不能充当宾语从句。

(25) [他是支持还是反对]关系不大。
(25) 我不在乎[他是支持还是反对]。
(27) *[他可支持]关系不大。
(28) *我不在乎[他可支持]。

就此而言，"可 VP"问句也正好跟是非问句(不管是否已用句尾"吗")相同，而跟反复问句不同。

(29) [他支持不支持]关系不大。
(30) 我不在乎[他支持不支持]。
(31) *[他支持(吗)]关系不大。
(32) *我不在乎[他支持(吗)]。

这是否意味着我们应回到赵元任(1928)、汪平(1984)、李小凡(1990)和游汝杰(1993)等先生的观点，把"可 VP"问句分析为一种是非问句呢？

我们的答案也是否定的！

事实上，如果结合朱先生早前的总结，我们发现几类问句之间的异同关系是错综复杂的。"可 VP"问句跟选择问句(含反复问句)和是非问句(含"VP 吗"问句)两类疑问句式都是既有共性，又有差别。

		"可VP"问句
一	回答方式	同于选择问句和反复问句
二	能否用作反问句	同于反复问句
三	句尾语气助词搭配	有的同于选择问句和反复问句,有的同于是非问句("VP吗")
四	句中语气副词的搭配	同于是非问句("VP吗")
五	作为一个整体的句法功能	同于是非问句("VP吗")

当然,"可VP"还有些特点跟是非问句和选择问句都不相同。再简单不过的是,只有"可VP"问句才在句中位置嵌入一个表疑问的副词,选择问句、反复问句、是非问句都不是这样。

在此局面下,到底如何在既有语法框架下给汉语方言中的"可VP"进行科学定性和合理归类?这还真的让我们左右为难!

3. 在跨语言的视野下审视句中疑问副词的性质

我们认为,跨语言的观察视野有助于我们给汉语方言中的"可VP"进行科学定性和合理归类。所谓跨语言的视野也就是将汉语置于世界语言变异的范围内来考察。世界上的语言千变万化,没有两种语言会是完全一样的,但是万变不离其宗,语言的变异是有一定范围,受一定限制的。这个道理一般人都明白,但在对待具体语言现象时不同的研究者会有不同的态度,有的强调个性与特点,有的强调共性与通则。(沈家煊,1999)跨语言的视野下,很多表面看来特殊的现象其实都是有限的句法原则和句法手段在各具体语言中实例化的结果。现在我们就来谈谈在世界语言变异的范围这个跨语言视野下审视"可VP"类问句时我们究竟又看到了什么。

首先,我们可暂时把"可VP"问句是属于反复问句还是是非问句的纠结放在一边,而直接把其中的"可"类词当作添加进句子里跟疑问范畴的表达紧密相关的一个虚词。我们甚至可以给它一个泛泛的名称"助词"(particle),而不必急于给它定性为副词或者语气词。这样一来,我们可以说在各种不同语言中,可以添加进句子跟疑问范畴的表达紧密相关的助词(亦即"可"类型的词)其实很多。比如说,汉日两种语言在句尾位置使用疑问助词[下列例(33)和(34)],也有其他很多语言在句首位置使用疑问助词。如墨西哥和美国南加州地区使用的一种名为 Zapotec 的语言和博茨瓦纳某些土著使用的 Xoo 语言就是在句首使用专表疑问的助词[例(35)和(36)]。

句尾疑问助词:汉语:

(33) 她买房子了吗?

句尾疑问助词:日语:

(34) Anatawa honwo kaimasu-ka?
　　　你　　书　　买-[疑助]

"你买书吗?"[例引徐杰(2001:174)]

句首疑问助词:Zapotec 语:

(35) Nee　　nuu bisoze-lu?
　　[疑助]　父亲-你

"你父亲在吗?"

[例引 Thompson (1998:311)]

句首疑问助词:Xoo 语:

(36) Lu　　tuu　a　sii?
　　[疑助]　人　时态　来

"人来了吗?"

[例引 Traill (1994:18)]

在有些语言中,疑问助词既可以用于句首位置,也可以用于句尾位置,但是不能同时用于句首和句尾两个位置。刚果境内班图人使用的一种名为 Hunde 的语言就是如

此。[例引 Kahombo（1992：171）]

 （37）mbéni ámukátsí mu-lómbe
   [疑助] woman 懒惰
   "那女人懒惰吗？"

 （38）ámukátsí mu-lómbe hé
   woman 懒惰[疑助]
   "那女人懒惰吗？"

 （39）* mbéni ámukátsí mu-lómbe hé
   [疑助] woman 懒惰 [疑助]

  在另外一些语言中，我们还可以看到在句中谓语开头位置（"谓头"）使用疑问助词的现象。比如见于老挝、缅甸、泰国、越南和我国西南属于苗瑶语族的一种名为 Hmong Njua 的语言就是这样（Harriehausen,1990：205；Dryer,2005：374）。

 （40）kuv cov nyaaj puas nyam hoob pee
   我 几个 阿姨 [疑助]喜欢 唱 歌曲
   "我的几个阿姨喜欢唱歌吗？"

  句中谓头位置上使用疑问助词的现象尤其值得我们关注，在帮助我们理解"可VP"句式的本质属性方面尤其具有启示性：第一：这种语法现象跟前文所述汉语方言中的"可VP"句式非常相像；第二，也是更为重要的是，这种语言压根就没有反复问句，但是却在谓头位置使用疑问助词。众所周知，正是因为汉语及其方言中另有反复问句，我们才有可能纠结于"可VP"句式究竟应该算作另类反复问句，还是独立于反复问句的另外一种句式。而 Hmong Njua 语中根本没有反复问句，上述纠结从一开始就不存在。该语言仅仅是在句中谓头位置嵌入一个疑问助词来核查全句的疑问特征，如此而已。西方语法学界也大体是这样处理此类现象的。而汉语方言中的"可VP"问句又跟 Hmong Njua 语句中嵌入疑问助词的用法如此相似，我们有理由对它们进行统一处理，也就是都把它们看作同一个句法操作在不同语言中实例化的结果。

此外，如果我们把眼光投向更加广阔的跨语言视野,助词"添加"只是跟疑问特征核查相关的三种句法操作手段之一。我们曾经指出,除了"添加"外,还有"移位"和"重叠"。(徐杰,2005)在下表所示的这个分析框架下,我们可以比较清晰地看出所谓的"可VP"问句所处的语法地位及其本质属性。

句位置＼句手段	(A)添加	(B)移位	(C)重叠
(x)句首	(Ax) 句首添加	(Bx) 0	(Cx) 0
(y)谓头	(Ay) 谓头添加	(By) 谓头移位	(Cy) 谓头重叠
(z)句尾	(Az) 句尾添加	(Bz) 0	(Cz) 0

4. "可VP"跟"VP吗"和"VP不VP"三种问句的异与同

以上跨语言的比较分析清楚地显示,所谓的"可VP"类问句在本质上是在句中谓头位置添加"可"类疑问助词造成的结果。这正是我们对"可"问句本质属性的基本判定！此外,"可VP"类问句并不是汉语所特有的现象,其他语言中也有同类现象。那些语言中只有"可VP"类问句,而没有反复问句,更从一个侧面有力地旁证了我们对"可VP"问句的语法定性。

现在要回答的一个问题是,既然"可VP"问句是一种独立于"VP吗"是否问句"VP不VP"反复问句之外的语法现象,那么又如何解释前文列举的那些"可VP"问句跟它们的共同特征？答案就在下表中。虽然三种疑问句式不同,各有自己的来源,但是它们的语法生成过程有着部分的相似性。具体说来,"可VP"跟"VP吗"和"VP不VP"有同有异:"可VP"跟"VP吗"问句使用的句法位置不同,但是使用的句法手段相同,都是"添加";⑤"可VP"问句跟"VP不VP"问句使用的句法位置相同,都是"谓头",但是使用的句法手段不同,前者为"添加",后者为"重叠"。"可VP"跟"VP吗"和"VP不VP"三种问句的异同关系在下表中一目了然。

句位置＼句手段	添加	重叠
谓头	"可 VP"问句（谓头添加）	"VP 不 VP"问句（谓头重叠）
句尾	"VP 吗"问句（句尾添加）	

我们认为,上述异同关系从本质上决定了,不管把"可 VP"问句归入"VP 吗"问句还是"VP 不 VP"问句都有可能找得到理由,无论把它归入哪种疑问句式都会遇到困难。

现在我们再回头来看"可 VP"跟"VP 吗"和"VP 不 VP"的一致与差异,因为在给"可 VP"重新定性之后,我们有义务解释那些一致与差异。

（一）有关回答方式问题。朱先生说,苏州话、昆明话和合肥话中对"可 VP"问句的回答方式跟选择问句和反复问句相同,而跟是非问句不同。但是,正如袁毓林(1993)所述,是非问句并不是一个单纯的类,它的内部很不一致。通常所说的是非问句至少包括两类：一类是带有典型疑问语气词"吗"的问句(亦即"VP 吗"问句),一类是不带典型疑问语气词的问句。即使仅就普通话来说,两类是非问句因为预设、焦点和疑问程度等意义方面的差异,对二者的回答方式也是明显不同的。其中,对带典型疑问语气词"吗"的是非问句的回答方式跟反复问句相近,都是复述主要谓词,而对不带典型疑问语气词"吗"的是非问句,跟反复问句不同,是用"对"进行确认,复述谓词的回答方式明显不够自然得体[前四例借自袁毓林(1993)]。其实,李小凡(1990)就有相近的观点,但是后来成文的袁毓林(1993)表述得更为明确。

不带典型疑问语气词"吗"的问句：

(41) 问：姥姥起床了？

　　答：对。

(42) 问：你知道这事？

　　答：对。

带有典型疑问语气词"吗"的问句：

(43) 问：姥姥起床了吗？

答:＊对(应答作"起床了")。

(44) 问:你知道这事吗?

答:＊对(应答作"知道")。

比较对相应反复问句的回答方式:

(45) 问:姥姥起床没起床?

答:＊对(应答作"起床了")。

(46) 问:你知不知道这事?

答:＊对(应答作"知道")。

这说明,回答方式的差异跟疑问句式的性质没有直接的因果关系,前者不能用以给后者定性,不能因为苏州话等方言中对"可 VP"问句的回答方式跟选择问句(反复问句)相同就断定"可 VP"是另外一类反复问句。回答方式的差异取决于"预设"等语义语用因素的不同,跟相关句式的语法属性没有关系。不同的疑问句式可因预设的相同而有相同的回答方式。同理,相同的疑问句式可因预设的不同而有不同的回答方式。况且,仅就苏州来说,同为母语使用者的李小凡(1990)和游汝杰(1993)以可用点头和摇头这类肢体语言来回答为由认定该方言中的"可 VP"问句为是非问句,不是反复问句,也有其一定的道理,至少体现了他们以该方言为母语的共同语感倾向。

(二)永城方言中的是非问句,不管带和不带典型疑问语气词"吗",都是既可用作一般疑问句,又可用作反问句,而"可 VP"问句跟反复问句一样,只能用作一般疑问句,不能用作反问句。

(47) 我(难道)是外星人(吗)?

(48) ＊我(难道)可是外星人?

(49) ＊我(难道)是不是外星人?

表面看来,上列现象是一条支持把"可 VP"问句分析为反复问句的论据。现在看来,这一异同关系正是其推导派生过程异同关系的反映,但是不能成为把它们合并处理的理由。众所周知,所谓的反问句实为无疑而问的特殊问句,是以疑问句形式表达带有强烈修辞色彩的陈述句。它因而不像一般疑问句那样存在一个疑问焦点。这个语义语用特点折射在句法形式上的结果是,它只能在句尾(或者句首)这一句子边缘位置上进行处理。正因为如此,在汉语中,反问句只能体现为是非问句形式,而同样使用了句中谓头位置的"可 VP"问句和反复问句均无法满足这个条件。

(三)有关跟句尾语气词的搭配问题。朱先生说苏州话和昆明话中"可 VP"问句在语气词的配搭上跟包括反复问句在内的选择问句相同,但跟是非问句不同。苏州话里"可 VP"问句和选择问句的句尾都可以带语气词"嘎",而是非问句句尾是不能带语气词"嘎"的。而昆明话里是非问句句尾可带语气词"咯",但是"可 VP"问句和选择问句句尾都不能带语气词"咯"。我们认为,这些搭配规律应该跟"嘎"和"咯"两个疑问语气词分别在苏州话和昆明话中的性质有关。我们推测,"嘎"在苏州话中是一个虚化了的、不负载强烈疑问信息的语气词。因此,该方言中即使"可 VP"问句和选择问句的疑问特征已经分别通过助词添加和正反重叠进行了核查,也仍然可以额外使用这个可有可无的、实质信息量极小的"嘎",其情形类似普通话疑问句尾"啊"的使用。证据之一是,苏州话中"嘎"不仅可以用于"可 VP"句尾问句,还可以用于疑问信息主要由疑问代词承担的特指问句。而"咯"在昆明话中则应该是一个负载强烈疑问信息的语气词,类似普通话中的"吗",只有那些尚未经由其他语法手段核查疑问特征的疑问句式才能使用。更何况,我们前文提到的永城话,在回答方式方面来说,情形正好相反,"可 VP"跟是非问句相同,而跟反复问句不同。所有这些,其实都跟"可 VP"问句的句类归属无关。

(四)有关跟"究竟"等句中语气副词的搭配问题。前文指出,在永城话等一些使用"可 VP"的方言中,"可 VP"问句在句中语气副词的配搭上跟选择问句和反复问句都不相同。选择问句和反复问句可以用"究竟",但是"可 VP"问跟"VP 吗"问句一样,都不能用"究竟"。我们认为,这些特点也跟疑问句式中的焦点特征有关。"究竟"类副词对焦点特征敏感,往往有强调其后面直接相连的句法成分的作用,这一点正好跟选择问句和反复问句吻合,因为后者的焦点成分也正是作为多项选择和正反选择的谓语部分。而"可 VP"和"VP 吗"问句的焦点效应不明显,所以跟"究竟"的功能有所冲突。而所有这些,都符合我们把"可 VP"和"VP 吗"两类问句一起解释为疑问助词嵌入句子以核查疑问特征的分析结果。

(五)有关作为一个整体的各种问句的功能分布问题。在永城话等一些使用"可

VP"的方言中,"可 VP"问句作为一个整体的句法功能跟"VP 吗"问句相同,而跟选择问句和反复问句不同。后者既能独立成为主句,也可以充当主语从句和宾语从句,但是前者只能独立成为主句,不能充当主宾语从句。本文提出的分析框架也能较好地解释这一现象。在我们看来,这极有可能是汉语普通话和部分方言中的一个带有普遍适用性的限制条件:只要是使用添加助词的语法手段核查全句功能范畴,不论该助词被添加在什么句法位置,造成的句子均须独立成句。⑥

最后,至于多数有"可 VP"问句的汉语方言中没有"VP 不 VP"型反复问句,我们认为更不能成为把"可 VP"问句判定为反复问句的一个理由。正如袁毓林(1993)所指出的,一种句式的句型地位只能看它在该语言(方言)中跟其他句式的对立关系,而不应参照其他语言中相应句式的句型归属。我们更不应先入为主地假定所有汉语方言都一定具有特指问、是非问、选择问和反复问四种疑问句式,(李小凡,1990)不能因为某方言没有反复问句,就把另外一种句式认定为反复问句。人类共同拥有的普遍语法机制虽然提供了多种多样的可能,但哪些可能最终会在某具体语言中实现出来取决于众多必然和偶然的可能性和必要性。各种语言均如此,汉语也不例外。前述 Hmong Njua 语没有反复问句,但是却有跟汉语方言"可 VP"非常相像的"puas VP"问句,我们也不能因为该语言没有反复问句,就把其在句中谓头位置嵌入疑问助词造成的句式认定为反复问句。其道理就如同我们不能因为汉语没有英语中主语助动词换位句式(如"Will you buy a house?")就说汉语中功能相同的"吗"问句(如"你会买房子吗?")是另外一种主语助动词换位句。

倒是因为"可 VP"问句跟反复问句在核查疑问特征方面功能相同,且又因为语言的经济原则,各语言倾向于只选其中之一种,结果形成了我们经常看到的现象:"可 VP"问句跟反复问句倾向于不在同一种方言中并存,但也不是绝对不能在同一方言中并存。

5. "可 VP"跟其他疑问句式的合用现象

但是,故事还没有到此完结。有个现象,令人倍感困扰:"可 VP"问句跟"VP 不 VP"问句、"VP 吗"问句以及特指问句在某些明清小说(如《西游记》)和某些方言中可以合用!

这种现象之所以令人困扰,是因为一般说来,一种语言在实现一种句法功能时一般只能采用一种句法手段。即使某语言拥有两种句法手段表达同一功能,它也只能交替使用,而不同时合用,如汉语普通话中"VP 不 VP"和"VP 吗"便是此例,我们不能说"*你买不买房子吗"(徐杰,2001)。合用意味着同时使用了两种手段,那是不经济的。

朱德熙(1985)已经敏锐地注意到了"可 VP 不 VP"类合用现象的存在,并认为"可 VP 不 VP"是"可 VP"和"VP 不 VP"两种句式糅合在一起的混合形式,是"可 VP"型反复问句的一种变例。这种看法当然有一定的道理。但是,把它看作一种变例只是描述了这种现象,并没有解释为什么"可 VP"问句跟"VP 不 VP"问句或者"VP 吗"在某些方言中可以合用,那显然是在句法层面同时使用了两种不同的句法手段。先看例句。

(一)"可 VP"问句跟"VP 不 VP"问句的合用

安徽东流(朱德熙,1985):

(50) 可香不香?

安徽合肥(朱德熙,1985):

(51) 可拿动拿不动?

苏州(刘丹青,1991):

(52) 耐到底阿去勒勿去?

汕头(施其生,1990):

(53) 你岂参加唔?

(二)"可 VP"问句跟"VP 吗"的合用

安徽阜阳(张敏,1990):

(54) 可拿动吗?

安徽阜阳(王琴,2008a):

(55) 恁可相信俺芒?

《西游记》:

(56) 你可认得你丈夫么?(12回)
(57) 你叫我,我就应了,我若叫你,你可应么?(35回)

(三)"可 VP"问句跟特指问句的合用

安徽蒙城(胡利华,2008):

(58) 你可去啥地方?
(59) 老李可借你多少钱?

安徽阜阳(王琴,2008b):

(60) 他可跟谁个讲过这事?
(61) 你可知道他病里咋样来?

安徽六安(刘祥伯,1997):

(62) 克去哪场子?(去不去什么地方?)
(63) 克跟甚人讲?(跟不跟谁说?)

我们就此提出一个逻辑推测:谓头疑问助词的性质有着跨方言的差异,是不同质的。在某些方言中,它是一个排他性的、纯正的疑问助词,因此不能跟其他疑问句法手段合用;在另外一些方言中,它的疑问功能应是被弱化了,不再是一个纯正的疑问助词。

借用陆俭明先生(1984)有关现代汉语有两个完整的疑问句尾语气词"吗""呢"和一个不完整的半疑问句尾语气词"吧"这一逻辑,我们也可以说,在允许"可VP"问句跟"VP不VP"问句或者"VP吗"合用的方言中,"可"类词只是个半疑问助词(类同于"吧")。那个半疑问助词的特征一是其表达的疑问语气不强烈,二是它还有其他表达功能,比如表语气的和缓等等。若如此,它跟其他疑问句法手段合用就是自然而然的了。母语为"可VP"型海安方言的汪如东(1994)就指出在该方言中,"可"既可用于疑问句,也可用于陈述句,在陈述句中"可"表示的是程度加深和感叹的意味。母语也为"可VP"型阜阳方言的王琴(2008a)也曾指出,阜阳话"可VP"问句的疑问功能由"可"承担,而"可VP芒"中承担疑问功能的是"芒","可"在这里似乎不表示疑问语气,而仅仅起到加强语气的作用。其背后的道理也许就在于此。

6. 结论

本文的主要结论可以概括为下列两点:

(一)所谓的"可VP"类疑问句式实为在"谓头"句法位置执行助词"添加"句法手段所造成的结果。既不能把它归入反复问句,也不能归入是非问句,它压根就不是静态的句式。它因同样使用"谓头"位置而跟反复问句拥有一些相似的特点,因同样使用"添加"句法手段而跟带"吗"的是非问句表现出某些共性。其独特的属性在本质上决定了这样的结果:无论是把它归入反复问句还是是非问句,都能找出理由,不管把它归入哪种问句都会遇到这样那样的困难。

(二)作为用于谓头位置的疑问助词,"可"类词本身应该存在跨方言的差异。跨方言地来看,它是不同质的。在某些方言中(如苏州话),它很实,是一个纯正典型的疑问助词,跟其他疑问句法手段相排斥;而在另外一些方言中(如多种安徽话),它较虚,是被弱化了的半个疑问助词,只是兼有疑问功能,它跟其他疑问句法手段可合用。就语法功能而言,实"可"类同于普通话中的"吗",虚"可"类同于普通话中的"吧"。它们的差别仅仅在于位置:实"可"和虚"可"均内置于谓头,"吗"和"吧"则外挂于句尾。如此而已!

附注

① 据我们所知,最早注意到这一现象的是赵元任(1928)。

② 此外,汪如东(1994)认为海安方言中"可 VP"是是非问句,赵金枝(2008)认为安徽无为方言中"可 VP"功能上相当于普通话中是非问句和反复问句的功能之和。

③ 永城话属于一种"可 VP"和"VP 不 VP"并存但不能混用的方言。永城地理上在河南最东端,毗邻朱先生所列各皖北方言点、中原官话和江淮官话结合部。

④ 合肥话中的例句是"可知道这个事不要紧"(知道不知道这件事没关系)。《西游记》中的例句是:"兄弟,还不知那和尚可是师父的敌人?"(24 回)(朱德熙,1985)。

⑤ 用汪平(1984)的话说,"阿"跟普通话"吗"在功能上是接近的,但位置不同。"吗"用在句末,"阿"搁在主语和谓语之间。

⑥ 合肥话似乎是这个规律的例外。其原因待查。

参考文献

丁崇明、荣　晶　2009　云南方言"K-VP"问句来源及其相关问题探讨,《云南民族大学学报》第 6 期。
丁治民　2003　东台话的疑问副词"个",《语文研究》年第 3 期。
何元建　1996　"可"字型问句的反诘语气,《汉语学习》第 4 期。
贺　巍　1991　获嘉方言的疑问句——兼论反复问句两种句型的关系,《中国语文》第 5 期。
胡利华　2008　安徽蒙城方言的"可"字句,《方言》第 3 期。
黄正德　1988　汉语正反问句的模组语法,《中国语文》第 3 期。
李小凡　1990　也谈"反复"问句,见《语言学与汉语教学》,北京:北京语言学院出版社。
李孝娴　2006　固始方言"可 VP"问句考察,《信阳师范学院学报》第 6 期。
李子玲、柯彼德　1996　新加坡潮州方言中的三种正反问句,《语言研究》第 2 期。
刘丹青　1991　苏州方言的发问词与"可 VP"句式,《中国语文》第 1 期。
刘祥伯　1997　六安丁集话的反复问形式,《方言》第 1 期。
陆俭明　1984　关于现代汉语里的疑问语气词,《中国语文》第 5 期。
罗福腾　1996　山东方言里的反复问句,《方言》第 3 期。
沈家煊　1999　《不对称和标记论》,南昌:江西教育出版社。
施其生　1990　汕头方言的反复问句,《中国语文》第 2 期。
汪　平　1984　苏州话里表疑问的"阿、馢、啊",《中国语文》第 5 期。
汪如东　1994　海安方言的"可 VP"句式,《淮海工学院学报》第 1 期。
王　琴　2008a　安徽阜阳方言的"可 VP"反复问句,《方言》第 2 期。
王　琴　2008b　阜阳方言"可 VP"问句句法特点,《阜阳师范学院学报》第 3 期。
王世华　1985　扬州话里两种反复问句共存,《中国语文》第 6 期。
吴振国　1990　关于正反问句和"可"问句分合的一些理论方法问题,《语言研究》第 2 期。
项梦冰　1990　连城(新泉)话的反复问句,《方言》第 2 期。
谢留文　1995　客家方言的一种反复问句,《方言》第 3 期。
谢旭慧　2001　玉山话疑问副词"可"及其相关句式,《上饶师范学院学报》第 2 期。
邢福义　1996　《汉语语法学》,长春:东北师范大学出版社。
徐　杰　2001　《普遍语法原则与汉语语法现象》,北京:北京大学出版社。

徐 杰 2005 句子的三个敏感位置与句子的疑问范畴——跨语言的类型比较,见单周尧、陆镜光主编《语言文字学研究》,北京:中国社会科学出版社。
徐 杰、李 莹 2010 汉语"谓头"位置的特殊性及相关句法理论问题,《汉语言文学研究》第3期。
徐烈炯、邵敬敏 1999 "阿V"及其相关疑问句式比较研究,《中国语文》第3期。
游汝杰 1993 吴语里的反复问句,《中国语文》第2期。
袁毓林 1993 正反问句及相关的类型学参项,《中国语文》第2期。
张 敏 1990 《汉语方言反复问句的类型学研究:共时分布及其历史蕴含》,北京大学博士论文。
赵金枝 2008 无为话中"可VP"式问句的表意与表时态功能,《语文学刊》第8期。
赵元任 1928 《现代吴语研究》,1928年初版,1956年科学出版社(北京)再版。
朱德熙 1985 汉语方言里的两种反复问句,《中国语文》第1期。
朱德熙 1991 "V-neg-VO"与"VO-neg-V"两种反复问句在汉语方言里的分布,《中国语文》第5期。

Dryer, Matthew S. 2005 Polar questions. In Martin Haspelmath, Matthew S. Dryer, David Gil and Bernard Comrie (eds.) *The World Atlas of Language Structures*. Oxford: Oxford University Press.

Harriehausen, Bettina 1990 *Hmong Njua: Syntaktische Analyse einer gesprochenen Sprache mithilfe daten-verarbeitungstechnischer Mittel und sprachvergleichende Beschreibung des südostasiatischen Sprachraumes*, Tübingen: Max Niemeyer Verlag.

Huang, C.-T. James, Y.-H. Audrey, and Yafei Li 2007 *The Syntax of Chinese*. Cambridge: Cambridge University Press.

Kahombo, Mateene 1992 *Esssai de grammaire du Kihunde: Syntaxe, morphologie et phonologie mélangeées*, Hamburg: Lit Verlag.

Thompson, S. 1998 A discourse explanation for the cross-linguistic differences in the grammar of interrogation and negation. In A. Siewierska and J. Song (eds.) *Case, Typology and Grammar*. Amsterdam: John Benjamins.

Traill, Anthony 1994 *A Xoo Dictionary*. K'oln: K'oppe.

名词短语的有界性与数量短语的关系

玄 玥

北京语言大学

1. 问题的提出

陆俭明(1988)《现代汉语中数量词的作用》一文曾注意到数量名词短语在语言结构中的句法作用,提出了很多引人关注的语法现象。陈平(1988)、蒋严与潘海华(1998)等关于汉语动词情状的研究中都认为带有可数数量宾语的动宾结构具有内在的自然终结点,表示"完成"(accomplishments)的情状,[①]如"吃一个苹果"中"一个苹果"是"吃"的动作的自然终结,"盖三间瓦房"中"三间瓦房"是"盖"的动作的自然终结;相对地,带有不可数数量宾语的动宾结构不具有内在的自然终结点,属于非"完成"的情状,如"吃苹果""盖瓦房"等。尤其在完成体中(有完成体标记"了"),谓语动词所表示的动作的完结更容易被理解为宾语的作用,"吃"这个动作是随着宾语"一个苹果"的状态改变(即消失)而终结的,"盖"也是随着宾语"三间瓦房"的完成而自然结束。这样来说,一个名词短语自身的量就可以使整个事件随着这个名词短语所表示的事物的完成、消失、改变等情况而自动完结,带有数量宾语的句子就是完结性的,这似乎也符合我们认识的客观情况,如,

(1) a. 他吃了一个苹果。
　　 b. 我盖了三间瓦房。

然而还有学者(如 Tai,1984)认为,汉语中的数量宾语可以不隐含达到目的的意

思,如虽然例(2)大多情况可能被理解为宾语"画"和"信"已经完成了,但是例(3)也足以证明这种隐含意义不是绝对的。

(2) a. 我昨天画了一张画。
    b. 我昨天写了一封信。
(3) a. 我昨天画了一张画,可是没画完。
    b. 我昨天写了一封信,可是没写完。

沈家煊(1995)用有界性的概念解释此问题,指出带有数量短语的名词短语相对于光杆名词短语具有有界性,作为宾语的名词短语的可数与不可数对应于"有界"和"无界"的范畴。后来(2004)进一步指出动宾结构中动作和事物的有界/无界匹配的复杂性,并用功能学派的认知域进行解释。如"吃了苹果"在"动作"认知域中,相对"吃苹果"而言代表有界动作;在"事件"认知域中,即句子层面,相对"吃了苹果了"和"吃了一个苹果"而言代表无界的事件。而且"吃苹果"的动作和事物都是无界的,但是"十分钟吃完苹果"中的事物"苹果"就要"识解"为有界的"一堆苹果"。

针对前人的争论,本文主要讨论相关的几个问题。一是动宾结构中可数数量宾语对动词起到什么作用,到底与动词的哪种情态特征有关,见第二节。第二个问题就是,如果带有可数数量宾语的动宾结构表示"有界",那么可数数量宾语本身是不是一定是"有界"的事物,与不可数数量宾语或光杆名词宾语有什么区别?见第三节。然后第四节讨论汉语光杆名词指称的复杂性,第五节从内部体短语的空范畴角度讨论简单动宾结构,第六节延伸讨论不同类型动词在内部体短语为空时的差异性。

2. 数量宾语与动词"内部体"有关

动宾结构中可数数量宾语对动词起到什么作用?以上的不同意见,可以归纳为数量宾语究竟是与动词的哪种情态特征有关系。

我们知道,与谓语动词时态相关的时间有三个,即"事件时间"(event time)(动作发生的时间)、"参照时间"(reference time)和"叙述时间"(speech time),涉及事件时间和参照时间的是"体"(aspect)范畴,而涉及事件时间和句子叙述时间的是"时"(tense)范畴。现在的研究多倾向于将二者分开,它们在生成语法理论中也在句中形成不同的投射,以表明是谓语所涉及的不同的体貌性质。所以与"时"相比,"体"是更接近于谓语动词的时间性功能成分,在句法位置上也更接近于谓语动词。很显然,宾语不涉及句子的叙述时间,与时态没有直接关系。数量宾语与谓语动词的动作发生时间有关联,所以与"体"态有联系。

关于"体"的研究有很多,生成语法理论进入原则和参数阶段后,将体貌成分与时态成分从屈折层 Infl 里分离出来,作为独立的功能性成分(functional category)。现在的研究也倾向于细化功能短语,使句法结构更加清晰。Travis(2005)提出"体"的概念可以分为"外部体"(outer aspect)和"内部体"(inner aspect)两大部分:"外部体"是传统意义上的由形态手段或语法手段表示的体,如完成体、进行体等;"内部体"是语境体(situational aspect),一般由表示体的动词类别来体现,也就是完成、成就、活动和状态等四类。她更重视体在句法中的结构位置和表现,她认为外部体与句法联系紧密,是典型的功能性投射,一般被认为在 IP 层中;而以往被认为是动词本身特性的内部体,是一种句法结构特性,在 vP 和主要动词短语 VP 之间,是动词短语 VP 内部的一种功能投射。

Travis 将词义表达的语境体上升为内部体概念,主要是说明被认为是动词特性的语境体其实不是在词库中带有的,而是在"形态层"(morphology)中构成的,在句法结构上有自己的位置。她将 Vendler(1967)所分的四类动词总结出两类特征(参见注①),并用矩阵表达:

(4)

	−process(−过程性)	+process(+过程性)
−definite(−有界/定性)	state(状态)	activity(活动)
+definite(+有界/定性)	achievement(成就)	accomplishment(完成)

这里的"有界/定性"就是完结性(telic)。她用"有界/定性"和"过程性"来区分动词,并将这两大特征都置于动词短语 VP 内,所以句子中动词短语的结构如下:

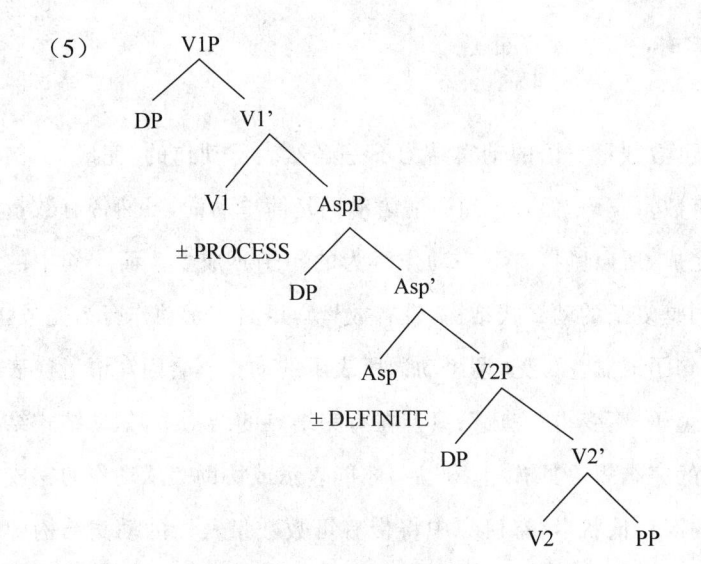

(5)
```
         V1P
        /   \
       DP    V1'
            /   \
           V1   AspP
        ±PROCESS /  \
                DP   Asp'
                    /    \
                  Asp    V2P
              ±DEFINITE  /  \
                        DP   V2'
                            /   \
                           V2    PP
```

这个结构中没有通常出现在 VP 上层的轻动词短语 vP，取而代之的另一个表示"过程性"的动词短语 VP 层，它和表示"有界/定性"的"内部体短语 AspP"都在动词短语内，共同体现了谓语动词的两个主要的情状特征。她将动词的两种基本情态特征分别投射成动词的两个功能性成分的做法给我们处理动词的情态提供了新的思路。

简单地说，涉及事件时间和参照时间的体是外部体，而与动词类型有关的体是内部体，这种"内""外"之别较好地体现了两种体貌特征在句法结构上的位置，所以我们沿用这种称呼。我们看到，无论是陈平(1988)、蒋严与潘海华(1998)认为数量宾语表示动作完成，还是 Tai(1984)认为动作未完成，都是在探讨数量宾语与谓语动词的"完成"与否的关系。其实"完成"是以谓语动词的动作行为为着眼点的，而"有界"则是指动词的一个情态特征，强调动作行为完成所必备的条件，这是"完成"和"有界性"的联系。

单纯看"吃一个苹果"这样的动宾结构很难判断其语义是否表示"完成"，尤其在完成体的句子中不利于理清动宾结构和句子的情态关系。将这个结构不加任何体标记、放在连动式或紧缩复句的前一个谓语位置再考察一下。例如：

(6) a. *他经常吃一个苹果去上课。

　　b. 他经常吃完/掉一个苹果去上课。

(7) a. *(女方提出要求,)我盖三间瓦房才能结婚。[②]

　　b. (女方提出要求,)我盖完/好/成三间瓦房才能结婚。

(8) a. *他总是写一封信就寄出去。

b. 他总是写好一封信就寄出去。

以上例句显示,带有可数数量宾语的动宾结构不是必然表示动作的"完成"。例句中前一个动词短语都带有数量宾语,但是 a 句的谓语动词是简单动词,虽然带有数量宾语也不表示动作行为的完成,所以紧接着下一动作行为的句子不成立。而 b 句中的前一个动词短语的谓语动词是复杂的动结式结构,带有数量宾语时表示动作行为完成,可以直接进行下一个动作,句子成立。可见,谓语动词所表示的动作不会因宾语所代表的事物的有界性(可数名词短语)而变得"完成";只有在有完结点的结构中,如动结式结构中,宾语与表示动作结点的完结短语具有相关性后,才能表示或协助表示动作的完成。

所以我们认为以往的汉语情状/情态研究中将带有可数数量宾语的动宾结构归为"完成"(accomplishments)的情状是错误的,而沈家煊(1995)的术语"有界"比较恰当。而且,数量名词短语所影响的是谓语动词的情状,即内部体。

3. 宾语的受影响性及其句法位置

接下来的问题就是,带有可数数量宾语的动宾结构表示"有界",那么可数数量宾语本身是不是一定是"有界"的事物?

沈家煊(1995)认为带有数量短语的名词短语相对于光杆名词短语具有有界性,也就是作为宾语的可数和不可数名词短语与对应于"有界"和"无界"的范畴。后来被一些学者提出反例,沈家煊(2004)进一步阐释动宾结构中动作和事物的有界/无界匹配的复杂性,并用功能学派的认知域进行解释。以动宾结构的宾语可数、不可数的形式对应有界和无界的情况,和所谓的反例情况,分别举例形成下表:

	可数名词宾语(数量名短语)	不可数名词宾语
有界	A1 我昨天吃掉三个苹果。 A2 我昨天吃了一个苹果。	B1 十分钟吃完苹果。 B2 我吃了苹果就走。
无界	C 我写了一封信,可是没写完。	D 我喜欢吃苹果。

每种情况都比较复杂,认知域的解释(见第一节)固然是一种方法,但是这么复杂的对应关系是否只存在于认知领域,它们的句法结构都是完全一样的吗?接下来我们希

望通过句法结构分析讨论宾语有界性问题。

Tenny(1987)指出了论元的体貌信息对句法的影响。一般动词的直接论元会在时间上"度量"(measure out)动词所描述的事件,给其时间边界,所以动词与其所带宾语之间具有"限制性"(delimitedness),这被称为论旨角色的体信息。能够对动词描述的事件进行限制(delimit)的直接论元是"受影响(affeccted)论元";不能够进行限制的论元是"非受影响论元"。论元的"受影响性"(affectedness)是给动词所描述的事件提供一个终结点,也就是与动词的体有关。表示宾语受影响的动词都隐含动作结点的意思。

芬兰语中一个宾语是否有限制性,会影响它所得到的格位。如 Tenny(1987)的例句:

(9) a. Maria kantoi   kirjaa   tunnin.
       玛丽   运   书-部分格   一小时-受事格
     "玛丽运书运了一小时。"
   b. Maria kantoi   kirjan   * tunnin.
       玛丽   运   书-受事格   一小时-受事格
     "玛丽运一本书(至某地)* 一个小时。"
     ["Mary carried a book (to some place) * for an hour."]

a 中的宾语是部分格,没有受到限制,也就是不是受到完全影响,是可以和时段短语连用的;而 b 中的宾语是受事格,表明宾语受到限制,也是受影响结束,谓语动词是一个有完结点的动作,所以不能与时段短语连用。

又比如在英语中,动词"eat"(吃)也有下面两种用法的分别。例如:

(10) a. He ate an apple.
       (他吃了一个苹果。)
    b. He ate at an apple.

例句 a 中的用法是受影响的,宾语["an apple"(一个苹果)]做完全理解;而 b 句只是表示尝了几口,不是整个宾语("an apple")受到影响,可以说是非受影响类宾语。所以才有下面的分别：

(11) a. *He ate an apple for five minutes.

（他吃了五分钟一个苹果。）

b. He ate at an apple for five minutes.

（他吃一个苹果五分钟了。）

(12) a. *He ate an apple, but he didn't eat it up.

（他吃了一个苹果，但是没有吃完。）

b. He ate at an apple, but he didn't eat it up.

（他吃一个苹果，但是没有吃完。）

还有很多语言有这样的情况，如北印度语（Hindi）、爱尔兰语（Irish）、日语、苏格兰盖尔语（Scots Gaelic）等。

在生成语法的研究中，Travis(2005)也指出宾语的性质和它们句法位置的关系，宾语的体貌性质和动词短语 VP 内部的体短语正好吻合，将宾语的初始位置处理为内部体短语的指示语[Spec AspP]。也就是有界性的宾语与动词的完结性的内部体性质在句法上具有密切联系。

可是，汉语中既没有论元的格标记，也没有不同介词的区分，是否有宾语的受影响性的表现呢？

首先要明确汉语的谓语动词特点，很多研究③也都指出，人类语言中普遍存在的动词类型中的"成就动词"（achievement）和"完成动词"（accomplishment）在汉语中没有直接对应的单音节动词，只有动结式结构才能表达类似意义。这两类动词情态类型的最大共同之处是有一个内在的终结点，或称有界/定性（definite）、有界性（telic），汉语动结式和动趋式表达的是有界的事件，而结果补语和趋向补语都能改变前项述语动词 V 的体貌特点，起有界化的标记作用。朱德熙（1982）等汉语研究者也指出汉语古今表达的差异就是动结式出现并表示动作完结之意。

所以在汉语中可以通过谓语的有界性来辨别宾语的有界性，即简单动词带有的一般是无界宾语，而动结式带有的是有界宾语。我们将动结式的宾语和简单动宾结构中的宾语进行比较，用后续句说明宾语所代表的事物没有受到谓语动作的影响。例如：

(13) a. 张三摔了那个玻璃杯,可是玻璃杯没事。

　　 b. *张三摔碎了那个玻璃杯,可是玻璃杯没事。

(14) a. 我叫了小王,可是他没反应。

　　 b. *我叫醒了小王,可是他没反应。

以上例句中的 a 句都是单音节动词,宾语可以理解为非受影响性宾语,而 b 句动结式为谓语,宾语一定是受影响性的,不能在后续句中说宾语所代表的事物没有受到影响。可见宾语的受影响性在汉语的句法结构上同样也有体现。

另外,在汉语研究中,对宾语受影响性的观察主要体现在对"把"字句宾语的考察中。而对"把"后宾语的受影响性研究也与动结式的宾语性质相关。如 Cheng(1988)同意宾语受到影响就意味着事件是有终结点的,并观察到受影响宾语与"把"字句的关系,认为只有含有受影响宾语的句子才能变成"把"字句。带有结果补语的动结式因为结构是受影响性的,就可以变成"把"字句。所以有一般谓语和动结式谓语变成"把"字句的区别:

(15) a. *把张三推了。

　　 b. 把张三推倒了。

沈阳(1997)也观察到"把"字句的谓语一般为复杂动词结构,简单动词结构很难形成"把"字句。我们知道,汉语的动结式在汉语中是有完结点的事件的典型表达方式,因为汉语的单音节动词几乎没有内在的终结点。而"把"字句表示句子主语所代表的事物对"把"后宾语所表示的事物进行处置,"把"后的名词短语必然具有较强的受影响性。这样两种句型紧密相关,自然更意味着宾语的受影响性与动结式尤其是动结式中的结果补语有密切的关系。

数量名短语是从词汇基本意义角度的有界,就是数量成分给名词一个量化的界限,整个名词短语是有界性的。但是我们看,本文例(6、7、8)句变成"把"字句的情况也符合这种观察,如:

(16) a. *他经常把一个苹果吃去上课。

b. 他经常把一个苹果吃完/掉去上课。

(17) a. *（女方提出要求，）我把三间瓦房盖才能结婚。

b. （女方提出要求，）我把三间瓦房盖完/好/成才能结婚。

(18) a. *他总是把一封信写就寄出去。

b. 他总是把一封信写好就寄出去。

可见，"数+量+名"这样的数量名词短语做宾语，不是以其词汇意义决定是否有界，而是与前面的谓语动词的性质有密切的关系：在动结式这样的有完结性谓语后面时，具有有界性；而在非完结性谓语后面时，是无界的。这样看我们解释了表中的 A1 和 D 的情况，也是比较容易想见的普通的对应情况。

从句法结构上看，如果我们认为动结式的 R 是内部体 Asp，它就是 V 的上一层投射的中心语，受影响性宾语，即有界性的数量名词短语在句法上是功能成分 R 的论元，位置为[Spec Asp]；而非受影响性宾语，即无界的名词短语在句法上是 V 的论元，位置为[Spec V]。关于动结式句法结构的论述详见玄玥(2011)，本文着重讨论宾语的有界性，或称受影响性，与谓语动词的句法结构的关系。这样分析后，A1 的"吃掉三个苹果"和 D 中"吃苹果"的结构如下：

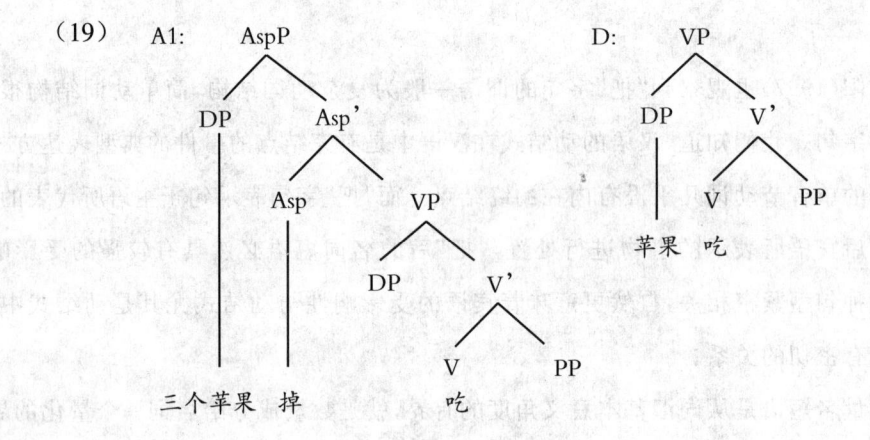

(19) A1:

```
        AspP
       /    \
      DP    Asp'
           /    \
          Asp    VP
                /  \
               DP   V'
                   /  \
                  V    PP
三个苹果  掉       吃
```

D:

```
      VP
     /  \
    DP   V'
        /  \
       V    PP
苹果  吃
```

4. 光杆名词的复杂指称性

下面谈一下做宾语的光杆名词情况,如"吃苹果"这类,即表中的 B 和 D 栏。上节说到 D 栏的不可数名词宾语,对应于无界情况,符合人们的正常理解思路,也就是汉语中的光杆名词,一般认为是无指性(non-referential)或称通指性成分。例如:

(20) 他很会写材料,总结能力很强。
(21) 天冷快穿衣服。
(22) 在家里吃饭很安心。

但是也有学者注意到光杆名词也有定指的用法。例如:

(23) 他写完材料了,请你看看。
(24) 他穿脏了衣服。

沈家煊(1995)对此的解释是光杆普通名词可以被有界化,而加入数量词直接变成有界的数量短语,与在句中加入"已经"或"了"或表示结果意义的补语等使动作有界化的手段起到同样的作用。

数量名短语是从词汇基本意义角度的有界,就是数量成分给名词一个量化的界限,整个名词短语是有界性的。而汉语的光杆名词则不同,它们自身没有界限,但是在有体貌成分的句子中就可以表示定指的有界事物,我们认为正是由于光杆名词的受影响性和所处的句法位置不同才导致以上这两种用法。

汉语的光杆名词是无指或通指成分时,它们是非受影响的宾语论元;而且我们看到"他很会写材料"中的"写材料"和"在家里吃饭很安心"中的"吃饭"都可以不是句子的主要谓语,而是动词不定式形式,所以作为宾语论元的光杆名词在[Spec VP]的位置上,是最底层的动词短语 VP 内部的论元成分,就是上文讨论的 D 栏的情况,其结构如下:

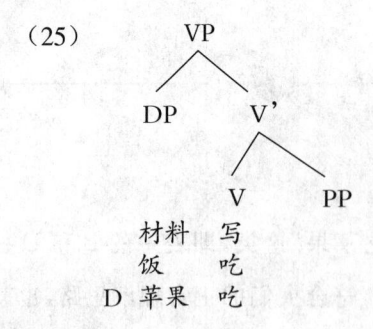

(25)
```
        VP
       /  \
      DP   V'
           / \
          V   PP
     材料  写
     饭    吃
    D 苹果  吃
```

而在某些情况下,光杆名词可以得到有界化。其中一个方式就是谓语中带有表示结果意义的补语。带有结果补语的句子就是通过结果补语所投射的完结短语,来实现对光杆名词宾语的影响,使其有界,成为定指性名词短语,所以它们的位置是[Spec AspP],例(23)和(24)和表中 B1 的情况一样。这样看,B1 的句法结构与 A1 相同,只是非数量名词短语,也就是光杆名词是受影响性宾语,是动词内部体 R 的论元。

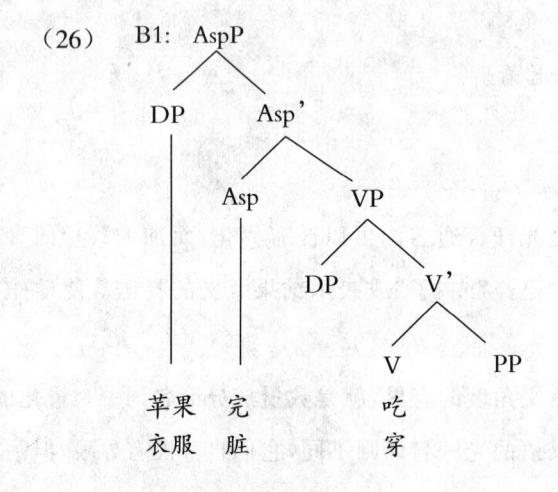

(26) B1: AspP
```
         AspP
        /    \
       DP    Asp'
             /  \
           Asp   VP
                / \
               DP  V'
                   / \
                  V   PP
       苹果  完       吃
       衣服  脏       穿
```

也许有人认为只有动宾结构中的光杆名词宾语才是无指性的,动结式的宾语都是有指性的,都在[Spec AspP]的位置。其实不然,我们看动结式带宾语所构成的结构在非时态句中的情况,例如:

(27) 打碎杯子要赔偿。
(28) 吃饱饭是以前很多人一辈子的理想。

（29）我们目的不是写完材料，而是写好材料。

上例中的"打碎杯子""吃饱饭""写好材料"等都不是句子的主要谓语，而是动词不定式形式。此时，结构中的光杆名词宾语也都是非受影响性的无指性名词短语，仍在[Spec VP]的位置上，结构是：

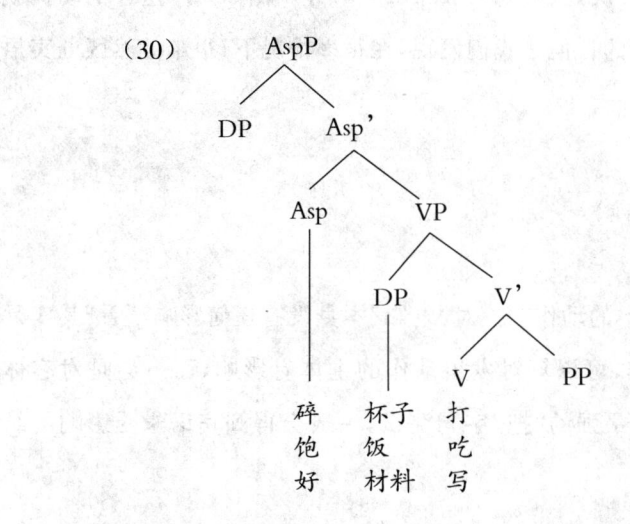

（30）
```
        AspP
       /    \
      DP    Asp'
            /  \
          Asp   VP
           |   /  \
           |  DP   V'
           |  |   /  \
           |  |  V    PP
          碎 杯子 打
          饱 饭   吃
          好 材料 写
```

也就是说动结式谓语不是与时态必然联系的，而其完结性是动词内部的情态性质。我们认为正是由于光杆名词的受影响性和所处的句法位置不同才导致以上这两种用法的不同。

5. 简单动宾结构与空的完结短语

但是我们也发现了这样的例句：

（31）我吃了饭就去上学。
（32）张三吃了苹果就走了。

谓语动词为单音节，宾语是光杆名词，按前文分析似乎不应该是有界的情况，但无论谓语还是宾语都确实是表示有界意义,也是表中 B2 的情况。再看 A2,也是简单动词带有宾语,但是表示的是有界的动作,宾语也是有界的受影响性宾语。本节讨论 A2 和 B2 的情况,它们看起来都是简单动宾结构。既然讨论动宾结构的宾语,与此相关的一个问题就是简单动宾结构宾语的受影响性与动词是什么关系,有必然的联系吗?

以往对宾语受影响性的研究一般认为,动词和宾语的关系就固定地有受影响的和非受影响的,是由它们的词汇意义决定的,如 Cheng(1988)等。比如"看"这样的动词就其自身词义来讲是不能影响宾语的。但是我们发现,在很多情况下,很难截然区分宾语是否受到影响。如,

(33) 张三看了电影《英雄》。

从语义上看,短语"看电影"中的动作"看"对"电影"本身没有任何影响,"看"其实是客观事物作用于人的眼睛的动作,可以算对发出动作的主体有影响,而不会是对客体"电影"有影响。用体现受影响性最强的"把"字句测试,一般会得到宾语未受影响的结论,如,

(34) ?张三把电影《英雄》看了。

上例不是很自然,似乎宾语"电影《英雄》"没有受到动作"看"的影响。但是,我们却能在下述语境中将"看电影"这样的短语用于"把"字句,如:

(35) 我先把《英雄》看了,明天再看《无极》。

此例句不仅很自然,而且是我们经常使用的一类"把"字句。沈家煊(2004)曾指出汉语"把"字句的主观处置性,使困扰学界多年的一些不是对宾语客观处置的"特殊""把"字句得到较好的解释。这里的"主观"概念很重要,即语言使用中的语义关系不是指客观事件的实际关系,而是说话人想表达的主观认定的事物间的语义关系。所以,例(35)是说话人主观将宾语"《英雄》"做了处置,也认定它可以受到动作"看"的影响而达到一种完成结束的状态。可以说,这种受影响的动宾结构中是存在一个完结短语的,动

作是完结的,宾语也是受影响的,只是完结短语的中心语在句中未出现,是空的,但是完结的语义还是传达到它的标识语(specifier)上了。结构如下:

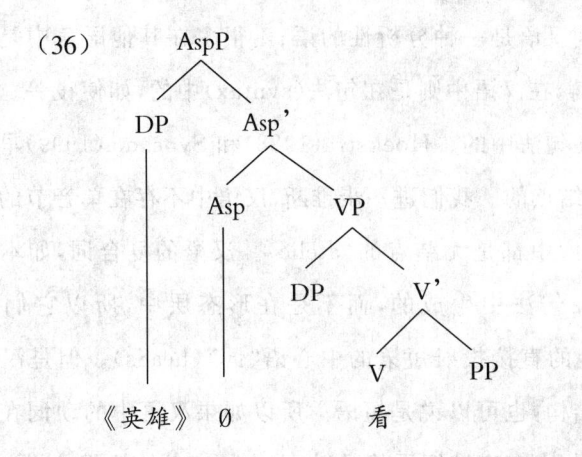

(36)
```
        AspP
       /    \
      DP    Asp'
      |    /    \
      |  Asp     VP
      |   |     /  \
      |   |    DP   V'
      |   |    |   /  \
      |   |    |  V    PP
    《英雄》 ∅      看
```

当然,宾语没有受到影响的动宾结构,其宾语的位置是在[Spec V],如例,

(37) a. 张三昨晚看了一场精彩的电影。
　　　b. *张三昨晚把一场精彩的电影看了。

一个描述性的无定数量名词短语做宾语,没有受到影响,在这个意义上,也说明谓语动词没有完结,句子就是没有完结短语投射的。这也是C栏的情况,所以句法结构为:

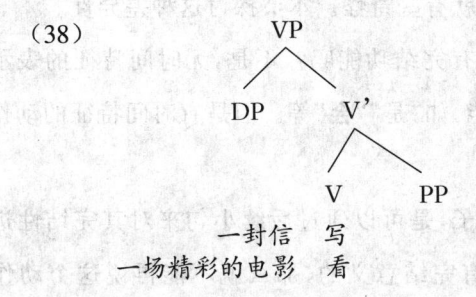

(38)
```
         VP
        /  \
       DP   V'
       |   /  \
       |  V    PP
     一封信    写
   一场精彩的电影 看
```

与C栏有关的还有一个问题,这也是开篇提到的在学界引起争议的一类问题。"写了一封信",究竟是否写完?也可以说"一封信"何时是受影响性的宾语,是表示动词

有界的？何时是非受影响性的宾语，动词是无界的呢？

我们认为一个动宾短语是不能单纯从动词和宾语名词的语义关系来断定其宾语的受影响性的。任何表层结构中的动宾短语都存在两种可能性，要在句子的释义中来断定其句法结构。前面我们提到汉语是一种分析性的语言，很多在其他语言中是词法形态(morphology)内的语法范畴，在汉语中则是在句法(syntax)中的，如使役等。我们认为汉语动词的完结性质也是在句法中的。Hoekstra(1988)和Sybesma(1999)早就指出汉语的动词是开放性的、无终结点的。我们进一步推断，汉语中不存在单音节的成就动词和完成动词，汉语动词在词库中都是无结点的(atelic)。汉语的复合词，如本文主要讨论的动结式复合词，都是在句法中生成的，而不是在形态层中，所以它们是短语(phrases)，而不是真正意义上的直接投射短语的中心语"词"(heads)。但是汉语中存在的表示完成和成就意义的结构，也可以说是短语。所以如果汉语中的动词在使用中有了完结的意味，就一定是在句中有完结短语的投射，无论是实义的补语，还是空语类。有完结点的句子的意义是，主句动词所代表的动作产生了一个结果，这个结果也是该动作的终结点，是指宾语所代表的事物完成了。所以简单动宾结构中的宾语都有两种可能的位置，一是具有受影响性的[Spec TelP]，另一个是非受影响的[Spec VP]。

6. 不是所有的动词都有完结

可是有人提出异议，"写了一封信"后面可以接"可是没写完"，但是"吃了一只鸡，可是没吃完""杀了一个人，可是没杀死"就有些奇怪。本节探讨这种差异性。

相关的一个问题是所有的动词都有完结功能吗？不是，无时间特征的表示状态的动词没有体态，一般也不会有完结功能，如"是""会"等。但是有时间特征的动作动词在完结功能上也有很大差异。

我们认为一个有空完结词首的句子，是可以通过后续小句来对其完结性进行测试的。也就是说，如果一个句子是隐含有完结意义的，那么就不能再说这个动作没有完成，这个宾语没有受到影响。动结式是有结点意义的，所以含有动结式的句子不能被后续小句否定这个终结点。如：

(39) a. *他打死了李四,可是李四没死。

　　b. *他学会了打字,可是他不会打字。

以上两例中后续小句与前面动结式的小句是矛盾的,说明动结式的终点一旦实现是不能被否定的。其他语言也存在同样情况,以英语为例,如:

(40) *Mary ate up the apple, but she didn't eat it up.

（玛丽吃光这个苹果,可是她没有吃完。）

因为"eat up"(吃光)相对于"eat"(吃)是有很强终结点的,当这样的动作发生后(在过去时中),这个终结的结果不能再被取消。

如果一个小句有终结点,后续小句就不能否定这个结点;相反,如果后续的小句可以否定,尤其是否定终点的小句,就应该没有完结点,在句中也应该不存在完结短语。所以,一个句子是否有完结功能、存在完结短语(尤其是空的完结短语),是可以通过后续小句来对其完结性进行测试的。没有内部结点的汉语单音节动词做谓语的句子,是可以通过后续句的反驳来否定其完成性的,说明前分句的动词没有完结短语。如,

(41) a. 张三看了电影《英雄》,可是没看完。

　　b. 张三打了李四,可是没打伤(ʔ完)。

　　c. 张三盖了一间屋子,可是没盖完。

　　d. 张三做了排骨,可是没做熟(完)。

上例支持我们的设想。但是在测试的过程中,却有不一致的情况出现,有些动词用后续小句很难否定(用ʔ标示),似乎说明前分句的动词已经有完结短语了,如,

(42) a. ʔ张三吃了一只鸡,可是没吃完。

　　b. ʔ张三撕了那张纸,可是没撕完。

　　c. ʔ张三杀了李四,可是没杀死。

这些例句的前一小句都带有完成体标记"了",应该是完成体;谓语动词也都是单音节动词,但为什么有的动词就隐含宾语完全受影响并完结了的意思,如例(42),不能加后续小句说动作没有完成;而有些动词就可以加后续小句说明一种非完成的结果状态,如例(41)。而对例(42),有些人(Sybsma)认为是可以接受的,至少一部分人觉得可以接受。如果可以接受例(42),与前文的分析是一致的,但是本文希望解释为什么另一些人不能接受这样的句子。

我们认为上述这种分别与完结短语的本质和主句动词的性质有关。上述例句都是完成体的现实句,所以表示非状态动作的谓语没有完结点;它们的宾语可以被否定,可见宾语也没有受到影响。既然没有完结短语,谓语动词就没有结果状态。上述 7 个例句都是一样的情况。但是主句动词的性质不同。例(42)中的"吃""撕""杀"都是破坏性动词,是完全影响其宾语论元由存在到完全改变状态甚或消失。所以这样的受影响性宾语发生了质变,是极性受影响宾语。当破坏性动词在完成体的结构中(有完成体标记"了"),会隐含动作已经完成、宾语完全受到影响并发生质的改变的含义。所以一些人可以难于接受后续小句中对结果没有发生的叙述。而对于非破坏性动词,如例(41)中各句,尤其是创造性动词(creative verb)(c 中的"盖"、d 中的"做"),它们的宾语不是立即、一次性受到影响,是有一定的过程的,没有完结短语就不能说明其完成的终点情况,也就可以对宾语的受影响性进行否定。这也是为什么有的学者认为汉语的动词后体标记"了"表示开始(inchoativity)或起初(inception)意义(如 Rohsenow,1978),大概是看到了体标记在这类动词后的句子所隐含的意义。

完结短语的最核心的意义是完成,所以它为空的时候,只可能隐含"完成"的语义,而不能是其他的。而它有词汇词来填充的时候,是不会有词义的限制的,任何谓词性的词语都可以成为一个动作的终结点,可以投射出完结短语。

7. 结论

总结全文,为清晰起见,将表格中所涉猎的情况再统一列出,句法结构也放在一起比较。

	可数名词宾语（数量名短语）	不可数名词宾语
有界	A1 我昨天吃掉三个苹果。 A2 我昨天吃了一个苹果。	B1 十分钟吃完苹果。 B2 我吃了苹果就走。
无界	C 我写了一封信，可是没写完。	D 我喜欢吃苹果。

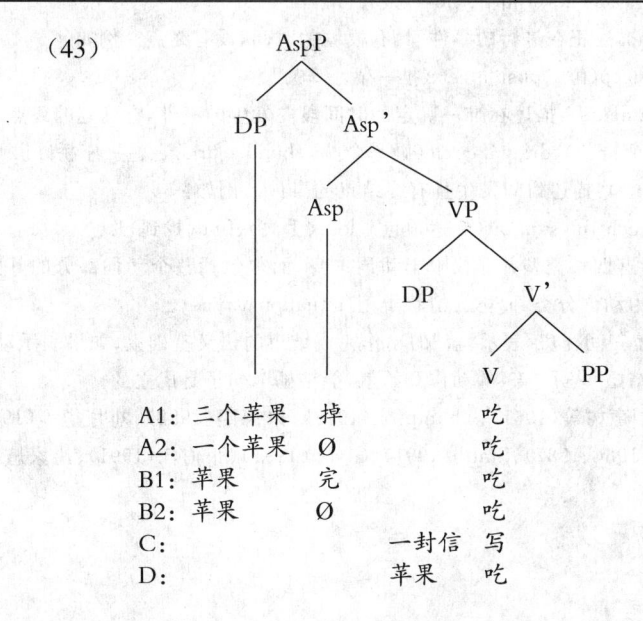

(43)
```
              AspP
             /    \
           DP      Asp'
                  /    \
                Asp     VP
                       /  \
                      DP   V'
                          /  \
                         V    PP
```

	DP	Asp	DP	V
A1:	三个苹果	掉		吃
A2:	一个苹果	Ø		吃
B1:	苹果	完		吃
B2:	苹果	Ø		吃
C:			一封信	写
D:			苹果	吃

可见，名词是否带有数量短语修饰，也就是名词的可数或不可数形式本身并不决定它是否有界，而它在句中的句法位置，是动词 V 还是动词内部体 R 的论元关系才决定其是否有界，是否是受影响性宾语。初始位置就是动词 V 的论元的宾语是非受影响性的，表示无界的事物；初始位置是动词内部体，即补语 R 的论元的宾语是受影响性的，表示有界的事物。

本文全面考察了作为宾语的名词短语的各种情况，解释了纷繁复杂的宾语现象，将看似相同的情况进行了梳理，在句法结构上解释了相同表层结构的深层差异。也许有人对本文的分析有点疑问，认为有时有完结短语，有时没有，宾语的受影响性也都是根据句子语义而定的。我们认为解释歧义就是在相同的表象中寻找不同的特质，如结构主义语法学对"咬死了猎人的狗"的歧义分析，就是在语义辨析的前提下进行句法结构的阐释。本文讨论的名词短语的语义，不是语言呈现的表面的短语意思，而是名词短语的有界性、受影响性，这都是与其句法性质密切相关的，所以从句法结构的角度对名词短语进行解释更为有效和可靠。

附注

① Vendler(1967)最早按照体的类别将动词系统地分类,他主要根据动词所描述的事件是瞬时的还是持续的、事件的终点是否出现和是否有过程体形式等方面,将英语的动词分出四类体:

(一) 状态体(states):描述进行中的事件。例如:
　　know(懂得、知道、会)、believe(相信)、love(爱)...
(二) 活动体(activities):描述正在进行的事件,具有模糊的时间,没有终点。例如:
　　run(跑)、cry(哭)、sleep(睡)、push a cart(推一辆小车)...
(三) 完成体(accomplishments):描述在唯一确定的时间段内发生的事件,有确定的终点。例如:
　　make a chair(做一把椅子)、draw a circle(画一个圈)、build a bridge(造一座桥)...
(四) 成就体(achievements):描述瞬间发生且有终结点的事件。例如:
　　recognize(认出)、reach the summit(到达顶点)、lose(丢失)、find(找到)...

后来的学者陆续认识到,这四种类型并非仅限于动词本身,而须包括整个动词部分的其他成分,所以这个分类体系后来不称为动词分类,而称为情状类型(situational type)。

② 此句打"*"号是在"盖三间瓦房"表示"盖"的动作完成结束的语义基础上,如果表示动作开始并延续,"我盖三间瓦房才能结婚"表示"盖"的动作开始就"能结婚",句子是成立的。

③ 如雅洪托夫(1958)、丁声树等(1961)、Thompson(1973)、朱德熙(1982)、刘月华等(1983)、Tai(1984)、徐枢(1985)、吕叔湘(1984,1987)、Smith(1991)、Givón(1991)、张伯江(1991)、沈家煊(1995)、柯理思(1997)等。

参考文献

陈　平　1988　论现代汉语时间系统的三元结构,《中国语文》第6期。
丁声树等　1961　《现代汉语语法讲话》,北京:商务印书馆。
蒋　严、潘海华　1998　《形式语义学引论》,北京:中国社会科学出版社。
柯理思　1997　北方官话里表示可能的动词词尾"了",见《庆祝中国社会科学院语言研究所建所45周年学术论文集》,北京:商务印书馆。
刘月华等　1983　《实用现代汉语语法》,北京:外语教学与研究出版社;北京:商务印书馆,2005。
陆俭明　1988　现代汉语中数量词的作用,《语法研究和探索》(四),北京:北京大学出版社。
吕叔湘　1984　与动词后得与不有关之词序问题,见《汉语语法论文集》,北京:商务印书馆。
吕叔湘　1987　疑问·否定·肯定,见《语文近著》,上海:上海教育出版社。
沈家煊　1995　"有界"与"无界",《中国语文》第5期。
沈家煊　2004　再谈"有界"与"无界",《语言学论丛》第三十辑,北京:商务印书馆。
沈　阳　1997　名词短语的多重移位形式及把字句的构造过程与语义解释,《中国语文》第6期。
徐　枢　1985　《宾语和补语》,哈尔滨:黑龙江人民出版社。
玄　玥　2011　现代汉语动结式补语是一种内部情态体——"完结短语"假设对动结式结构的解释,《华文教学与研究》第1期。
雅洪托夫　1958　《汉语的动词范畴》,陈孔伦译,北京:中华书局。
张伯江　1991　关于动趋式带宾语的几种语序,《中国语文》第3期。
朱德熙　1982　《语法讲义》,北京:商务印书馆。
Cheng, Lisa Lai Shen 1988 Aspects of the Ba-construction. In C. Tenny (ed.) *Studies in Generative*

Approaches to Aspect. Lexicon Project Working Papers. MIT Press.

Givón, T. 1991 *Syntax: A Functional-Typological Introduction*. Philadelphia/Amsterdam: John Benjamins.

Hoekstra, Teun 1988 Small clause results. *Lingua* 74.

Rohsenow, John 1978 Perfect Le: Aspect and relative tense in Mandarin Chinese. In Robert L. Cheng, Ying-che Li and Ting-chi Tang (eds.) *Proceedings of Symposium on Chinese Linguistics*. Student Book Co., Taipei.

Smith, Carlota 1991 *The Parameter of Aspect*. Dordrecht/Boston/London: Kluwer Academic Publishers.

Sybesma Rint 1999 *The Mandarin VP*. Dordrecht: Kluwer Academic Publisher.

Tai, James 1984 Verbs and times in Chinese: Vendler's four categories. *Lexical Semantics*. Chicago Linguistic Society.

Tenny, C. L. 1987 Grammaticalising aspect and affectedness. Ph. D. Dissertation, MIT, Cambridge, Massachusetts.

Tenny, C. L. 1994 *Aspectual Roles and the Syntax-Semantics Interface*. Kluwer, Dordrecht.

Thompson. S. A. 1973 Transitivity and some problems with the BA construction in Mandarin Chinese. *Journal of Chinese Linguistics* 1.

Travis, Lisa 2005 In prep. *Inner Aspect*. Dordrecht, The Netherlands: Kluwer.

Vendler, Z. 1967 *Linguistics and Philosophy*. Ithaca: Cornell University Press.

汉语的句法结构和语用结构*
——朱德熙先生句法结构理论的现代语言学意义

张伯江

中国社会科学院

1. 句法结构的观念，使汉语语法描写"以简驭繁"成为可能

目前通行的汉语语法描写体系，以朱德熙先生的《语法讲义》(1982)影响最为广泛。这个系统的雏形，应该说形成于赵元任先生成书于1948年的《国语入门》，该书是迄今所见最早用"结构"来描述汉语造句法的，书中提出五种"造句结构"：主谓结构、并列结构、向心结构、动词宾语结构、连动式（赵元任，1948）。这个框架被直接借用到了1952—1953年《中国语文》上连载的《语法讲话》里，该讲话更为明确地声称："汉语的主要句法结构有五种：主谓结构，补充结构，动宾结构，偏正结构，并列结构。"（丁声树等，1961）赵元任1968年出版的《中国话的文法》里，把二十年前提出的五种句法结构扩展到六种：主谓结构、并列结构、主从结构、动宾结构、连动式、动补结构。朱德熙1982年出版的《语法讲义》基本沿袭了赵、丁两家的方案，只是小做调整：主谓结构、述宾结构、述补结构、偏正结构、联合结构、连谓结构。

这套句法结构方案之所以从《语法讲义》以后产生了广泛影响，原因是朱先生明确提出了"词组本位"的思想：

> 由于汉语的句子的构造原则跟词组的构造原则基本一致，我们就有可能在词

---

* 本文初稿得到陆俭明先生的指点；修改过程中得到陆丙甫、周韧、刘探宙的意见。谨致谢意。文中尚存错谬由作者本人负责。

组的基础上来描写句法,建立一种以词组为基点的语法体系。这就是说,我们可以把各类词组(主谓结构、述宾结构、述补结构、偏正结构、联合结构、连动结构……)作为抽象的句法格式来描写它们的内部结构以及每一类词组作为一个整体在更大的词组里的分布状况……如果我们把各类词组的结构和功能都足够详细地描写清楚了,那么句子的结构实际上也就描写清楚了,因为句子不过是独立的词组而已。(朱德熙,1985)

词组本位思想的来历,也可以在此前的论著中找到相关的表述,如丁声树等(1952)说:"……可以看出我们语言构造的特点。一个结构套着另外一个,或是这个结构跟那个并列,并不需要很多结合的成分,合榫的地方都是天衣无缝的。"赵元任(1968)说"这些基本结构可以重复和/或结合以形成更复杂的结构。但是不会引起什么新的类型……"朱德熙(1982)说:"实际上句法结构可以很长很复杂。因为结构的基本类型虽然很有限,可是每一种结构都可以包孕与它自身同类型或不同类型的结构。这些被包孕的结构本身又可以包孕与它自己同类型的或不同类型的结构。这样一层套一层,结构也就越来越复杂了。"

这实际上说的就是句法的"递归性"。

具有递归性的句法结构,一定是抽象的结构体系。詹卫东(2005)说:并非只有作为"实体"的"语法单位"才能充当"本位"。"关系"是贯穿全部语言研究的,任何语法体系都不可能回避的"基础概念"。"语法单位"之间的关系可能比"语法单位"本身(实体)更重要。以朱德熙(1982)所代表的"词组"本位语法体系为例,体系的根基实际上是"主谓结构""定中结构""状中结构""述宾结构""述补结构""联合结构"等基本结构关系。朱先生自己也早就说过:

  这种语法体系把词组看成是抽象的、一般的东西,把句子(包括句子的整体和它的部分)看成是具体的、特殊的东西。在描写词组的内部结构和语法功能的时候,不考虑它是不是句子或句子的组成部分,只把它当作抽象的句法结构看待。可是词组随时都可以独立成句或者成为句子的一个组成部分。这个过程就是从抽象的词组"实现"为具体的句子或句子的组成部分的过程。按照这种看法,词组和句子的关系就不是部分和整体的关系,而是抽象的语法结构和具体的"话"之间的关

系。(朱德熙,1985)

这种句法结构观,无疑是产生于汉语缺乏系统的形态标记这一基本事实。句法结构观的直接后果,至少表现在两个方面。首先,同一种句法成分里容纳了不同性质的东西:

    1) 谓语里不仅有动词、形容词,还有体词谓语、主谓谓语。(赵元任,1948)
    2) 主语不仅可以由名词充任,还可以是动词主语、主谓主语。(赵元任,1948)
    3) 宾语除了真宾语,还有准宾语(时量、动量成分)。(丁声树等,1961)

其次,同一种句法结构里容纳了不同的关系:

    1) 连动式包括七种语义关系:(1)时间次序;(2)条件;(3)地点;(4)方法;(5)目的;(6)比较;(7)前置外动词(即"把"字句)。(赵元任,1948)
    2) 连谓结构包括数种句法类型:(1)介词结构+谓词;(2)动宾结构+谓词(即递系式);(3)V_1带"着/了"的;(4)由"来/去"组成的;(5)由"是"组成的;(6)由"有"组成的;(7)由"给"组成的。(朱德熙,1982)

这只是从汉语结构主义语法经典著作里随意挑出来的一些例子。事实上,"同一种句法成分里容纳不同性质的东西"和"同一种句法结构里容纳不同的关系"反映在汉语结构分析的诸多例证里。这两个特点,在其他语言里并不多见。

2. 汉语句法结构反映的是语义关系还是语用关系

普通语言学著作中一致认为,语法关系可以从三种形式特征去观察(Andrews,1985/2007):

（一）语序(order and arrangement)

（二）格标记(NP-marking)

（三）一致关系(cross-referencing)

汉语没有格标记和一致关系,着眼于语序来考察语法关系天经地义。语序在汉语中有多大的意义呢？朱先生在《语法答问》中说:"五十年代讨论主宾语问题的时候,主张按施受关系确定主宾语的人批评词序派,说他们完全根据位置定主宾语是形式主义。其实词序派的结论有比词序更深刻的根据。"朱先生所说的更深刻的理据,就是句法变换的平行性。世界上任何语言的句法结构都不同程度地反映施事、受事、与事、旁语等语义角色(及其关系),朱先生也希望揭示汉语句法对语义角色关系的反映。他强烈批评"意义派",不是他无视施事、受事这些角色以及关系,他不满的是,意义派没有给出应有的句法论证。朱先生强调句法变换,目的是通过成规律的变换事实来揭示语义角色在句法层面的反映。《"的"字结构和判断句》《与动词"给"相关的句法问题》都是通过变换来揭示语义关系的成功例证,其中所用术语——主语、宾语、间接宾语以及潜主语、潜宾语、潜间接宾语以及"不属于动词语义中的一个格"等,一望而知就是在关注普通语法理论中 S、DO、IO、oblique case 等概念。朱德熙(2010,§4.10)明确说"隐性的语法关系"就是"格位关系"。

但是汉语句法结构并不是语义结构的直接反映。吕叔湘先生早在 1946 年的著名论文《从主语、宾语的分别谈国语句子的分析》中就做过透彻的讨论:"由'熟'而及'生'是我们说话的一般趋势……词序在语言心理上恰恰和这个一般的趋势一致,可以说是'由已知而新知'的原则应用到充类至尽……不能说是纯粹机械主义,实在也同时遵从某一种语言心理的指示。"吕先生说得很清楚:汉语语序反映了句法的语用基础。陆俭明先生的一系列研究表明,汉语句法结构更多地反映的是汉语的语用结构。

陆俭明(1985)《由指人的名词自相组合造成的偏正结构》揭示了汉语多项定语的一种排序规律,陆丙甫(2005)对这一规律背后的语用规律做出了清楚的回答——排序原则完全受"可别度领先"原则的制约;陆俭明(1990)《汉语句法成分特有的套叠现象》进一步揭示了汉语句法结构普遍存在的同类递归现象,这一研究意义重要,值得重视。正如文中所说:"句法成分的套叠现象,在其他语言里也有所表现……但是,在这些语言里,句法成分的套叠现象并不普遍,不成系统,如英语里的主语和谓语就不能套叠。而汉语里句法成分的套叠现象是普遍的,成系统的。这不能不说是汉语语法的一大特点。"这个特点耐人寻味。

前面我们讨论过,朱德熙先生主张的语法体系里:1)同一种句法成分可以容纳不同性质的语法成分,2)同一种结构可以容纳不同的语义关系或次结构类型。这个问题如果倒过来看,就是:不同性质的语法成分、不同角色的语义成分,可以进入相同的句法结构里遵从相同的结构关系。我们想,这就是汉语中大量存在句法结构同类递归现象的根本原因。

为什么不同的成分或角色会遵从相同的结构关系呢?答案就在于,汉语的句法结构很大程度上反映的是语用结构,而不是像英语那样主要反映语义结构。语义结构的核心是"谓词-论元""修饰-被修饰"的关系,语义关系得以体现的载体便是句法关系,所以英语对词性与句法成分的对应要求比较严格。而汉语的句法结构,正如朱德熙先生早已指出的,句法成分并不严格要求相应词性的成分,这是因为,句法关系是语用单位(指称语、陈述语、修饰语等)之间的关系,而汉语的几大词类用作这几种语用单位的时候,是不需要变化词形的。(沈家煊,2007、2009a、2009b)

简单地说,汉语主谓结构主要反映的是"话题-说明"关系,汉语的述宾和述补结构主要反映的是"预设-焦点"关系,汉语的定中结构主要反映的是"参照体-目标"关系,汉语的状中结构主要反映的是"伴随信息-事件"关系。

3. 从语用关系认识汉语的句法结构

3.1 汉语主谓结构反映的是"话题-说明"关系

这个特点,赵元任(1968)、Li & Thompson(1981)和朱德熙(1982)都很强调。数十年来许多学者详细论列了汉语话题和主语的系统性特征。本文不打算全面讨论汉语主语的话题性,只是想从汉语句法结构的角度看这个问题。

汉语的主谓结构,从句法上观察不到某些西方语言那样的主谓之间的"一致关系",从语义上也不见施事做主语的明显倾向,非施事成分做主语非常普遍,非常自然。如果一定要从句法或语义角度阐释汉语的主谓关系的话,就如吕叔湘(1946、1979)所讨论过的,"陈述的起点""陈述的对象""一句话的主题"等都是没有多少实在意义的说法。重要的是，这样的阐释无助于解释太多语法事实。

更为严重的是，如果一定要说汉语的主谓结构之间是纯粹的句法关系的话，则会陷入一个理论的矛盾中。主谓结构，不管怎样阐述其间的关系，至少应该是一种论元关系，也就是体词性成分与谓词性成分之间的关系。主语部分应该是体词性的，谓语部分应该是谓词性的。朱德熙(1985)曾经依照 Bloomfield 的原则把汉语的句法结构区分为向心结构(endocentric construction)和离心结构(exocentric construction)，向心结构的整体语法功能与结构的核心一致，离心结构则没有这样的核心。朱先生说："主谓结构的语法功能跟它的两个直接成分(主语和谓语)都不一样，所以是离心结构。"(《语法答问》)朱先生强调"主谓结构做谓语的格式是汉语里最常见最重要的句式之一"。那么主谓结构做谓语的时候，这个谓语部分是体词性的还是谓词性的呢？依照上面关于"主谓结构是离心结构"的观念，我们无法推导出主谓结构是体词性的还是谓词性的。这样，当主谓结构做谓语时，句子的主谓关系将无法做出明确的句法解释。

出路只有语用解释，即"话题-陈述"解释。我们把做谓语的主谓结构看成语用上的陈述语，而不去追究它在句法上是体词性的还是谓词性的。刘宁生(1983)曾经提出，汉语里还存在"双主谓结构句"，如："小王搞技术革新信心不足""待业青年自谋职业机会很多"。从命名可知，刘宁生对这类句子的层次切分是：

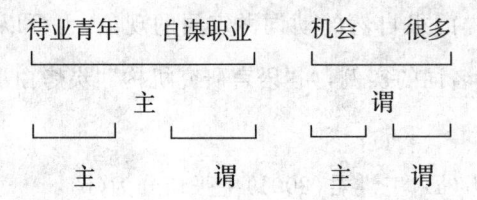

```
待业青年    自谋职业    机会    很多
└───┘      └───┘     └──┘   └──┘
   主          谓        主      谓
            └──────主──────┘└──谓──┘
```

但是按照陆俭明(1990)"句法结构套叠"的观点，则应该切分成：

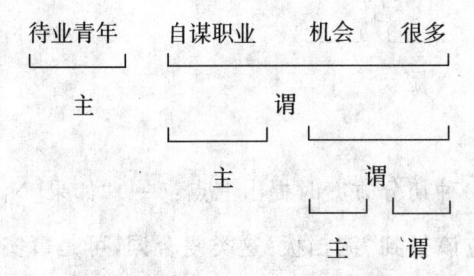

```
待业青年    自谋职业    机会    很多
└───┘      └────────────────────┘
   主                  谓
            └────────┘  └──────┘
                主          谓
                      └──┘ └──┘
                       主    谓
```

比较而言,陆俭明(1990)的方案更准确地反映了汉语主谓结构里的"话题-陈述"关系:每一层做话题的成分都相对简单,并有体词性;主谓结构用于对话题展开陈述。(生成语法的"动词短语内主语假说",等于把主谓结构看成谓词性的。谓词性的主谓结构做陈述语自然比做话题更合适)

3.2 汉语的定中结构反映的是"参照体-目标"关系

汉语的定中结构主要反映的是"参照体-目标"关系,这是刘宁生(1995)予以论证的。我们关心的是,这个特点给汉语的定中结构带来了什么样的句法后果。

汉语定中结构最显著的一个特点,就是名词、动词和形容词都能直接做定语,而且,添加句法标记的时候,用的是相同的句法标记"的"。汉语学界目前很少有人把"的"当作形容词词尾了,而倾向于看作名词化的标记。如果说英语名词前的定语位置有由形容词充任的强烈倾向的话(如动词常常是转化成形容词性的分词形式),那么汉语的名词前定语位置则强烈倾向于由名词性成分充当。这也符合沈家煊(2009a)所提出的"名词-动词-形容词"之间的"包含模式":三大类实词都可以直接出现在名词前做定语,或者使用相同的句法标记。

结合汉语定中结构的语用特征看,这个特点就不难理解了:因为典型的"参照体"是事物,而非属性。汉语定中结构的典型意义,就是借助一个事物辨识另一个事物。

朱德熙先生提出"名动词"的一个重要意义就是,给做定语的动词一个合适的名分。我们不仅可以看到"研究机构""烤白薯"这样的很自然的动词做定语的现象,也可以看到动词定语与名词定语共存,分层次地修饰名词的实例,如"语言研究机构""炭烤白薯"等。

周韧(2007)主张把"纸张粉碎机"切分为(a),王洪君(2001)主张切分为(b):

```
(a) 纸张  粉碎  机    (b) 纸张  粉碎  机
        └──┘              └──┘
         定    中              定    中
    └────┘             └────────┘
       宾   动                 定    中
```

我们赞同王洪君的观点。周文在评论(b)种切分方案时提出三点:(一)"如果[N_1+[V+N_2]]的划分方式是正确的话,我们就应该得到'泥挡板'这类复合词,可是事实恰恰相反。"这一点,并非没有事实支持我们的观点,汉语里不乏"电唱机""雨刮器""脚踏板""角平分线"这样的复合词;(二)"如果将'纸张粉碎机'这种格式都分析为'[纸张[粉碎机]]',其实就是否认 V 和 N_1 有动宾关系。"我们认为,V 和 N_1 有没有动宾关系不是特别重要,动宾关系只是 N_1+V+N_2 这个结构方式中 V 和 N_1 多种语义关系的一种。从多重定语的修饰关系看,我们看不出具有动宾关系的"雨刮器""纸张粉碎机"和不具有动宾关系的"脚踏板""空气清新剂"有什么重大的差别,我们的切分方案(b)可以概括所有这些用例,而(a)方案只是针对 V 和 N_1 之间存在动宾关系的情况,而面对"脚踏板""空气清新剂"就难免要采取另外的方案了;(三)非动宾关系的 N_1+V+N_2 中 N_1 和 V 之间可以自然地插入"的"("美国的粉碎机"),而有动宾关系的 N_1+V+N_2 中 N_1 和 V 之间不能自然地插入"的"("*纸张的粉碎机")。在我们看来,定语身上加不加"的"往往反映的是临时属性和稳定属性的差别,"错版纸币的粉碎机"也未必不能说。周文说"在'纸张粉碎机'这类复合词中,如果 $V+N_2$ 表示的是一种上位概念,那么 N_1+N_2 表示的就是这个上位概念中的下位概念",这和我们的语感不符,我们的看法,N_1+V+N_2 才是那个上位概念中的下位概念。

我们对汉语定中结构这种切分方法的坚持,信心来自多层结构中每个层次都始终存在的"参照体-目标"关系。

3.3 汉语的述宾结构反映的是"预设-焦点"关系

3.3.1 共性与个性

语言类型学认为,主语往往与语用上的话题天然地关联,宾语往往与语用上的焦点天然关联,这说的是一般共性。我们之所以强调汉语述宾结构与"预设-焦点"的关系,是因为汉语比其他语言有更多方面的例证。

在那些语法关系反映语义关系的语言里,直接宾语更倾向于用有定性高的或生命性强的(Croft,2003,§6.3.1),而汉语的动宾结构里宾语更偏爱无定名词却是显而易见的事实:

?我看见了他。　　　　　我遇见了一个人。

?我听到了这消息。　　　我脑子里冒出一个奇怪的念头。

这一点,陆丙甫(2001)也曾注意到,他说:"许多不定指的新信息,即使不是受事也能成为宾语。这同其他语言中的宾格标记要求高指别性正好相反。这是一个很有趣的矛盾。"这里的根本原因,我认为正如 LaPolla(1995)所说的:"汉语动词居中的词序,具有把话题或非焦点 NP 跟焦点或非话题 NP 区别开来的功能。"

有了这一层认识,我们于是可以理解,为什么汉语的常规宾语位置比较排斥人称代词宾语,排斥较短音节的宾语(*种植树,*阅读书,*选择课;见冯胜利,2000;周韧,2010),原因正在于,人称代词这样的已知性很强的成分、单音节宾语这种信息量极低的成分,都不负担常规焦点信息。

3.3.2 从"动宾补"到"动补宾"

从历史句法看,汉语的某些句法结构,并不是天然的述宾结构,但语用的动力使之定型于述宾结构。我们曾经讨论过动词后趋向补语与宾语前后位置的变化问题,指出宾语的焦点性是其后移的根本原因。(张伯江,1991)其实,汉语历史上与"宾-补"有关的词序变化,不仅表现在趋向补语上,也表现在结果补语上。蒋绍愚(2005)指出,魏晋南北朝时期,曾有"V+O+C"和"V+C+O"并存的现象,"到宋代以后,'V+O+C'逐渐消失,最后动结式都归并为'V+C+O'一种形式"。以下是从赵长才(2003)中摘引的几个例子:

> 更与一巩诣池取水,犹见其影,复打巩破。
> 时王恚盛,不顾后世,寻拔利剑,斫右手断,次斫左手。
> 是时色界净居诸天,即便化作大猛威风,吹彼树倒。

这种现象的存在,一般认为是汉语动补结构成熟之前的不稳定状态之一,(吴福祥,1999)到唐宋以后,汉语动结式动补结构一律采用宾在补后如"打破瓶子""斫断右手""吹倒那棵树"这样的语序。这个过程,一方面我们可以关注结果成分的语义弱化,另一方面也可以关注宾语成分的焦点化,也就是说,结果成分的弱化伴以宾语焦点性的强化,促成了现代汉语动结式的固定语序。

汉语历史上的"V+O+C"格式很容易让人联想到英语"宾语的形容词补足语"现象:

> He pulled his belt *tight*.

He pushed the window *open*.

He writes his letters *large*.

尽管英语的宾语补足语也常常表示动作所产生的结果,但是出于英语句法的制约,却一直保持着"V+O+C"的语序。不管在语用上强调对象(宾语)还是强调结果(补语),句子格局都是固定的。这一点下面再做进一步讨论。

3.3.3 从"命名"类双宾句谈双宾句的分析

现代汉语的双宾语句,多数类型都可以做"V N_1 N_2"→"把 N_2 V N_1"的变换:

老王送徒弟一把钳子。→老王把一把钳子送了徒弟。
　　　　　　　　　　*老王把徒弟送了一把钳子。
老师给学生一本新书。→老师把一本新书给了学生。
　　　　　　　　　　*老师把学生给了一本新书。

唯有"命名"类双宾语句变换方式不同,变成"把"字句的话,是"V N_1 N_2"→"把 N_1 V N_2":

人们叫他二傻子。　→*人们把二傻子叫他。
　　　　　　　　　人们把他叫二傻子。
同事称他智多星。　→*同事把智多星称他。
　　　　　　　　　同事把他称(作)智多星。
江湖上叫他铁罗汉。→*江湖上把铁罗汉叫他。
　　　　　　　　　江湖上把他叫(作)铁罗汉。

这个类型的双宾句,与英语 They made him president 有些相似。英语里句法上把 president 处理为主句宾语 him 的补足语,同时承认 him 和 president 之间有来源上的主谓关系。汉语的"命名"类双宾语句,也可以看作省略系词性成分的结果(饶长溶,1985):

人们叫他是二傻子。　→人们叫他二傻子。

同事称他为智多星。　　→同事称他智多星。

　　江湖上叫他作铁罗汉。　→江湖上叫他铁罗汉。

　　不过,现代汉语里,不论来源如何,"命名"类既然与"给予"类表现出一样的词序形式,有了一样的语用结构,也就可以有一样的句法分析方法。朱德熙(1982)便是这样,把现代汉语双宾句一律分析为"动宾+宾"。我们认为,朱先生的处理办法深刻反映了双宾句中 N_2 的焦点性:不论"老王送他一本书"还是"人们叫他二傻子",句法分析的第一层都是"述宾"关系,清楚地显示了焦点名词 N_2 的重要位置。

　　沈阳(2009)用"小句理论"做汉语双宾语分析。做法是:"通俗地说,比如汉语中'给予义'双宾结构'我送女朋友一束花',就大致可以看作是由主句 A'我送(+小句)'和小句 A1'一束花给女朋友'或小句 A2'女朋友有一束花'这样的两个不同级别的单宾动词结构构成的,其底层结构形式可以描述为:A1:'[$_{SP}$ 我送$_{V1}$[$_{SC}$ 一束花(给$_{V2}$)女朋友]]'或 A2:'[$_{SP}$ 我送$_{V1}$[$_{SC}$ 女朋友(有$_{V2}$)一束花]]'。"这两种"小句"何以存在,不知有没有较为明显的句法证据;而本文这里讨论的"命名"类双宾句里明显存在一个由系词性成分构成的"小句",沈文偏偏没有论及。比起朱先生主张的"述宾结构带宾语"方案以及陆俭明(1990)深刻论证的汉语双宾语结构分析法,该"小句"方法似乎不利于反映受事成分"一束花"和名称成分"智多星"共同的作为语用焦点的事实。

3.3.4　再看英语和汉语的不同

　　英语也不是相同的句法位置总要求相同的词类的。根据 Jespersen(1924)的介绍,英语里"连系式宾语"(nexus-object,即主谓短语做宾语)可以有多种类型:

　　I found *the cage empty*.

　　They made *him president*.

　　He gets *things done*.

　　She only wishes *the dinner at an end*.

　　Jespersen 说:"连系式的谓语部分可以是能在动词 to be 后做表语的任何词或词组。"上面摘录的几个例子,做表语的成分分别是形容词、名词、动词(分词)和介词词组。这几个例子,如果逐字对应地看,第一句有点像汉语"动宾补"的结构,第二句有点像汉语"命名"类双宾句,其他则没有相应的说法。英语里这些句子采用相同句法结构的原因,正如 Jespersen 所说,是因为最后一个成分都可以在前边加上系词。这说明,归根到底,句法制约还是决定性的。

汉语没有这样的句法制约,也就没有与英语平行的这样一组句子。而我们看到的从"动宾补"到"动补宾"的变化、"命名"句中判断动词的消失,这些过程,都凸显了一个事实:焦点性的宾语改变了汉语的某些句法结构。

3.4 补语与宾语的竞争

句末是汉语焦点的天然位置。动作行为中作为焦点得以凸显的,既有可能是动词所支配的宾语成分,也有可能是动作所进行的程度、结果等,所以,"补语"也常常因其焦点性而置于句尾。汉语的"述补结构"也是凸显焦点的语用要求所造就的一种句法结构。刘丹青(1995)说:"状语和补语在句法方面性质一致。状语和补语的根本对立是语用对立。状语是谓核的附属信息,而补语通常是句子的焦点所在。"

当补语出于表达焦点的目的而与宾语竞争句末位置时,宾语不得不"另辟蹊径"(吕叔湘,1944)让位给补语,主要就是通过"把字式"。吕叔湘(1948)对汉语"把"字句的形成有十分明确的断言:"动词的后面紧接着一些成分,不容许宾语插在中间",这个条件"才是近代汉语里发展这个'把'字句式的推动力"。吕文分析的"动词前后的成分"并不限于现在通常认为的"补语",也有"偏称宾语""动量宾语"等。沈家煊(2010)论证汉语动词后表对象和表结果的成分具有一样的句法地位,可以合称"补语"。这个观点,与我们这里指出的汉语"宾语""补语"的焦点性质是完全契合的。于是,我们所讨论的"宾语和补语的竞争问题"就成了不同类型的补语之间的竞争问题了:信息量低的成分,就以某种句法手段"让位"给信息量较大的成分。

这样的机制,不仅体现在"把"字句里,也实现在"被"字句、主谓谓语句、重动句等句式中。例如项开喜(1997)对重动句中前后两个 VP 的信息量对比做过透彻的分析,指出前一个 VP 里的名词性成分都是信息量极低的,而后一个 VP 往往表示超常的或非预期的意义,这是焦点占据句末位置的充分理由。

构式语法(Goldberg,1995、2006)中与动词 sneeze 有关的例句:

> Pat sneezed the napkin off the table. / She sneezed the foam off the cappuccino.

翻成汉语可以考虑的形式有：

帕特打了个喷嚏把纸巾喷到桌下。/她打了个喷嚏把咖啡的泡沫都喷掉了。
帕特打喷嚏时把纸巾喷到桌下。/她打喷嚏时把咖啡的泡沫都喷掉了。
帕特一喷嚏把纸巾喷到了桌下。/她一喷嚏把咖啡的泡沫都喷掉了。

第一种译法最不自然，下面两个一个比一个自然。原因何在呢？我们觉得，不管是英语还是汉语，这里都是以事件的结果成分为语用上的焦点的（off the…/喷到……喷掉）。所不同的是，英语除了把被强调成分放在句末这种语序手段以外，无法用形态手段调整"动-受""动-结"关系的相对句法地位，即，尽管想强调结果，也无法让"off…"部分带上凸显事件性的句法标记，而依然只能让句子里常规动词 sneeze 带时体标记；汉语则有多种手段弱化"动-受"关系（用状语性的词语"一喷嚏"代替动宾短语"打喷嚏"；用"把"字把受事"纸巾/泡沫"提前），在句法格局上充分凸显结果补语，并且可以把唯一的时体标记"了"加在补语部分。

这种"宾补竞争"的观点，不仅可以解释汉语述补结构的语用基础，也可以很好地解释述宾结构与述补结构形式上的平行性。朱德熙先生把动词后的体词性成分和部分谓词性成分处理为宾语、把动词后的部分表状态、结果的谓词性成分处理为补语，清楚地对应了语用上的焦点结构，不做焦点的成分另做处理（如与补语语义类型相同的状语、与宾语语义类型相同的"把/被"的宾语）。沈家煊（2010）关于汉语补语性质的新看法，对朱先生"述宾结构"和"述补结构"的看法是一个更合理的概括。

4. 结语

以上通过对主谓结构、定中结构、述宾结构、述补结构有关的一些实例的讨论，展示了汉语这几种主要句法结构形成的语用动因。世界上各种语言的句法结构都在一定程度上反映语用功能。但是，在有形态的语言中，形态制约是第一位的，语义和语用表达都受制于形态；汉语没有形态的束缚，汉语句法结构的形成和调整，都可以直接显示语用目的。朱德熙先生的句法主张形成于 20 世纪 60 年代，到现在已经过去半个世纪了。

即便从《语法讲义》正式出版算起,也差不多有三十年了。近年来,现代汉语语法研究在深度和广度上都有骄人的拓展,研究范式也是百花齐放,大多还是以朱先生的理论框架为出发点的。我们在发展传统学说方面走的步子越大,就越是感受到朱先生观点的深刻意义和特殊价值。

参考文献

丁声树等 1961 《现代汉语语法讲话》,北京:商务印书馆;本书原以《语法讲话》为题连载于 1952—1953 年的《中国语文》。

冯胜利 2000 《汉语韵律句法学》,上海:上海教育出版社。

蒋绍愚 2005 《近代汉语研究概要》,北京:北京大学出版社。

刘丹青 1995 语义优先还是语用优先——汉语语法学体系建设断想,《语文研究》第 2 期。

刘宁生 1983 汉语口语中的双主谓结构句,《中国语文》第 2 期。

刘宁生 1995 汉语偏正结构的认知基础及其在词序类型学上的意义,《中国语文》第 2 期。

陆丙甫 2001 从宾语标记的分布看语言类型学的功能分析,《当代语言学》第 4 期。

陆丙甫 2005 指人名词组合语序的功能解释——从形式描写到功能解释的一个个案,《中国语文》第 4 期。

陆俭明 1985 由指人的名词自相组合造成的偏正结构,《中国语言学报》第二期。

陆俭明 1990 汉语句法成分特有的套叠现象,《中国语文》第 2 期。

吕叔湘 1944 与动词后"得"与"不"有关之词序问题,见《汉语语法论文集》(增订本),北京:商务印书馆,1984。

吕叔湘 1946 从主语、宾语的分别谈国语句子的分析,见《汉语语法论文集》(增订本),北京:商务印书馆,1984。

吕叔湘 1948 "把"字用法的研究,见《汉语语法论文集》(增订本),北京:商务印书馆,1984。

吕叔湘 1979 《汉语语法分析问题》,北京:商务印书馆。

饶长溶 1985 《"叫做"试析》,"句型与动词"学术讨论会论文。

沈家煊 2007 汉语里的名词和动词,《汉藏语学报》第 1 期。

沈家煊 2009a 我看汉语的词类,《语言科学》第 1 期。

沈家煊 2009b 我只是接着向前跨了半步——再谈汉语的名词和动词,《语言学论丛》第四十辑,北京:商务印书馆。

沈家煊 2010 如何解决"补语"问题,《世界汉语教学》第 4 期。

沈 阳 2009 词义吸收、词形合并和汉语双宾结构的句法构造,《世界汉语教学》第 2 期。

石毓智 2002 现代汉语句子组织信息的原则,《语法研究和探索》第十一辑,北京:商务印书馆。

王洪君 2001 音节单双、音域展敛(重音)与语法结构类型和成分次序,《当代语言学》第 4 期。

吴福祥 1999 试论现代汉语动补结构的来源,见侯精一、江蓝生主编《汉语现状和历史研究》,北京:中国社会科学出版社。

项开喜 1997 汉语重动句式的功能研究,《中国语文》第 4 期。

詹卫东 2005 以"计算"的眼光看汉语语法研究的"本位"问题,《汉语学报》第 1 期。

张伯江 1991 关于动趋式带宾语的几种语序,《中国语文》第 3 期。

张伯江　2011　现代汉语形容词做谓语问题,《世界汉语教学》第1期。
赵长才　2003　"打头破"类隔开式动补结结构的产生和发展,《汉语史学报》第四辑,上海:上海教育出版社。
赵元任　1948　《国语入门》,李荣节译《北京口语语法》,北京:开明书店,1952。
赵元任　1968　《中国话的文法》,吕叔湘译《汉语口语语法》,北京:商务印书馆,1979。
周　韧　2006　共性与个性下的汉语动宾饰名复合词研究,《中国语文》第4期。
周　韧　2007　关于"纸张粉碎机"的切分,《东方语言学》第二辑。
周　韧　2010　论韵律制约句法移位的动因和手段,《世界汉语教学》第1期。
朱德熙　1982　《语法讲义》,北京:商务印书馆。
朱德熙　1984　定语和状语的区分与体词和谓词的对立,《语言学论丛》第十三辑,北京:商务印书馆。
朱德熙　1985　《语法答问》,北京:商务印书馆。
朱德熙　2010　《语法分析讲稿》,北京:商务印书馆。

Andrews, Avery 1985/2007 The major functions of the noun phrase, In T. Shopen (ed.) *Language Typology and Syntactic Description. Vol I: Clause Structure*. Cambridge University Press.

Goldberg, Adele E. 1995 *Constructions: A Construction Grammar Approach to Argument Structure*. University of Chicago Presss. 吴海波译《构式——论元结构的构式语法研究》,北京:北京大学出版社,2007。

Goldberg, Adele E. 2006 *Constructions at Work: The Nature of Generalization in Language*. Oxford University Press. 吴海波译《运作中的构式——语言概括的本质》,北京:北京大学出版社,2012。

Jespersen, Otto 1924 *The Philosophy of Grammar*. 何勇等译《语法哲学》,北京:语文出版社,1988。

LaPolla, Randy J. 1995 Pragmatic relations and word order in Chinese. 詹卫东译《语用关系与汉语的词序》,《语言学论丛》第三十辑,北京:商务印书馆,2004。

Li, Charles N. and Sandra A. Thompson 1981 *Mandarin Chinese: A Functional Reference Grammar*. Berkeley and Los Angles: University of California Press.

"可不是"的语篇功能及词汇化[*]

张先亮

浙江师范大学

1. 引言

现代汉语中的习用语"可不是",从分布和功能的角度来看,主要有两个:一是应答语,记为"可不是1"。例如:

(1)"我倒看见过这人,可是我想不到苏小姐会看中他。我以为她一定嫁给你。""可不是么!我以为她一定嫁给你。谁知道还有个姓曹的!这妞儿的本领真大,咱们俩都给她玩弄得七颠八倒。客观地讲起来,可不得不佩服她。好了,好了,咱们俩现在是同病相怜,将来是同事——"(钱锺书《围城》)

(2) 没容得侯扒皮话说完,又嗡嗡地吵吵开:"侯队长要檩条,写一个条子不就办啦!""可不是,队长干么费那么大心。"(冯志《敌后武工队》)

这里的"可不是"出现在对话语境中,是一个应答语,用来表示听话人对说话人所说的话的一种回应。相当于"对了""是啊"或"就是",有时它们可以在同一语境里出现,比如:

---

[*] 本文是教育部人文社科课题(08JA740042)"汉语短语语义语用研究"的一部分,曾在第五届现代汉语语法国际学术研讨会(2009年11月,香港理工大学)和走向当代前沿科学的现代汉语语法研究国际学术研讨会——纪念朱德熙教授诞辰90周年和庆祝陆俭明教授从教50周年(2010年8月17—18日,北京大学)上交流,得到诸多同仁的指正,一并表示感谢。

(3) 红旗下站着的人们，差不多是小泥烟袋嘴里一叼，双手插在裤兜儿里。台上说什么，他们点头赞成什么。站在国旗下面听讲的，多半是戴着小硬壳儿黑呢帽，点头咂嘴的嘟囔着："对了！""可不是！"有时候两个人说对了劲，同时说出来："对了。"（老舍《二马》）

此例的应答语，有的说"对了"，有的说"可不是"，不同的应答语所表示的语意是相同的。

一个最简单的对话结构实际上包含两个部分：说话者发出的引发语或引发行为；听话者发出的应答语。因此，我们可以将诸如例(1)和例(2)现象抽象化为：

A，可不是1,(B)

"A"指说话者发出的引发语或引发行为。"B"指"可不是1"后面的应对语，根据实际情况可有可无。

二是篇章连接成分，记为"可不是2"。例如：

(4) 巴士从对街转过来，停在我们面前，几十个座位只有几个没空着。可不是，谁不趁寒假回家走一趟。（梁凤仪《弄雪》）

(5) "其实，我应该是没有资格抱怨什么的"，男人继续说，"无论中国人还是美国人，很多人羡慕我毕业后这么顺利就在纽约的大公司里找到了工作"。可不是，匆匆忙忙地毕业，找工作，赚钱，买车，买房子，拿绿卡，这好像是每个中国学生来之后的必经之路。（田晓菲《哈得逊河上的落日》）

以上两例中的"可不是"出现在陈述语境中，是个篇章连接成分，用于肯定连接。我们同样可以将其模式化为：

P，可不是2,Q。

本文试图考察这两种现象中的"可不是"的语篇功能及其词汇化。

2. "可不是 1"的话语功能

应对语体现的是言语交际过程的某种关系,关系的不同决定了其具体功能的差别。"可不是 1"作为一个应答语,从其功能来看可以分为肯定、否定两种,否定功能我们称为"应酬",肯定功能又可细分为赞同、确认、知晓、转换话题和信道等五种:"赞同"与"确认"的区别在于引发语是不是是非问句,是非问句是表"确认"功能的前提;"知晓"与"赞同"的区别在于前者的引发语是已成事实,后者的引发语是主观看法或建议;"信道"功能不是强调表赞同或确认,而是表明交际双方信道畅通;"转换话题"与"赞同"等四种功能的区别在于,后者中听话人与说话人的话题是一致的,"转换话题"则不是,听话人与说话人的话题并不一致。下面分别论述。

2.1 赞同功能

"可不是 1"表示赞同或附和说话人的意见。引发语 A 往往是说话人的主观看法或建议,听话人则对说话人的观点表示完全认同。例如:

(6) 爸爸终于说话了:"孩子,你年青,不懂事。我说你不行,没有经验,你要逞能,这回又上当了。"潘宏福两只眼睛睁得大大的。"可不是么。好事人家会推你去做? 上了当还不晓得,真是个阿木林。"(周而复《上海的早晨》)

(7) "多跟他们讲点道理。别老觉得孩子小,真把这些个人生道理讲透了,他们还是听得进去的。关键看你怎么讲,事实最有说服力。""呵,这方面的例子我是不胜枚举。"

"可不是,咱们都是过来人嘛。"(王朔《我是你爸爸》)

例(6)引发语是"爸爸对孩子的主观看法",接着听话人"潘宏福"赞同"爸爸"的观点,用"可不是"表示。例(7)"可不是"也是对引发语的赞同。

引发语的看法或建议也会以反问句的形式提出来,而作为后继应对语的 B 则会对说话者的话题做进一步评述、解释或补充说明。例如:

(8) 打扫垃圾时,清洁工们皆笑说,早给了钱不就没这些事了？自找罪受。职工们亦说:可不是,厂里也是小气得要死。(方方《白雾》)

(9) 我笑,"那岂非风流不为人知,犹如锦衣夜行？"隔壁一位洋太太说:"可不是！这些人非要令到别人不便,才会满足到虚荣心。"(亦舒《香雪海》)

(10) 四:哦,这屋子有鬼是真的。

贵:可不是？我就是乘着酒劲儿,朝着窗户缝轻轻地咳嗽一声。就看这两个鬼飕一下子分开了,都向我这边望:这一下子他们的脸清清楚楚地正对着我,这我可真见了鬼了。(曹禺《雷雨》)

例(8)职工们除了赞同清洁工们的观点外,还对厂里的处事进行评述。例(9)是对前文内容做进一步解释。例(10)补充说明"有鬼"的事实。

赞同功能一般是对别人的某一观点表示赞许认同,但有时也可以针对自己的观点表示赞同。例如:

(11) 李先生本来像冬蛰的冷血动物,给顾先生当众恭维得春气入身,蠕蠕欲活,居然赏脸一笑道:"做大事业的人都相信命运的。我这次出门前,有朋友跟我排过八字,说现在正转运,一路逢凶化吉。"顾先生拍手道:"可不是么？我一点儿没有错。"(钱锺书《围城》)

此例就是顾先生对自己恭维李先生的话做充分肯定,不过引发语不是他自己提出来的,而是借李先生的口间接说出。

赞同功能是"可不是1"应答语最主要的功能,往往在应答后说明理由,或评述,或解释,或补充,这些都是为了强化赞同的理由,但当应答者认为用"可不是1"足以表达应答者的主张时,也可以不再说明理由,不过这种情况并不多见。例如:

(12) 蜜糖突然灵机一动:"三哥,你其实是想看电影,你一向喜欢看电影,只是没有伴,一个人去没意思。""可不是？"(岑凯伦《蜜糖儿》)

(13) "先生。这回因为我有功,主人夸奖了我了。你先前说我总会好起来,实在是有先见之明……"他大有希望似地高兴地说。"可不是么……"聪明人也代为

高兴似的回答他。(鲁迅《聪明人和傻子和奴才》)

有时为了强调,可以连续用"可不是",例如:

(14)"你说这孩子,你就算是父母身上的一块肉,可掉下来,就自个去活了,毕竟跟长在身上不一样了,你跟他生得起气么?"这一句话,差点没把马林生眼泪说掉下来,只在枕头上连连点头,"可不是,可不是……"(王朔《我是你爸爸》)

2.2 确认功能

"可不是1"可以用于对需证实的内容的确认与肯定。A 用是非问句,这是表确认功能的应答语"可不是"出现的必要条件,也是区别于其他功能的形式标志。例如:

(15)"像你这样的总经理,厂里连买菜的钱也没有?""可不是,说出去,谁也不相信。最近银根紧,月底轧了一些头寸付到期的支票。……"(周而复《上海的早晨》)

(16)汤阿英说,"听说,这一阵乡下很忙哩,你在村里也闲不下吧?""可不是么,我这个互助组组长比别人还要忙哩。"(周而复《上海的早晨》)

(17)牛:哎呀,也就是你们年轻人哪,还能熬个夜什么的,要是我和老陈、老刘这样儿的,这么熬,早垮了。是不是老刘?

刘:可不是。再说了,也没加班儿费什么的。(《编辑部的故事·侵权之争》)

该用法中的 B 则为 A 进一步提供论据或借题发挥的理由,如例(15)(16);也可以对 A 做进一步解释补充,如例(17)老刘在确认老牛观点后,补充说明"这些加班儿还是没有加班儿费的"事实,以突出这些年轻人的精神境界。

A 为是非问是该"可不是1"出现的必要条件,但并不意味着所有的是非问都可以通过"可不是"来应答。这与该是非问的确信度(C)有关。我们可以根据郭锐(2000)的分类方法将确信度分成五级:

C=1 为全确信度,即对所问之事完全相信。如"你来了呀?"

C=0.75 为高确信度,即对所问之事有所猜测。如"他已猜出了个大概,问道:'是你丢了吗?'"

C=0.5 为中确信度,即对所问之事无所猜测。如"你家里买彩电了吗?"

C=0.25 为低确信度,即对所问之事抱有怀疑。如"这么一大碗你吃得下吗?"

C=0 为零确信度,即对所问之事持否定态度,也就是反问句。如"他做得还不够吗?"

表确认的"可不是"能回答高确信度、低确信度和零确信度的是非问,例如:

(18) 静问道:"他们时常和你这般纠缠么?"她想起了慧从前所抱的主张,又想起抱素和慧的交涉。"可不是!"慧坦白地回答。(茅盾《幻灭》)

(19) "他想帮我的忙?"他不相信自己的耳朵,以为听错了。"可不是……"(周而复《上海的早晨》)

(20) ——他做得还不够吗?
——可不是,我们远不及他呢!

"可不是"不能用于回答全确信度和中确信度的是非问。例如:

(21) 小学徒招呼一声,一位六十上下的大娘就迎了出来,嘴里连说:"来了吗,欢迎!"一边向全队人一一鞠躬。(邓友梅《别了,濑户内海!》)(郭锐例)
——*可不是!

(22) ——你写好了吗?
——*可不是!

例(21)是全确信度,是完全相信所问之事为真,故无须回答;例(22)是中确信度,需要具体回答,也不适宜用"可不是"回答。

2.3 知晓功能

说话者陈述某一客观事实,而听话者用"可不是1"传递对该信息的知晓情况。该用法与赞同功能的区别在于:后者是说话者与听话者在某一主观看法或行为达成一致,

而前者是强化某一既定的客观事实,和认同与否无关。例如:

(23)"哗!贵了三分之一!""可不是吗?升幅太大,我也不敢为庄伯母拿主意。"(岑凯伦《蜜糖儿》)

(24)"那已经是一个研究所了。""可不是。"靳怀刚笑。(亦舒《异乡人》)

"贵了三分之一"与"那已经是一个研究所了"都是既成事实,而听说话者表明已经了解和掌握了该信息,在一定程度上起到突出强调 A 的作用。

赞同功能、确认功能和知晓功能都具有听话者表态的功能,是一种肯定的表态。这与"可不是1"的词汇意义有很大的关联。

2.4 应酬功能

当说话人提出的想法或观点将要遭到否定或部分否定时,听话人也可以采用"可不是1"先做应答。使用"可不是"的目的是为即将出现的不协调状况缓和气氛,协调说话人和听话人的关系,从而为彼此的进一步交流提供更大的空间,是一种看似表肯定可实际表否定的功能。例如:

(25)"只要我们住在您那里,迟早也会弄出名气来。""可不是?可是……"老太太颇不信任。(朱邦复《东尼!东尼!》)

(26)用最有利的条件收买了那七八个小厂,是益中信托公司新组织成立以后第一次的大胜利,也是吴荪甫最得意的"手笔",而也是杜竹斋心里最不舒服的一件事。当下杜竹斋根触起前天他们会议时的争论,心里便又有点气,立刻冷冷地反驳道:"可不是!场面刚刚拉开,马上就闹饥荒!要做公债,就不要办厂!况且人家早就亏本了的厂,我们添下资本去扩充,营业又没有把握,我真不懂你们打的什么算盘呀——"(茅盾《子夜》)

(27)"怎么都不弄点子新花样?"小墩子问。但因为她其实并没有吃过晚饭,所以望着还是吊起了胃口。"要什么新花样?我们热爱咱们的这四大肉丝,就着喝酒比什么都香!"阿臭诚心诚意地说。"可不是!由此可见我们对老板是忠心耿耿。这可是四大摇钱肉丝,立了汗马功劳的!"老 A 怪腔怪调。(刘心武《小墩子》)

(28)对了,小郝庄的队长说,人有多大胆,地有多大产么。我们的队长说,可

不是！我生来胆小，不敢吹牛，怕吹破了不好补。（戴厚英《流泪的淮河》）

例(25)中老太太对对方的想法颇不信任，但为了维护他的面子，先用"可不是"进行应答，也为自己之后的质疑减少尴尬。例(26)中，杜竹斋对吴荪甫最得意的"手笔"很是反对，但为了维护吴荪甫的面子，先用"可不是"进行应答，然后表明了自己否定的理由。例(27)老A对老板的所谓"四大肉丝"非常反感，但为了顾及面子，同样先用"可不是"肯定，实则是老A对引发语阿臭的"我们热爱咱们的这四大肉丝，就着喝酒比什么都香"这一观点的讽刺。例(28)"我们的队长"认为"小郝庄的队长"的话是吹牛，但又不好直接否定，故用"可不是"先肯定，然后以自己为例表明不敢吹牛的态度，间接地否定了"小郝庄的队长"的观点。

2.5 转换话题的功能

转换话题就要有接话点，而"可不是1"就充当了接话点的功能。此功能与其他几种功能的不同在于：后者中听话人与说话人的话题是一致的，听话者顺着说话者的话题去做肯定或否定的表态；"转换"功能则不同，听话者在表示对引发语的肯定后，不是顺着说话者的话题去论述，而是转变了话题。例如：

(29) 现在，"短一点儿"又来找我奶奶了，说她想走。人也走了，房也塌了，还等啥呀！她说。奶奶说：可不是吗！要说蓝虎呢，确实也不是个正直的人。没多大一点就吃喝嫖赌样样会了……（戴厚英《流泪的淮河》）

(30) 他一眼瞧见魏强手里的活计，笑哈哈地问道："怎么，指导员，你这鞋也磨透啦？""可不是吗，你那鞋呢？"魏强用牙齿拔出针来，瞟了瞟贾正脚上的鞋。（冯志《敌后武工队》）

例(29)和例(30)开始谈论的话题分别是有关"短一点儿"与"你的鞋"。"可不是"在表明赞同与确认的同时，结束了前一话题，将其转接到"蓝虎"与"你那鞋"之上。

2.6 信道功能

"可不是"还具有信道功能，用来表明听话人在听，交际通道畅通。例如：

(31) 顾八奶奶：（飘飘然）真的么？

陈白露:可不是!

顾八奶奶:倒也是,我自己也觉得……(曹禺《日出》)

(32)——看那些婴儿。

——可不是!

——你累了,护士找你呢。(亦舒《异乡人》)

例(31)中的"可不是"除了有"确认"功能之外,主要是陈白露要表明自己在听对方讲话,使得交际顺利进行。例(32)的引发语 A 是一个祈使句,而"可不是"不具备接受某一命令的功能,此处的"可不是"表现出其信道的功能。

从语用角度看,信道功能不只是表示信道畅通,而且还有人际功能,即礼貌原则,表明听话者非常尊重对方,在认真听他的论述,以此鼓励对方继续说下去。

3. "可不是2"的篇章连接功能

与"可不是1"不同,"可不是2"多见于书面语体,主要出现在议论抒情的语境中。根据语义俯瞰现象(储泽祥等,2008):一个实词虚化以后,其源词的意义往往仍然控制或影响着新词的意义或新词分布的句法语义环境。"可不是2"的篇章衔接功能在一定程度上受到其"肯定"义的影响,因此,由"可不是2"衔接的 P 与 Q 之间在语义上往往是同向的。根据具体的语境,"可不是2"主要体现三种功能:强化肯定、提醒注意、语段连接。

3.1 强化肯定功能

"可不是2"用于叙述者或他人呈现某一现象或观点 P 之后,可以起到强调、凸现 P 的作用。这与"可不是"表肯定的本义有关。例如:

(33)同事们齐声笑道:"你真是进入状态了,彻底领悟了艺术的真谛!"可不是吗?我不禁想起了这次巴塞尔艺术展的主题之一:艺术无局限。(新华网)

(34)法拉利的这个赛季看来注定要多灾多难了,一向高高在上的意大利人昨天遭遇了一个沉重的打击,因为按意大利《全体育报》的说法,以前总是被其他车队明示暗示着和 FIA(国际汽联)有"亲密"关系的法拉利车队这次被 FIA"耍"了。可

不是吗？在接到 FIA 世界汽车运动理事会听证会有关间谍案的判决书的那一刻，托德的脸色难看到了极点。(人民网)

显然,此时语意的重心在 P 上。Q 与 P 不无关系,但并非很直接,常常是相关的两个不同话题。例(33)P 的话题是"你",而 Q 的话题则是在此前话题影响下所联想到的"巴塞尔艺术展的主题"。例(34)P 的话题是有关法拉利车队的,而 Q 则是与车队有关的"托德"。

3.2 提醒注意功能

"可不是2"的出现,有时候预示着议论抒情即将开始,提醒读者或听者注意,从而产生听读期待。例如：

(35) 可不是,只有人至耄矣,沉重的人生使命方才卸除,生活的甘苦也已了然,万丈红尘已移到远处……可不是,老先生已无得失之念,无荣辱之计,他开凿思想的灵源,澄思渺虑,引发在笔端笺素间,皆寓有意于"无意"之中……(人民网)

(36) 看了这则消息,不禁对将审理此案的法官之八面威风心生羡意。可不是吗？若干教授、研究员的清白,中国文坛不世而出之奇才的信誉都悬于其手;要判定金大侠是否毁人清誉,就要认定他说的是不是事实,也就是说,评点本究竟是优是劣将由法院来决定。(人民网)

当"可不是2"用于提醒注意时,语意的重心在 Q 上。因此,语段中的 P 常常是 Φ。当 P 不为 Φ 时,PQ 之间的关系表现也不那么直接。它们分属不同的话题,语意存在细微的联系。

3.3 语段连接功能

多数情况下,"可不是2"的作用是双向的,即既是对 P 的肯定,也是对 Q 的肯定,它起到连接 P、Q 的作用。在这种情况下,P 与 Q 之间往往存在着比较密切的关系,Q 往往是 P 的进一步延伸。

3.3.1 Q 为 P 进一步提供论据,表明 P 所代表的现象或观点的合理性与真实性。例如：

(37) 人性本来是向善的,只是由于社会和家庭环境的影响,让一个人的性格变化,更让一个善良的人变为恶毒者。可不是吗？对于动物来说,兽性是不可避免的,可由于其天天关在牢笼中,让一些野兽失去了其野外生存能力,也少了一份兽性。(人民网)

(38) 况且自己作为一名人大代表,还得多想着为大家办点事,不能只想着赚钱,可不是,自己办学不到一年,便已为那些贫困家庭孩子减免学杂费三千多元！(人民网)

例(37)P讲人性,Q讲兽性,表面看两者陈述的是不同话题,但实质是有联系的,讲兽性的规律目的是为前者进一步提供论据。例(38)Q为P"为大家办点事"进一步提供论据。

3.3.2 Q进一步陈述P的原因,表明P所代表的现状存在的必然性。例如：

(39) 这儿呢——我在这儿小三年子了;可不是,九月九上的工——零钱太少,可是他们对人还不错。咱们卖的是力气,为的是钱;净说好的当不了一回事。(老舍《骆驼祥子》)

(40) 小A刚参加工作没多久,见了本部门的同事就跟见了亲人似的。可不是吗？大家每天一块上班,说着笑着就把活干了;中午一起到食堂吃饭,其乐融融就像一家人;晚上一干人等时而泡吧,时而保龄,时而蹦的。(人民网)

例(39)Q陈述P我为什么在这儿小三年子了的原因,例(40)Q也是陈述P为什么见了同事就跟见了亲人似的原因。

3.3.3 Q是在P的基础上的具体阐释。P比较抽象,Q则是对P的解释。例如：

(41) 他的角色也不好派,导演每次都考虑很久,结果总是派他演家院。就是演家院,他也不像个家院。照一个天才鼓师(这鼓师即猪倌小白,比丁贵甲还小两岁,可是打得一手好鼓)说："你根本就一点都不像一个古人！"可不是,他直直地站在台上,太健康,太英俊,实在不像那么一回事,虽则是穿了老斗衣,还挂了一副白满。(汪曾祺《羊舍一夕》)

(42) 陈正这才恍然深悟他的用意,于是向他提醒一些更有希望的门路。可不是,老先生过去的同事和学生中现在有当副部长的,有大企业的总工程师,工学院党委书记,中外合资公司经理,等等,难道找他们给安排个差事还有什么困难吗?(中杰英《怪摊》)

例(41)Q 具体说明 P 为什么不像古人,例(42)Q 也是对比较抽象的"门路"做具体说明。

3.3.4 Q 是对 P 的总结。

(43) 七巧低着头,沐浴在光辉里,细细的音乐,细细的喜悦……这些年了,她跟他捉迷藏似的,只是近不得身,原来还有今天!可不是,这半辈子已经完了——花一般的年纪已经过去了。(张爱玲《金锁记》)

(44) 直到中午12点,热线电话一个接一个,130分钟时间里,只有一次电话间隔达到20秒。还有市民不断询问报社总机,怎么热线老占线。可不是吗?一边是热心的人大代表,一边是急切的市民,这个聊天可就火了。(人民网)

例(43)Q 对"这些年捉迷藏似的"一个总结,(44)是对"热线为何火爆"的总结。

以上所列的四种语段关系是 P、Q 之间主要的关系类别,它们之间不是严格的排他性,而是关系的不平衡性。如例(37)和例(38)中 Q 也是对 P 的进一步阐释,但是 Q 以提供论据为主。

4. "可不是"的词汇化

共时平面上同一形式的不同用法之间往往具有历时上的演变关系,在现代汉语中还存在与"可不是"同形异构的"可+不是"。例如:

(45) "刚才那边的笑声,就是为的这个?"魏强这才明白了刚才的笑声。"可不是为的这个!你听见啦?"(冯志《敌后武工队》)

(46) 可不是怪事？这世界原来充满了怪事呢！（茅盾《蚀》）

其中"可"用在反问句中，是一个语气副词。"可+不是"相当于"岂+不是"。由此，我们便可以假设，习用语的"可不是"之所以能够以否定的形式表达肯定的意义，是因为其前身是用于否定句的语气词"可+不是"，它首先经历了一个词汇化的过程。我们可以在历史文献中找到例证。例如：

(47) 有功对曰："魁是大帅，首是原谋。"太后又曰："馀庆可不是魁首？"（《通典》）

(48) 韦公曰："和尚所说，可不是达摩大师宗旨乎？"（《六祖坛经》）

(49) 程婴，我若把这孤儿献将出去，可不是一身富贵？（《赵氏孤儿》）

(50) 如今我先到了，可不是他输了也。（《朱砂担滴水浮沤记》）

当"不是"之后的信息在上文提及，成为已知信息时，"可+不是"之后可以以代词的形式出现，也可以省略，这就为"可不是"单独使用提供了可能性。例如：

(51) 我这人，又懦怯，又高傲。诗陶姊常说我要好心太切，可不是？（茅盾《蚀》）

(52) 我们正在青春，需要各种的刺激，可不是么？刺激对于我们是神圣的，道德的，合理的！（茅盾《蚀》）

此时的"可不是"还是以反问的形式存在，它表达的是肯定的意义。当这种单独形式高频使用时，它就被赋予了词汇化的资格。"可不是"已经不需要通过反问这一中间桥梁来认定它的肯定意义，而是直接与肯定意义联系起来，于是，"可不是"反问语气也逐渐消失了，也就有了现在的肯定应答的用法。

从"可+不是"到"可不是吗""可不是么""可不是""可不"表相同内容的结构，是一个词汇化的过程。有人认为"这四种形式虽然具有相同的功能，使用频度的高低却大有区别，通过搜寻便可以清楚地看到，形式的简化与使用的频度之间有一个明显的正比关系：越是简化的形式越是拥有高频的使用"（于宝娟，2009）。这对于一般语法化、词汇化过程来说是正确的,但不适用"可不是"的发展变化过程,因为它在使用频度上与一般的语法化、词汇化不同。根据我们对一千多万字的现、当代语料考察,发现四种形式并存,出现频率最高的不是通常认为词汇化程度最高、音节最少的"可不",而是"可不是"。究其原因,可能有以下几种:

一是这一结构语法化的程度不高,虽有话语标记的功能,但词汇意义明显,在实际语言中,几种形式并存,例如:

(53) 小奇听了这一席侃侃之言,暗暗觉得意外。自己还一直以为他是个闷葫芦,谁知人家是深藏不露,虽没有什么至理名言,却看得出他心地坦诚之外,生活中处处也是个有算计的人。女孩子不免微微点头了。洁茵却还是那么跷着两条腿,不紧不慢地笑着说:"可不是吗!"当学生穷,能省就得省。(小楂《客中客》)

(54) 她简单地介绍道:我的学生来接我了。别人抬头看看我,说道:好的个子!她拍拍我的肚子说:可不是嘛,个子就是大。(王小波《白银时代》)

(55) 她用油衣拭了拭眼角,说:"……我们也不仔细想想,也不把问题摊开来看看,我们就怪粗纱间,是吧?彩娣。"……郭彩娣不好意思地歉然笑了笑,说:"可不是么。"(周而复《上海的早晨》)

(56) 蓝龙媳妇也劝她:手心吧手背吧,你现在也不用怕公婆了。你们是全全和和的一家人家。像我这样,熬到啥时候是个头?玉儿妈说:可不是,比起你我真算享福的。不过你可以给自己找个好媳妇呀!(戴厚英《流泪的淮河》)

(57) "爸,您看,我说是这么回事吧!"金秀把手里的蒲扇猛扇了几下。金一趟没应声,少顷,问:"全义,这是真的?""可不!"张全义说,"爸,明儿我打算弄点儿红漆,把签儿上的码子描一描,再找誊写社的,给您把签字本儿誊一遍,写得大一点,省得您再看差了。"(陈建功、赵大年《皇城根》)

(58) "什么洗脑呵?思想工作做通了!心情愉快了——干什么都可以了!""噢,原来你们的女排都这么训练出来的。""唉哟,这可不是,你可别瞎说。我们的女排女篮女乒都是正经八板的娘儿们,我那是小说,说笑话儿。"(王朔《顽主》)

(59) 余:是是是。这要是再过几十年,不定能搞出什么东西来呢!

李:一定是应有尽有。

莫:那可不是。哎,我跟你说啊,今后你们不定怎么吃惊呢,还单就我们这电冰

箱而言。(《编辑部的故事·侵权之争》)

(60)"一朵鲜花插在牛粪上了,你说是不?""嘻嘻可不是么。"他嘴里应付着,眼光一刻也没离了那女人,直到暗绿的身影隐入人流中。(廉声《月色狰狞》)

(61)她不再说什么,更不想继续讥笑他了——她认为他的话也对,不就是在家里预备几支蜡烛么?一个月平均三十个晚上,五支蜡烛绰绰有余了。而且,可不是的嘛,点蜡烛还同时省电了呢!(梁晓声《激杀》)

例(53)用"可不是吗",例(54)用"可不是嘛",例(55)用"可不是么",例(56)用"可不是",例(57)用"可不",例(58)用"这可不是",例(59)用"那可不是",例(60)用"嘻嘻可不是么",例(61)用"可不是的嘛"。

二是无句法理据。"可"与"不"是副词与副词的组合,二者不能发生句法结构关系,因此,尽管"可不"符合现代汉语的韵律特征,即双音节化的韵律,但还是不被人们所习用。假如用"可是"或"不是"能实现"可不"的功能的话,或许早就取代了"可不是"。

三是从表达效果上看,"可不"似乎在肯定程度上不如"可不是"表现得更强烈。

参考文献

储泽祥、程书秋　2008　制约"想NV"格式成立的若干因素——兼谈与其相关格式"想VN"的比较,《汉语学习》第2期。
郭　锐　2000　"吗"问句的确信度和回答方式,《世界汉语教学》第2期。
于宝娟　2009　论话语标记语"这不"、"可不",《修辞学习》第4期。

表迅捷义的"X 速"词族的功能、用法与发展
——兼论加词的兼类性质与副词的词类归属

张谊生

上海师范大学

1. 前言

"区别词"这一名称是朱德熙先生 20 世纪 80 年代初在《语法讲义》中首先提出来的。朱先生同时还指出:"共同、自动、长期、局部"除了能修饰名词和组成"的"字结构以外,还能做状语,可以兼属区别词和副词两类。近 30 年来,现代汉语区别词的研究已经取得了长足的进步,与此有关的区、副兼类词的研究也已经有了不少创获。[①]不过,从词族的角度结合构词与发展,对一组副、区兼类词进行个案分析的成果还不多见。因此,本文准备解剖一个麻雀,对一批以前加限定为主兼有其他功能的、表迅捷义的"X 速"单词进行全面的考察。

当代汉语中,含有[＋迅捷]义素的"X 速"词,共有"火速、飞速、急速、快速、高速、疾速、极速、超速、加速、提速、全速、满速、迅速、神速、增速、从速"等 16 个。[②]不过,"迅速、神速"虽能充当状、定语,但主要充当谓语,它们是典型的形容词;"增速"可以充当状语或谓语,但主要做主宾语,"从速"也可以做状语,但一般只能充当谓语,它们分别是名词

---

[*] 本文曾在"走向当代前沿科学的现代汉语语法研究国际学术研讨会——纪念朱德熙教授诞辰 90 周年和庆祝陆俭明教授从教 50 周年"(2010 年 8 月 17—18 日,北京大学)上宣读,根据与会学者的意见,曾对原稿做了一定修改。修订稿经《语言教学与研究》编辑部评审并提出修改意见,精简稿已于 2011 年 3 月通过复审而修订备用。本文是国家社科基金项目"近 30 年来汉语虚词的发展变化及其演化趋势研究"(07BYY048)和上海市哲社项目"语法化理论与汉语虚词的发展与演化"(2006BYY006)的专题成果之一,并获得上海市重点学科三期"汉语言文字学"(S30402)的资助。对于所有的帮助和资助,笔者一并表示由衷的谢意。

和动词；这四个词与其他各词在功能上缺乏共性。为了便于行文与比较，本文只讨论前12个"X速"；依次从句法功能、语义特色、成因发展三方面加以考察、比较与辨析。本文的意图并非仅仅探讨一组"X速"，而是希望通过深入解剖一个案例，揭示出汉语实副词的兼类情况、用法特点及其演化趋势，进而对汉语的副区兼类、副词归属乃至词类系统提出我们的看法。

本文对每个"X速"都做了动态的用频统计。本文例句部分引自北大语料库，部分选自通过人民网检索的当代新闻报道。为了节省篇幅，现代例句均不标出处，过长的略做删节。

2. 功能与类别

根据分布及其用频，可以把当代汉语"X速"分为三类：实副词、兼类词、前加词。

2.1 实副词

实副词的典型分布就是充当状语，共有"火速、飞速、急速、快速"四个。其中"火速"与"飞速"一般情况下只能充当状语，是最典型的"X速"实副词。例如：

(1) 秦皇岛市委书记宋长瑞、市长菅瑞亭带领公安、消防、武警、卫生等部门人员及救援设备火速赶到现场，立即组织营救。

(2) 保健食品发展的总趋势是：保健食品全球化，低脂肪、低胆固醇保健食品仍将飞速发展，对慢性病有辅助治疗作用的产品前景广阔，保健茶品、中草药将风行全球。

需要补充说明的是，本文所说的"充当状语"，也包括句法成分内的各种成分状语。例如：

(3) 火速赶往现场的武警兵团指挥部官兵，迅速展开救援行动。

(4) 可以预见，飞速发展的科学技术在促进国际合作的同时，也将从中受益无穷。

毋庸讳言，"火速"与"飞速"也有极少量的非状分布，主要是偶尔可以充当定语。例如：

（5）原本就已"乌云密布"的市场氛围再次加上强大压力，对如此火速的动作，分析师纷纷表示"始料未及"，称国家的反应远比想象的快。

（6）这次亚洲杯赛无疑使尤里希奇的名声更上一层楼，他带领的巴林队取得了飞速的进步。

从用法看，两词充当定语时通常要带标记词"的"；从作用看，两词中所插入的"的"可以分为两种：一种是因动词指称化需要而插入的转化标记，再一种则是典型的定语标记。试比较：

（7）索尔索说，"中国是全球经济增长最快的地区，康明斯在中国的业务已得到了飞速的发展"。

（8）里约蜂鸟桑巴舞团演员表演的双人舞精彩绝伦，演员们飞速的舞步，天衣无缝的配合，热情奔放的表演赢得观众的阵阵掌声。

"飞速发展"做"得到"的宾语时，插入"的"表指称化，而"舞步"本来就是名词。此外，由于表达的语用需要及相似用法的感染、类推，两词还有极少量的形容词化用法。例如：

（9）形势的发展真够火速，妻子赐予的"小气鬼"桂冠犹未戴满一个春季，我们这幢大楼的几十个阳台就差我家的没封了。

（10）当历史发展到二月丫头的这时候，网络推手这行当已经积累出了相当的从业经验，所以二月丫头红得轻车熟路、极其飞速。

尽管"火速、飞速"还有少数非状分布，但从整体用频来看，非状用法的频率极低，分别只达到1％、2％左右，所以，我们认为，这两个"X速"还是可以归入典型的实副词。

"急速"与"快速"两个词的基本分布，同样也是充当各种性质的状语。例如：

（11）约10分钟，轮到她了，只见她松手放开吊环，身体顺着水流急速向下滑去，在旋转滑道中被荡来荡去，最后沉入水底。

（12）乌贼是我国四大海产之一，它不仅能像鱼一样在海中快速游泳，还有一套施放"烟幕"的绝技。

略有不同的是，这两个"X速"充当定语的比率要稍高一点，大约占到3%。例如：

（13）科学家对从格陵兰岛冰原钻探得到的冰核进行分析后发现，在过去25万年间，除了距今8000年至1万年之外，全球气候一直发生着频繁、急速的变化。

（14）所以不少猎物遇上猎豹追击时，常以锯齿形的线路奔逃或在草丛小山丘间做不规则蹦跳，使猎豹发挥不了快速的长处，造成扑空，悻悻而归。

这两个词不但可以充当指称化动词的定语，而且可以不用"的"直接修饰名词充当定语。例如：

（15）阿卜杜拉酷爱飙车和驾驶飞机这类急速运动，他有担任约旦皇家特种部队指挥官的经历，驾驶眼镜蛇武装直升机，进行跳伞运动都是他的拿手好戏。

（16）主要有三环路系统建设工程、城市高架快速干道工程、西咸公路改造工程、华清路拓宽、西关正街拓宽、二环路增设立交、一环路平改立工程、环山公路平原段、蓝田至柞水西安段公路建设等。

相比"火速"与"飞速"，"急速"与"快速"的形容词化用例也略微多一些。例如：

（17）他在床上翻腾打滚，汗流如注，呼吸极度急速，简直是在咆哮，整个屋子都在震荡。

（18）影响运动知觉有四个因素。首先依赖于物体运动的速度，除了非常缓慢的运动不能被人们知觉到以外，非常快速的运动也不能被人们知觉到。

考虑到各种非状用法加起来都还不到5%，因此，"急速、快速"与"火速、飞速"一样,也还应该归入实副词,尽管典型程度可能要略低一些。总之,虽然这四个实副词都没有达到绝对唯状的程度,但非状用法的频率都相当低,甚至可以忽略不计,所以,都无须归入兼类词。③

2.2 兼类词

这一类别的"X速",都是多功能的,除了经常充当状语或定语之外,还可以充当谓、述语或者主、宾语。因此,又可以细分为两个小类:a. 副词兼动词的,有"超速、加速、提速"三个;b. 副词兼名词的,则有"全速、极速$_2$、满速"三个。

"超速、加速、提速"都是由原动宾短语逐渐固化而来的,这三个词的基本语义大致可以概括为"超过规定的/加快原有的/提高本来的速度",都含有[＋变速]的语义特征。例如:

(19) 有一次,他在限速的公路上超速了几秒钟,为的是越过前面德国人开的一辆车去转弯。

(20) 盟国的主要大国准备举行首脑会晤,共商大计,加速战争进程,尽早打败法西斯。

(21) 乘上改革的专列,枞阳县农村医疗卫生基础建设、人才队伍建设从此起步并几经提速。

经过这些年的发展,现在三个词的谓语分布都已有所减少,主要功能已转向充当状语。由于一再地充当状语,其原动作义就转向了方式义,功能的副词化也导致了词义进一步转化,已经由刚开始做状语时表示"超过规定/加快原有/提高本来速度地",引申出"速度很快地"的意思。例如:

(22) 四川省工业强省工作会议绵阳现场会在长虹公司召开,省市领导希望长虹抓住机遇,超速前进,达到更高的目标。

(23) 发展中国家、发达国家和国际机构必须紧急行动起来,协调一致,朝着千年发展目标加速前进。

(24) 据消息人士表示,创业板正在提速前进,首批企业的招股说明书申报稿昨日下午预披露。

值得一提的是,"超速、加速、提速"虽是动词,但偶尔也可以有指称化的名词用法。例如:

(25) 埃迪·格里芬,我们第二年的强力前锋,因为超速以及携带大麻在比赛前两晚被捕了。

(26) 随着经济结构调整的加速,长期积累的企业经营机制等矛盾日益显露,出现了企业大量富余人员下岗的情况。

(27) 通过"五加二"、"白加黑"工作机制,争分夺秒、全速前进,创造了发展的大提速。

在考察"全速、极速₂、满速"的兼类用法前,须先分辨一下"极速₁"与"极速₂"。这两个"极速"来源不同,构造也不同。"极速₁"的原型是"副+形"短语,近代就已形容词化,意为"极为迅速"(详后);而"极速₂"是现代类推其他"X速"而成的"形+名"式名词,意为"极致的速度"。充当状语的副词化"极速"几乎都是"极速₂","极速₁"一般只能做谓语。既然"全速、极速₂、满速"的原型都是偏正短语,那么,自然都可以充当主、宾语。例如:

(28) 温度探头使用热敏电阻固定在PCB或者散热片的特定位置,风扇转速通过电压控制,电压从6V起步最终增长至11—12V,转速从不到一半增长至接近全速。

(29) 高马力的发动机和扭矩使得Gallardo有非常出众的加速性能,极速达到309km/h,在达到极速的时候车身仍有很好的稳定性和可控性。

(30) 目前纳胡拉在进行恢复性治疗,他希望自己的恢复速度在本周末能够达到满速。

"全速、极速₂、满速"三词,在需要描摹动作行为的情状时,就会充当动词的状语。例如:

(31) 打到最后邓世昌命令全速冲撞敌舰"吉野"号,黄乃模屹立炮位,视死如归。

（32）如熊熊燃烧的火焰,明亮火热！如极速奔驰的骏马,健硕有力！

（33）英国艇长当机立断:"主机全开,满速前进,各炮位做好战斗准备！"

发展到现在,"全速、极速$_2$、满速"的副词化已渐趋定型。在状语位置上时,尽管"全部/极高/满荷的速度"的语义积淀还在,但功能的转变导致语义也发生了相应的改变。在一定的语境中,实副词"全速、极速$_2$、满速"的语义已接近于"快速"或"高速"了。例如:

（34）冷酷的现实是,希望被中国因素放大,中国全速增长托起世界经济,这个可能根本就不会发生。

（35）沉浸在资本市场的大牛市中,中国富豪们的财富极速增长。

（36）本文认为衡阳经济在持续多年满速增长后,增速出现些许回落而不是深度回调是正常的,是符合经济发展规律的。

"全速、极速$_2$"还可以直接做定语,而"满速"还可以是动词,与"极速$_1$"一样充当谓语:

（37）近日,爱立信正式在中国市场推出全新的R320scWAP手机,为中国手机用户迈向移动互联网开辟了另外一条全速通道。

（38）记者发现在这个有16层楼高的摩天轮下,有海盗船、极速飞碟等各式各样的陆地游乐设施。

（39）他这一招两式,变化极速,确实难防,若非燕小飞一身武功已臻炉火纯青,势难幸免。

（40）不知道这个温度是不是高？可风扇已经满速了。

总体上看,这六个兼类词的状语分布都要明显地高于其他分布,大约为3:1。当然,各词之间的频率还是相差较大的,尤其是"加速"的非状用法曾经高于状语。其实,从另一个角度看,这些兼类词在充当状语与充当谓、述语或主、宾语时,语义已有所不同,因此完全可以认为,这六个词都已经分化,各自都已派生出一个具有限定、摹状功能的副词化义项了。

2.3 前加词

前加词的基本功能是充当状语与定语,现在只有"高速、疾速"两个。虽然二者的状、定分布比率相差较大,但充当状语目前都已经是这两个词的基本功能了。例如:

(41) 正当全场观众都以为 90 分钟的比赛就要这样结束之时,北京队小将杨昊从中路高速插上,为北京队攻入了制胜的一球。

(42) 随着一条银白的弧线从一个中国运动员手上射出,又疾速飞向终点,整个体育场一下子沸腾起来。

在词义基本相近的情况下,"高速"与"疾速"也都经常充当各种定语。例如:

(43) 高速公路对车辆行驶速度也有限制,不过,它与一般公路正好相反。一般公路上的车速限制在每小时 40—60 千米,而高速公路要求汽车时速至少 100—120 千米。

(44) 他那娴熟的舞姿,疾速的舞步,为火炬传递增添了民族特色,也赢得了人们阵阵掌声。

比较而言,"高速"做定语的比率高得多,曾高达 75%,像"高速公路、高速列车"一类组合极为常见。至于"疾速",虽然定语比率不高,但可以直接修饰 NP 表示专用概念。例如:

(45) 无论是浏览照片、下载电影、可视电话,都能顺利实现,疾速网络让娱乐随时与你同行。

此外,"高速"与"疾速"有时也可以受程度副词修饰,有形容词化倾向。例如:

(46) 中国在改革开放之后,经历了一个非常高速的工业增长过程,1978~2004 年,以可比价格计算的工业增加值年平均增长率达到 11.5%,高出 GDP 增长率 2 个百分点以上。

（47）众官兵早已谙熟诸葛连弩，换箭非常疾速，前队射完，后队跟上，一波紧接一波，倭寇挥舞起双刀，勉强抵挡住矢箭。

如果极少量形容词化用法暂时忽略不计，那么，这两个兼具状定双重分布的词，自然应该归入前加词，也就是副词兼区别词。不过，同样是兼类，副兼区与副兼动名的性质完全不同，副兼区是具有同一上位词的不同下位分布，不同的分别在语义上并没有分化出不同的义项。例如：

（48）中国动漫产业有巨大的潜在市场，近年呈现出高速增长的态势。

（49）近几年东风日产保持了高速增长态势，今年公司将如何保持像去年那样的高速增长呢？

（50）福州市房地产业近几个季度保持了健康稳定高速的增长态势，市场供给量与吸纳量均保持稳步增长，房地产价格走势平稳。

上述三个"高速"的分布有所不同，前后两个词性也不同，但语义还是一致的；尤其是中间的"高速V"是指称化用法，从功能性质看，只能说该"高速"的状语性要强于定语性。可见，副词兼区别词，既是归属与关系最为紧邻的兼类，也是功能与语义最为相近的兼类。其实，即使是那些较为典型的实副词，充当状语和定语时，语义上也还是同一个义项。例如：

（51）消防部队是一支快速反应的部队，作为消防部队的一员，不论是外聘专职宣传员，还是内部兼职宣传员，都应该具备快速反应的头脑。

（52）在一般人眼里，快速反应部队是一支神秘的部队，他们神通广大，反应迅速，神出鬼没，战无不胜，其实，快反部队都是由陆海空三军部队组成，只不过队员是经过严格挑选、严格训练的。

（53）刚才市长所介绍的情况也给我们提供了很好的借鉴经验，在各城市救灾应急的过程中，我们有必要建立一支快速的反应部队，灾害一旦发生，就能迅速地投入行动。

总之,作为现代汉语实副词的一个词族,与大多数词族一样,绝对唯状的"X 速"几乎不存在;从兼类副词到典型副词,各词的副词化程度取决于充当状语的频率。[④] 同样是兼类,"X 速"既可以与动名词兼,也可以与区别词兼,但这两种兼类的发展阶段不同,性质也截然不同。

3. 特点与用法

本节讨论实副词(包括各种兼类的实副词,下同)"X 速"的特点与用法,从三个角度考察"X 速"的表达方式与表义作用:指称化表达、描述性摹状、配合式共现。

3.1 指称化表达

作为表示词汇义的实词,"X 速"不但可以修饰充当谓述语的陈述性动词,而且还可以修饰充当主宾语的指称化动词。指称化 VP 有两类:有标式与无标式。例如:

(54) 近年来广州市房价的快速上涨使购买商品房成为很多人可望而不可即的梦想,被人淡忘的经济适用房开始走俏,因为在每平方米几千元的差价面前,地段、硬件的缺陷已显得不再重要。

(55) 食品加工业飞速发展带动食糖总体需求稳中有升;中国糖业协会理事长贾志忍认为,食糖消费的增长主要得益于食品工业高速成长带来的工业用糖需求剧增。

"快速上涨"与"飞速发展""高速成长"都是"X 速 V"的指称用法,前句是有标式,后句都是无标式。指称化的"X 速 V"多出现在句子的主、宾位,"X 速"是成分内的状语。再比如:

(56) 烟草行业以高利润、高积累推动科技进步飞速发展,市场如同战场,打科技,拼规模,争名牌,竞争空前激烈。

(57) 无线电运动包括无线电工程设计制作、无线电快速收发报、无线电测向、无线电通讯和业余无线电台等五个项目。

此外，有标与无标的"X 速 V"指称化形式，还可以分别充当介词宾语和同位语。例如：

(58) 我们那儿的地方戏，唱腔纯美悠扬，在我看来，是堪与黄梅戏一争高低的地方剧种，可惜由于时代的飞速发展，如今在那些看惯好莱坞大片的年轻人眼里，它简直就成了丑陋不堪的怪物。

(59) 东莞队暂停后加强了半场紧逼和后场篮板的拼抢，自己的拿手好戏快速反击也发挥得淋漓尽致，邱彪接队友快传篮下得分，66—74，东莞队领先了 8 分。

那么，指称化动词前"X 速"的副词性质到底应该怎样认识呢？先比较下列四种分布的差异：

(60) 近年来，全国范围内房价飞速上涨，有的城市房价甚至翻了几番，导致民怨四起。

(61) 今年全球经济加速增长的主要原因是美国采取低利率和刺激性的财政政策，以及进出口大国中国经济的快速发展。

(62) 统一始终是中国历史发展的主流，每一次分裂之后都复归统一，并且都赢来了国家政治、经济、文化、科技的快速发展。

(63) 人口的急速增长将给人类带来灾难，世界上很多国家正在实行计划生育，控制人口的过快增长。

"X 速 V"从充当谓语到充当定语，再到宾语、主语，VP 的指称性是逐渐增强的，再向前一步，标记词"的"移到"X 速"后面，那么，该"X 速"就应该算是区别词了。例如：

(64) 中国知识产权事业在短短二十来年的时间里取得了快速的发展（比较：快速发展），在立法等领域走过了发达国家上百年走过的路程。

(65) 上海飞速的发展（比较：上海的飞速发展）令人感到震惊。

"X 速"经常自如地修饰指称化的 V，这从一个侧面说明：实副词都是地道的实词，由于实副词与区别词本来就从属于共同的上位词加词,存在着相近的语义与相通的功能之基础,所以,既可以只充当状、定语的一种,也可以根据表达需要在状、定语之间转换。

3.2 描述性摹状

作为实副词,"X速"充当状语不在于精确地限制,而在于形象地描摹。大致分为两个方面,首先,是语义的迅捷度差异。细究起来,这12个实副词的语义强度还是有所差异的。总体而言,用修辞性手法构词的主观性强,语义强度更高些,用描写性手法构词的客观性强,语义强度略低些。大致可以分为相对模糊的三级:"火速、飞速、极速"的速捷度最高,"疾速、急速、高速、快速"次之,"超速、加速、提速、全速、满速"更次一等。

从字面看,"火、飞"是用转喻与隐喻的方式极言速度之快,"极速₂"的"极"在修饰"速"之前已程度化,是用极高级来凸显速度。至于"疾、急、高、快",是用强调情状与比较性质的手法表现速度,而"超、加、提、全、满"只是用直陈行为与状况的方法描写速度。请比较:

(66) 第18分钟,塞维利亚前锋巴蒂斯塔接队友传球,飞速突破皇马的封锁线,劲射破网。

(67) 1分钟后,埃米尔·马丁内斯右侧快速突破杀入禁区,幸亏卡洛斯及时卡住了位置。

(68) 新疆"9·25"和平起义后,为迅速完成西北全境的解放,中共中央和第一野战军彭德怀司令员,命令第一兵团所辖的二、六军火速进军新疆。

(69) 6月,刘少奇代表中共代表团在莫斯科与苏联进行谈判,谈判期间,苏联建议中国人民解放军加速进军新疆,并主动提出可以利用三区革命力量。

同样是"突破","飞一样速度"自然要比"很快的速度"更迅疾;一样是"进军","救火的速度"肯定要比"加快的速度"来得更紧急。⑥再看后两类词之间的迅捷度差异:

(70) 看立体电影时,你会感到高速行驶的火车向你迎面冲来,彩色的气球从屏幕飞向你的头顶……立体电影所以能使人产生这种逼真的感觉,是因为运用了光的偏振。

(71) 因车流过大堵了近半小时,行驶至金桥大道兴业路路口及府河收费站时再次堵车,尽管司机已经提速行驶,但到达墓区时已是 11 时 20 分,全程耗时 80 分钟,较上周末多花了 35 分钟。

同样是车速,比起"提速行驶"来,"高速行驶"的速度无疑要快得多。因为"高速"是"达到了极高的速度",而"提速"只是"提高了原来的速度",差异显而易见。

其次是词义的形象性色彩。各"X 速"的词义,有时强度差异并不明显,而重要的是形象特色。细细品味各词的用法,可以发现各词间的用法区别大都与源义积淀有关。例如:

(72) 美元的单边式急速(? 飞速)贬值,隐藏着巨大的经济隐患,甚至是下一轮危机发酵的温床。

(73) 伊莎贝尔因反对独裁被迫流亡委内瑞拉,处境窘迫,与丈夫的关系疾速(? 火速)恶化。

正因为两词的内涵源义、形象色彩不同,所以也就不能随意互换。再来看修饰同一个"VP":

(74) 灾情就是命令,时间就是生命,解放军 10 万大军在中央的统一部署下火速挺进灾区,配合当地民警、武警抗震救灾,截至今天凌晨,已从废墟中救出被困的幸存者 20000 多人。

(75) 人民子弟兵急速挺进灾区,在废墟里寻找着埋在里面的父老乡亲,他们是用心在排查,他们是用生命抢生命,"时间就是生命"!

两句都表示"极为迅速地开进灾区",前句更凸显"情势之紧急",后句更凸显"行动之急迫"。至于同一迅捷度小类的内部,各词之间的差异,更主要体现在源义特色和语素色彩的不同。试比较:

(76) 有些科学家认为,海豚的皮肤富有弹性,在皮肤外部有许多充满海绵状物质的小管,游泳时整个皮肤能随着水流做起伏运动,从而消除高速游泳时产生的涡流,使水的阻力大大减小。

(77) 海参圆筒形的身体上长满肉刺,形似黄瓜,这软软的身体没有强有力的自卫武器,更没有快速游泳的本领,只能依靠身体腹面的管足与肌肉的收缩蹒跚行动,很难抵挡敌害进攻。

"高速"相对于"低速",重在对比限定;"快速"相对于"慢速",重在比较评定。又比如:

(78) 太阳快落山了,记者开车加速前进,路上不时遇到小型车队。据了解,那都是为灾区分发救灾物品的车队。

(79) 羊群悠闲地过了马路,我们也提速前进。突然,牧羊女纵犬扑向我们的车,只见牧羊犬从左前方向我们冲来,事情来得太突然了,急刹车?不可能。

"加速"重在增加,"提速"重在提高,虽都是比原来开得更快,但内涵义有极细微的差异。

3.3 配合式共现

由于都含有语素"速",各词间语义既相近又略异,所以,这12个词经常在一些配合使用。一般情况下都是根据不同的需要,相似强度和相近语义的"X速"对举使用、连续使用和交替使用,从而达到精确描状、避免重复、增强语势等语用效果。例如:

(80) 四川、中国、整个世界迅速聚焦汶川,各路救援大军火速挺进灾区,一场空前浩大的生命大营救在陆地在水上在空中急速展开。

(81) 但是,3年多的国外生活所见所闻,科学技术日新月异的飞速发展,特别是美国科研与生产紧密结合、推动经济高速前进的事实,使他不能安寝。

(82) 我下令基德全速前进,我要在预定时间之前赶到XS-31!满速前进自然能量消耗大很多,不过只要这次的生意成了,我就可以赚个盆钵满满!

(83) 白雪洁见此惨状,快速奔了过去,帮助堵拦一辆汽车,把伤者火速送往医院抢救。

再比如,都是表述房价上涨速度之快,"高速、飞速、快速、急速、超速"都可以交替运用:

(84) 伴着价格的高速上涨,成交量也飞速攀升,1 至 11 月,全市销售商品住宅 14.1 万套,超过去年全年住宅销售套数近五成。

(85) 经过连续数月的快速攀升,上海房价创下历史新高,房价的急速上涨使得地方政府此前的护盘心态出现变化。

(86) 由此吸引来的大批购房者,很可能会让外环周边步入房价高速上涨的轨道。因此,将经济功能点式分散到各个卫星城,才是解决房价超速上涨最有效的手段。

(87) 政策刺激下,需求得到井喷式释放,引领房地市场在上半年走出一波超速上涨行情。而市场在这波行情中,也快速经历了担忧、谨慎、大胆、疯狂的过程。

三四项共现的用法相对要少一些,多项配合的作用在于使搭配更精确,表述更协调。例如:

(88) 将经济功能点式分散到各个卫星城是解决房价超速上涨最有效的手段,如果"十一五"规划中城市发展框架获得快速进展,其中 9 个新城的建设能够长足进步,就有希望平抑目前高速上涨的市区房价。

(89) 随着 21 世纪经济建设高潮的不断涌来,工程建筑规模飞速发展,各类建筑任务快速增加,建筑行业的队伍也因之急速膨胀,从 90 年代末不到 300 万人加速扩展到 2008 年的 700 多万人。

总之,"X 速"实副词在功能上还保留着实词的句法特点,都可以充当指称化成分的修饰语,大多可以与区别词转换;语义上的描述性表现为各词的迅捷义强度有三个相对的等级,也体现在各词的源义积淀与形象色彩;使用中根据不同的表达需要,经常同义共现、互相配合。

4. 形成与发展

本节考察"X速"的形成与发展,讨论三个问题:来源的多样化、语义的同质化、功能的趋状化。据查,有些"X速"近代已成形,有些则形成于现代,下面都逐一溯源分析。

4.1 来源的多样化

从副词化动因来看,"X速"虽然只有12+1个词[6],却至少可以从四个不同的角度来追索其成因:a. 凝固而词化,b. 竞争而专化,c. 摹状而转化,d. 节略而简化。

a. 凝固而词化。比如"火速"与"飞速"两个词,在古汉语中本来都是偏正短语:

(90) 玉帝灵神,上合天心,并召四将,考缚鬼神,闻吾呼召,火速降临。(《道法会元》上卷)

(91) 现在宸濠又分兵进攻南康及南昌所属邻境各州县,猖獗异常,请旨飞速派兵前往剿灭。诸卿有何妙策,可即奏来。(《七剑十三侠》20回)

从内部的语义关系看,"火速、飞速"的"速"指"速度",这两个词一开始还是名词、动词做定语,前者是转喻式定语"以赶去灭火的"速度,而后者是隐喻式定语"像飞一样快的"速度。随着各自的修饰语跟中心语频繁地共现运用,"过去的句法就是今天的词法",两个偏正短语也就在不断地充当状语的过程中,因"摹状而转化"成了两个实副词了。

b. 竞争而专化。这是指本来具有谓、定、状、补等多种分布的形容词性短语及其词化后的形容词,在同"迅速、神速、从速"的竞争中,由于源义特色与表达需要,状语功能渐趋发达,其他的谓、补语功能逐渐萎缩,最终因状语功能专用化而导致副词化。譬如"疾速、急速、极速$_1$、快速"的"速"都表"迅速"义,这四个词在形成之初都是形容词性的。例如:

(92) 先王之道,载在胸腹之内,其重不徒船车之任也。任重,其取进疾速,难矣!(王充《论衡》)

(93) 若机务急速,亦使双日,甚速者,虽休假亦追班定时示。(《五代会要》十三)

(94) 只是天行极速,日稍迟一度,月必迟十三度有奇耳。(《朱子语类》卷一)

(95) 谢亚福出其不意,也不料他如此快速,见他一个旋风扫来,正要躲避,胸膛上已打中一拳。(《乾隆南巡记》71回)

上面各词都还在短语和词依违两可之间,随着词汇化进程的逐步发展,在与"迅速、神速"等词的竞争中,由于表达摹状功用更具特色,其中"疾速、急速、快速"三个短语词充当谓、定、补的功能日渐萎缩,发展到后来都以充当状语为主,纷纷走上了副词化的道路。例如:

(96) 外据歇下骡马、金帛疾速交送,如或有所不从,幸赐端的垂示。(北宋话本《大金吊伐录》)

(97) 高继能大怒,使开枪分心刺来,哪吒火尖枪急速忙迎。(《封神演义》69回)

(98) 柳咏快速抢到门前,奋勇杀入,却无阻挡,兵俱进城。(《海国春秋》16回)

从词汇化的时代来看,"疾速"最早,"快速"最迟;就副词化的历程来看,则相对复杂:"急速、快速"现在都已成了较为典型的实副词,"疾速"现在还是个兼类词;而"极速$_1$"由于"极速$_2$"的出现与竞争,已经无须再充当状语,所以,至今也没有完成其副词化进程。

c. 摹状而转化。前面已经指出,"提速、加速、超速"和"全速、满速、极速$_2$"都是由动宾式和偏正式短语词化而来的。在短语凝固化的同时,这六个短语词由于不断地充当状语,也就逐渐副词化了。动词的副词化相对简单,下面考察一下名词"全速"与"极速$_2$、满速"的副词化方式。据调查,在名词"全速"转化为副词的过程中,介词"以"的脱落起了一定的作用。在统计的当代语料中,表方式的"全速"约有15%仍须充当"以"的宾语。请比较:

(99) a. 假定如你所说,你的物种进化的分支是一条死胡同,那我也要你以全速冲向那终点,可是同我在一起你就不一定能这样做。

b. 在最后15米的较量中,罗雪娟全速冲向终点,以领先其他对手近半个身位的优势赢得胜利,她的成绩是 1 分 6 秒 64,并刷新了奥运会纪录。

(100) a. 巡洋舰自旧金山出发,以全速直驶提尼安岛,途中仅在珍珠港停了数小时添加燃料。

b. 进行了两个多小时的营救工作终于胜利结束,高河轮全速驶向长滩,要夺回原计划的班期。

"极速$_2$、满速"的副词化,由于一开始就较少充当介宾,应该都是直接做状语转化而成的:

(101) a. 这辆宝马的司机可能在车子达到极速后已经有些精神过度紧张,控制不住自己的速度了。

b. 昨天下午 2 点 26 分,宁波高速公路上出现 20 多辆高级跑车极速行驶,俨然把高速公路当成了 F1 赛道。

(102) a. 以我几个月来使用迅雷高速通道补丁的经验来看,在有可以使用高速通道的资源的情况下,下载速度大部分时间都能达到满速。

b. PT 最大的优势是:下载速度快,大部分资源都可以满速下载。

d. 节略而简化。节略简化是"高速"副词化的第一步。首先,"高速"是由"高速度"压缩而来的,而"高速度"则是由"高"附加"速度"(仿译"high speed")而构成的:

(103) a. 因机动车高速度行驶具有强大的冲击力,如果一旦发生碰撞会造成很大的破坏。

b. 尽管下着小雨,在这种路面高速行驶具有一定的危险性,但包括我在内的试驾者仍在高速路上上演了追逐游戏。

(104) 随着工业科技的发展,城市人口的增长,垃圾也随着高速度增长,其中危险废物正以每年 5 亿吨的高速递增。

上面"高速度"都可以略去"度",反过来"高速"也都可以加上"度"。可见从"高速度"到"高速"应该是节略了"度"压缩而成的,所以"高速"至今还保留着抽象名词的用法。例如：

(105) a. 8%左右的增长速度是就全国来说的,是一个预期性、指导性目标,各地应结合自身实际,切不可盲目追求高速度,更不应层层加码。

b. 发改委:GDP增速8%为指导性不可盲目追求高速(标题)

其次,在缩略的基础上由于经常充当定、状语而成了专职的前加词;最后,随着状语用法逐渐占据优势,实副词"高速"也就逐渐定型了,尽管区别词功能还完整地保留着。

上面从四个角度分析了"X速"的副词化,其实,有不少动因是依次发生、互为因果的。比如"竞争而专化"很大程度上是以"凝固而词化"为前提的;再比如"高速"在"节略而简化"后还须经历"摹状而转化"的副词化过程。[⑦]此外,不但"火速、飞速"和"提速、超速、加速"甚至包括"全速、满速",在"摹状而转化"之前也都经历了"凝固而词化"的历程。

4.2 语义的同质化

这12个"X速"实副词,虽然都含有[＋速捷]义,都是做状语表描摹,但是具体运用时,却存在两种情况:优选与普适。所谓优选,就是某个"X速"实副词与某个V及其短语之间的组合是优先选择的,组配率非常高,虽然还不能说已经惯用、定型,但至少是一种压倒性的选择关系。目前各词的优选搭配大致如下(＞表示优选率高于):

(106) 火速-赶往＞飞速-发展＞全速-前进＞快速-反应＞加速-发展＞满速-下载

超速-行/驾驶＞急速-提/上升＞高速-运/航行＞疾速-冲/奔向＞提速-增长/效

根据统计,优选组配度最高的是"火速"和"超速",目前还保持在50%以上。例如:

(107) 1月21日新疆八一水库发生管涌后,驻守当地的解放军、武警官兵及民兵预备役人员迅速集结,火速赶往事发现场,展开全方位救援……火速赶往现场的武警兵团指挥部官兵,迅速展开救援行动。

(108) 据自治区公安厅交通警察总队介绍,这起事故主要是由无证驾驶、超速行驶和客货混装造成的。

当然,"赶往"还有变化形式"赶到、赶赴"等,"行驶"包括"驾驶"等。而优选组配度较低的是不太常用的"满速、提速",各自与"下载、增长/效"的组配,都还不到15%。例如:

(109) 首先使用网通 ADSL 连接,下载速度达到了156KB/S,从数值看基本达到了满速下载,而且比宣传的130K/s还要略快,这可能是服务器本身就是网通线路的缘故。

(110) 今年以来右江区以经济建设为中心,全面实施项目带动战略,全区经济运行呈现提速增长态势。

总之,除了"极速"因用频较低优选不很明显,其他各词的优选组配频率,一般都在30%到20%之间。那么,为什么会形成这样的优势选择呢?显然是不同语素的语义特征导致的。这些"X速"虽然在功能上副词化了,但在语义上还保留着完整的词汇义,据调查,不同内涵义的前加词都会有最佳的匹配或选择对象。就以"火速"与"飞速"为例,被"火速"修饰的V,几乎都有[+赶到][+前往]的语义特征;被"飞速"修饰的V,大都有[+变化][+发展]的语义特征。不过,随着副词化进程的不断加快,原语义会慢慢淡化趋向同质,加上总体用频提高,"X速"的搭配对象现在已逐步扩大,大都已开始向普适组配转化。所谓普适,就是指对于某些常用的V,几乎所有"X速"都普遍适用,都可以对其加以修饰。下面就以"发展"为例:

(111) a. 黄华华说,交通运输、旅游、餐饮等受非典影响严重的行业迅速恢复,连锁经营、物流配送、中高级批发市场、电子商务等现代流通方式快速发展。

b. 现代社会里,生产规模不断扩大,科学技术高速发展,设备不断更新,需要一支具有文化科学知识的、受过良好职业技术培训的就业大军。

c. 时代在飞速发展,地方戏因不能顺应时代发展潮流而寿终正寝,而北京依然日新月异。

d. 近年来美国不顾《反导条约》的有关规定以及国际社会的反对,加速发展国家导弹防御系统。

上面四个"X速发展"匹配都很自然,也都很普及,而下面四个"X速发展"只能算比较常见:

(112) a. 深圳设立了经济特区,一时间对外贸易、对外交往急速发展,进出境货物和人员急剧增加。

b. 困难摆在面前,但成绩是干出来的,我们正面临着跨越自我、提速发展的千载良机。

c. 今年汽车销量、汽车保有量、汽车私人占有量将继续超速发展,相应的汽车利好政策、规范制度的出台会超过往年。

d. 石排镇党政联席会议要求全镇各级统一思想,抢抓机遇,真抓实干,努力推动石排实现全速发展。

最后四个,除了"满速发展"可以接受外,其他三个"X速发展"也还较为自然:

(113) a. 近代历史的发展,使西方文明中的工具理性一面极速发展,并日益采取形式合理的特征,但西方文明从民主秩序到社会道德,从来没有离开过基督教。

b. 汽车租赁和客运、货运、公交相比,少了很多的垄断性质和政府干预,可以说是市场化程度较高的行业,因此从汽车租赁在全国的火速发展来看,企业盈利应该不错。

c. 随着中原城市群一体化发展战略的推进,中原城市群将进入疾速发展时期。

d. 中西部一位制造商称,过去几个月由于天气因素市场有所减慢,预计3月份市场仍将满速发展。

那么,这12个"X速"与"发展"之间的普适率到底相差多少呢?下表是这12个词2010年7月24日人民网中分别修饰"发展"与"增长"的次数(部分例句重复出现)[⑧]:

	快速	高速	飞速	加速	急速	提速	超速	全速	极速	火速	疾速	满速
发展	107085	25202	16383	9799	864	543	302	86	50	39	13	0
增长	50647	29432	1712	2404	712	38	180	0	36	5	17	0

很显然,在普适化组配中,各词的源词义保留相对较少,几乎都重在表示共有的"迅捷"义了,这就表明"X速"的副词化进程现已发展到具体义素有所脱落、适用范围相对扩大的阶段了。

需要指出的是,"X速"的普适性频率与各词的本身的基本词频虽有一定联系,但并不完全一致。就统计的语料看,这12个词的状语分布率,大致可以分为高频、中频、低频三类:

(114) 快速、飞速、火速、高速＞全速、急速、超速、加速＞提速、极速、疾速、满速

导致各词基本词频高低的因素,主要有三点,依次是:语义内涵、语体特征、语用需求。

4.3 功能的趋状化

从前面第一节的分析已经可以看出,尽管三类"X速"的句法功能还没有一个是绝对唯状的,尽管各小类甚至各词之间的状语分布都有所差异,但就总体发展趋势来看,所有"X速"的非状用法都在逐渐减少。为了能够对各"X速"的功能演化趋势有一个更为精确的了解。我们选取了四个实副词和四个兼类副词进行新、旧语料定量统计比较,⑨分别算出状语和非状两种分布的数据及相应的百分比。下表中除了"疾速"一词旧语料总共只有157例之外,其他都各选了500条有效例句(包括重复出现的例句);下表各个"X速"下面左栏是旧语料的用频,右栏是新语料的用频,各栏内部分号后面则是相应的百分比。

实副词	火速		飞速		急速		快速	
状语	496;99.2	498;99.6	483;96.6	491;98.2	451;91.2	481;96.2	446;89.2	476;95.4
非状	4;0.8	2;0.4	17;3.4	9;1.8	49;9.8	19;3.8	54;10.8	24;4.6
兼类副词	高速		加速		超速		疾速	
状语	114;22.8	402;80.4	208;41.6	346;69.2	326;65.2	364;72.8	138;87.9	429;85.8
非状	386;77.2	98;19.6	292;58.4	154;30.8	174;34.8	136;27.2	19;12.1	71;14.2

从上表的数据可以看出,这些年来,实副词和兼类词的非状分布概率几乎都已下降

了一半。"火速"的非状用法本来就极为有限,发展到现在就更罕见了;"飞速"尽管还保留了少量的定语和谓语用法,但用频也已减少了将近一半;另外两个实副词"急速、快速"的非状分布也已降到 4% 左右。至于兼类词,"高速"和"加速"原来都还是非状用法占主导的,但到了现在都已经是状语分布占优势了,尤其是"高速"已经占了压倒性的优势,而且,在 98 句的非状用例中,指代"高速公路"的缩略式名词化用法"(XX)高速",就有 29 例之多。⑩例如:

(115) 当晚,在沈大高速上,一小时之内警灯闪烁,第一批 220 辆消防车,1280 人已向大连开进。

(116) 三清山出发,从玉山入口上,走沪昆高速-杭金衢高速-京台高速黄衢南段,江山境内廿八都、峡口、江郎山、江山四个出口均可下。

另外还可以看到,副兼动词"超速"与"加速"的分化也在加快,状语用频进一步提高。不过,"疾速"一词的非状功能反而增加了,达到了 14%;这是因为进入新世纪后出现了用"疾速"为事物命名的新用法,比如"疾速网络""疾速赛车""疾速苏格兰号"等等。例如:

(117) 疾速 400Hz 在 50Hz 基础上,对画面进行智能化分析处理,采用了插帧和背光扫描等技术实现每秒 400 幅的画面。

(118) 喜欢的武器:疾速炮,无人机。喜欢的装备:微型跃迁推进器,停滞缠绕光束。喜欢做的事情:晚上在户外看星星。

而这些用法与概念 21 世纪以前国内还很少见,所以,非状用频现在反而出现了微增。"疾速"的例外说明:在语言发展的总体趋势下,某些特殊的或偶然的原因,会导致例外的出现。

总之,尽管这 12 个"X 速"的副词化途径不同,个性也有差异,但总体发展趋势是一致的,都是词义日渐趋同化,状语逐步优势化。那么,为什么会形成这样的态势呢?一个重要的语用动因就在于:修饰动词的需要导致更多词语摹状化,摹状范围的扩大导致近义词语趋同化。

5. 结语和余论

通过对"X 速"词族的考察和分析,可以得出如下结论:一、从类别看,根据功能的用频差异,当代"X 速"可以分为三类:实副词、兼类词、前加词。二、从功能看,无论是典型还是兼类的实副词,"X 速"均以表词汇义为主,仍保留着实词的句法特点,可以充当指称性成分的修饰语;三、从语义看,"X 速"的描述性表现为:一方面各词的迅捷义强度可分为三个相对的等级,另一方面各词的差异也体现在源义积淀与形象色彩各方面;各个"X 速"在具体使用中经常同义共现,互相配合。四、从演化看,"X 速"的副词化动因包括依次发生、互有联系的词化、专化、转化与简化四个方面;"X 速"的总体发展趋势是状语功能进一步扩展,体现为源词义特色已逐步淡化,非状功能正渐趋弱化乃至逐渐消失。

根据考察"X 速"词族所揭示的现象与倾向,还可以证明以下观点:首先,由于语言历史积淀与不断变化,再加上汉语的词类本身就没有严格的形态特征,所以,绝对单一功能的实副词数量十分有限,绝大多数"X 速"各小类、各成员之间的副词化程度只有典型和非典型之分。据此可以肯定,"区别词只能充当定语""副词只能充当状语"都是理想化的词类标准,显然是不符合客观事实的。其次,由于 20 世纪 80 年代以来各家对区别词、副词所下的定义,都是单功能、排他性的定义,从而导致语言学界一直奉为常识的"副词兼区别词"或"区别词兼副词"的提法显得极其不合逻辑,因为既然只有唯一功能,怎么还可能兼有其他功能呢?(宋柔主编,2008;詹卫东,2010)在我们看来,最好的解决办法就是承认副词、区别词都是多功能词。最后,在同一词法位置上具有相同语素且表层构造方式相似的一组单词,很可能是因为不同的构词诱因逐渐词汇化而形成的;不同成因而形成的单词,在功能上和表义上必然会有相应的体现,而且与各词的搭配和用频也有一定的联系。

正因为汉语没有严格意义上的形态变化,词类也没有构词形态特征,再加上语言本身又处于不断发展、进化之中,所以,不但汉语的各个实词和虚词内部出现了大量的活用、同形、兼类及其发展的连续统,甚至在许多汉语的实词和虚词之间也存在各种各样的纠葛和难以断然理清的交叉、模棱现象。就以现代汉语的副词为例,究竟是应该归入虚词还是实词,历来就有各种不同认识,各家曾提出过多种解决方案。通过对"X 速"的考察与分析，我们更加坚定了长期以来的一个信念（张谊生，2000：43），那就是，汉语副词实际上有两个大类：开放的一类以表示词汇义为主，与区别词极为接近，应该归入实词里面的加词；而封闭的一类以表示功能义为主，与介词、连词、助词等功能相通，互有配合，应该归入虚词里面的辅助词。

附注

① 相关论述见朱德熙《语法讲义》第53页。在朱德熙之前，人们多把此类词称为"非谓形容词"。问题是，如果一面认为形容词与动词都是谓词，一面又认为这些形容词不能做谓语，在逻辑上存在着矛盾。有关区别词与实副词的研究现状，可以参看李铁范（2005）、张素玲（2006）和杨一飞（2007）的相关介绍。

② 由语素"速"构成的"X速"词族内，还有"变速、调速、减速、失速、时速、风速、流速、光速、车速、航速、初速、匀速、均速、中速、慢速、低速、缓速、微速、矮速、急速"等20个，总共有36个。

③ 由于语言历史积淀与不断变化，100％唯状的实副词实际上相当罕见。前人关于"副词是只能充当状语的词"这类的定义，只能适用一部分最典型的虚化副词，对于实副词来讲显然是不适用的。所以，既然严格的绝对唯状已不能作为鉴定的标准，那么，只要非状分布率不超过3％的词，就可以而且应该归入典型的实副词。

④ 《现代汉语词典》（第5版）和《现代汉语规范词典》对这12个词的词性分别标注为（Q为属性词）：

词典\词条	快速	高速	火速	飞速	加速	提速	超速	全速	急速	疾速	极速	满速
《现汉》	A	Q	ad	ad	V	V	V	N	A	×	×	×
《规范》	A	A	A	A	V	V	V	N	ad	ad	×	×

从上表可以看出，对已经具有实副词功能和用法的兼类副词，两本词典都还没有观察到、兼顾到。虽然总共标出了四个副词，但两家观点却迥然不同；而且，都在一定程度上混淆了形容词做状语和副词的界限。

⑤ 《汉语大词典》"火"的义项11正是这样解释的，释为"'喻紧要'……参见'火急'、'火速'"。此外，像"火速很快，情况紧急"中的"火速"是同形同音词的"火速$_2$"，不在本文讨论之列。

⑥ 由于"极速"一词有两个来源、两种构词方式，所以，考察"X速"构词动因时，就会有"12+1个"。由于北大古代汉语语料库中没有"超速、提速、高速、全速、满速、极速$_2$"，表明这6个词是在20世纪以后由于不同的语用需要及构词动因而逐渐形成的，所以，对这6个词的构词溯源分析，只适用于现代语料。

⑦ 根据调查与分析，除了"高速"来源于"高速度"之外，"加速"与"加速度"、"全速"与"全速度"、"满速"与"满速度"等，虽可能有联系，但没有继承关系，两者间应该都没有"节略而简化"的过程。

⑧ "满速发展"与"全速增长、满速增长"在人民网中没有出现，但是在百度网中用例并不是很少。

⑨ 调查用频的语料，旧语料选用北大语料库现代汉语部分的500个有效例句，新语料选用2010年7月24日人民网上前500个有效例句，均有重复。北库语料的时代跨度比较大，最早的有20世纪前期的用例，较迟的也有近些年的；其中"X速"大多是20世纪90年代及21世纪前几年《人民日报》

等新闻媒体的用例。

⑩ 因区别词中心语脱落而名词化的"高速",通常都是指"高速公路",但是"京沪高速"等是指铁路。

参考文献

陈 一 1989 试论专职的动词前加词,《中国语文》第1期。
陈 一 1997 再论专职的名、动前加成分,《汉语学习》第2期。
李铁范 2005 《现代汉语方式词研究》,上海师范大学硕士学位论文。
李宇明 1996 非谓形容词的词类地位,《中国语文》第1期。
刘红妮 2009 汉语词汇化研究的发展历程,《上海师范大学学报》第5期。
陆俭明 1994 关于词的兼类问题,《中国语文》第1期。
宋 柔主编 2008 《对外汉语教学中的信息资源和信息处理》,北京:北京大学出版社。
杨一飞 2007 《现代汉语实副词研究》,上海师范大学硕士学位论文。
杨一飞 2010 浅论实义副词的形成,《语言科学》第1期。
詹卫东 2010 《自动句法结构分析需要什么样的词类知识》,第十六次现代汉语语法学术研讨会论文。
张素玲 2006 《现代汉语区别词研究》,上海师范大学硕士学位论文。
张谊生 1995 状词与副词的区别,《汉语学习》第1期。
张谊生 2000 《现代汉语副词研究》,上海:学林出版社。
朱德熙 1982 《语法讲义》,北京:商务印书馆。
Hopper J. Paul & Elizabeth Closs Traugott 1993 *Grammaticalization*. Cambridge: Cambridge University Press.

附录

那些话，那些事
——追忆朱德熙先生

潜心学术

> 真正潜心学术的人是要把生命放进去的。

作为一个学者，先生总是站在汉语语法研究的前列，不断开创新的研究路子。先生之所以能取得这样的成就，与他对学术的执著分不开。他说："真正潜心学术的人是要把生命放进去的。"实际上，这说的就是他自己。先生头脑中似乎随时都在思考着各种各样的学术问题：每有所得，便禁不住要把自己的想法告诉自己的同事或学生，兴奋之情溢于言表；若是问题得不到解决，他也经常把问题拿出来跟别人讨论，往往讨论中问题释然解决，于是不久一篇新的文章问世。我跟先生讨论最多的是在两个地方，一是在先生的书房里，二是在接送先生的汽车里。

（郭锐）

大凡为文治学，有以才气著称于世，有以推敲苦吟为人所知，而朱先生大概是属于天才加苦学那种类型。朱先生有极高的天分，而且极为勤奋。朱先生的女儿朱眉女士告诉我，从小到大对父亲最深刻的印象就是总见父亲趴在桌上写啊写，看啊看，父亲的体质那么好，他完全是累坏的！朱先生曾经在课上跟我们说，写论文是一件非常苦的事情，他每写完一篇论文，都像是大病一场。朱先生对待学问的刻苦和一丝不苟，可见一斑。朱先生有一次跟我谈到，做学问要用清代学者的朴学精神，而且不要太计较名利。

当年(指"文革"期间)他跟裘锡圭一起研究古文字,在当时的情况下,可以说是既无名又无利,有时甚至连发表文章也不能署个人的名字,但他们一直坚持下来了。现在回想起来,那段生活居然还十分令人留恋。

(项梦冰)

"真正潜心学术的人是要把生命放进去的。"这是朱先生在给北大建校90周年纪念文集《精神的魅力》写的一篇文章中说的一句话。先生对学术的执著,实在是可以拿这句话来形容。记得刚上研究生的时候,先生对我说,做学问要有一颗童心才行,就像小孩儿在地上玩泥巴似的,只有本身的乐趣,而没有任何功利的动机和其他的目的。我知道这其实是一项很高的要求,能达到这个要求的人实在不多。后来和师母聊起过去的事情才得知,先生和先生家在"文革"期间吃过不少苦,就是在那样的年代,先生仍能从学术研究中(当时先生在从事战国秦汉文字的研究)得到满足和乐趣。从中关园三公寓到西雅图寓所,每次去先生家,只要话题一转上学问,先生就马上显得神采奕奕,即使已到深夜也毫无倦容;有时见到先生时,恰逢先生找到了一个久思不解的问题的方法,兴奋之情溢于言表,那神情真可用童心未泯来形容。也许,以一颗执著不舍的童心追求学问,正是先生之所以能在研究中保持活力,不断创新,一直开风气之先的原因之一吧。先生的潜心学术,就是在重病中也未见衰减。先生离开西雅图去加州养病之前,还嘱我查找唐宋文献材料里状态词尾的使用情况,准备写文章时用。后来我到加州之后还听说,就是在最后的那几个月里,先生还经常与人讨论学术问题直到夜里三四点,甚至通宵达旦。得知此事,我更加了解了先生所说的"把生命放进去"的意味。

(张敏)

严谨治学

> 每写完一篇论文都好像生了一场大病。

先生的文章严谨、扎实,篇篇都是很有分量的上乘之作。这是先生对学术的严谨、认真的态度使然。先生说,家里人都怕他写文章,因为他一写文章就像是大病一场。我们做"现代汉语词类研究"项目,要对五万多个词的功能逐一进行考察,先生事情很多,但还是亲自动手,一个词一个词地考察。1989年6月,先生临去美国进行学术研究的前一天,还让我把几千个词条送去,以便他到美国后再做。在美国期间,先生很忙,但还坚持考察那几千条词的功能,并陆续把结果寄回来。

(郭锐)

先生治学一丝不苟,精益求精。我曾以为先生著文斐然成章是由于过人的天资,一次贸然发问:"您写文章不用怎么改吧?"先生说:"你以为我写文章就不改吗?完全不是。我常常改得一塌糊涂。好文章是改出来的。一定要反复改,改得自己满意了,才能拿出来。要看《文章评改》,从中学习改文章的方法。将来可能有人向你约稿,你手头有东西不一定马上拿出来,编辑有编辑部的标准,你还要有自己的标准。写文章时决不能有商业上的考虑(拿稿酬),不要追求一时的热闹。这样,发表的东西可能少一些,但是一篇是一篇。"看到先生工作很忙,我要帮先生抄稿子,朱先生说:"抄稿是最后的修改机会,还是自己抄吧。"

(马庆株)

先生强调立论要言之有理、持之有故,反对不着边际的空谈。对我文章中一些没有根据的议论,先生往往在边上加眉批"看不懂",或直接写"想当然"。有一次,先生看完我的一篇文章后说:"你的文章写得不好。"我愣了半天,因为我是花了很大力气、下了许多功夫才写成的,一下子遭到先生的否定,心里觉得挺委屈的。先生向我解释说:"你还不明白我的意思。你光把结果做出来了,但还没有写好。比如做家具,不光要做出家具的样子,而且还要磨光,弄精致了才成。"原来,先生写论文时,往往一个意思要考虑好几种写法,反复推敲,最后选择最合适的一种表达。所以先生的文章能做到严谨精致、要言不烦。

(袁毓林)

朱先生在学问上非常执著认真,这是跟他为人随和截然相反的一面。朱先生做研究不仅在语料的搜集上着力甚勤,而且对于语料的使用也十分谨慎。对于自己认为正确的观点,朱先生决不轻易改变,因此也引起了一些人的非议。我以为,一位学者能在各种情况下都坚持自己的观点并非易事。重要的是,朱先生对于语言事实总是十分尊重,从不掩饰。1988年夏,我写了一篇文章请朱先生看,题为《新泉话的"的"字和转指、自指标记》。文章既不同意朱先生关于北京话"的$_3$"的分析以及在"的$_3$"基础上分出的"的$_s$"(自指标记)和"的$_t$"(转指标记),也不同意朱先生对汉语有自指的论述。文章是托沈培君转交的,文章送出后我就感到十分后悔,觉得非闯祸不可。没过多长时间,朱先生就打来电话约我到他家里面谈。我是怀着忐忑不安的心情叩开朱先生的门的,我完全没有想到谈话竟然进行得非常轻松愉快。朱先生说:"看得出来,你下了一番功夫,但描写事实还不够细,有些地方话说得也不够清楚。关键是要把新泉话的'的$_4$'说清楚。"请注意新泉话存在"的$_4$"正是不支持朱先生对北京话"的$_3$"的分析的地方。

(项梦冰)

魅力课堂

> 要站在学生的角度来考虑安排讲授内容,设计课堂教学。

在教学上,朱先生也给了我很深的影响。1961—1962年第二学期,我接受了教汉语专业学生现代汉语语法的任务。这是我毕业后第一次给本专业学生上语法课。在寒假里,我去朱先生家请教问题,谈论间我问朱先生:"大家都说你的课上得好,把语法讲活了,学生都爱听你的课,这有什么诀窍没有?"朱先生谦虚地说:"哪里,哪里有什么诀窍。不过有一点我觉得很重要,那就是要站在学生的角度来考虑安排讲授内容,设计课堂教学。"从这短短的谈话中可以看出朱先生对教学的高度的责任感。朱先生在授课前对讲授内容、课堂教学都是精心做了安排和设计的,而出发点都是为了学生,为了让学生便于接受,更好地掌握。朱先生的话对我影响很大。在我后来的教学中,除了注意学习朱先生的课堂艺术外,就一直把朱先生所说的"要站在学生的角度来考虑安排讲授内容,设计课堂教学"作为自己教学上的座右铭。

(陆俭明)

正是用把生命放进去的精神,才写出了不落窠臼、不同凡响的论著,才有了那样博大精深的学识,才讲得出最叫座又使人深受启迪的课。先生讲课不仅座无虚席,而且过道甚至课桌两侧都坐满了自带椅子的听课人。一听就被牢牢地吸引住,先生分析问题高屋建瓴,谈锋犀利,严密生动。我听课的感想是:这就是北大,这就是那一览众山小的泰山极顶的科学殿堂。能听到这样好的语法课真是不虚此生!

(马庆株)

记得那是在二年级时,朱先生为我们上"现代汉语(二)",他那雄辩的口才、缜密的推理、生动的实例、独到的见解、无与比拟的风度,同学们无不为之倾倒。我忽然发现:汉语语法研究竟然也有如此动人的魅力!

(邵敬敏)

听朱先生的讲课不但受到语言科学的启蒙,而且可以说也是一次教学艺术的享受。先生讲课言语简洁准确,思路清晰干净,一环紧扣一环,没有重复和颠倒,没有突然的中断或跳跃。他总是用一些让你不得不思考的问题来引导学生,让我们一步一步地跟着他的思路进入科学迷宫,最后到达出口。他没有哗众取宠的噱头,也没有那种时髦的"联系政治"。他的讲课有着巨大的逻辑力量,有着返璞归真的语言运用艺术。这是一种魅力。就是这种魅力,吸引这许许多多校内和校外的学子跟随着先生步入现代汉语语法研究。毕业后我也走上了大学的讲台,极其自然,我的最好的效仿榜样便是先生……此后,只要有机会我便一次又一次地返回母校去旁听先生的课,不仅是吸取先生最新的成果,而且是自觉地揣摩先生的讲课艺术。对于我来说,这真是终生受用不尽的。

(史有为)

朱先生从1956年起就担任专业的现代汉语语法课的教学任务,他以词组为中心建立起自己的语法体系,在课堂教学的语法分析中,深入细致、逻辑严密,听课的学生都为之折服。朱先生知道语言课容易讲得枯燥沉闷,所以十分注意教学方法。他结合语言的实际应用,对病句所做的语法分析,竟是那样地生动有趣,学生往往在满堂笑声中由衷地接受了他的论证。朱先生的课,学生都不愿缺席,不少同学说:"听朱先生的课真是一种享受。"

(王理嘉)

在本科的四年中,我听朱先生的课不多,留在记忆中的一次是上写作课的老师请朱先生评改一段介绍庞贝古城的文字,另一次是在一个阶梯大教室里举行的语言学讲座。朱先生讲课的节奏不快不慢,言语不多而总是切中要害,脸上永远挂着一丝和蔼的笑容,而同学们也总是以会心的笑声回答先生讲课的每一诙谐生动之处。同学们都说,听朱先生的课简直就是一种莫大的享受。

(项梦冰)

关爱学生

> 既然上了语言学这条贼船,就不要下去了。

我的博士论文是《丰城赣方言语法研究》,20多万字,还改了好几遍。每改一遍,先生都细细地批阅。遇到有疑问的地方,就让我当面用丰城话说给他听。例句中有许多方言用字,先生读起来是很困难的,但是他从不肯轻易放过去。有时他还问我:"为什么用这个字?你能肯定是这个语素吗?"碰到涉及语法理论或语法史的问题时,先生更是慎重,跟我反复讨论。为了我的论文,先生是花了不少心血的。记得刚进北大时,先生领头承担了一项国家"七五"重点科技攻关项目,是关于词类研究的。为了锻炼我的研究能力,他让我也参加一些讨论。后来要开始写论文了,先生说,你集中精力做论文吧,词类问题有个了解就行,接下去的事情很琐碎,别耽误你的时间。虽然先生为我想得非常周到,但是我自己常常内疚:先生为我做了很多,而我为先生却做得太少了。

(陈小荷)

先生要求学生很严格,但严格中却常有鼓励。一次讨论词类问题,对状态词的标准一时不能确定,第二次讨论时,我提出了我的想法,先生马上说,很好,年轻人应该有自己的想法。现在看来,当时的想法很不成熟,以后我也放弃了,但先生对我的鼓励至今仍记在心里。1991年初,先生从美国来信说他在准备词类研究报告的提纲,让我们把我们的想法告诉他,我前后花了两个月时间,写成一份三万多字的意见报告寄去,先生收到后来信说我的意见很有价值,至少是一个启发。这对我是一个鼓励,推动我对自己的想法进一步完善。

(郭锐)

先生的亲切教导经常在耳畔回响:

你们发表了几篇文章以后不能骄傲,因为文章一发表,人家读了,就掌握了你所论述的东西,文章里的东西就成了公共财产,你就一无所有了。因此必须不断地研究和探索,不断发现和解决新问题。

研究好汉语语法我们责无旁贷,要努力,不然研究汉语的中心可能转移到国外。"上贼船易,下贼船难",你们既然上了语言学这条船,就不要下去了。真正潜心学术的人是把生命放进去的。

(马庆株)

每隔一两周,朱先生便到 32 斋学生宿舍来辅导,他抽着那只板烟斗,烟丝一红一红的,顿时寝室里便弥漫开一团诱人的香味。我们围着朱先生,提出一串串现在看来也许是很可笑的问题,朱先生面含微笑,娓娓地回答着形形色色的问题。虽然一晃过去了 30 年,然而,朱先生那板烟丝的醇香、那闪烁着聪颖的眼神、那朗朗自信的声音,似乎仍是那么清晰、贴近……

(邵敬敏)

朱先生对学生要求很严,也很爱护。上研究生时朱先生给我们讲授"语法分析"。上下两个学期,各要交一次分析语料的作业。作业讲评时,朱先生不仅对我们的立论、分析方法做了详尽的分析,连文字表述上的问题也一一指出。其实,给朱先生做作业,我们已经是用心加用心了,但语言上还是不能"达标"。课程结束后,朱先生把选课的研究生都请到家中,师母亲手做了八宝饭、大蛋糕、茶叶蛋,"犒劳"了我们一顿。

先生的严格似不限于学术,凡事都挺认真。我跟同级的研究生刘一之、王硕、杨平、傅瑶曾一起参加过北大的昆曲研习社。林焘先生跟朱先生是曲社的主要发起者,是颇有声望的老票友。我们是初学。朱先生总是建议我们照工尺谱学唱,还常常提议让我们单个唱。单唱不能滥竽充数,所以朱先生一来我们就不免有些紧张。

(王洪君)

　　朱先生在培养研究生时,着重在学术判断力、鉴别力、学术视野等方面训练学生。接受这种训练有时也并不容易。有时先生明确地指出来哪种路子可行,哪种路子不可行,有时学生得自己用悟性去领会。先生让我读的书和文章,有时看起来是随意给的,一会儿是何莫邪的一篇最新的未刊论文,一会儿又是哈里斯30年前出版的一本旧书。但读完后仔细体味,总能感觉到先生的深意所在。当然收获最大的是与先生的谈话,听先生讲自己的研究体会和对各种问题的看法,和先生辩论甚至争论。每次从中关园先生家出来,都觉得又有了新的长进。朱先生不仅自己研究视野开阔,也要求学生不能只执于一端。我本科毕业时,一会儿想接着学汉语史,一会儿想学理论,一会儿想学现代汉语语法,最后投到朱先生门下。先生说,你做我的学生,当然可以而且应该接着学历史和理论。后来我的学习一直没有偏废,至今仍受惠不浅,这一点我实在感激先生的指点和影响。

(张敏)

关怀年轻人

　　我可是盼望着你们年轻人以后能拿点大的东西出来。

　　在德熙师面前,我是晚辈,又不在同一个教研室,所以原来的接触并不多。想不到在1982年的一天,德熙师亲自到了我家里。那时我住的是一间狭窄的小平房,屋子里除了床和桌子外,只放得下一把椅子。见德熙师进来,我就赶紧站起来,请他在那把椅子上坐下,我自己坐在床上和他说话。德熙师告诉我:"美国康奈尔大学的梅祖麟教授要到北大来讲课,他对近代汉语很有研究,你可以去听听他的课,跟他好好学学。"我当即表示,我很乐意去听课。接着,德熙师又问我:"你的同班同学王瑛的通信处你知不知道?听说他在贵州教书。他的《诗词曲语词例释》很有功力,但地处偏僻,对他业务的发展不利。我想请他也来听听梅祖麟的课,可以开阔他的眼界。"听了这些话,一种感激和敬佩之情在我心中油然而生。我回答说:"我立即给你去信,他知道后一定会十分高兴的。"临走的时候,德熙师语重心长地对我说:"我们汉语专业,当代汉语的力量很强,现代汉语的力量也很强,但是近代汉语却没有人搞。从整个汉语研究来看,近代汉语研究是应当大力加强的。你先听听梅祖麟的课,如果有兴趣,可以搞搞近代汉语的研究。"几十年前这次谈话的情景,我至今还清楚地记着。正是在德熙师的指引下,我对近代汉语发生了兴趣,并开始做了一些研究。遗憾的是,我在这方面进展不大,辜负了德熙师的期望。

(蒋绍愚)

1984年元月,朱先生作为中文自学考试指导委员会副主任来华东师大参加会议,我几次去看望他,并做了两次长谈(第二次与陆丙甫一起)。朱先生语重心长地对我提了好多希望。他建议要扎扎实实地搞点方言语法研究,从中可以发现不少现代汉语语法的问题。他督促我要读点英文原版书,尽可能多读一点,细水长流,不读不行,不能因为英文基础不太好就不读,要硬着头皮去读。朱先生还谈了对乔姆斯基、哈利迪理论的评价,人工智能研究的意义、研究方法的改进、对语言学界不良学风的批评,以及自己的研究心得和今后计划……朱先生敞开心扉,畅所欲言,谈得很深、很广。这几次谈话使我豁然开朗,许多以前迷迷糊糊的问题得到了澄清,我觉得自己似乎已经摸到了打开语法研究这座宝库的钥匙了。

(邵敬敏)

先生是极其关心年轻人成长的。他亲自发起组织了一个北大内部的小型语言学沙龙,每月在先生家聚会。除先生以外,几乎都是他的学生,其中有叶蜚声、陆俭明、马希文,偶尔也邀请校外的人参加,范继淹、孟琮和我都曾有幸受邀参加过。沙龙里谈笑风生,既认真又无拘束。先生从不摆什么架子,而且还常常向学生请教,例如在北京话方面,他总是请孟琮做咨询。这个沙龙使所有参加其活动的人都受益匪浅,这不能不归功于先生。

(史有为)

……在这两段时间,跟众多国内去的留学生的接触,也给先生添了不少乐趣。国内去的学生都喜欢跟朱先生攀谈,朱先生也喜欢跟这些年轻人在一起。上暑期学院期间的一个周日,张洪明、陶红印、徐杰、石锋、我(可能还有金小春)曾驱车数百里去看望先生。朱先生说,前几年在美国召开的汉学会上发言的还基本都是美国或台湾学者,近几年大陆青年学者的发言越来越多,质量也越来越高,令人欣慰。

(王洪君)

为别人着想

　　穷则独善其身,达则兼善天下。

　　给先生做助手,其中一个重要工作就是为先生办一些杂事,比如收发信件、借书、复印材料以及外出开会、访问或回家的接送等等。先生事情很多,特别是 1984 年任北大副校长、研究生院院长后。但他不愿把太多的事推给我做,每次给我派活时,似乎总有一些歉意,我觉察出来了,但又笨嘴笨舌不会活跃一下气氛,好多抢一些活。这一点我一直感到内疚。不愿给别人添麻烦,否则就感到不安,这也许是先生为人的特点。

　　先生不愿麻烦别人,但对于别人的麻烦却很愿意帮忙。他帮助别人从来都是非功利的,一切都出自他深深的同情心。他曾帮助系里一位两地分居的教师解决了爱人的调京户口问题,曾帮助一位过去的学生打赢了车祸官司,这样的事还有很多。先生希望帮助所有的人,但个人的力量总是有限的,他帮不了所有的人。当他未能帮上别人时,总是深感遗憾,即使因未能为系里一位教师争取到大一点的住房,他也会暗自掉泪。

(郭锐)

　　在"史无前例"的时期中,朱先生和我各自因为一些莫须有的现在看来甚至是十分可笑的理由,一起关进了牛棚,接受劳改。朱先生一点也没有消沉颓废的样子,即使在这种强迫性的劳动中,他也表现出自己是一个出色的正直的人。他比我年长十岁,又是我的老师,却常常注意照顾我。有一次在燕园水塔旁的供暖锅炉房内,给 30 年代制造的美国卧式锅炉凿除烧结在锅炉内壁坚硬的水碱。锅炉口十分窄小,我伸腿探身正要钻进去,朱先生一把拉住了我,说:"还是我先进去,你比我高,不方便。"抄起短铁钎子,硬是抢先钻了进去,但是钻得不得法,竟卡在卧式锅炉内,不能动弹了。我和哲学系的李世繁教授经过一番奋战,合力把朱先生从锅炉里掏了出来。他笑着喘了一会气,说"这回我有经验了",一头又钻了进去。

(王理嘉)

德熙乐于助人,师友中遇有困难,德熙总设法帮助他们"解决问题"。因此他人缘很好。不少人提起德熙,都说"朱德熙人很好"。一个人被说是"人很好"并不容易。我以为这是最高的称赞。

(汪曾祺)

深厚情怀,点滴于心
——陆俭明先生二三事

在名师辈出的北大五院,有一位执著于教师职业半个世纪,至今仍在三尺讲台上勤奋耕耘的老先生。他已经七十五岁高龄,却"清瘦矍铄、精神抖擞;讲课声音洪亮、走路脚下生风"。作为汉语语言学的学术带头人,他学识渊博、治学严谨;作为青年学子的人生引路人,他朴实率真、谦虚豁达。他就是北京大学中文系教授、博士生导师陆俭明先生——我们可敬可爱的老师。

今年是北京大学中文系成立100周年,也恰恰是陆俭明先生在北大中文系执教50周年。在这个值得纪念的日子里,陆老师的一些"正在"和"曾经"的新老博士生们,一起回忆了与先生相处的一段段美好时光,也共同分享了点滴于心的一个个珍贵记忆。虽然大家谈及的不过是些不起眼的小事,也大多是很多年前的旧事,但从中却无不表现着先生的深厚情怀,更无不使我们每一个学生都点滴于心。

活到老学到老

"书山有路,学海无涯"、"活到老,学到老",对其他很多人可能只是挂在嘴上的空头口号,但于陆老师却是留在脚下的坚实足迹。

——北京大学教授　沈　阳

陆老师从事现代汉语语法教学与研究逾50年,著作丰厚,桃李天下。十年前,陆老师快要退休时,有不少人劝他功成名就、适可而止,但他却从来没有就此停下来休息的打算。用他自己的话说:"生理年龄大了,可能不能再从事具体的教学和研究工作了,但自己的心理年龄还很年轻，还能做许多工作，而且是一些更重要的工作。"那一年，在跨入新世纪的时候，他已经制订了新的学习和研究的计划……而十年后的今天，我们看到的仍然是讲台上、学术会议上，他那活跃着的身影。

"十年动乱"期间，学校停课，陆老师和其他老师一起被批斗，被下放。在恶劣的环境下，田间地头成了他又一回的"课堂"，仅剩的几本词典成了他不可多得的"教材"。正是有了这种"厚积"，才有了以后的"薄发"，当若干年后别人不得不重新开始找书读时，陆老师已经走在前面了。

改革开放以后，陆老师还是最早走出国门学习的中国学者之一，先后到美国、日本和欧洲一些国家任教和做学术访问。直到现在陆老师也从未停止学习新的知识，不仅基本掌握了英语（大学期间他学的是俄语），而且积极了解国外新的语言学理论和方法。当他过去的学生从国外回来讲学，他也都一定会去听讲和求教。他常说："我是活到老学到老，我有什么不懂的，就问沈阳、郭锐、袁毓林他们这些年轻人。"

"书山有路，学海无涯""活到老，学到老"，对其他很多人可能只是挂在嘴上的空头口号，但于陆老师却是留在脚下的坚实足迹。

（1990级博士生　沈　阳）

陆老师学英语的事给我留下了深刻的印象。他以前学的是俄语，但因为研究所需，年纪很大时才开始学英语。他的办法很简单就是背词典，并且不怕露怯。有一次去国外开会，同行的年轻人都爱面子，怕说错，没有人敢提问。陆老师则不同，他大胆地用英语提问。我想，这种为了学问、研究而孜孜以求、从不怕露怯的做法是值得所有人学习的。

（2006级博士生　刘　云）

爱问问题

读报尚且如此，治学可想而知！

——北京华文学院教师　邹工成

记得那是在2008年的一次宴会上，开始先生跟我们聊学习、生活上的一些事情。

突然,他看到了坐在餐桌一角的一位有些沉默的媒体朋友,便主动跟他聊起最近国内外发生的新闻。先生说他平时总是飞来飞去,参加学术会议,没有时间看报纸杂志,但利用在飞机上的时间,他会读好几份报纸。先生提起了当时在印度孟买发生的爆炸案,这条新闻我也曾看到过,我只记得那是家大酒店,围困了很多人质。先生却一下子说出了酒店的名字"泰姬玛哈酒店"。这么难记的名字先生都记得清清楚楚,气氛一下子热烈起来。后来,先生又问这位媒体朋友一些"见惯不怪"的现象,比如:电信基站尤其是电缆是如何搬运并建到交通不便的山顶上去的?"或许是绞盘吧。"这位媒体朋友立即变得吞吞吐吐起来。事后他跟我说,第一次跟先生接触,没想到他的涉猎这么广泛!哪怕是跟他研究的学术范围相差甚远的问题,都保持了如此强烈的求知欲。读报尚且如此,治学可想而知!

(2006级博士生　邹工成)

陆老师爱问问题,特别是不怕问"简单"的问题。在不止一次讲座上,我看到他高瘦而微佝的身材从人群中站起,用他苍老但是绝对清晰洪亮的声音,提出一个又一个"天真"的问题。这些问题并不"刁钻",相反,许多问题恰恰是一些"基础知识",基础到让我想不到要去质疑,或者羞于去提问。但他就是问了,往往先是博得场中众人一阵善意的哄笑,然后是讲演者细致深入地解答,然后是在场大多数听众从中默默受益甚至获得意外的收获。我感觉他的问题倒是有七分为别人问的。陆老师不仅自己爱问问题,也特别鼓励我们学生问问题。"不要怕别人笑话你不知道,你问了不就知道了嘛!不问不是永远都不知道吗?"这是陆老师在课上课下叮嘱学生们最多的一句话。这话按说是最朴素的大白话,但是真的很少见人能像陆老师一样如此"本色"地说到做到。

(2004级博士生　夏　军)

中国藤野先生

就像藤野先生对鲁迅做的一样,他是我的"中国藤野先生"。

——韩国翰林大学教师　柳多利

我是陆老师招收的第一位外国博士生。记得我刚考上博士不久,有事儿非请假不可,于是我交给陆老师一份写请假理由的纸条。第二天他把请假书的错别字用红笔改了交给我。我还清清楚楚地记得他一边画红线一边亲切地讲解的情景。就像藤野先生对鲁迅做的一样,他是我的"中国藤野先生"。

(2000级博士生　柳多利)

2003年我刚读博士不久写了一篇文章《V+V形成的并列结构》,战战兢兢交给陆老师审阅。陆老师忙是"地球人"都知道的,可很快陆老师就给我返回了文章,大到结构布局,小到行文标点都做出了批阅意见,对一些描述不清晰的地方就用大大的"?"来标识。修改后发给陆老师,没有想到的是,我很快又收到了陆老师的第二次批阅意见,中文和英文摘要、正文行文,甚至脚注都得到了陆老师的指正。文章完成后,我在论文作者上写上了"陆俭明"作为联合作者。陆老师特意提醒我,不要写他的名字。他说,修改学生的论文就是他的工作。这篇文章后来在《语言研究》上发表了,我至今一直珍藏着这份批阅稿。

(2000级博士生　吴云芳)

毕业以后,2006年由我执行负责的一个课题结题,请陆先生参加。本来说好上午9点开始,我去接先生。可刚8点先生竟自己来到了我的办公室。我以为先生记错了时间,谁知先生竟是为了我们结题报告中的一些小问题提前而来。看到先生在结题报告上的圈圈点点,我感动得无言!在学术浮躁的今日,学界公认的大忙人陆先生还会为我们的结题报告这样费神。我想先生给我们的不只是感动……

(2002级博士生　杨玉玲)

连外出开会,老师都会经常带着我的论文看。完成预答辩论文稿那天,老师马上要出差,下午3点收到我的论文电子版后便匆匆前往机场,没想到快6点时接到老师从机场打来的电话,告诉我他对论文的修改建议,说完了才放心地说:"好了,我要登机了,你好好修改。"

(2004级博士生　施家炜)

替别人考虑

> 遇事总是替别人考虑，绝不肯让别人尤其是自己的学生身处险地。
>
> ——北京语言大学教授　崔希亮

2006年2月16日，美国威斯康星大学麦迪逊分校张洪明教授邀请陆老师、马老师、王洪君还有我去讲学。那天早起，窗外风雪大作，交通阻断。陆老师、马老师和我三个人困在了一家小旅馆，没有吃的。张洪明教授试图开车来救我们，刚开出车库就寸步难行。为了解决吃饭的问题，我决定出门去找吃的。尽管一般来说冒雪出去找吃的不会有什么危险，但陆老师坚决不让我一个人出去，最后还是陆老师陪我一同出的门。这就是陆老师，遇事总是替别人考虑，绝不肯让别人尤其是自己的学生身处险地。

(2000级博士生　崔希亮)

陆老师特别怕拿小事麻烦别人。几年来从没见他让人帮他拎包、拿东西。平常在讨论会或下课之后跟陆老师走在一起，看他七八十岁相当于我爷爷的年纪，拎着重重的手提袋，就不由想伸手帮他拎一会儿，但他从来不让。有过几次徒劳的争执之后，我也就放弃了。看他大步流星走得飞快，我也时常怀疑自己是不是有必要提供这个帮助。

更过分的还有，一次同门讨论会，会议室里椅子差一把，陆老师就让我们学生都坐着，他站着，说他是老师，习惯站着。看他站着跟我们讨论得眉飞色舞，我们这些学生真是佩服得无语。这还不算，讨论期间，陆老师发现缺几份材料，需要回蓝旗营家里取，我作为年轻力壮的男生，主动请缨。他说不必，让我们先讨论一个问题，他自己骑车回去取。我们放松了一下说了几句闲话刚打算进入正题讨论，不一会，他已经风风火火地拿着材料回来了！叫我们这些学生情何以堪！

(2004级博士生　夏　军)

我曾经是先生的助手，因此我和陆老师接触的范围不仅是学业上还有工作上。记得我刚刚参加工作的时候,一切都是新的,都那么不安定,由于种种原因工作面临的困难也很多,可是作为一个晚之又晚的晚辈,我总是不好意思打扰先生。先生很快觉察到这一点,于是他一有空就给我打电话,询问我在工作上是否有困难,还嘱咐我,一定不要有什么负担,有问题可以随时和他联系。有时候,先生甚至还帮助我,亲自和国外的专家学者联系,完成本该属于我的工作。那段时间,先生家的电话费的账单一定是长长的,可是谁也不知道……先生就是这样兢兢业业地工作着——不计酬劳,专心付出。

(2005级博士生　田　靓)

因为陆老师总是把学生放在最重要的位置,所以我们在学业上收获丰厚,却从没有机会体验"程门立雪"的艰辛。这些感受,我想应该是陆老师门下弟子都深有体会的吧。

(1996级博士生　詹卫东)

"一个教员应该做的"

他说知道,但担心还有同学来,因此还是要过来看看。

——中央民族大学教师　姜开阳

记得那是2003年或2004年的一天,北大中文系党委书记李小凡老师给我打电话,说系里推选陆老师为优秀共产党员,希望我能写一篇文章介绍陆老师的先进事迹,特别提到陆老师以近70岁的高龄,每年承担繁重的教学任务,始终坚持为本系、全校的本科生开设选修课,深受学生好评。我刚收集了一些资料,陆老师听说以后让我不要写,并致电李小凡老师,说自己做的都是一个教员应该做的,坚决推辞"优秀共产党员"的荣誉。李小凡老师等系领导最终也尊重了陆老师的意见。

(2002级博士生　应晨锦)

2003年上半年非典期间,因疫情严重,学校宣布改变教学方式,就是放假在宿舍或家里自学,大家也都不来了。因为当时我在北大对外汉语教育学院兼课,所以上课那天上午,记得是周二,我像往常一样先去三教上课的教室自习,整个教室那天只有两个人——我和一位外地进修的老师。到了上课的时候,陆老师戴着大口罩准时出现在了教室门口。我问他,您不知道学校已经宣布学生自习了吗?他说知道,但担心还有同学来,因此还是要过来看看。那天他还带了厚厚的一摞参考资料,准备发给来上课的同学。这件事已经过去整整七年了,但至今记忆犹新!老一代学者的风范令人钦佩!

(中央民族大学教师　娄开阳)

因为年龄最小的缘故,我给陆老师当了四年助教,接触自然也就多了些。那点点滴滴的、在我心湖中掠起一层层波浪的记忆实在太多了,我且一点点拾掇,害怕遗漏……回想起来,陆老师这几个学期就像是空中飞人一样,常常是课前飞回北京、课后飞离北京,都不用回家的。然而宁愿自己累一些,也不愿意轻易更换上课时间。还有一件小事,让我记忆深刻。每次因学生太多而换到大教室时,或者考试前,陆老师都会特意提前去一趟原来的教室,在黑板上写上通知。尽管已经至少提前通知了两次,可陆老师仍会这样做。自己辛苦一点那是小事,学生疏忽一些那也是可以原谅的,重要的是学生别误了课,学生别误了考。在这个豁达的老人的眼里,又有什么是不可以原谅的呢?用陆老师常跟我说的一句话来解释,"我就是将心比心,站在对方的角度去想了想"。

(2008级博士生　张　娟)

让我印象深刻的是2008年6月底,那个学期陆老师"语法分析"课的最后一堂课,有一位香港来的老先生,60多岁了,一直在听陆老师的课。最后一次课大家都走了以后,他走过去向陆老师表示感谢,同时递给陆老师一个信封,说是感谢信。陆老师觉得不对,让我当场打开了信封,里面除了感谢信以外还有2000块钱。香港来的那位老先生一定要给陆老师,说在香港没有这样白听课的,那是对老师劳动的尊重。陆老师坚决退还给老先生,说讲课是我的本职工作,北大欢迎大家来听课。

(2007级博士生　张则顺)

烹制精美的菜肴

> 做学问跟烹制一道精美的菜肴一样,在快乐中付出劳动,品尝的是回味无穷。
>
> ——北京大学副教授 詹卫东

陆老师有一道家传的私房大菜——里子肉(音),用料主要是五花肉,但吃起来却完全没有油腻感。20世纪80年代的时候有一次在家中招待来访的日本学者,陆老师曾轻描淡写地推出过这道菜。不爱肉食的日本学者品尝之后,竖起大拇指赞道:"陆先生能把这'豆腐'烧得如此鲜美,真是令人大开眼界。"陆老师和师母马老师都开怀大笑,引以为豪。

多年来,陆老师一直没有时间再重现这道菜当年曾经的辉煌。我也只是把这个"秘技"停留在文字记录的层次,至今还没有实践过。而在学问的道路上,陆老师则带领着弟子们,从早期的分布分析、变换分析、语义特征分析、语义指向分析、配价分析,到近期的生成与转换分析、认知功能分析、构式分析等等,始终走在语言学分析技术的前沿。

从陆老师身上,我感悟到的是,做学问跟烹制一道精美的菜肴一样,在快乐中付出劳动,品尝的是回味无穷。

(1996级博士生 詹卫东)

每当中秋节或春节陆老师和马老师一定叫我们几个外国留学生到他们家去吃饭。特别是中秋节,他们两位总惦记着我们几个学生。每次,他们都会亲手做一道菜,我还记得我们特别喜欢吃他们的"凉拌菠菜",陆老师说这道菜的秘诀在其中的"丝切生姜"。

(2000级博士生 柳多利)

先生无数次地要求我们"做学问大处着眼小处着手""做学问要小题大做,生活中要大事化小""生活要知足,为人要知不足,做学问要不知足",这些都时时回响耳畔,使我终生受益不尽。先生做学问严谨一丝不苟,先生在吃方面也是绝不含糊,说是"美食家"一点儿也不过分。先生自创的"啤酒加雪碧"味道美极了。

(2002级博士生 杨玉玲)

有一次午饭时间,因为时间紧急我需要陆老师的签字,陆老师接了电话就让我直接去他家,我在一楼的电梯口等他,电梯一打开,陆老师系着围裙就下来给我签字,我当时扑哧一笑:"陆老师,您在家也做饭啊!"陆老师微微一笑,那种笑容让我看到了他为家人付出的幸福感。

(2005级博士生 张 治)

头疼的毛病

> 陆老师有头疼的毛病,严重时头疼欲裂。
>
> ——北京大学教授 郭 锐

20世纪80年代末,由朱德熙先生牵头,进行教育部重点研究项目"现代汉语词类研究",我和陆老师参加。1989年朱先生去美国讲学后,主要是陆老师和我来做。这个项目要对4万词的语法功能一一考察,当时没有语料库,主要靠语感判断词的功能,为了避免个人语感的偏差,我们总是一起考察。当时,我和陆老师主要在五院的现代汉语教研室和21楼我的宿舍里进行这项艰苦的工作。寒暑假时几乎每隔一天就聚在一起考察词的功能,开学期间每个礼拜也要做一次,无论寒冬酷暑,一支笔,几本词典,一把尺子(填表时避免串行用),一本词类功能考察表,一直持续了三四年。那时,陆老师有头疼的毛病,严重时头疼欲裂。有时陆老师头疼犯了,可仍然如约来到教研室。一个已经功成名就的著名学者,仍然从最基础的工作做起,值得我们年轻人学习。

(1995级博士生 郭 锐)

印象里,我从来没有见过陆老师疲累的时候。可,只有一次,我见过了,准确地说,是听过一次,不,精确地说,是听过一声。那是我写博士论文的瓶颈期,一天晚上10点左右,因论文的事想给陆老师打电话。电话接起来的时候,我先是听到一声"喂?"那是我从来没有听过的声调,低沉,透着浓浓的疲倦,可那是陆老师的声音。我心里一沉,说我是张璐,马上陆老师的声音就高亢起来了,恢复了往日我们早已习惯的印象。等说完放下电话时,我心里特别特别地内疚。我静坐了很久,一直在想,陆老师是不是已经休息了,他那天是不是忙了很多很多事情。不知道还有谁听过那样的声音,于我,那是唯一的一次。

(1999年博士生　张　璐)

听马真老师说,早年,一次陆老师工作归来,由于太劳累,累到吐血。而且他常年有严重的偏头疼,我记得写博士论文那阵,正赶上很多学校请他去参加论文答辩。那天我发完修改后的论文,打电话给陆老师,是马老师接的电话,原来他的旧病犯了,头天晚上失眠了一整夜。

(2005级博士生　张　治)

头疼失眠了一整夜之后,第二天恰好是我们同门的讨论沙龙。陆老师并没有因此推迟讨论的时间,也没有请假——其实他完全可以这样做——而是如约来到教研室。讨论中,大家发现陆老师脸色苍白,青筋突出。于是便问了起来,这时陆老师才告诉我们这个鲜为人知的秘密——他长期偏头疼。因为一直服用的药停产了,所以那段时间常常犯病。"这病犯了挺厉害的,头疼得感觉像要爆炸了一样。"说完这话,陆老师看着大家又诧异又紧张,便赶紧笑着说:"不过,我倒是自创了一个办法来缓解头疼,就是往麦角胺里加入咖啡。"说到这儿,我特别同意张治师姐说的,"陆老师并没有超乎寻常的健康,他有的只是超乎寻常的乐观和坚强"。

(2008级博士生　张　娟)

给了她力量

陆老师的关心和鼓励给了她非常大的力量,帮助她走出那段困难的时间。

——高等教育出版社　周　芳

我原来在吉林大学的一个同事给我讲过一个故事,她说这件事她终身难忘。她曾跟陆老师同时参加一个学术会议,因为家庭变故,会议间歇期间,她一个人在角落里伤心落泪。陆老师看见了,走了过去,问她是否有事,鼓励她要坚强。她说陆老师的关心和鼓励给了她非常重要的力量,帮助她走出那段困难的时间。

(2003级博士生 周 芳)

在读书期间,我的父亲去世,我顿时感到天昏地暗,悲痛欲绝,不知所措,并时时痛哭流涕。陆老师和马老师多次安慰我说:"你要把我们家当作你的家,随时到我们家来。"在他们温暖的关怀下,我终于止住了眼泪,继续投入学习。他们懂得如何安慰沉浸在失去爸爸的悲痛中的软弱的孩子,让我这样一个在异乡求学的人感到我不是一个人孤苦伶仃在他乡。

(2000级博士生 柳多利)

硕士毕业后,我去扬州大学工作,孤身一人到了举目无亲的城市,通过电子邮件向陆老师请教教学、科研方面的问题,善解人意的陆老师感觉到了我对新环境的不适应,在电子邮件中鼓励我学会从生活中自己找乐子,希望我做个快乐的人,让自己开心也是一种生活能力。

(2005级博士生 张 治)

弹指一挥间,点滴在心头

从1980年在物资礼堂第一次听陆老师的讲座,到2010年亲手为陆老师正式退休送上一束鲜花,三十载岁月弹指一挥间,一万个日子点滴在心头。

——北京大学教授 沈 阳

我"认识"陆老师(最早只是单方向地认识而已)整整30年了。在这虽不算漫长但也确实并不短暂的30年中,有数不清的记忆,有说不完的故事。但我想特别记录这期间的四个时间点。第一个时间点是1980年,我第一次见到陆老师。那天陆老师在北京语言学会举办的一个公开系列讲座上做"关于虚词研究"的报告。那时我几乎连什么是虚词、什么是语法都还不懂。但可能也就是从那时起,我开始喜欢上陆老师讲的这些东西,而且梦想着有一天能到北大跟陆老师学习。第二个时间点是十年之后的1990年。那一年我终于成为了陆老师的博士研究生,而且是陆老师正式招收的第一个博士生(那年整个中文系也只录取了4名博士生)。第三个时间点是又十年后的2000年,东北师范大学出版社吴长安编辑找到我说,他们出版社打算推出一套"汉语语法学大家文集",出版社约请我负责编选其中的《陆俭明选集》(后来该书获得"国家图书奖"编辑奖)。现在是第四个时间点即2010年了,陆老师也正式退休了。这一年我又负责筹办了庆祝陆俭明先生从教50年的学术研讨会。(其实我一直想找机会给先生祝寿,比如2010年也是先生的75岁寿辰。只是陆老师坚决反对学生们为他祝寿,才最终作罢。其实就连"从教50周年"陆老师也是不愿意"庆祝"的,所以本来"庆祝陆俭明先生从教50周年学术研讨会"的会议名称后来也变成了会议的副标题。)

如果说在陆老师的诸多作品中选编一本集子还相对容易些的话,那么怎么写陆老师的评传文章,却着实让我费了些心思。其实,所谓"桃李不言,下自成蹊",书既编成,本身已是作者人格魅力的真实写照,自无须我画蛇添足;又所谓"千古文章,有口皆碑",书有知音,读者自可品味出作品自身的真正价值,更不待我越俎代庖。不过我揣测,出版社要我来写这篇文章,可能本来还有另一层用意,即因为我是陆老师比较早的入室弟子,这么多年跟着陆老师学习,耳濡目染中肯定得了不少真传,或许可以谈出点别人所无法得到的体会;又因为我是长期与陆老师共事的同事,这么多年跟着陆老师工作,朝夕相处中肯定了解不少内情,或许可以介绍些别人所不知道的故事。姑且不说有没有真传和故事,但按照我本来的想法,确实也是想借此机会写一篇从学生的角度来谈老师的体会文章,比如就写写我跟陆老师学怎么做学生、学怎么做老师、学怎么做学问的一些经历和感受,文章的题目我都想好了,就叫作"跟陆老师学做学生、学做老师、学做学问"。我觉得这样的文章也是对陆老师的一种评论,甚至可以说是更好的评论。但文章写到一半,看来看去还是感到说自己的事情太多,这多少有点喧宾夺主的味道,跟这本书的性质也有点不太合拍,所以最后只好放弃了原来的想法,改写成现在这篇内容和口气都有些像新闻记者写的文章了。这确实不能不说是我的一点遗憾。但我想总有一天还是要把前面说的那篇文章写出来的,或许就会附在陆老师的下一本文集中。因为我相信,我的这种感受和体会,不仅对本书读者中一部分想了解陆老师、想了解这本书收录文章内容的人,会有一定帮助,而且对本书读者中更多想做或正在做学生、想做或正在做老师、想做或正在做学问的人,也肯定有好处。[本段文字选自《汉语语法学大家文集——陆俭明选集》(东北师范大学出版社,2000年)编后记]

(1990级博士生　沈　阳)

后 记

本书是北京大学中文系 100 周年系庆系列学术会议之一"走向当代前沿科学的现代汉语语法研究国际学术研讨会——纪念朱德熙教授诞辰 90 周年和庆祝陆俭明教授从教 50 周年"的会议论文集。

这次会议是 2010 年 8 月 17—18 日在北京大学召开的。会议主办单位是北京大学中文系和北京大学中国语言学研究中心。会议协办单位有：中国社会科学院语言研究所、北京大学-香港理工大学汉语语言学研究中心、北京语言大学理论语言学研究中心、北京语言大学对外汉语研究中心、中央民族大学少数民族语言研究中心、天津师范大学外国语学院、首都师范大学文学院、广东外语外贸大学外国语言学及应用语言学研究中心和商务印书馆。

本次会议的主要目的有两个：一个如会议主标题，是为了探讨"走向当代前沿科学的现代汉语语法研究"，另一个如会议副标题，是为了"纪念朱德熙教授诞辰 90 周年和庆祝陆俭明教授从教 50 周年"。不过这两个目的也可以倒过来说，即召开这次会议主要是为了纪念朱德熙先生诞辰 90 周年和庆祝陆俭明先生从教 50 周年，并且希望通过这样一次会议进一步推动现代汉语语法研究能沿着两位先生所引领的方向真正走向当代科学前沿。

本次会议共收到论文 150 余篇，最后正式与会的代表有来自国内外的学者和学生近 100 人。大会开幕式在北京大学英杰交流中心阳光大厅举行，在会议开幕式上致辞的领导和嘉宾有：北京大学常务副校长吴志攀教授、教育部语言文字信息管理司司长李宇明教授、北京语言大学校长崔希亮教授、首都师范大学副校长周建设教授和北京大学蒋绍愚教授。在两个半天的全体大会上先后做主题报告的来自国内外的著名学者有：中国人民大学胡明扬教授、香港岭南大学田小琳教授、中国社会科学院语言研究所张伯江研究员、中国社会科学院语言研究所侯精一研究员、暨南大学邵敬敏教授、中国社会科学院语言研究所江蓝生研究员、美国佛罗里达大学屈承熹教授、中央民族大学戴庆厦教授、美国斯坦福大学孙朝奋教授、挪威奥斯陆大学何莫邪教授、中国社会科学院语言研究所沈家煊研究员,以及北京大学陆俭明教授。在会议的另外两个半天里,其余与会者分4个小组报告了自己的论文。

前面说参加这次会议的学者和学生人数高达近100人,后来经修改正式提交给论文集的论文也高达60余篇。而编一本会议论文集显然不可能有那么大的篇幅,这就势必要进行适当的筛选。为此会议组织委员会约请了一些在京的专家组成评审小组,同时也征求了陆俭明老师对入选论文的意见,最后从中确定了目前收在论文集中的30篇文章。对于很多专门为论文集重新修改和提交的论文,虽然每一篇都很有价值,但最终不得已只能忍痛割爱,我们对此深表歉意,同时更要表示感谢。论文集中还作为附录收录了由本书编者汇集的朱德熙先生和陆俭明先生的一些学生或同事等的言论集锦,也算是聊补不少好文章未能收入集子中的缺憾。

参加本书编辑工作的,除主编外主要是北京大学中文系的博士和硕士研究生们,其中张慧、郑伟娜、王倩倩、王婷婷、张娟做了大量工作;商务印书馆不但作为会议协办单位,向会议提供了经费资助并向与会者赠送了书籍,也对本书的出版给予了大力支持,在此谨向他们表示谢意!本书编辑工作的缺点和可能的偏颇不当之处,概由主编负责。

沈　阳

2012年1月15日,写于荷兰莱顿